Kohlhammer

Urs Fuhrer/Haci-Halil Uslucan (Hrsg.)

Familie, Akkulturation und Erziehung

Migration zwischen Eigen- und Fremdkultur

Verlag W. Kohlhammer

Alle Rechte vorbehalten
© 2005 W. Kohlhammer GmbH Stuttgart
Umschlag: Gestaltungskonzept Peter Horlacher
Gesamtherstellung:
W. Kohlhammer Druckerei GmbH + Co. KG, Stuttgart
Printed in Germany

ISBN 3-17-018439-3

Inhalt

Vorwort

Was in den Sozialwissenschaften seit mehr als zwanzig Jahren thematisiert wird, scheint nun auch den Alltag zu erreichen. Die Frage der Integration von Migranten, das Zusammenleben von Einheimischen und Zugewanderten ist zu einem der aktuellsten Diskurse der öffentlichen Meinung geworden. Was lange entweder vorbehaltlos hingenommen oder als folkloristischer Zugewinn akzeptiert wurde, steht nun im Verdacht, zum „sozialen Sprengstoff" zu werden. Meinungsmacher schlagen Alarm, Ausländerbeauftragte, Lehrer, Verfassungsschützer, Polizisten und Politiker erklären das Integrationsprojekt für gefährdet oder gar für gescheitert. So geht die Angst um, dass im Speziellen islamische Migranten das Fundament von westlich geprägten Gesellschaften etwa durch die Etablierung von „Parallelwelten", wie ein Phänomen dieser wahrgenommenen gesellschaftlichen Entwicklung in feinsinnigem Soziologendeutsch beschrieben wird, zerstören könnten. Demgegenüber existieren in Deutschland viele beeindruckende Beispiele gelungener Integration. So lebt hier der weitaus größte Teil z. B. der knapp zwei Millionen Türken friedlich und angepasst. Sie gehören zu diesem Land, prägen dessen Kultur, Wirtschaft und Charakter mit. Nichtsdestotrotz wird ein gewisser Rückschritt, besonders in der dritten Einwanderergeneration wahrgenommen.

Damit ist das thematische Problemfeld des vorliegenden Buches umrissen: Es ist in einer jener Grauzonen angesiedelt, die oft zwischen zwei oder gar drei – je für sich genommen schon relativ gut bekannten – Forschungsrevieren liegen. Darüber hinaus hat sich im Speziellen die Migrationsforschung viel zu sehr auf die Probleme von Migranten als Einzelpersonen beschränkt. Leider ist noch immer zu wenig erkannt worden, dass Migration nicht so sehr ein Projekt Einzelner, sondern ein Familienprojekt ist, das zudem nicht mit einer Generation abgeschlossen ist. In der Familiensoziologie und -psychologie finden wir ein breites Wissen über Prozesse und Probleme innerhalb von Familien und die Erziehungspsychologie hat eine lange Tradition in der Beschäftigung mit der Erziehung in der Familie. Die psychologische Migrationsforschung wiederum liefert uns interessante Erkenntnisse darüber, wie sich Migranten im Kontakt mit ihren jeweils „neuen" Kulturen verändern, d. h. akkulturieren. Im Allgemeinen beschränken sich jedoch die herkömmlichen Forschungsansätze auf die Betrachtung entweder nur jeweils eines Problembereiches oder, und das ist schon ein substantieller Fortschritt, auf die Analyse zweier Problembereiche wie etwa auf Probleme der Akkulturation von Familien. Aber wir wissen bis heute noch relativ wenig über die wechselseitige Beeinflussung zwischen Familie, Akkulturation und Erziehung, weshalb es an bereichsübergreifenden Konzeptionen mangelt. Eine Integration dieser drei Problemfelder erscheint nicht nur aus wissenschaftlichem Erkenntnisinteresse heraus vielversprechend zu sein, sondern auch im Hinblick auf die gegenwärtig in Deutschland intensiv geführte Debatte um Ausländerintegration und den Umgang mit Menschen anderer kultureller Herkunft. Das mit diesem Buch verfolgte Anliegen eignet sich insbesondere dazu, die spezifischen Problemsituationen von Familien ausländischer Herkunft sowie

Chancen und Risiken im Integrationsprozess angemessener zu deuten und für die interkulturelle Praxis fruchtbar zu machen.

Unser Dank gilt den Autorinnen und Autoren für ihre Bereitschaft zur Mitarbeit, ihre Kollegialität und ihre Geduld bei der Beantwortung von Nachfragen. Herrn Dr. Burkarth vom Kohlhammer Verlag sind wir sowohl für seine Unterstützung unseres Buchprojekts als auch für sein Verständnis für die unvermeidliche Terminüberschreitung zu Dank verpflichtet.

Magdeburg, im Februar 2005

Urs Fuhrer und
Haci-Halil Uslucan

Urs Fuhrer und Haci-Halil Uslucan

Immigration und Akkulturation als ein intergenerationales Familienprojekt: eine Einleitung

Mit der beinahe rituellen Beschwörungsformel „Deutschland ist kein Einwanderungsland" wird bis heute oft in Abrede gestellt, dass die Bundesrepublik mit Zuwanderung zu leben, sie zu akzeptieren und aktiv zu gestalten habe. In Wirklichkeit stellt sich auch nicht die Frage, *ob* Deutsche mit Ausländern, Gastarbeitern, Fremden oder Migranten – der eine Begriff ist so wenig scharf wie der andere und vermag die Vielschichtigkeit der Bevölkerung nichtdeutscher Herkunft in Deutschland nicht wiederzugeben – zusammenleben wollen. Weder kann Einwanderung nach Deutschland verhindert, noch kann aus eigenem Interesse ganz auf sie verzichtet werden. Die richtige und bei weitem wichtigere Fragestellung lautet also nicht, ob, sondern *wie* das Zusammenleben mit einer noch wachsenden Zahl von zunächst „Fremden" politisch-rechtlich und gesellschaftlich gestaltet werden kann.

In Deutschland ist die Zahl der Migranten von 2,7 (1970) auf 7,3 (2002) Millionen gestiegen; ihr Bevölkerungsanteil beträgt mittlerweile 8,9 %. Von diesen sind 20,2 % in Deutschland geborene Migranten (Quelle: Statistisches Bundesamt, Stand vom Oktober 2003; www.statistik-bund.de). Migranten sind ein nicht mehr wegzudenkender Bestandteil der deutschen Gesellschaft. Dabei ist zu bedenken, wenn man die Zahlen von Schmalz-Jacobsen (2000) zur Grundlage nimmt, dass über 60 % aller Ausländer in Deutschland schon länger als 10 Jahre hier leben, rund 40 % länger als 15 Jahre und etwa 25 % sogar mehr als 20 Jahre. Zudem sind fast drei Viertel der hier lebenden „ausländischen" Jugendlichen in Deutschland geboren, über 1,5 Millionen von ihnen sind jünger als 18 Jahre und bereits 30 % aller Schulkinder in Deutschland haben inzwischen einen Migrationshintergrund (vgl. BMFSFJ, 2001). So hat sich die Zahl der jugendlichen Einwanderer im Alter von 14 bis 21 Jahren von 267.800 (1970) auf 667.200 (2002) erhöht (Quelle: Statistisches Bundesamt, Stand vom Oktober 2003; www.statistik-bund.de). Darüber hinaus hat sich seit dem Zusammenbruch des Kommunismus in Osteuropa die Einwanderung von Spätaussiedlern und Ausländern in die Bundesrepublik erheblich verstärkt. Diese neue Konstellation, die Deutschland im Schnittpunkt der großen Wanderungsbewegungen von Süden nach Norden bzw. von Osten nach Westen sieht, lässt sich mit der Bezeichnung „Einwanderungsland wider Willen" wohl am treffendsten charakterisieren (Schmalz-Jacobsen, 2000, S. 111).

Diese Migration führt zu einer Veränderung der sozialen Kontexte, in denen Menschen sich bewegen, besonders in jenen urbanen Ballungsgebieten, in denen sich Migranten angesiedelt haben (z.B. Hamburg: 14,8 %, Berlin: 13,1 %, Bremen: 12,5 %; Quelle: Statistisches Bundesamt, Stand vom Oktober 2003; www.statistikbund.de). Das bedeutet: Deutschland ist *de facto* ein Einwanderungsland. Vor allem als Folge von Arbeits- und Flüchtlingsmigration ist die Gesellschaft dieses Landes multikulturell und vielsprachig in ihrer Gestalt, und es zeichnet sich ab, dass sich dies künftig eher verstärken als verringern wird.

In der Konsequenz ist somit die Konfrontation mit Fremdheit heutzutage im Allgemeinen unvermeidlich geworden, und die Herausforderung, Formen von Nähe und Distanz mit dem Fremden zu finden, gehört inzwischen zur Bedingung gesellschaftlicher und persönlicher Weiterentwicklung. Allerdings stellt *Fremdheit* keine natürliche Eigenschaft dar, sondern ist Ausdruck einer Wechselbeziehung, wie das der Soziologe Erol Yildiz (1999) beschrieben hat. Fremd „ist" oder fühlt sich nur, wer auch durch andere so wahrgenommen wird. Das Fremde steht mit dem Eigenen in Verbindung, es würde ohne das Eigene gar nicht existieren. Folgerichtig ist Fremdheit keine Eigenschaft, auch kein objektives Verhältnis zweier Personen (oder zweier sozialer Gruppen), sondern die Definition einer Beziehung. Derart ist Fremdheit immer ein Zuschreibungsprozess, also eine Konstruktion, mit der Nichtzugehörigkeit und räumliche, soziale oder kulturelle Distanz ausgedrückt wird. Leider wird allzu oft die Angst vor Fremdheit und der Umgang mit Menschen, die eine andere kulturelle Prägung haben, tabuisiert und verdrängt, weil Fremdheit Unsicherheit erzeugt. Denn Kulturkontakte könnten die eigenen Werte und Orientierungen in Frage stellen (vgl. moslemische Migranten im christlichen Europa; Rebzani, 2000).

Heutzutage fällt die kulturelle Beeinflussung durch Fremde zusammen mit den politischen Umbrüchen fast vor der eigenen Haustür, mit Renationalisierungstendenzen ebenfalls in unmittelbarer Nachbarschaft, mit der Globalisierung und Vernetzung von Wissen, Kapital und Arbeitsmärkten und mit einer immer größeren Mobilität der Menschen. In diesem Zusammenhang sprechen Soziologen treffend von einer *„neuen Unübersichtlichkeit"*, die Desorientierung und Entsolidarisierung mit sich bringen (z. B. Heitmeyer, 1997). Gerade diese Verunsicherungen und diffusen Ängste gegenüber Fremden sollten behutsam aufgegriffen werden, indem mehr Kontakte im Alltag ermöglicht werden, um den Wert kultureller Vielfalt für eine Gesellschaft und ihre Menschen anschaulich zu machen. In einer offenen Gesellschaft sollten diese Unsicherheiten nicht beiseite geschoben, sondern ernst genommen werden und ihnen sollte gezielt begegnet werden.

Dabei müssten *Integration* und *Akkulturation*, wobei letzteres die aus dem kontinuierlichen direkten Kontakt von Gruppen und Individuen aus unterschiedlichen Kulturen sich ergebenden Veränderungen von Individuen oder von Gruppen meint, zweiseitig oder reziprok, aber nicht unbedingt symmetrisch verlaufen (vgl. Schönpflug, 2002). Idealerweise sollten im Akkulturationsprozess Elemente der eigenen Kultur, und das gilt sowohl für Personen aus der Herkunfts- wie aus der Aufnahmekultur, aufgegeben werden, weil sie nicht mehr funktional sind. Berry (1997) bezeichnet diesen Prozess als „kulturelles Verlernen", die französische kulturvergleichende Psychologie spricht von „Interkulturation", wobei Camilleri und Malewska-Peyre (1997) solche Prozesse der Interaktion meinen, die durch die Zugehörigkeit zu unterschiedlichen Kulturen bestimmt sind. Diese Interaktionen bilden das Mittel zur Konstruktion einer neuen, durch Interkulturation gewonnenen Kultur. Ohne Fremderfahrung, die mit der Umwandlung von Fremdem in Vertrautes einhergeht, wäre der Mensch, wie Yildiz (1999) meint, nicht fähig, sich weiterzuentwickeln. In diesem Zusammenhang zielt dann etwa eine „Psychologie des interkulturellen Handelns" (Thomas, 2003b) auf die wissenschaftliche Beschäftigung sowohl mit eben diesen psychischen Vorgängen im Kontext interkultureller Begegnungen zwischen Menschen als auch mit dem Erwerb *interkultureller Handlungskompetenzen*. Letztere definiert sich als die Fähigkeit einer Person, zwei kulturell unterschiedliche Orientierungssysteme in einer aufeinander abgestimmten

Weise zur effektiven Handlungssteuerung in einer kulturellen Überschneidungssituation erfolgreich anzuwenden (vgl. Thomas, 2003c).

Vor diesem Problemhintergrund bilden *Migration* und *Integration* – in Deutschland wie in Gesamteuropa – nicht nur zwei Kehrseiten einer Medaille, sondern zugleich auch eine doppelte Herausforderung, die anzunehmen eine der zentralsten gesamtgesellschaftlichen Aufgaben der Gegenwart ist und – aufgrund der wachsenden Migrationsbewegungen im Zuge der Internationalisierung immer weiterer gesellschaftlicher Bereiche – eine Herausforderung der Zukunft sein wird. Gegenwärtig und zukünftig mit Zuwanderung zu leben und sie zu organisieren bedeutet dann, ein hohes Maß an Verantwortung für eine erfolgreiche Integration der Einwanderer zu übernehmen. Dabei kann das Ziel nur darin bestehen, das Zusammenleben von Einheimischen und Zuwanderern so zu gestalten, dass sich daraus eine offene, von Toleranz und interkultureller Verständigung geprägte gemeinsame Gesellschaft ergibt, die an die Stelle des Neben- oder gar Gegeneinanders der Kulturen ein Miteinander setzt, die Raum gibt und einlädt zum „Anderssein", die aber auch ihre gewachsenen Traditionen nicht verleugnet, sondern jedem „Neuankömmling" dessen Akzeptanz abverlangt (vgl. Bizeul, Bliesener & Prawda, 1997).

Dreh- und Angelpunkt hierfür ist neben gegenseitiger Toleranz, die auch manchmal schwer fallen kann, neben der Akzeptanz grundlegender Spielregeln unserer demokratischen Ordnung durch Immigranten und Deutsche und neben der ausreichenden Sprachkompetenz der Zugewanderten vor allem eines: „Die unbedingte Bereitschaft der Gesellschaft, dem Anderen, dem zunächst „Fremden" die Möglichkeit zu geben, ohne Angst anders zu sein als wir" (Schmalz-Jacobsen, 2000, S. 118). Denn der Zwang zur Selbstverleugnung würde nicht zu mehr Integration, sondern zu ihrer Zersetzung führen. Dabei tangiert die Bedrohung durch Fremdenfeindlichkeit, wird sie nun gewalttätig ausagiert oder ist sie eher von stiller, leiser Wirksamkeit, den sozialen Zusammenhalt und die Werte von Toleranz und Mitmenschlichkeit in unserer Gesellschaft. Deshalb liegt die Zukunft in einem friedlichen Neben- und Miteinander von Deutschen und Nichtdeutschen in einer liberalen Gesellschaft.

Dabei wächst mehr und mehr die Einsicht, dass *Migration* in aller Regel ein *„Familienprojekt"* ist, das nicht mit einer Generation abgeschlossen ist, sondern ein *Mehrgenerationen-Projekt* darstellt (vgl. BMFSFJ, 2000). In der Mehrzahl der Familien ausländischer Herkunft hat zumindest ein Mitglied eine internationale Wanderung unternommen. Die Mehrheit gehört der „ersten Generation" der Zugewanderten an, Angehörige der „dritten Generation" sind fast ausschließlich Kinder oder Jugendliche. Aussiedlerfamilien haben, obwohl sie deutsche Staatsangehörige sind, mit ausländischen Familien diese Migrationserfahrungen gemeinsam. Von besonderer Bedeutung für Familien ausländischer Herkunft sind dabei die Generationenbeziehungen, weil sich Migration und Integration häufig nur im Generationenzusammenhang legitimieren und realisieren lassen. Dabei betrifft der Integrationsprozess alle im Lande lebenden Menschen und nicht nur die Familien mit Migrationshintergrund.

Allerdings ergeben sich in Familien ausländischer Herkunft aufgrund der doppelten Bewältigung von Kulturkonflikt und Modernisierungsrückstand vermutlich ganz spezifische Konfliktpotentiale, die das familiäre Zusammenleben und die Eltern-Kind-Beziehungen belasten können. Darüber hinaus wird die Situation ausländischer Kinder häufig als ein Leben zwischen den Stühlen der „eigenen" und der „fremden" Kultur dargestellt. Deshalb ist die Frage nach der Eltern-Kind-Be-

Ziehung, nach typischen Konflikten zwischen Eltern und ihren Kindern sowie nach der elterlichen Erziehung in Familien ausländischer Herkunft von ganz besonderer Bedeutung. Familien kommt deshalb in der Migration und im Integrationsprozess eine besondere Bedeutung zu (vgl. BMFSFJ, 2001). Sie erbringen erhebliche Leistungen für ihre Mitglieder und für die deutsche Gesellschaft. Gerade diese Leistungen sind es, die bislang viel zu wenig beachtet und unterstützt worden sind. Folgerichtig ist es eine wichtige familienpolitische Zielstellung, diese Potenziale von Familien ausländischer Herkunft zu stützen und zu fördern. Das ist ein Ziel, für das es sich zu arbeiten und zu streiten lohnt!

Das vorliegende Buch setzt sich mit diesem Problem- und Spannungsfeld von Migration, Integration und Akkulturation von Familien ausländischer Herkunft auseinander. Dabei liegt der Hauptschwerpunkt auf der besonderen Bedeutung, die der Familie und der Dynamik der Eltern-Kind-Beziehung in Familien ausländischer Herkunft für das Gelingen oder Misslingen der Integration zukommt. Damit ist das thematische Problemfeld dieses Buches in einer jener Grauzonen angesiedelt, die oft zwischen zwei oder gar drei – je für sich genommen schon relativ gut bekannten – Forschungsrevieren liegt. Konkret: Wir wissen aus der Familiensoziologie und -psychologie schon einiges über Strukturen, Dynamik und Probleme innerhalb von Familien (Schneewind, 1999), über die Psychologie der Akkulturation (Thomas, 2003a) und über die pädagogisch-psychologischen Grundlagen von Erziehung (Fuhrer, 2005).

Im Allgemeinen beschränken sich jedoch die meisten Forschungsansätze auf die Betrachtung entweder nur jeweils eines Problembereiches oder, und das ist ein substantieller Fortschritt, auf die Analyse zweier Problembereiche wie z. B. Akkulturation und Familie oder Akkulturation und Erziehung oder Erziehung in der Familie (vgl. Booth, Crouter & Landale, 1997). Aber wir wissen bis heute noch ziemlich wenig über die wechselseitigen Beeinflussungen zwischen Familie, Akkulturation und Erziehung, weshalb es an bereichsübergreifenden Konzeptionen mangelt. Es sind also Theorien und empirische Untersuchungsdesigns zu entwickeln, die die Beantwortung von Fragen ermöglichen im Hinblick auf das Zusammenwirken von Familie, Akkulturation und Erziehung, wobei Probleme der Erziehung eng gekoppelt sind sowohl mit Fragen der Entwicklung von Kindern und Jugendlichen als auch mit der Dynamik der intra- und intergenerationalen Familienentwicklung. Eine Integration dieser drei Problemfelder erscheint nicht nur aus wissenschaftlichem Erkenntnisinteresse heraus vielversprechend zu sein, sondern auch im Hinblick auf die in Deutschland intensiv geführte Debatte um die Integration von Migranten und den gesellschaftlichen Umgang mit Menschen anderer kultureller Herkunft. Das mit diesem Buch verfolgte integrative Anliegen eignet sich auch hervorragend dazu, um die spezifischen Problemsituationen von Familien ausländischer Herkunft sowie Chancen und Risiken im Integrationsprozess angemessener zu deuten und für die praktische Arbeit im Rahmen interkultureller Praxis fruchtbar zu machen.

Dieses Buch wendet sich in erster Linie an Studierende der Fächer Psychologie, Soziologie und Erziehungswissenschaft und versteht sich als Grundlagentext für Studienseminare und die Erwachsenenbildung. Darüber hinaus soll es Lehrern und Sozialpädagogen, die sich beruflich mit interkulturellen Problemen, kulturellen Grenz- und Überschneidungssituationen konfrontiert sehen, dazu dienen, sich mit den Erkenntnissen interkultureller Psychologie und psychologischen Aspekten im Prozess der familiären Akkulturation vertraut zu machen. Des Weiteren ist das

Buch auch dazu gedacht, Professionellen, die mit Menschen anderer kultureller Herkunft zu tun haben, relevantes Wissen zur Unterstützung und Förderung der Integration von Familien ausländischer Herkunft in Deutschland zu vermitteln. Schließlich möchten wir mit diesem Buch auch Personen erreichen, die in sozialpädagogischen Diensten arbeiten und sich dort besonders in der praktischen interkulturellen Arbeit betätigen. Um diesen Leserkreis zu erreichen, haben die Beiträge mehrheitlich den Charakter von Übersichtsartikeln, so dass das jeweils bearbeitete Thema in synoptischer Weise behandelt wird.

Der Beitrag von *Birgit Leyendecker und Axel Schölmerich* widmet sich dem Zusammenspiel von Kultur und sozioökonomischem Status auf die kindliche Entwicklung im Vorschulalter. Die Berücksichtigung dieser beiden Faktoren ist deshalb wichtig, weil sie für das Verständnis der Bandbreite elterlichen Erziehungsverhaltens und normativer Entwicklung mit entscheidend sind. Darüber hinaus bilden sie entscheidende Voraussetzungen, an denen Interventionsmaßnahmen ansetzen müssen, die es Kindern und Eltern ausländischer Herkunft erlauben, die Möglichkeiten, die ihnen die Aufnahmegesellschaft bietet, optimal zu nutzen.

Der Beitrag von *Gisela Trommsdorff* widmet sich den Eltern-Kind-Beziehungen über die Lebensspanne und im kulturellen Kontext. Der Beitrag behandelt Stabilitäten und Veränderungen von Eltern-Kind-Beziehungen über die Lebensspanne unter Berücksichtung des kulturellen Kontexts. Es wird besonders der kulturspezifischen Bedeutung von Verbundenheit und Autonomie Rechnung getragen, indem verdeutlicht wird, dass Verbundenheit in westlich-individualistischen Kulturen eine andere psychologische Bedeutung hat als in kollektivistischen, nicht-westlichen Kulturen. Diese kulturspezifische Sichtweise ist wiederum relevant für Fragen danach, was eine „erfolgreiche" Erziehung und eine „gute" Eltern-Kind-Beziehung ausmacht.

Der Beitrag von *Urs Fuhrer und Simone Mayer* lenkt die Aufmerksamkeit auf den Umstand, dass Migration in den meisten Fällen ein Familienprojekt ist, das sich teilweise über mehrere Generationen erstrecken kann. Dabei bewegen sich Kinder von Familien mit Migrationshintergrund im Prozess der Akkulturation meist zwischen zwei Kulturen: in der Herkunftskultur ihrer Eltern und in der Mehrheits-Kultur des Aufnahmelandes. Nicht selten stehen die von den Eltern auf die Kinder ausgehenden Einflüsse in wesentlichen lebensthematischen Bereichen im Widerspruch zu den außerfamiliären Einflüssen. Daraus können sich Konflikte zwischen den Generationen ergeben. In diesem Zusammenhang kann darauf bezogenes Elternverhalten unterschiedlich wirksam sein. Dabei scheint den Müttern für das Gelingen der Akkulturation von Familien ausländischer Herkunft eine ganz besondere Bedeutung zuzukommen, wie die allerjüngsten empirischen Daten der Autoren nahe legen.

Im Beitrag von *Peter F. Titzmann, Eva Schmitt-Rodermund und Rainer K. Silbereisen* wird das besondere Problem bearbeitet, dass ein erheblicher Anteil der Immigranten in Deutschland Jugendliche sind. In diesem Zusammenhang treten eine Reihe von akkulturationsbezogenen soziokulturellen Problemen in Folge dieser Situation auf, die junge Aussiedler und Ausländer gemeinsam haben. Diesen Schwierigkeiten, aber auch dem Verlauf gelingender Anpassung sowie der konstruktiven Bedeutung einer engen Beziehung zwischen den Eltern und ihren jugendlichen Kindern sowie der Rolle der Gleichaltrigen bei der Bewältigung jugendlicher Entwicklungsaufgaben im Prozess der Akkulturation widmet sich der Beitrag der Jenaer Entwicklungspsychologen.

Der Beitrag von *Anja Steinbach und Bernhard Nauck* lenkt die Aufmerksamkeit darauf, dass Migrantenfamilien eine hohe Stabilität von Situationsperzeptionen, Einstellungen und Verhaltensweisen zwischen den Generationen aufweisen. Das heißt, es kann eine intergenerative Kontinuität zwischen der ersten (Einwanderer-) Generation und der zweiten Generation festgestellt werden. Bei der Suche nach einer Antwort auf die Frage, durch welche Prozesse diese Konstanz basaler Orientierungen beeinflusst wird, richtet sich der Blick auf intergenerationale Transmissionsprozesse. Bei den Unterschieden zwischen den Generationen im Eingliederungsverhalten und in den Reaktionen auf die Aufnahmegesellschaft findet in der dichten Interaktionsstruktur der Migrantenfamilien eine hohe Ko-Orientierung zwischen den Generationen in den Wertorientierungen und Handlungspräferenzen statt.

Der Beitrag von *Ursula Boos-Nünning und Yasemin Karakasoglu* dokumentiert, dass die Gestaltung des Familienlebens als Indikator für den Grad der Integration von Zuwanderern und Zuwanderinnen gilt. Dabei stehen Mädchen als Repräsentantinnen akkulturativer Veränderungen in Migrationsfamilien im Mittelpunkt. Es zeigt sich, dass sich Mädchen mit Migrationshintergrund in der Adoleszensphase nicht oder seltener als Mädchen der Mehrheitsgesellschaft aus ihrem familiären Kontext lösen, was allerdings nicht mehr einseitig auf die autoritäre Kontrolle der Eltern zurückgeführt, sondern als eine von den Mädchen und jungen Frauen eigenaktiv gewählte Lebensform betrachtet wird. Hierbei vollzieht sich die Entwicklung weiblicher Geschlechtsidentität bei einem Teil der Mädchen und jungen Frauen im Wesentlichen über die Identifikation mit den Müttern und nicht in Abgrenzung zu ihnen.

Der Beitrag von *Rainer Dollase* zeigt auf, dass sich Fragen nach der Mächtigkeit unterschiedlicher Sozialisationsinstanzen ergeben, sobald Kinder aus unterschiedlichen Ethnien bzw. Kulturen mit dem Bildungssystem in Kontakt kommen. Für deren Beantwortung stehen empirische Ergebnisse aus den Forschungen zu Theorien der sozialen Identität, der Kontakthypothese und der Soziometrie zur Verfügung. Eines der zentralen Probleme ist die immer wieder bemühte Ideologie von der Kontinuität, Homogenität bzw. Kompatibilität der unterschiedlichen Sozialisationsfelder – oder anders gefragt: Macht Kontextverschiedenheit krank? Andere Fragen, die im Beitrag behandelt werden, sind: Wie stabil sind kulturelle und ethnische Orientierungen? Oder: Sind die hier lebenden ausländischstämmigen Schüler und Schülerinnen noch kulturell „fremd" oder doch schon assimiliert?

Der besonderen Lebenssituation binationaler Familien in Deutschland widmet sich der Beitrag von *Annika Falkner*. Obgleich bereits jede sechste Eheschließung eine binationale ist, hat sich die psychologische Forschung bisher kaum mit dieser Familienstruktur beschäftigt. Der Beitrag beschäftigt sich mit der rechtlichen Situation binationaler Familien in Deutschland, mit den besonderen Chancen und Herausforderungen binationaler Paare und schließlich mit den Möglichkeiten der Beratung binationaler Partnerschaften und Familien.

Im Beitrag von *Alexander Thomas, Stefan Kammhuber und Stefan Schmid* werden das Wechselverhältnis von Akkulturation und interkultureller Handlungskompetenz, die Bedeutung interkultureller Handlungskompetenz für eine gelungene Akkulturation in verschiedenen Handlungsfeldern und die Förderung von kultureller Integration erörtert. Es wird deutlich, wie vielfältig interkulturelle Handlungskompetenzen für eine gelingende Akkulturation sowohl auf Seiten der Migranten als auch auf Seiten der Einheimischen sind. Das bedeutet, dass eine gelingende

Akkulturation nur möglich ist, wenn beide Partner sich um den Aufbau interkultureller Handlungskompetenz bemühen. Dazu wird eine Übersicht über die interkulturelle Trainingsforschung, über interkulturelle Qualifizierungsmaßnahmen für Manager und Angehörige öffentlicher Verwaltung und Behörden sowie für die Migrations- und Sozialberatung auch im Bildungswesen vermittelt.

Der Beitrag von *Ute Schönpflug* trägt die einzelnen Facetten des Konzeptes der ethnischen Identität zusammen. Der Schwerpunkt liegt auf dem dynamischen Identitätsmodell von Brewer, worin drei Komponenten zusammenwirken: die Intensität, mit der eine Person in ihre Herkunftsgruppe eingebettet ist, das Bestreben, sich in die Herkunftsgruppe einzubinden, und dem komplementären Bereich, sich von ihr abzugrenzen. Mit der berichteten Studie wird das dynamische Identitätsmodell erweitert und auf das Verständnis ethnischer Identität übertragen und an jugendlichen türkischen Migranten in der Akkulturationssituation quer- und längsschnittlich überprüft. Die Befunde zeigen, dass eine Akkulturationsstrategie der Integration nur bei ausreichender Ausstattung an persönlichen Ressourcen gelingen kann.

Der Beitrag von *Haci-Halil Uslucan* widmet sich, im Unterschied zur überwiegenden Zahl an Publikationen, nicht den Defiziten, sondern den Chancen, die eine Migration für Migranten und Einheimische bietet. Bikulturalität und Bilingualismus werden als Ressourcen für die individuelle Entwicklung begriffen. Hinsichtlich interkultureller Erziehung wird für eine „Pädagogik für alle" plädiert, was bedeutet, dass sie sich sowohl an ausländische wie an einheimische Kinder richten soll. Sie soll kulturelle Gemeinsamkeiten wie kulturelle Eigenständigkeiten achten und fördern. Schließlich werden Aspekte einer gelingenden Akkulturation herausgearbeitet.

Die in diesem Buch zusammengestellten Beiträge stellen einen Rahmen sowohl für eine angewandte Kulturpsychologie als auch für die praktische Arbeit in interkulturellen Problembereichen dar. Manche Konzepte werden im Verlauf der Darstellung eingeführt, aber nicht immer in aller Ausführlichkeit und in ihren vielfachen praktischen Implikationen behandelt. Deshalb finden sich jeweils am Ende der Texte Angaben zu weiterführender Literatur.

Weiterführende Literatur

Bizeul, Y., Bliesener, U. & Prawda, M. (Hrsg.) (1997). *Vom Umgang mit dem Fremden.* Weinheim: Beltz.
Robertson-Wensauer, C.Y. (Hrsg.) (2000). *Multikulturalität – Interkulturalität? Probleme und Perspektiven der multikulturellen Gesellschaft.* Baden-Baden: Nomos.
Thomas, A. (Hrsg.) (2003a). *Kulturvergleichende Psychologie.* Göttingen: Hogrefe.
Thomas, A. (Hrsg.) (2003b). *Psychologie interkulturellen Handelns.* Göttingen: Hogrefe.

Zitierte Literatur

Berry, J.W. (1997). Immigration, acculturation, and adaptation. *Applied Psychology: An International Review, 40,* 5–68.
Bizeul, Y., Bliesener, U. & Prawada, M. (Hrsg.) (1997). *Vom Umgang mit dem Fremden. Hintergrund – Definitionen – Vorschläge.* Weinheim: Beltz.

Booth, A., Crouter, A.C. & Landale, N. (Eds.) (1997). *Immigration and the family.* Mahwah, NJ: Erlbaum.

Bundesministerium für Familie, Senioren, Frauen und Jugend (2000). *Familien ausländischer Herkunft. 6. Familienbericht.* Berlin: BMFSFJ.

Bundesministerium für Familie, Senioren, Frauen und Jugend (2001). *Integration von Familien ausländischer Herkunft.* Dokumentation der Fachtagung. 11.-12. Dezember 2001 in Berlin. BMFSFJ.

Camilleri, C. & Malewska-Peyre, H. (1997). Socialization and identity strategies. In J.W. Berry, M.H. Segall & C Kagitcibasi (Eds.), *Handbook of cross-cultural psychology (Volume 2: Basic processes and human development, pp. 41–68).* Boston, MA: Allyn & Bacon.

Fuhrer, U. (2005). *Lehrbuch Erziehungspsychologie.* Bern, Göttingen: Huber.

Heitmeyer, W. (Hrsg.) (1997). *Was treibt die Gesellschaft auseinander?* Frankfurt a.M.: Suhrkamp.

Rebzani, M. (2000). Discrimination ethnique à l'embauche des jeunes: une analyse psychosociale. *Revue Européenne des Migrations Internationale, 16,* 29–52.

Schmalz-Jacobsen, C. (2000). Immigration und Integration. Vom „Fremden" zum „Mitbürger" in einer offenen Gesellschaft. In C.Y. Robertson-Wensauer (Hrsg.), *Multikulturalität – Interkulturalität? Probleme und Perspektiven der multikulturellen Gesellschaft (S. 109–141, 2. überarbeitete und erweiterte Auflage).* Baden-Baden: Nomos.

Schneewind, K.A. (1999). *Familienpsychologie.* Stuttgart: Kohlhammer.

Schönpflug, U. (2003). Migration aus kulturvergleichender Perspektive. In A. Thomas (Hrsg.), *Kulturvergleichende Psychologie (S. 515–541).* Göttingen: Hogrefe.

Thomas, A. (Hrsg.) (2003a). *Kulturvergleichende Psychologie.* Göttingen: Hogrefe.

Thomas, A. (Hrsg.) (2003b). *Psychologie interkulturellen Handelns.* Göttingen: Hogrefe.

Thomas, A. (2003c). Psychologie interkulturellen Lernens und Handelns. In A. Thomas (Hrsg.), *Kulturvergleichende Psychologie (S. 433–485).* Göttingen: Hogrefe.

Yildiz, E. (1999). *Fremdheit und Integration.* Bergisch Gladbach: BLT.

Birgit Leyendecker und Axel Schölmerich

Familie und kindliche Entwicklung im Vorschulalter: Der Einfluss von Kultur und sozioökonomischen Faktoren

Einleitung

Elterliche Verhaltensweisen, Einstellungen und gemeinsame Aktivitäten mit Kindern unterscheiden sich erheblich sowohl innerhalb als auch zwischen verschiedenen Kulturen. Unsere Entwicklungstheorien sind weitgehend auf Forschungen, die in westlich geprägten Industrienationen, insbesondere in den USA durchgeführt wurden, gestützt, obwohl Kinder aus diesen Ländern weltweit betrachtet nur eine Minderheit darstellen (Triandis, 1989). Eine wirklich universale Theorie von kindlicher Entwicklung ist aber nur durch das theoretische und empirische Verständnis kultureller Diversität möglich (Greenfield, 1994). Die Berücksichtigung von Kultur ist in der entwicklungspsychologischen Forschung nicht nur in theoretischer Hinsicht mit Blick auf die Frage nach den Universalien bedeutsam; durch die weltweiten Migrationsbewegungen ist ein Verständnis für die unterschiedlichen Entwicklungspfade von Kindern zunehmend wichtiger.

Die Diversität innerhalb der Gesellschaft wird in Deutschland ebenso wie in anderen Industrienationen jedoch nicht nur durch kulturelle Vielfalt, sondern auch durch sozioökonomische Unterschiede bestimmt. Migranten sind im gesamten sozioökonomischen Spektrum vertreten, jedoch gehören sie überproportional zu den Schichten mit der geringsten Bildung und dem geringsten Einkommen. Während hochqualifizierte Migranten international mobil sind und nach Möglichkeiten suchen, die ihrem Arbeitsprofil optimal entsprechen, gehören Zuwanderer, insbesondere dann, wenn ihre Chance zur legalen Migration fast ausschließlich durch Heirat bzw. Familienzusammenführung gegeben ist, überwiegend zu den unteren Bildungsschichten eines Landes (Fuligni & Yoshikawa, 2003). Die Berücksichtigung des Zusammenspiels von Kultur *und* sozioökonomischem Status ist deshalb sowohl für das Verständnis der Bandbreite normativen Elternverhaltens und normativer Entwicklung wichtig als auch für die Entwicklung von Interventionskonzepten, die es Kindern und Eltern mit Migrationshintergrund erlauben, die Möglichkeiten, die eine Gesellschaft bietet, optimal zu nutzen.

Das übergeordnete Ziel dieses Beitrages ist, die Ressourcen, protektiven Faktoren sowie auch die Schwächen, die Familien mit Migrationshintergrund möglicherweise haben, im Hinblick auf die ersten sechs Lebensjahre, in denen der Einfluss der Eltern auf die Entwicklung der Kinder besonders groß ist, zu identifizieren. Die ersten sechs Lebensjahre sind von besonderer Bedeutung, da wesentliche Weichen für die spätere Schullaufbahn schon vor dem 1. Schultag gestellt werden (Arnold & Doctoroff, 2003). Wir möchten zeigen, dass für ein Verständnis des Einflusses von Elternverhalten in dieser wichtigen Altersphase sowohl der kulturelle Hintergrund als auch der sozioökonomische Status einer Familie bedeutsam sind. Sozio-

ökonomische Faktoren und kultureller Hintergrund sind häufig konfundiert, so dass Effekte, die primär durch sozioökonomische Faktoren bedingt sind, vielfach fälschlicherweise der Herkunftskultur der Migranten zugeschrieben werden. Dies trifft umgekehrt auch auf die Majoritätskultur zu, hier ist jedoch wahrscheinlich, dass nicht die Verhaltensweisen von Eltern und Kindern aus der Unter-, sondern aus der Mittelschicht als Maßstab genommen werden. Um dieser Konfundierung zu entgehen, ist es zunächst wichtig, zwischen Effekten von Kultur und Effekten von sozialer Schicht zu unterscheiden. Darüber hinaus muss jedoch, wie wir am Beispiel der Erziehungsstile darstellen werden, bei allen Betrachtungen des Einflusses von Kultur auf Elternverhalten und kindliche Entwicklung berücksichtigt werden, dass zwar viele, aber nicht alle Effekte des sozioökonomischen Status parallel in unterschiedlichen Kulturen vorzufinden sind. Für kulturvergleichende Forschungsansätze gibt es ebenso wie bei Forschungen zu Migranten zu berücksichtigen, dass jeweils differenziert werden muss zwischen Effekten von Kultur einerseits sowie zwischen parallelen und nicht-parallelen Effekten des sozialen Status andererseits.

Am Anfang dieses Kapitels stehen methodologische Überlegungen, wie Kultur und sozioökonomischer Status definiert und gemessen werden können, im Vordergrund. Danach stellen wir dar, wie in der frühen Kindheit und im Vorschulalter sowohl kulturelle als auch sozioökonomische Faktoren Elternverhalten und kindliche Entwicklung und damit die schulischen Startchancen von Kindern beeinflussen, und diskutieren abschließend, inwieweit Forschung eine Brücke zur Praxis darstellen kann.

Sind Kultur und sozioökonomischer Status diskrete Variablen?

Kultur, Ethnizität und die „cultural communities"

Mitglieder der Majoritätskultur gehen, wie Chao (2000) kritisiert, davon aus, dass nicht sie selber, sondern lediglich die zugewanderten Familien durch ihre spezifische Kultur geprägt sind. Durch ihre priviligierte Position als Mitglieder der dominanten Gruppe nehmen sie nicht wahr, dass sie selber genauso wie die als fremdartig empfundenen Immigranten durch ihre ethnische Zugehörigkeit und die Besonderheiten ihrer Herkunftskultur geprägt sind; die eigene Kultur ist zwar die unbewusste, interpretierende Brille, durch die Menschen ihre Umwelt wahrnehmen und bewerten, sie bleibt jedoch weitgehend „unsichtbar" (Greenfield & Suzuki, 1998). Dementsprechend wird die Bezeichnung ethnische Zugehörigkeit oft als Synonym für den Minoritätenstatus gebraucht, obwohl der griechische Ausdruck „ethnos" nichts anderes als Volk bedeutet und deshalb jedes Individuum einen ethnischen Hintergrund hat. Ethnizität wird meistens mit dem Teil der Kultur, der mit dem Herkunftsland bzw. mit dem kulturellen Erbe aus dem Herkunftsland der Vorfahren assoziiert wird, verbunden. Die Neigung, Kultur mit nationalem Erbe/ Zugehörigkeit gleichzusetzen, birgt jedoch die Gefahr, die Heterogenität von großen Gruppen zu ignorieren und sie fälschlicherweise als eine homogene Einheit zu behandeln – als *die* türkischen oder *die* italienischen Familien.

Familien mit Migrationshintergrund haben zweifelsohne Erfahrungen, die einheimische Familien nicht gemacht haben. Erstens sind sie eine selektive, mobile Gruppe von Menschen, die es gewagt haben, ihre alte Heimat zu verlassen und als Pioniermigranten oder als deren Nachfolger (im Zuge der Kettenmigration) in der Hoffnung auf Verbesserung ihrer Lebensumstände in ein neues Land aufzubrechen (Nauck, 1994; Leyendecker, 2003; Rumbaut, 1997). Zweitens haben sie, wie wir noch ausführen werden, fast alle ihre Wurzeln in Kulturen, die eher soziozentrisch orientiert sind; sie sind aber in eher individualistisch orientierte Länder eingewandert. Drittens haben sie nicht nur die Erfahrung gemacht, sich in einer fremden Kultur mit einer fremden Sprache zurechtfinden zu müssen, sondern die Eltern müssen sich darüber hinaus mit den Diskrepanzen zwischen der Kultur der Herkunfts- und der Aufnahmegesellschaft auseinander setzen. Viertens haben vor allem zugewanderte Eltern der ersten Generation wenig Zugang zu Ressourcen zur außerfamiliären Unterstützung und Beratung, da ihnen diese häufig von ihren Heimatländern her wenig vertraut sind und außerdem mangelnde Sprachkenntnisse häufig den Zugang behindern. Neben diesen Gemeinsamkeiten sind zugewanderte Familien aber vor allem durch ihre Heterogenität, die sich durch die Unterschiede der Herkunftsländer, des legalen Status im Aufnahmeland, des Zeitpunkts der Ankunft und Länge des Aufenthaltes jedes Familienmitgliedes, des sozioökonomischen Status und der Akkulturation ergeben, gekennzeichnet (Leyendecker, 2003; Rumbaut, 1997; Sachverständigenkommission, 2000). Die Herausforderung besteht also darin, einen Weg für ein Konzept von Kultur zu finden, das sowohl Gemeinsamkeiten als auch Unterschiede innerhalb einer Gruppe berücksichtigt.

Kultur als gemeinsame Diskurse, geteilte Normen und Skripte

In den letzten Jahren wurde verschiedentlich eine Perspektive beschrieben, bei der Kultur nicht primär durch die ethnische Gruppe, sondern vor allem durch die Zusammenhänge und Erfahrungen eines Individuums beschrieben wurde (Harwood, Handwerker, Schoelmerich & Leyendecker, 2001). Kultur wird hier definiert als die gemeinsamen Diskurse, die gemeinsam geteilten Normen und die gemeinsam geteilten Skripte, auf denen die sozialen Interaktionen ebenso wie das eigene Selbstverständnis und das Verständnis für andere Menschen beruhen (Strauss & Quinn, 1997). Von dieser Perspektive aus betrachtet sind die Eingrenzungen für eine ethnische Gruppe weitgehend beliebig bzw. sie hängen von dem Grad an Gemeinsamkeiten, die wir untersuchen wollen, ab. Das heißt, der Zoom kann hier sehr weit gefasst sein, beispielsweise auf alle Familien mit türkischen Vorfahren, weiter eingeengt werden auf Familien, die in den 60er Jahren aus der türkischen Bergwerksregion Zonguldak nach Gelsenkirchen gezogen sind, und innerhalb dieser Gruppe wiederum auf junge Familien, bei denen beide Elternteile in Deutschland aufgewachsen sind. Obwohl auch bei einem sehr breiten Zoom sicherlich Gemeinsamkeiten bei den elterlichen Erziehungszielen, Einstellungen und Verhaltensweisen zu finden sind, bergen Verallgemeinerungen für eine ethnische Gruppe immer die Gefahr, dass ein falscher Eindruck von interner Homogenität entsteht und dass hierdurch Vorurteile verstärkt werden (Harwood, Leyendecker, Carlson, Asencio & Miller, 2002; Phinney, 1996).

Ein zweiter Ansatz besteht darin, nicht bei einer Gruppe anzusetzen, die mehr oder weniger homogen oder heterogen sein mag, sondern Kultur und *cultural com-*

munity aus der Perspektive jedes Elternteils zu erfassen. Lee (2002) beschreibt für US-amerikanische Eltern, dass sie zu einer oder sogar zu mehreren ethnischen Gruppen, mit denen sie ein gemeinsames kulturelles Erbe teilen, gehören und dass diese Gruppenzugehörigkeit sich wahrscheinlich auch in ihrem Erziehungsverhalten und ihren Einstellungen widerspiegelt. Gleichzeitig gehört jedes Elternteil auch zu multiplen anderen *cultural communities*, die sich aus ihrer Biologie (z. B. Alter, Geschlecht), Umstände bei ihrer Geburt (z. B. Geburtsort, Herkunftsfamilie) oder durch verfügbare Gelegenheiten und eigene Wahl (z. B. Bildung und Beruf, Familienstatus, Mitgliedschaft in politischen oder religiösen Zusammenhängen) ergeben. So hat eine alevitische Mutter, deren Eltern aus der Türkei nach Deutschland eingewandert sind, Gemeinsamkeiten mit anderen türkischstämmigen Menschen sowie mit Aleviten aus der ganzen Welt. Darüber hinaus ist diese Frau jedoch auch ein Mitglied ihrer eigenen Familie und der ihres Partners; sie kann eine Rechtsanwältin sein, eine begeisterte Radfahrerin und sich bei der Familienbildungsstätte für den Aufbau von Mutter-Kind-Gruppen engagieren. Dadurch teilt sie Gemeinsamkeiten mit anderen Alevitinnen, mit anderen Menschen aus der Türkei, mit Müttern von kleinen Kindern, mit anderen Rechtsanwältinnen, Radfahrern und sozial engagierten Menschen. Dies bedeutet, dass jede identifizierbare *cultural community* Mitglieder hat, die gleichzeitig auch zu anderen sozialen Gruppen gehören und die so zur Heterogenität beitragen. Von dieser Perspektive her betrachtet gehören Eltern zu verschiedenen, sich teilweise überlappenden (und auch sich verändernden) *cultural communities*. Diese *communities* sind jedoch keine abgegrenzten Einheiten, sondern sind über ihre Mitglieder in Kontakt miteinander, verändern sich und beeinflussen sich gegenseitig (Chao, 2000).

Was bedeutet die Berücksichtigung von Heterogenität, die sich durch die Zugehörigkeit von Individuen zu unterschiedlichen sozialen Gruppen ergibt, für Forschungsansätze zu Elternverhalten und kindlicher Entwicklung? Rogoff und Angelillo (2002) betonen in diesem Zusammenhang, dass es bei der Untersuchung des Einflusses von Kultur auf Elternverhalten weniger um eine Zersplitterung in zahlreiche Einzelvariablen geht, sondern vielmehr darum, diese Faktoren als miteinander zusammenhängende Einflussgrößen, die gemeinsam zur Homogenität sowie zur Heterogenität einer *community* beitragen, zu betrachten. Lee (2002) unterstützt diesen Standpunkt und weist darauf hin, dass das Ziel hier sein muss, sowohl die Faktoren, die zu Gemeinsamkeiten, als auch die Faktoren, die zu Unterschieden beitragen, zu identifizieren und zu berücksichtigen, weil es nur so möglich ist, ein umfassenderes Bild zu gewinnen.

Konfundierung von Kultur und sozioökonomischem Status

In Studien zu parentalem Verhalten und Einstellungen sind jedoch häufig voneinander unabhängige Einflussgrößen miteinander konfundiert (Garcia Coll & Pachter, 2002). Beispielsweise beruht sowohl unser Wissen über Minderheitengruppen in den USA als auch in Deutschland vor allem auf Untersuchungen über Familien mit sehr niedrigem sozioökonomischem Status; sie sind also nicht repräsentativ für die gesamte Gruppe der Migranten und sie erschweren eine Trennung der Effekte von Kultur und sozioökonomischem Status. Parallel hierzu – jedoch mit umgekehrten Vorzeichen – beruht unser Wissen über Erziehungsverhalten, das als optimal für die kindliche Entwicklung gilt, vor allem auf Studien zu gebildeten nordamerikanischen und west-europäischen Mittelschichtfamilien. Dieses als optimal eingeschätzte Erziehungsverhalten entspricht auch dem der Erzieherinnen und Lehrer. Für Kinder mit Migrationshintergrund aus Familien mit niedrigem sozioökonomischem Status bedeutet dies, dass die Diskontinuität zwischen der häuslichen Kultur und der Gesellschaftskultur, mit der sie im Kindergarten und in der Schule konfrontiert werden, durch die sozioökonomischen Unterschiede weiter vergrößert wird. Umgekehrt bedeutet dies für die Erzieherinnen und Lehrer, dass sie mit Kindern konfrontiert sind, deren Verhaltensweisen sowohl kultur- als auch schichtspezifisch divergieren. Corsaro (1996) beschreibt dies in einer ethnographischen Studie am Beispiel von afro-amerikanischen Kindern aus den Head-Start Programmen, die dort an einen klaren, eindeutigen *„no-nonsense"* Erziehungsstil gewöhnt waren und im ersten Schuljahr in eine Schule kommen, in der Lehrer gewohnt sind, Kinder aus der weißen Mittelschicht zu unterrichten. Der Freiraum, den der flexible, tolerante Erziehungsstil der Lehrer darstellte, wurde von den Kindern aus den Head-Start Programmen häufig fälschlicherweise als Gelegenheit zum Unsinn machen während der Unterrichtszeit interpretiert; Lehrer wiederum interpretierten dieses Ausnutzen der für die Kinder ungewohnten Freiräume als störendes, unangepasstes Fehlverhalten. Unterschiedliche Erwartungen und Erfahrungen bei den Interaktions- und Kommunikationsstilen sind jedoch nicht nur für die Erklärung der Hintergründe von Konflikten zwischen Lehrern und Kindern bedeutsam. Corsaro (1996) weist darauf hin, dass sie in zweifacher Hinsicht einen negativen Kreislauf starten können: Die Gefahr besteht hier darin, dass erstens Kinder und ihre Eltern die Bewertung der Lehrer als kulturelle Diskriminierung wahrnehmen können, und zweitens, dass Kinder die Sichtweise, dass sie verhaltensauffällig sind, selber übernehmen und verinnerlichen.

Independente und interdependente Orientierungen und parentale Erziehungsstile

Erziehungsstile von Eltern (und Lehrern) sowie die damit einhergehenden Einstellungen und Sozialisationsziele haben in den vergangenen Dekaden zunehmende Aufmerksamkeit bekommen. Um die Zusammenhänge zwischen den Effekten von sozioökonomischem Status und Kultur auf parentale Verhaltensweisen und Einstellungen besser zu verstehen, ist es wichtig, independente und interdependente kulturelle Orientierungen einerseits und die Einflüsse des sozioökonomischen Status auf Erziehungsstile andererseits zu betrachten. Westliche Kulturen werden of als *independent* bezeichnet in dem Sinne, dass ein Individuum gesehen wird als unabhängige, in sich geschlossene, autonome Einheit, mit der besondere Merkmale, die die Einzigartigkeit des Individuums ausmachen, verbunden sind (Markus & Kitayama, 1991). Autorität wird weniger durch Alter und Sozialstatus als vor allem durch ausgewiesene Kompetenzen erworben. Im Gegensatz hierzu werden nicht-westliche Kulturen, aus denen die meisten Migrantenfamilien stammen, als *interdependent* oder soziozentrisch bezeichnet. Interdependent bedeutet, dass die grundlegende Verbundenheit mit anderen Menschen im Vordergrund steht; das Verhalten jedes Einzelnen wird auf die Anderen und deren Einstellungen, Handlungen und Gefühle abgestimmt. Nicht das Individuum, sondern die Gruppe steht im Vordergrund und das Autoritätsgefälle, das sich beispielsweise durch Hierarchie und Alter ergibt, ist ein wichtiges Merkmal der sozialen Beziehungen (vgl.

Markus & Kitayama, 1991, und den Beitrag von Fuhrer & Mayer in diesem Band).

Seit den grundlegenden Arbeiten von Baumrind (Baumrind, 1967; s.a. Maccoby & Martin, 1983) gilt der autoritative Erziehungsstil, der durch Anforderungen und konsequentes Erziehungsverhalten ebenso wie durch emotionale Wärme und Responsivität gekennzeichnet ist, als der optimale Erziehungsstil. Autoritative Eltern sind responsiv, begründen Regeln und Anordnungen, sind auch bereit, diese mit den Kindern zu diskutieren, erwarten aber gleichzeitig auch, dass Kinder diese beachten. Im Gegensatz hierzu steht der autoritäre Erziehungsstil, der durch Erwartungen an Gehorsam und geringe emotionale Zuwendung beschrieben wird; Kindern werden hier keine oder nur geringe Zugeständnisse an ihre eigenen Wünsche gemacht. Die Charakteristika des autoritativen Erziehungsstils entsprechen in vieler Hinsicht einer independenten, individualistischen Orientierung. Hierzu gehören Merkmale wie die bidirektionale Kommunikation, Wahlmöglichkeiten, die Förderung von Diskussionen, die Berücksichtigung der Rechte von Kindern durch die Eltern und die Wertschätzung der Erziehung zu Autonomie und Selbstbewusstsein. Im Gegensatz hierzu hat der als weniger optimal geltende autoritäre Erziehungsstil, der durch direkte Anweisungen und die Erwartung an Gehorsam gekennzeichnet ist, viele Gemeinsamkeiten mit Merkmalen, die typischerweise mit interdependenten, soziozentrischen Orientierungen einhergehen. Diese Parallelen haben in Verbindung mit dem niedrigen sozioökonomischen Status der Migranten dazu beigetragen, die Assoziation zwischen niedrigem sozioökonomischen Status, interdependenter kultureller Orientierung und Konformität zu verstärken und so die Kontraste zwischen den Erziehungsstilen der Aufnahmegesellschaft und der Herkunftsgesellschaft künstlich zu verfestigen.

Die Präferenzen von Eltern für das als richtig erachtete Ausmaß an Kontrolle und Strafe ebenso wie ihre Bereitschaft, Erklärungen und Begründungen zu geben und unabhängiges Denken zu fördern, variiert innerhalb verschiedener Kulturen in Abhängigkeit vom sozioökonomischen Status der Eltern. Innerhalb eines Landes legen Eltern mit niedrigem sozioökonomischem Status mehr Wert auf Konformität und die Beachtung von Regeln, während Eltern mit höherem sozioökonomischem Status mehr Wert darauf legen, Eigeninitiative und Unabhängigkeit zu fördern (Imamoglu, 1988; Kagitcibasi, 1996; Kohn, 1979; Leyendecker et al., im Druck). Jenseits von diesen Parallelen existieren jedoch auch unabhängig vom sozioökonomischen Status bedeutsame Unterschiede zwischen Eltern in Abhängigkeit von ihrer ethnischen Herkunft, sowohl im Hinblick auf die Erziehungsstile als auch im Hinblick auf die Vermittlung von independenten und interdependenten Wertorientierungen (Hoffman, 1988). Chao (1994) beispielsweise betont, dass die Konzeptualisierung des autoritativen Erziehungsstils als mehr und die des autoritären Erziehungsstils als weniger optimal einer ethnozentrischen Sichtweise entspricht. Sie beschreibt, dass für Asiaten Gehorsam gegenüber den Eltern und einige Aspekte von Strenge mit elterlicher Fürsorge und Wärme einhergehen. Anders als in westlichen Kulturen ist parentale Autorität mit einem hohen Engagement der Eltern und mit physischer Nähe und Zuneigung verbunden. Zahlreiche Studien unterstützen diese Sichtweise indirekt, indem sie zeigen, dass – unabhängig von ihrem sozioökonomischen Status – emotionale Nähe innerhalb der Familie, die Akzeptanz von geringer Autonomie und der Stellenwert, der familialen Verpflichtungen zugemessen wird, bei Kindern und Jugendlichen aus Familien, deren Vorfahren aus interdependenten Kulturen stammen, bedeutsam bleiben (vgl. Phinney, Ong & Madden, 2000).

Die starre Independenz/Interdependenz-Dichotomie ist darüber hinaus in den letzten 10 Jahren auch durch Studien aufgebrochen worden, die zeigten, dass Eltern in allen Schichten und in unterschiedlichen Kulturen sowohl independente als auch interdependente Erziehungsziele verfolgen. Kusserow (1999) sowie Miller (1996) zeigen, dass bestimmte independente Aspekte gerade von Eltern mit niedrigem sozioökonomischem Status, die in einer als feindlich oder gefahrenvoll wahrgenommenen Umwelt leben, an ihre Kinder weitergegeben werden. Die Kinder sollen schon vor dem Eintritt in die Schule lernen, dass sie sich auf niemand anderes als auf sich selbst verlassen sollen, dass sie sich zur Wehr setzen und von anderen nichts gefallen lassen sollen. Das Ziel, die Kinder durch die Förderung von Unabhängigkeit und Eigenständigkeit auf eine raue Welt vorzubereiten, kann mit strengen moralischen Werten und Regeln (Kusserow, 1999) und mit der Erwartung der Eltern und der Lehrer, dass sie sich an strenge Regeln halten und Respekt zeigen, kombiniert werden (Corsaro, 1996). Bei Familien mit niedrigem sozioökonomischem Status, die in gefahrvollen innerstädtischen Wohngebieten leben, ist in US-amerikanischen Studien kontrollierendes Verhalten der Eltern mit einer positiven Entwicklung der Kinder assoziiert (Baldwin, Baldwin & Cole, 1990; Deater-Deckard & Dodge, 1997).

Umgekehrt zeigte Kusserow (1999), dass die Erziehungspraktiken von gebildeten, wohlhabenden Eltern in vieler Hinsicht dem autoritativen Erziehungsstil entsprachen. Wie auch in anderen Studien beschrieben (Nucci, 1994; Nucci, Killen & Smetana, 1996) wurden diesen Kindern beispielsweise mehr Wahlmöglichkeiten zugestanden; Anordnungen wurden als Vorschläge formuliert, wenn auch die Kinder genau wussten, wie diese korrekt zu interpretieren sind. Gleichzeitig balancierten Eltern und Lehrer schon im Vorschulalter die Independenz der Kinder, in dem sie viel Wert auf soziale Kompetenzen legten und den Kindern beibrachten, sozial erwünschte Verhaltensweisen zu berücksichtigen (Kusserow, 1999). Independente und interdependente Erziehungsziele und -praktiken variieren also innerhalb einer Kultur in Abhängigkeit vom sozialen Status und von den Umweltbedingungen, jedoch stellen diese beiden Orientierungen keinesfalls sich gegenseitig ausschließende Kontraste dar, sondern sind vielmehr in Abhängigkeit von dem jeweiligen Kontext in unterschiedlicher Gewichtung parallel vorhanden. Unabhängig von dem spezifischen Kontext, in dem Kinder (und auch Jugendliche) aufwachsen, gilt eine Balance zwischen Autonomie und Verbundenheit als eine entscheidende Voraussetzung für eine gesunde Entwicklung (Baltes & Silverberg, 1994; Ryan, Deci & Grolnick, 1995).

Für eine Betrachtung von Erziehungsstilen von Eltern, die sich hinsichtlich ihres sozioökonomischen Status und ihrer kulturellen Herkunft unterscheiden, bedeutet dies, dass ein isolierter Vergleich einzelner Aspekte des Elternverhaltens nicht sinnvoll ist, sondern dass vielmehr der Kontext, in dem Verhalten eingebettet ist, berücksichtigt werden muss. Heute wird davon ausgegangen, dass in Abhängigkeit vom soziokulturellen Umfeld durchaus sehr unterschiedliche Erziehungsstile für die Entwicklung der Kinder förderlich sein können (Kusserow, 1999; Keller, 2003; Leyendecker et al., im Druck). Während für deutsche Kinder wahrscheinlich das Baumrind-Modell bedeutsam ist, kann im Kontext anderer soziokultureller parentaler Orientierungen ein Erziehungsstil, in dem parentale Autorität sowie die Wertschätzung von Respekt und Hierarchie durch emotionale Wärme und Unterstützung balanciert sind, angemessen und entwicklungsfördernd sein (vgl. dazu Fuhrer und Mayer in diesem Band).

Wie kann der sozioökonomische Status gemessen werden?

Der sozioökonomische Status stellt neben Kultur die bedeutsamste direkte und indirekte Einflussgröße auf elterliche Erziehungspraktiken und die Entwicklung der Kinder dar (Bornstein & Bradley, 2003). Der sozioökonomische Status der Familie beeinflusst die Kognitionen der Eltern ebenso wie die Erfahrungen, die Kinder machen, ihre schulischen Leistungen und kognitiven Fähigkeiten, ihren Gesundheitsstatus und ihre sozialemotionale Entwicklung (Brooks-Gunn, Britto & Brady 1999; Duncan & Magnuson, 2003; Fuligni & Yoshikawa, 2003; Hoff, Laursen & Tardif, 2002; McLoyd, 1998). In der nordamerikanischen Forschung wird als klassisches Instrument zur Bestimmung des sozioökonomischen Status der so genannte Hollingshead Index (Hollingshead, 1975) verwendet. Dieser misst auf vier separaten Skalen den beruflichen Status sowie die Schulausbildung von Mutter und Vater. Die sich hieraus ergebenden Punkte erlauben zwar eine kontinuierliche Darstellung des sozioökonomischen Status, jedoch werden in der empirischen Forschung meistens Gruppen unter und über einer bestimmten Punktzahl gebildet. Somit werden die kontinuierlichen Daten zu diskreten Kategorien, die jeweils eine soziale Schicht darstellen, reduziert. Die Nachteile dieser weit verbreiteten Methode bestehen darin, dass erstens bedeutungsvolle Unterschiede angenommen werden zwischen Personen, die nur einen Punkt auseinander liegen können, und zweitens die Ursachen für individuelle Unterschiede, die sich aus der Bildung, dem Einkommen oder dem beruflichen Status der Mutter oder des Vaters ergeben, verdeckt werden.

Von einer entwicklungspsychologischen Perspektive her betrachtet ist es jedoch sinnvoller zu überlegen, welche Elemente den sozioökonomischen Status ausmachen und wie diese Kinder und ihre Familien in unterschiedlichen Lebensphasen beeinflussen. Hier bietet sich die soziologische Unterscheidung nach Human-, Finanz- und Sozialkapital, das Eltern für ihre Kinder bereitstellen, an. Diese Unterscheidung ist mittlerweile in der Entwicklungspsychologie weitgehend rezipiert worden (Bornstein & Bradley, 2003).

Das *Humankapital* umfasst die nicht-materiellen Ressourcen, vor allem die Bildung und die beruflichen Erfahrungen der Eltern. Im Kontext von Migration sind hier auch die Sprachen, die die Eltern sprechen, sowie die Zeit, die sie nicht mit Erwerbstätigkeit verbringen, bedeutsam. Die Schulbildung der Eltern ist eine wichtige Einflussgröße für die Art der Kommunikation und Interaktion zwischen Eltern und Kindern in ihren ersten Lebensjahren sowie für das Ausmaß, in dem sie später die Kinder bei Hausaufgaben unterstützen können.

Das *Finanzkapital*, also das Geld, das eine Familie zur Verfügung hat, beeinflusst das Wohnquartier, die Größe der Wohnung, außerhäuslichen Spielflächen, die Qualität der Nahrung, verfügbare Spielmaterialien, Freizeitgestaltung und anderes mehr. Darüber hinaus kann das Finanzkapital das subjektive Wohlbefinden und das Ausmaß des Alltagsstress beeinflussen.

Das *Sozialkapital* umfasst die sozialen Netzwerke der Familie und ist so eine bedeutsame Verbindung zur Welt außerhalb der Kernfamilie. Nach Wilson, Harrison, Pine, Chan und Buriel (1990; s.a. Rumbaut, 1997) stellt die erweiterte Familie ein System dar, das sowohl im normalen Alltag als auch in Stresssituationen, die sich durch den Migrationsprozess verstärkt ergeben können, adaptiv ist und die Ressourcen der Familie allen Mitgliedern zugänglich macht. Vega (1990) betont darüber hinaus, dass die Hauptbedeutung in der emotionalen Unterstützung der Familienmitglieder liegt, diese Form der Unterstützung bleibt auch nach mehreren Generationen stabil (Cortes, 1995; Fuligni, Tseng & Lam, 1999; Kagitcibasi, 1996). Dieser Festellung entsprechend ergaben Untersuchungen, dass die Unterstützung durch die Familie bei lateinamerikanischen Migranten in den USA mit einem höheren Geburtsgewicht der Säuglinge verbunden ist (Sherraden & Barrera, 1996), Großmütter und andere (weibliche) Verwandte mehr in die Betreuung der Kinder miteinbezogen sind (Burnette, 1999; Leyendecker, Lamb, Schoelmerich & Fracasso, 1995; Way & Leadbeater, 1999) und dass die Qualität der Eltern-Kind-Beziehung hierdurch gestützt wurde (de Leon Siantz & Smith, 1994; de Siantz, 1990; Uno, Florsheim & Uchino, 1998). Die Auswertung der Netzwerke von türkischen Familien in Deutschland zeigte darüber hinaus die Notwendigkeit, zwischen der Herkunftsfamilie und angeheirateten Verwandten zu differenzieren (Schoelmerich, Leyendecker, Harwood, Citlak & Miller, i.Dr./2005). Die zweite wichtige Personengruppe sind Freunde und Bekannte, sowohl aus der eigenethnischen als auch aus der Majoritätsbevölkerung. Letztere sind auch mögliche Indikatoren für die Akkulturation der Eltern und für die potenziellen Gelegenheiten der Kinder zum Kontakt mit der außerhäuslichen Kultur.

Das Humankapital gilt in der frühen Kindheit als die singulär bedeutendste Effektgröße im Hinblick auf elterliche Kognitionen und Eltern-Kind-Interaktionen, das Finanzkapital gilt jenseits von der Armutsgrenze in diesem Altersbereich als vergleichsweise noch wenig einflussreich (vgl. Leyendecker et al., im Druck). Es ist zu vermuten, dass gerade in der Migrationssituation das Sozialkapital eine wichtige Ressource bei der Erziehung der Kinder darstellt und damit gemeinsam mit dem Humankapital zur Aufklärung von Varianz beitragen kann. Human-, Finanz- und Sozialkapital sind jedoch separate Einflussgrößen und sollten deshalb getrennt und nicht auf einer einzigen Skala gemessen werden (Bornstein, Hahn, Suwalsky & Haynes, 2003). Zu beachten ist hier, dass es eine nicht-lineare Beziehung zwischen dem Einfluss von Bildung der Eltern und ihrem Einkommen auf Elternverhalten und die Entwicklung der Kinder gibt. Je geringer Human- und Finanzkapital, desto größer ist die Wahrscheinlichkeit, dass geringfügige Änderungen in die eine oder die andere Richtung große Auswirkungen haben können. Dies bedeutet, dass der sozioökonomische Status keine feste Größe für eine Familie darstellt, sondern dass Veränderungen über die Zeit beachtet werden müssen (Hauser, 1994; Leyendecker et al., im Druck).

Das Zusammenspiel von Kultur und sozioökonomischem Status

Förderung in der frühen Kindheit und die Bedeutung der Eltern

Die Wahrscheinlichkeit, dass Kinder durch ihre Eltern gefördert werden, steigt mit dem sozioökonomischen Status, insbesondere mit der Bildung der Eltern (Bornstein & Bradley, 2003). Je geringer die Förderung der Kinder in ihrer häuslichen Umwelt ist, desto größer sind die Effekte von Förderung durch den Kindergarten; dies bedeutet, dass die Effekte von Förderung im Kindergarten im umgekehrten

Verhältnis zum sozioökonomischen Status der Eltern stehen. Für Kinder mit Migrationshintergrund ist der Kindergarten darüber hinaus auch wegen der Möglichkeiten, mit der Kultur der Mehrheitsbevölkerung und der deutschen Sprache schon vor dem Eintritt in die Schule vertrauter zu werden, bedeutsam. Suarez-Orozco und Suarez-Orozco (2001) gehen davon aus, dass Eltern, denen es gelingt, bei ihren Kindern einerseits den Respekt für die Herkunftskultur zu erhalten und sie gleichzeitig zu ermutigen, der Aufnahmegesellschaft offen gegenüber zu stehen und ihre Bildungsangebote wahrzunehmen, ihren Kindern die besten Voraussetzungen für eine erfolgreiche Integration mitgeben. Bildung der Eltern und die aktive Förderung von Bildung der Kinder stellen hier – insbesondere in Verbindung mit deutschen Sprachkenntnissen – einen protektiven Faktor dar.

Vor dem Eintritt in die Schule haben fast alle Kinder eine positive Einstellung gegenüber der Schule und das Selbstvertrauen, dass sie gut lernen werden. Im Laufe des ersten Schuljahres besteht jedoch gerade für die Kinder, die ein geringes Basiswissen mitbringen, die Gefahr, dass ihr Selbstvertrauen und ihre positive Einstellung der Schule gegenüber schwindet (Arnold & Doctoroff, 2003). Frühe Erfahrungen von Versagen, insbesondere, wenn sie nicht durch Eltern oder Lehrer aufgefangen werden, können somit späteres schulisches Versagen schon vor dem Ablauf des ersten Schuljahres entscheidend beeinflussen (Stipek, 2001). In den ersten sechs Lebensjahren ist die (Schul-) Bildung der Eltern der singulär bedeutsamste Einflussfaktor auf die Entwicklung der Kinder (Bornstein & Bradley, 2003). McLoyd (1998) bezeichnet sogar den sozioökonomischen Status, insbesondere Bildungsmängel der Eltern als den Hauptrisikofaktor für die Entwicklung von Kindern aus Minoritätenfamilien. Der Minoritätenstatus in den USA ist jedoch vielfach mit Ein-Elternfamilien, niedrigem Alter der Mutter bei der Geburt des ersten Kindes, hoher Armut, gefährlicher Wohngegend, schlechtem Zugang zur Gesundheitsversorgung, unzureichender Kinderbetreuung, wenig geeignetem Spielzeug und anderem mehr assoziiert (Brooks-Gunn et al., 1999; Garcia Coll & Pachter, 2002; Magnuson & Duncan, 2002). Diese Faktoren treffen nicht oder nur sehr abgeschwächt auf Migrantenfamilien in Deutschland zu. Darüber hinaus kann bei türkischstämmigen Eltern, die die größte Minoritätenpopulation in Deutschland darstellen, mangelndes Interesse an Bildung ebenfalls als Ursache ausgeschlossen werden (vgl. Citlak, Leyendecker, Schölmerich, Harwood & Driessen, in Vorb.; Nauck, 1990), so dass zu vermuten ist, dass hier andere Ursachen wirksam werden.

Bei den Faktoren, die auf die kindliche Entwicklung in den ersten sechs Lebensjahren wirken, ist zu unterscheiden zwischen Einflussgrößen, die spezifisch für den sozioökonomischen Status einer Familie sind, und Einflussgrößen, die spezifisch für die Herkunftskultur und die Migrationserfahrungen sind. Die Prozesse, die hier innerhalb einer Familie jeweils wirksam werden und die die kognitive, sprachliche, soziale, emotionale und motorische Entwicklung von Kindern beeinflussen, können nach proximalen Faktoren, elterlichen Schlüsselcharakteristika und distalen Faktoren unterschieden werden. Proximale Faktoren, in der Literatur auch häufig als „internal factors" bezeichnet, werden wiederum von distalen Faktoren („external factors") einerseits sowie von den Schlüsselcharakteristika der Eltern andererseits beeinflusst (Duncan & Magnuson, 2003; Entwistle & Astone, 1994; Hoff et al., 2002). Zu den distalen Faktoren gehören insbesondere der sozioökonomische Status, Migrationserfahrungen sowie Alltagsstress. Wir gehen hier von Wirkzusammenhängen aus, nämlich dass distale Faktoren Schlüsselcharakteristika der Eltern (Kognitionen und Akkulturation) und somit proximale Prozesse (Eltern-Kind-Interaktionen, Erziehungspraktiken) beeinflussen und dass diese wiederum zur Erklärung von Entwicklungsunterschieden bei den Kindern beitragen.

Dieses Wirkmodell ist jedoch nicht unidirektional, vielmehr sind bei einer längsschnittlichen Betrachtung Wechselwirkungen zu erwarten. Beispielsweise ist anzunehmen, dass nicht nur der Alltagsstress der Eltern sich auf die Entwicklung der Kinder auswirkt, sondern dass auch die Entwicklung der Kinder zu einer Reduzierung oder Erhöhung des Alltagsstress der Eltern beiträgt. Auch ist in diesem Modell die Intelligenz der Kinder nicht berücksichtigt, obwohl anzunehmen ist, dass Kinder mit sehr hoher Intelligenz auch bei geringer Förderung durch Eltern und Umwelt in der Schule sehr erfolgreich sein können. Jedoch zeigen die Forschungen von Sameroff und seinen Kollegen (Sameroff, Bartko, Baldwin, Baldwin & Seifer, 1998; Sameroff, Seifer, Baldwin & Baldwin, 1993), dass Risikofaktoren, beispielsweise sozioökonomische Faktoren, Minoritätenstatus, alltäglicher Stress und Gelegenheiten zur Interaktion mit den Eltern, Einfluss auf die Intelligenzentwicklung der Kinder haben. Kinder, deren Risikofaktoren stabil sind, blieben auch in ihrem IQ vom Vorschulalter bis zur Adoleszenz stabil; veränderten sich jedoch die Risikofaktoren von niedrig nach hoch, nahm die Intelligenzleistung ab, umgekehrt nahm sie zu.

Eltern stellen folglich in vielfacher Hinsicht schon in der frühen Kindheit die Weichen für den späteren Schulerfolg der Kinder durch proximale Interaktionen, insbesondere innerfamiliäre Förderung, gemeinsame Aktivitäten und emotionale Unterstützung der Kinder, durch ihre Rolle als Vermittler der außerhäuslichen Umwelt und durch das Ausmaß, in dem sie ihre Kinder in den Bildungseinrichtungen begleiten. Da Familien mit Migrationshintergrund sehr heterogen sind, ist für ein Verständnis der Entwicklungsbedingungen der Kinder die Identifikation und Differenzierung der Faktoren, die Elternverhalten und kindliche Entwicklung beeinflussen, von entscheidender Bedeutung. Das Verständnis für diese komplexen Zusammenhänge ist auch eine Voraussetzung, um Kinder und ihre Familien mit Migrationshintergrund zu unterstützen und ihnen die Förderung zukommen zu lassen, die es ihnen erlaubt, ihr individuelles Potenzial zu entfalten und das deutsche Bildungssystem optimal zu nutzen.

Distale Mechanismen

Zu den distalen Faktoren gehören im Hinblick auf Eltern und kindliche Entwicklung unter Migrationsbedingungen vor allem der sozioökonomische Status, die Migrationserfahrungen sowie der Alltagsstress, den eine Familie erfährt. Wichtig ist hier noch einmal festzuhalten, dass zu erwarten ist, dass Bildung der Eltern (Humankapital) als die singulär bedeutsamste Einflussgröße im direkten Zusammenhang mit der Förderung der Kinder steht; dass das Finanzkapital bedeutsam ist, da dieses die Ressourcen der Nachbarschaft sowie die Ausstattung und Größe der Wohnung beeinflussen kann; und dass das Sozialkapital einen protektiven Faktor darstellen kann, da hierdurch sowohl Eltern direkt und indirekt unterstützt werden als auch die Größe und Qualität des sozialen Netzwerkes die Erfahrungen der Kinder beeinflussen kann.

Migrationserfahrungen

Die Länge des Aufenthaltes in Deutschland, der generationale Status der Ehepartner, der legale Aufenthaltsstatus, die Involviertheit und Verankerung in der eigenethnischen und der deutschen Gesellschaft sowie die Erfahrungen aller Familienmitglieder mit deutschen Kindergärten und Schulen tragen zu den divergierenden Migrationserfahrungen der Eltern bei und beeinflussen wiederum die Akkulturation jedes Elternteils. Nach Liebkind (2001) sind nicht mehr lineare Assimilationsprozesse, sondern Pluralität kennzeichnend für die Akkulturationsprozesse vieler Zuwanderer. Die Herkunftskultur ist hierbei jedoch, wie Greenfield (1994) es formuliert, *„a moving target"*: Der Heimatort in Anatolien ändert sich, die Türkei ändert sich, und Deutschland ändert sich. Der Bezug zur eigenethnischen Gruppe ist für eine gesunde Entwicklung von Kindern aus Zuwandererfamilien wichtig und sinnvoll, birgt jedoch dann Einschränkungen, wenn die Kultur der eigenen Ethnie sich nach der Migration nicht oder nur geringfügig weiterentwickelt. Deshalb ist die Berücksichtigung des generationalen Status der Ehepartner von Bedeutung. Beispielsweise können in türkischen Migrantenfamilien Frauen aus der 1. Generation eventuell die moderne Türkei repräsentieren, während ihre Partner aus der 2. Generation möglicherweise die Türkei, wie sie vor 30 Jahren war, als Orientierungspunkt verinnerlicht haben. Umgekehrt ist es auch möglich, dass gerade eine traditionelle Orientierung türkischen Frauen die Migration in eine ebenfalls traditionelle türkische Familie in Deutschland erleichtert (Gümen, 2000). Ein weiterer Grund für die Bedeutung des generationalen Status liegt in den Sprachkenntnissen der Eltern und in ihren Kenntnissen des deutschen Bildungssystems. Die vielfältigen Pfade von Akkulturationsprozessen, die Diversität hinsichtlich der Bedeutung der ethnischen Identität, die Länge des Aufenthaltes in Deutschland, die Zusammensetzung des sozialen Netzwerkes und nicht zuletzt die Veränderungen über die Lebensspanne tragen sowohl zu Gemeinsamkeiten als auch zur Heterogenität von Migrantenfamilien aus denselben Herkunftsländern bei (Wolf, 1994).

Alltäglicher Stress

Akkumulativer Stress durch tägliche Ärgernisse, beispielsweise Sorgen um Geld, Probleme mit Nachbarn, Partner und Schwiegermutter, Gesundheitsprobleme, sprachliche Verständigungsschwierigkeiten und anderes mehr gelten bei Migration als bedeutsamere Einflussgrößen als die sogenannten stressvollen Lebensereignisse, wie z.B. der Umzug nach Deutschland. Bei der schon oben beschriebenen, vor allem in türkischstämmigen Familien häufig auftretenden Kombination, dass Elternpaare sich aus einem in Deutschland und einem in der Türkei aufgewachsenen Partner zusammensetzen, kann dies zu erheblichem Alltagsstress, u.a. bedingt durch die Konstellation der erweiterten Familie, beitragen (Schölmerich et al., im Druck/2005).

Schlüsselcharakteristika der Eltern: Akkulturation und Kognitionen

Zu den Schlüsselcharakteristika, nach denen Eltern sich unterscheiden und die ihrerseits Erziehungspraktiken und Eltern-Kind-Interaktionen beeinflussen können, gehören zum einen ihre Akkulturationsorientierungen und zum anderen ihre elterlichen Kognitionen zur Erziehung ihrer Kinder (Goodnow, 1988; Miller, 1988). Zu den elterlichen Kognitionen gehören die langfristigen elterlichen Sozialisationsziele, z.B. die Erwartungen, die Eltern an die schulischen Leistungen ihrer Kinder, an respektvolles Verhalten, Autonomie und Verbundenheit mit der Familie haben (Harwood et al., 2001; Harwood, Schölmerich, Ventura-Cook, Schulze & Wilson, 1996) ebenso wie Präferenzen für Erziehungsstile und kindliche Kompetenzen (Leyendecker, Harwood, Lamb & Schölmerich, 2002), Erwartungen der Eltern an die Zeitpunkte für bestimmte Entwicklungsschritte ("*developmental milestones*"; Schulze, Harwood & Schölmerich, 2001) und ihre Konzepte von parentaler Selbstwirksamkeit (Davis-Kean & Peck, 2004). Bei Sprachforschern besteht Einigkeit darüber, dass die ersten Lebensjahre von zentraler Bedeutung für das Erlernen von Sprache sind (Weinert, 2004). Unklar ist jedoch, welches die Faktoren sind, die dazu führen, dass Kinder, die in den ersten drei Lebensjahren nur oder überwiegend ihre Muttersprache gesprochen haben, leicht und gut deutsch lernen. Hier ist zu vermuten, dass basale Sprachkenntnisse der deutschen Sprache den Übergang in den Kindergarten erleichtern, da aber Sprache und Kognitionen eng miteinander verzahnt sind, ist auch zu vermuten, dass die Kinder, mit denen viel gesprochen wird, leichteren Zugang sowohl zu ihrer Muttersprache als auch zu Deutsch als Zweitsprache haben. Unerforscht ist bislang die Bedeutung von Konzepten, die Eltern zum Spracherwerb sowie zur Umsetzung dieser Konzepte haben. Hier sind vor allem bei Eltern, bei denen mindestens einer der Partner bilingual ist, Unterschiede zu erwarten.

Akkulturation kann als der Prozess definiert werden, durch den Immigranten und ihre Nachfahren die Werte, Normen und Einstellungen der Aufnahmegesellschaft erwerben (Cortes, Rogler & Malgady, 1994). In der neueren Akkulturationsforschung wird betont, dass dieser Prozess kein Nullsummenspiel ist, bei dem die Kultur des Herkunftslandes zu Gunsten der Kultur des Aufnahmelandes graduell abgelegt wird, vielmehr kann es sich hier auch um einen Additionsprozess handeln, bei dem die Kultur des Herkunftslandes und die des Aufnahmelandes selektiv beibehalten bzw. erworben wird (Cortes et al., 1994; Rogler, 1994; Sachverständigenkommission, 2000). Die Entwicklung einer bikulturellen Identität bei Eltern und ihren Kindern ist jedoch ebenso wie eine Differenzierung dieser Prozesse, die eher mit selektiven als mit allumfassenden kulturellen Veränderungen einhergehen, nach wie vor kaum untersucht (Harwood et al., 2002). Wir gehen jedoch davon aus, dass die Akkulturation der Eltern ihre Interaktionen, Erziehungspraktiken sowie das Ausmaß, in dem sie die außerhäusliche Umwelt vermitteln, beeinflussen (vgl. dazu auch den Beitrag von Fuhrer & Mayer in diesem Band).

Elterliche Kognitionen variieren sowohl zwischen Kulturen als auch innerhalb von Kulturen. Unterschiede zwischen Kulturen betreffen vor allem die Selbstständigkeit der Kinder, ihr Verhältnis zu den Eltern, die Bedeutung der Eltern für die Entwicklung der Kinder sowie die Zeitpunkte, zu denen Kinder bestimmte Fertigkeiten und Fähigkeiten erlangt haben sollen (Goodnow, Cashmore, Cotton & Knight, 1984; Norimatsu, 1993; Pachter & Dworkin, 1997; Schulze, Harwood, Schölmerich & Leyendecker, 2002). Systematische Varianz innerhalb einer Kultur ergibt sich vor allem in Abhängigkeit vom sozioökonomischen Status. Beispielsweise steigt mit der Bildung der Eltern auch die Überzeugung, dass sie die Entwicklung der Kinder im Allgemeinen ebenso wie spezielle Verhaltensweisen (z.B. das Erledigen von Hausaufgaben) beeinflussen können (Davis-Kean & Peck, 2004). Bei Eltern mit Migrationshintergrund sind zur Erklärung von Varianz zusätzlich die Länge des Aufenthaltes in Deutschland sowie die Akkulturationsorientierungen und der generationale Status der Eltern geeignet (Schölmerich & Leyendecker, in Vorb.).

Beteiligung der Eltern an Bildungseinrichtungen

In Deutschland gilt die Beteiligung der Eltern an Bildungseinrichtungen, also beispielsweise das Besuchen von Elternabenden im Kindergarten und in der Schule oder Gespräche mit Erziehern und Lehrern, als wichtig für die Förderung der Kinder. Die Kommunikation zwischen deutschen Eltern und Erziehern läuft zwar nicht immer reibungslos, jedoch gibt es eine weitgehende Ähnlichkeit zwischen den Erwartungen der Eltern und denen der Erzieherinnen (Tietze & Roßbach, 1996). Bei deutschen Familien ist darüber hinaus ein Zusammenhang zwischen elterlichem Engagement zu Hause und elterlichem Engagement in den Bildungseinrichtungen zu erwarten; bei Familien mit Migrationshintergrund sind diese Zusammenhänge jedoch nicht unbedingt gegeben.

Die Bereitschaft, in engem Kontakt mit Kindergarten und Schule zu bleiben, kann je nach den Erfahrungen der Herkunftskultur variieren. Vier mögliche Gründe sind hier denkbar. Erstens, Kindergärten oder vergleichbare Einrichtungen sind vielen Eltern mit Migrationshintergrund nicht vertraut. In der Türkei beispielsweise sind Kindergärten erst relativ neu und teuer (Kula, 1999) und werden überwiegend von den höheren sozialen Schichten genutzt. Die Eltern, die schon in Deutschland eingeschult worden sind, waren ebenso wie Eltern, die in der Türkei aufgewachsen sind, fast nie in Kindergärten. Dies würde bedeuten, dass in Abhängigkeit von der Herkunftskultur Eltern keine eigenen Erfahrungen mit diesen Institutionen haben. Dies kann dazu führen, dass auch dann, wenn Sprache keinen Hinderungsgrund darstellt, die Hemmschwelle, sich hier einzubringen, hoch ist. Zweitens ist – zumindestens in Nordrhein-Westfalen – seit dem Jahr 2000 sowohl für deutsche Kinder als auch für Kinder mit Migrationshintergrund der Besuch eines Kindergartens zum Normalfall geworden. Jedoch ist bei allen Beschreibungen von Verhalten von Menschen aus unterschiedlichen kulturellen Kontexten zu beachten, dass ein ähnliches Verhalten unterschiedlichen Zielen dienen kann (Bornstein, 1995; Gallimore, Goldenberg & Weisner, 1993). Ein Kindergarten könnte also beispielsweise als ein Service zur Kinderbetreuung oder ebenso als eine Gelegenheit für die Kinder, Sprache und andere Kompetenzen, die für den Schulbesuch wichtig sind, zu erlernen, angesehen werden, und diese unterschiedlichen Sichtweisen könnten die Beteiligung der Eltern an der Arbeit des Kindergartens beeinflussen. Drittens weisen die kulturvergleichenden Forschungen von Harkness (2004) zu Kindern im Vorschulalter darauf hin, dass die soziale Distanz, die zwischen Elternhaus und Schule als angemessen gilt, zwischen einzelnen Kulturen variiert; diese Einstellungen können zu Unterschieden zwischen Eltern, die sich nach ihrer kulturellen Herkunft unterscheiden, beitragen. Viertens kann eine Ursache in der Delegation von Erziehungsbereichen liegen, Bildung und ebenso das Implementieren von Disziplin als Aufgabe der Schule und nicht als Aufgabe der Eltern betrachtet werden. Diese Wahrscheinlichkeit ist in den (interdependenten) Kulturen erhöht, in denen mit Kleinkindern in der Tendenz eher permissiv umgegangen wird und das Erlernen von Disziplin erst beim Eintritt in die Schule und dort vor allem durch die Lehrer implementiert werden soll (Khounani, 2000; Leyendecker, 2003; Pfluger-Schindlbeck, 1989). Diese Einstellung würde dazu beitragen, dass manche Eltern sowohl im Hinblick auf die Förderung schulisch relevanter Fähigkeiten als auch im Hinblick auf Verhaltensanpassungen andere Erwartungen an Kindergarten und Schule haben als deutsche Eltern, während gleichzeitig deutsche Lehrer und Erzieher mehr Beteiligung der Eltern bei der Bildung der Kinder sowie bei der Erziehung zu Disziplin und Gehorsam erwarten.

Proximale Prozesse

Unter proximalen Prozessen, die nach Bronfenbrenner (1995) *„the engines of development"* darstellen, werden die Interaktionen *„between an evolving biopsychological human organism and the persons, objects, and symbols in its immediate environment"* verstanden (S. 620). Gerade in der frühen Kindheit und im Kindergartenalter, wenn die Bandbreite der sozialen Erfahrungen noch relativ eingeschränkt ist, sind hier Interaktionen zwischen Eltern und Kindern von besonderer Bedeutung. Wissen wird in den ersten Lebensjahren vor allem durch soziale Interaktionen mit den Eltern erworben (Tomasello, 2000). Der Prozess der Vermittlung von Wissen durch gemeinsame Interaktionen mit Eltern oder mit anderen kompetenten Interaktionspartnern wird auch als Ko-Konstruktion bezeichnet (Gauvain, 2001; Rogoff, 1990). Adams (1990) schätzt, dass Kinder aus Elternhäusern mit einer niedrigen Bildung im Durchschnitt 25 Stunden gemeinsames Bilderbuchlesen mit einem Erwachsenen erfahren haben, Kinder aus der Mittelschicht hingegen 1000–1700 Stunden. Gemeinsames Bilderbuch anschauen führt aber zu erhöhtem Interesse der Kinder an Bilderbüchern und ist ein Prädiktor für spätere Lesekompetenz (Chapman, Tunmer & Prochnow, 2000; Crain-Thoreson & Dale, 1992; Hoff & Naigles, 2002; Pelligrini & Galda, 1998). Kinder, denen wenig vorgelesen wird, haben vielleicht Zugang zu Büchern, Spielzeug (und Fernsehern), jedoch ist der Anregungsgehalt der physischen Umwelt allein wenig bedeutsam, wenn er nicht auch durch soziale Interaktionen vermittelt wird. Kinder, mit denen wenig gespielt wird und denen wenig vorgelesen wird, haben wenig Gelegenheiten zum gemeinsamen Wissenserwerb, bei dem sowohl das gemeinsame Handeln als auch Sprache wichtig ist. Das gemeinsame Spielen und insbesondere das gemeinsame Lösen von Problemen, z.B. beim Aufbau eines Turmes mit einem erfahrenen Interaktionspartner, ermöglicht kleinen Kindern, komplexere Zusammenhänge zu verstehen und fördert durch das Übertragen auf andere Situationen das abstrakte Denken. Darüber hinaus bieten soziale Interaktionen in alltäglichen Routinen (z.B. gemeinsame Mahlzeiten) Gelegenheit zur Kommunikation mit anderen Familienmitgliedern, etwa über Tagesereignisse sowie die Erlebnisse des Kindes und fördern so dessen Sprachkompetenz (Harris, 1993; Rice, 1992).

Die kognitive und sprachliche Entwicklung von Kindern ist eng miteinander verzahnt und die Entwicklungsprozesse in diesen beiden Domänen hängen in vielerlei Hinsichten zusammen und beeinflussen sich gegenseitig (Weinert, 2004). Zahlreiche Studien, in denen unterschiedliche Methoden eingesetzt wurden, zeigen, dass die Kinder, die später schulisch erfolgreich sind, ihr Basiswissen, das ihnen erlaubt, am Schulunterricht zu partizipieren, schon vor dem Eintritt in die Schule erworben haben (Arnold & Doctoroff, 2003). Kinder lernen mehr, wenn sie interessiert sind, und je mehr sie interessiert sind, desto mehr wollen sie wissen. Kinder, die viele Gelegenheiten hatten, mit Eltern oder anderen erfahrenen Interaktionspartnern aktiv zusammen zu sein, haben deshalb bessere Voraussetzungen als Kinder, denen wenig Gelegenheit zu gemeinsamen Lernprozessen im Sinne der oben beschriebenen Ko-Konstruktion sowie zu Kommunikationsprozessen in Alltagsroutinen gegeben wurde.

Eltern als Vermittler der außerhäuslichen Umwelt

Eltern fungieren auch als Vermittler der physischen und sozialen Umwelt und haben wesentlichen Einfluss auf die Bandbreite dieser Erfahrungen. Wir gehen davon aus, dass Kinder in zweifacher Hinsicht davon profitieren, wenn sie Gelegenheiten haben, ihre außerhäusliche Umwelt kennen zu lernen, auf Spielplätzen, in Parks, bei Besuchen von anderen Familien mit Kindern ebenso wie durch die Teilnahme an organisierten Veranstaltungen für Kinder und ihre Eltern. Erstens bietet dies Gelegenheit, ihre Kenntnisse zu erweitern, durch soziale Kontakte ebenso wie etwa durch das Training motorischer Geschicklichkeit. Darüber hinaus – und dies ist insbesondere bei Kindern mit Migrationshintergrund von zentraler Bedeutung – bietet das Kennenlernen unterschiedlicher sozialer Situationen und Kontakte sowohl mit Kindern aus der eigenen Ethnie als auch mit deutschen Kindern Gelegenheit, kontextspezifische Verhaltensanpassungen zu erlernen.

Neben den sprachlichen und kognitiven Voraussetzungen sind auch soziale Kompetenzen und die Fähigkeit zu kontextspezifischen Verhaltensanpassungen wichtige Einflussvariablen für den späteren Schulerfolg. Schon im Vorschulalter bekommen Kinder, die als schwierig und sozial-emotional unangepasst gelten, weniger Aufmerksamkeit von ihren Erziehern (Arnold, 1997). Beim Übergang in die Grundschule sind Kinder, die aufgrund fehlender basaler Voraussetzungen Schwierigkeiten mit dem Lernstoff haben, in höherem Maße gefährdet, verhaltensauffällig zu werden (Raver & Zigler, 1997). Gleichzeitig stellt jedoch die Fähigkeit zur Verhaltensanpassung bei Kindern aus Familien mit einem niedrigen sozioökonomischen Status einen protektiven Faktor dar und wird mit besseren schulischen Leistungen assoziiert (Brody, Flor, & Gibson, 1999; Raver & Zigler, 1997). Dies erklärt, warum trotz ähnlicher Entwicklungsbedingungen in ihren Familien Mädchen mit Migrationshintergrund in der Tendenz besser abschneiden als Jungen, weist aber auch auf die Notwendigkeit hin, insbesondere bei Jungen mit Migrationshintergrund die Kompetenzen zur kontextspezifischen Verhaltensanpassung zu beachten, da diese eine wesentliche Einflussgröße und einen potentiellen Risikofaktor beim Übergang in die Schule darstellen kann.

Die Fähigkeit zur kontextspezifischen Verhaltensanpassung stellt besonders für Eltern und Kinder mit Migrationshintergrund eine Herausforderung dar. Wenn die *home culture* und die *societal culture* differieren, erfordert dies bei Kindern den Erwerb bikultureller Kompetenzen, also die Fertigkeit, sich in unterschiedlichen soziokulturellen Kontexten, in denen unterschiedliche und mitunter widersprüchliche Wert- und Verhaltensmaßstäbe gelten, bewegen zu können (Garcia Coll & Magnusson, 1999; Greenfield & Suzuki, 1998). Inwieweit Kinder jedoch Gelegenheiten dazu haben, diese Kompetenzen schon vor dem Eintritt in den Kindergarten und in die Schule zu trainieren, hängt davon ab, inwieweit ihre Eltern private Kontakte zur Mehrheitsbevölkerung haben und ob sie ihren Kindern Zugang zu organisierten Veranstaltungen für Kinder (z.B. bei Familienbildungsstätten, Turnvereinen) ermöglichen. Auch wenn gemeinsames Spiel, Turnen, Schwimmen oder Singen im Vordergrund stehen, so bieten diese Veranstaltungen Kindern die Gelegenheiten, mit Gleichaltrigen zusammenzukommen, Konflikte auszuhandeln und Verhaltensanforderungen in der Gruppe (gemeinsam aufräumen, immer hinten anstellen, zuhören, wenn etwas erklärt wird, Spielregeln zu beachten und anderes mehr) zu lernen.

Abschließende Bemerkungen

Das übergeordnete Ziel dieses Artikels war, die protektiven Faktoren sowie Risiken, die Familien mit Migrationshintergrund möglicherweise haben, zu identifizieren. Kinder aus zugewanderten Familien haben sowohl gemeinsame als auch sehr unterschiedliche Erfahrungen, die sich aus der großen Heterogenität der Herkunftskulturen ihrer Eltern, der jeweiligen Familienstrukturen und ihres spezifischen Umfeldes ergeben. Dies bedeutet, dass wir nicht hoffen können, eine isolierte Einflussgröße zu finden, die unabhängig von dem Kontext, in dem Kinder aufwachsen, für alle Kinder einen optimalen Förderansatz darstellt. Ebenso wenig ist es realistisch zu erwarten, dass eine Förderung bei allen Aspekten, die das Leben eines Kindes beeinflussen, ansetzen kann, denn Interventionsansätze, die zu breit sind, sind schnell zu diffus und in ihrer Umsetzung unrealistisch (Arnold & Doctoroff, 2003). Uns war wichtig, mit diesem Beitrag die komplexen und vielfältigen Faktoren aufzuzeigen, die die Entwicklung von Kindern aus zugewanderten Familien beeinflussen können. In Deutschland steckt – wie auch in anderen europäischen Ländern – die Forschung zur Entwicklung von Kindern und Jugendlichen unter Migrationsbedingungen immer noch in den Kinderschuhen. Sicher ist jedoch, dass wir uns nicht ausschließlich auf die US-amerikanische Forschung zu diesem Thema beziehen können, da sich die Situation von Migrantenfamilien in den USA und in den einzelnen europäischen Ländern in vieler Hinsicht grundlegend unterscheidet. Dies bedeutet auch, dass wir, um eigene Konzepte zu entwerfen, dringend mehr Forschung über die Wirkzusammenhänge der erwähnten Einflussfaktoren benötigen.

Weiterführende Literatur

Arnold, D. H. & Doctoroff, G. L. (2003). The early education of socioeconomically disadvantaged children. *Annual Review of Psychology, 54,* 517–545.

Greenfield, P., Keller, H., Fuligni, A. J. & Maynard, A. (2003). Cultural pathways through universal development. *Annual Review of Psychology, 54,* 461–490.

Leyendecker, B. (2003). Die frühe Kindheit in Migrantenfamilien. In H. Keller (Hrsg.), *Handbuch der Kleinkindforschung (3. Auflage, S. 385–435).* Bern: Huber.

Kusserow, A. S. (1999). De-homogenizing American individualism: Socializing hard and soft individualism in Manhattan and Queens. *Ethos, 27(2),* 210–234.

Zitierte Literatur

Adams, M.J. (1990). *Beginning to read: thinking and learning about print*. Cambridge, MA: MIT Press.

Arnold, D.H. (1997). Co-occurrence of externalizing behavior problems and emergent academic difficulties in high-risk boys: a preliminary evaluation of patterns and mechanisms. *Applied Developmental Psychology, 18*, 317–330.

Arnold, D.H. & Doctoroff, G.L. (2003). The early education of socioeconomically disadvantaged children. *Annual Review of Psychology, 54*, 517–545.

Baldwin, A.L., Baldwin, C. & Cole, R.E. (1990). Stress-resistant families and and stress-resistant children. In J. Rolf & A.S. Masten & D. Cicchetti & K.H. Nuechterlein & A.S. Weintraub (Eds.), *Risk and protective factors in the development of psychopathology* (pp. 257–280). Cambridge, UK: Cambridge University Press.

Baltes, M.M. & Silverberg, S. (1994). The dynamics between dependency and autonomy: Illustrations across the life-span. In P.B. Baltes (Ed.), *Life-span development and behavior* (pp. 41–90). New York: Wiley.

Baumrind, D. (1967). Childcare practices anteceding 3 patterns of preschool behavior. *Genetic Psychology Monographs, 75*, 43–88.

Bornstein, M. (1995). Form and function: Implications for studies of culture and human development. *Culture and Psychology, 1*, 123–137.

Bornstein, M. & Bradley, R.H. (Eds.). (2003). *Socioeconomic status, parenting, and child development*. Mahwah, NJ: Erlbaum.

Bornstein, M. H. & Bradley, R. H. (Eds.), (2003). *Socioeconomic status, parenting, and child development*. Mahwah, NJ: Erlbaum.

Bornstein, M.H., Hahn, C.-S., Suwalsky, J.T.D. & Haynes, O.M. (2003). Socioeconomic status, parenting, and child development: The Hollingshead Four-Factor Index of social status and the Socioeconomic Index of Occupations. In M. H. Bornstein & R. H. Bradley (Eds.), *Socioeconomic status, parenting, and child development* (pp. 29–82). Mahwah, NJ: Erlbaum.

Brody, G.H., Flor, D.L. & Gibson, N.M. (1999). Linking maternal efficacy beliefs, developmental goals, parenting practices, and child competence in rural single-parent African American families. *Child Development, 70*, 1197–1208.

Bronfenbrenner, U. (1995). Developmental ecology through time and space: A future perspective. In P. Moen & G.H.J. Elder & K. Luscher (Eds.), *Examining lives in context: Perspectives on the ecology of human development* (pp. 619–647). Washington, D.C.: American Psychological Association.

Brooks-Gunn, J., Britto, P.R. & Brady, C. (1999). Struggling to make ends meet: Poverty and child development. In M. E. Lamb (Ed.), *Parenting and child development in non-traditional families* (pp. 279–304). Mahwah, NJ: Erlbaum.

Burnette, D. (1999). Social relationships of Latino grandparent caregivers: A role perspective. *The Gerontologist, 39*, 49–58.

Chao, R.K. (1994). Beyond parental control and authoritarian parenting style: Understanding Chinese parenting through the cultural notion of training. *Child Development, 65*, 1111–1119.

Chao, R.K. (2000). What is the place of culture in describing ethnic diversity in the U.S.? *Cross-Cultural Psychology Bulletin, 34*(4), 7–13.

Chapman, J.W., Tunmer, W.E. & Prochnow, J. E. (2000). Early reading realted skills and performance, reading self-concept, and the development of academic self-concept: a longitudinal study. *Journal of Educational Psychology, 92*, 703–708.

Citlak, B., Leyendecker, B., Schölmerich, A., Harwood, R. L. & Driessen, R. (in Vorb.). Long-term socialization goals of Turkish migrant and German mothers.

Corsaro, W. (1996). Transitions in early childhood. In R. Jessor & A. Colby & R. Shweder (Eds.), *Ethnography and human development. Context and meaning in social inquiry.* (pp. 419–457). Chicago: University of Chicago Press.

Cortes, D.E. (1995). Variations in familism in two generations of Puerto Ricans. *Hispanic Journal of Behavioral Sciences, 17*, 249–256.

Cortes, D.E., Rogler, L.H. & Malgady, R.G. (1994). Bicultuarity among Puerto Rican adults in the United States. *American Journal of Community Psychology, 22*, 707–721.

Crain-Thoreson, C. & Dale, P.S. (1992). Do early talkers become early readers? Linguistic precocity, preschool language, and emergent literacy. *Developmental Psychology, 28*, 421–429.

Davis-Kean, P. & Peck, S. (2004). *The influence of parent educational attainment on parental beliefs and children's beliefs in predicting children's academic success.* Paper presented at the International Society of the Study of Behavioral Development, Gent, July 2004.

de Leon Siantz, M.L. & Smith, M.S. (1994). Parental factors correlated with developmental outcome in the migrant Head Start child. *Early Childhood Research Quarterly, 9*, 481–503.

de Leon Siantz, M.L. (1990). Maternal acceptance/rejection of Mexican migrant mothers. *Psychology of Women Quarterly, 14*, 245–254.

Deater-Deckard, K. & Dodge, K.A. (1997). Externalizing behavior problems and discipline revisited: Nonlinear effects and variation by culture, context, and gender. *Psychological Inquiry, 8*, 161–175.

Duncan, G.J. & Magnuson, K.A. (2003). Off with Hollingshead: Socioeconomic resources, parenting, and child development. In M.H. Bornstein & R.H. Bradley & A. von Eye (Eds.), *Socioeconomic status, parenting, and child development* (pp. 83–106). Mahwah, NJ: Erlbaum.

Fuligni, A.J., Tseng, V. & Lam, M. (1999). Attitudes toward family obligations among American adolescents with Asian, Latin American, and European family backgrounds. *Child Development, 70*, 1030–1044.

Fuligni, A.J. & Yoshikawa, H. (2003). Socioeconomic resourves, parenting, poverty, and child development among immigrant families. In M.H. Bornstein & R.H. Bradley (Eds.), *Socioeconomic status, parenting, and child development* (pp. 107–124). Mahwah, NJ: Erlbaum.

Gallimore, R., Goldenberg, C.N. & Weisner, T.S. (1993). The social construction and subjective reality of activity settings: Implications for a community psychology. *American Journal of Community Psychology, 21*, 537–558.

Garcia Coll, C. & Magnusson, K. (1999). Cultural influences on child development: Are we ready for a paradigm shift? In A.S. Masten (Ed.), *Cultural processes in child development (Vol. 29, pp. 1–24).* Mahwah, NJ: Erlbaum.

Garcia Coll, C. & Pachter, L.M. (2002). Ethnic and minority parenting. In M.H. Bornstein (Ed.), *Handbook of Parenting (Vol. 4, Social conditions and applied parenting, pp. 1–20).* Mahwah, NJ: Erlbaum.

Gauvain, M. (2001). *The social context of cognitive development.* New York: Guilford.

Goodnow, J.J. (1988). Parents' ideas, actions, and feelings: Models and methods from developmental and social psychology. *Child Development, 59*, 286–320.

Goodnow, J.J., Cashmore, J., Cotton, S. & Knight, R. (1984). Mother's developmental time tables in two cultural groups. *International Journal of Psychology, 19*, 193–205.

Greenfield, P. (1994). Independence and interdependence as developmental scripts: Implications for theory, research, and practice. In P. Greenfield & R.R. Cocking (Eds.), *Cross-cultural roots of minority development* (pp. 1–40). Hillsdale, NJ: Erlbaum.

Greenfield, P.M. & Suzuki, L.K. (1998). Culture and human development: Implications for parenting, education, pediatrics, and mental health. In I.E. Sigel & K.A. Renninger (Eds.), *Handbook of Child Psychology (5th ed., Vol. 4, Child Psychology in Practice, pp. 1059–1109).* New York: Wiley.

Gümen, S. (2000). Soziale Identifikation und Vergleichsprozesse von Frauen. In L. Herwartz-Emden (Hrsg.), *Einwandererfamilien* (S. 325–349). Osnabrück: Rasch.

Harkness, S. (2004). *Putting the pieces together: the instantiation of parental ethnotheories in practices of daily life.* Paper presented at the Presentation at the 18th Bienniel Meeting of the International Society for the Study of Behavioral Development, Gent, July.

Harris, J. (1993). *Early language development*. London: Routledge

Harrison, A.O., Wilson, M.N., Pine, C. J., Chan, S. Q. & Buriel, R. (1990). Family ecologies of minority children. *Child Development, 61,* 347–362.

Harwood, R.L., Handwerker, W.P., Schoelmerich, A. & Leyendecker, B. (2001). Ethnic category labels, parental beliefs, and the contextualized individual: An exploration of the individualism – sociocentrism debate. *Parenting: Science and Practice, 1*(3), 217–236.

Harwood, R.L., Leyendecker, B., Carlson, V., Asencio, M. & Miller, A. (2002). Parenting among Latino families in the U.S. In M. Bornstein (Ed.), *Handbook of Parenting (2 ed., Vol. 4, pp. 21–46).* Mahwah, NJ: Erlbaum.

Harwood, R.L., Schölmerich, A., Ventura-Cook, E., Schulze, P.A. & Wilson, S.P. (1996). Culture and class influences on Anglo and Puerto Rican mothers' beliefs regarding long-term socialization goals and child behavior. *Child Development, 67,* 2446–2461.

Hauser, R.M. (1994). Measuring socioeconomic status in studies of child development. *Child Development, 65,* 1541–1545.

Hoff, E., Laursen, B. & Tardif, T. (2002). Socioeconomic Status and Parenting. In M.H. Bornstein (Ed.), *Handbook of parenting (2 ed., Vol. Volume 2. Biology and Ecology of Parenting, pp. 231–252).* Mahwah, NJ: Laurence Erlbaum Associates.

Hoff, E. & Naigles, L. (2002). How children use input to acquire a lexicon. *Child Development, 73*(2), 418–433.

Hoffman, L.W. (1988). Cross-Cultural differences in childrearing goals. *New Directions for Child Development, 40,* 99–122.

Hollingshead, A.B. (1975). *The four-factor index of social status.*Unpublished manuscript, Unpublished manuscript, Yale University, New Haven, Ct.

Imamoglu, E.O. (1988). An interdependence model of human development. In C. Kagitcibasi (Ed.), *Growth and progress in cross-cultural psychology* (pp. 138–146). Berwyn: Swets North America.

Kagitcibasi, C. (1996). The autonomous-relational self: A new synthesis. *European Psychologist, 1,* 180–186.

Kagitcibasi, C. (1996). *Family and human development across cultures.* Mahwah, NJ: Erlbaum.

Keller, H. (2003). Socialization for competence: cultural models of infancy. *Human Development, 46,* 288–311.

Khounani, P.M. (2000). *Binationale Familien in Deutschland und die Erziehung der Kinder: eine Vergleichsuntersuchung zur familären Erziehungssituation in mono- und bikulturellen Familien im Hinblick auf multikulturelle Handlungsfähigkeit.* Frankfurt: Peter Lang.

Kohn, M.L. (1979). The effects of social class on parental values and practices. In D. Reiss & H. R. Hoffman (Eds.), *The American family: Dying or developing* (pp. 45–68). New York: Plenum.

Kula, O.B. (1999). Durch die interne Migration in der Türkei im Alltagsleben ausgelöste Veränderungen und ihre Rolle in der Bildung, insbesondere in der Vorschulerziehung. In B. Nauck, M. Alamdar-Niemann, T. Dursun, C. Gonzani, I. Gogolin, U. Neumann, O.B. Kula, M. Barut & G. Jakubeit (Hrsg.), *Analysen. Projekt: Interkulturelle Elternarbeit im Arbeitskreis Neue Erziehung. Erziehung – Sprache – Migration* (S. 145–193). Berlin: Arbeitskreis Neue Erziehung.

Kusserow, A.S. (1999). De-homogenizing American individualism: Socializing hard and soft individualism in Manhattan and Queens. *Ethos, 27*(2), 210–234.

Kwak, K. (2003). Adolescents and their parents: A review of intergenerational family relations for immigrant and non-immigrant families. *Human Development, 46,* 114–136.

Lee, C.D. (2002). Interrogating race and ethnicity as constructs in the examination of cultural processes in developmental research. *Human Development, 45,* 282–290.

Leyendecker, B. (2003). Die frühe Kindheit in Migrantenfamilien. In H. Keller (Ed.), *Handbuch der Kleinkindforschung (3. Aufl., S. 385–435).* Bern: Huber.

Leyendecker, B., Harwood, R.L., Comparini, L. & Yalcincaya, A. (im Druck). SES, ethnicity and parenting. In T. Luster & L. Okagaki (Eds.), *Parenting. An ecological perspective.* Mahwah, NJ: Erlbaum.

Leyendecker, B., Harwood, R.L., Lamb, M.E. & Schölmerich, A. (2002). External factors versus internal factors: Parental evaluations of desirable and undesirable everyday situations in two diverse cultural groups. *International Journal of Behavioral Development.*

Leyendecker, B., Lamb, M.E. Schoelmerich, A. & Fracasso, M.P. (1995). The social worlds of 8- and 12-month-old infants: Early experiences in two subcultural contexts. *Social Development, 4,* 194–208.

Liebkind, K. (2001). Acculturation. In R. Brown & A.L. Gaertner (Eds.), *Blackwell handbook of social psychology: Intergroup processes* (pp. 386–406). Malden, MA: Blackwell.

Maccoby, E.E. & Martin, J.A. (1983). Socialization in the context of the family: Parent-child interaction. In E.M. Hetherington (Ed.), *Handbook of child psychology (Vol. 4, pp. 1–101).* New York: Wiley.

Magnuson, K.A. & Duncan, G.J. (2002). Parents in poverty. In M.H. Bornstein (Ed.), *Handbook of parenting* (Vol. 4, Social conditions and applied parenting, pp. 95–122). Mahwah, NJ: Erlbaum.

Markus, H.R. & Kitayama, S. (1991). Culture and self: Implications for cognition, emotion, and motivation. *Psychological Review, 98,* 224–253.

McLoyd, V. (1998). Socioeconomic disadvantage and child development. *American Psychologist, 53,* 185–204.

Miller, P.J. (1996). Instantiating culture through discourse practices. In R. Jessor & A. Colby & R. A. Shweder (Eds.), *Ethnography and human development. Context and meaning in social inquiry* (pp. 181–204). Chicago: University of Chicago Press.

Miller, S. (1988). Parents' beliefs about children's cognitive development. *Child Development, 59,* 259–285.

Nauck, B. (1990). Eltern-Kind Beziehungen bei Deutschen, Türken und Migranten. Ein interkultureller Vergleich der Werte von Kindern, des generativen Verhaltens, der Erziehungseinstellungen und Sozialisationspraktiken. *Zeitschrift für Bevölkerungswissenschaft, 16,* 87–120.

Norimatsu, H. (1993). Development of child autonomy in eating and toilet training: One to three-year-old Japanese and French children. *Early Development and Parenting, 2,* 39–50.

Nucci, L. (1994). Mothers' beliefs regarding the personal domain of children. In J. G. Smetana (Ed.), *Beliefs about parenting: Origins and developmental implications (Vol. 66, New Directions for Child Development, pp. 81–97).* San Francisco: Jossey Bass.

Nucci, L., Killen, M. & Smetana, J.G. (1996). Autonomy and the personal: Negotiations and social reciprocity in adult-child social exchange. In M. Killen (Ed.), *Children's autonomy, social competence, and interactions with adults and other children: Exploring connections and consequences (Vol. 73, New Directions for Child Development, pp. 7–24).* San Francisoc: Jossey-Bass.

Pachter, L.M. & Dworkin, P.H. (1997). Maternal expectations about normal child development in four cultural groups. *Archives of Pediatrics and Adolescent Medicine, 151,* 1144–1150.

Pelligrini, A. & Galda, L. (1998). *The development of school-based literacy. A social ecological perspective.* London: Routledge.

Pfluger-Schindlbeck, I. (1989). „Achte die Älteren, liebe die Jüngeren". Sozialisation türkischer Kinder. Frankfurt: Athenäum.

Phinney, J.S. (1996). When we talk about American ethnic groups, what do we mean? *American Psychologist, 51,* 918–927.

Phinney, J.S., Ong, A. & Madden, T. (2000). Cultural values and intergenerational value discrepancies in immigrant and non-immigrant families. *Child Development, 71,* 528–539.

Raver, C.C. & Zigler, E.F. (1997). Social competence: an untapped dimension in evaluating Head Start's success. *Early Child Research Quarterly, 12,* 363–385.

Rice, P.F. (1992). *Human Development.* New Jersey: Prentice Hall.

Rogler, L. H. (1994). International migrations: A framework for directing research. *American Psychologist, 49,* 710–718.

Rogoff, B. (1990). *Apprenticeship in thinking. Cognitive development in social context.* New York: Oxford University Press.

Rogoff, B. & Angelillo, C. (2002). Investigating the coordinated functioning of multifaceted cultural practices in human development. *Human Development, 45*, 211–225.

Rumbaut, R.G. (1997). Ties that bind: Immigration and immigrant families in the United States. In A. Booth & A.C. Crouter & N. Landale (Eds.), *Immigration and the family (pp. 3–46).* Mahwah, NJ: Erlbaum.

Ryan, R. M., Deci, E.L. & Grolnick, W. S. (1995). Autonomy, relatedness, and the self: Their relation to development and psychopathology. In D. Cicchetti & D.J. Cohen (Eds.), *Developmental psychopathology (Vol. 1, Theoy and methods, pp. 618–655).* New York: Wiley & Sons.

Sachverständigenkommission (2000). *Familien ausländischer Herkunft in Deutschland. Leistungen, Belastungen, Herausforderungen* (6. Familienbericht). Berlin: Bundesministerium für Familien, Senioren, Frauen und Jugend.

Sameroff, A., Bartko, W.T., Baldwin, A.L., Baldwin, C. & Seifer, R. (1998). Family and social influences of child competence. In M. Lewis & C. Feiring (Eds.), *Families, risk, and competence* (pp. 161–185). Mahwah, NJ: Erlbaum.

Sameroff, A., Seifer, R., Baldwin, A. L. & Baldwin, C. (1993). Stability of intelligence from preschool to adolescence: The influence of family and social risk factors. *Child Development, 64*, 80–97.

Schölmerich, A., Leyendecker, B., Harwood, R. L., Citlak, B. & Miller, A. (in press/2005). Variability of the role of grandmothers. In E. Voland & A. Chasiotis (Eds.), *The psychological, social and reproductive significance of the second half of life.* New York: Rutgers University Press.

Schölmerich, A. & Leyendecker, B. (in Vorb.). Differences and similarities among first and second generation migrant Turkish families in Germany. In M.H. Bornstein & L.R. Cote (Eds.), *Acculturation and parent-child relationships: Measurement and development.* Mahwah, NJ: Erlbaum.

Schulze, P.A., Harwood, R.L. & Schölmerich, A. (2001). Feeding practices and expectations among middle-class Anglo and Puerto Rican mothers of 12-month old infants. *Journal of Cross Cultural Psychology, 32*, 397–406.

Schulze, P.A., Harwood, R.L., Schölmerich, A. & Leyendecker, B. (2002). The cultural structuring of parenting and universal developmental tasks. *Parenting: Science and Practice, 2*, 151–178.

Sherraden, M. S. & Barrera, R. E. (1996). Maternal support and cultural influences among Mexican immigrant mothers. *Families in Society: The Journal of Contemporary Human Services, 3*, 298–313.

Stipek, D. J. (2001). Pathways to constructive lives: The importance of early school success. In A. Bohart & D. J. Stipek (Eds.), *Constructice and destructive behavior: Implications for family, school, and society* (pp. 291–316). Washington, D.C.: American Psychological Association.

Strauss, C. & Quinn, N. (1997). *A cognitive theory of cultural meaning.* New York: Cambridge University Press.

Suarez-Orozco, C. & Suarez-Orozco, M. M. (2001). *Children of migration.* Cambridge: Harvard University Press.

Tietze, W. & Roßbach, H. G. (1996). Familie und familienergänzende Infrastruktur für Kinder im Vorschulalter. In L. Vaskovics & H. Lipinski (Eds.), *Familiale Lebenswelten und Bildungsarbeit* (pp. 227–266). Opladen: Leske und Budrich.

Tomasello, M. (2000). Culture and cognitive development. *Current Directions in Psychological Sciences, 9*(2), 37–40.

Triandis, H. C. (1989). Cross-cultural studies of individualism and collectivism. In R. Dienstbier (Ed.), *Nebraska Symposium on Motivation (Vol. 37, S. 41–133).* Lincoln: University of Nebraska.

Uno, D., Florsheim, P. & Uchino, B. N. (1998). Psychosocial mechanisms underlying quality of parenting among Mexican-American and white adolescent mothers. *Journal of Youth and Adolescence, 27*, 585–605.

Vega, W.A. (1990). Hispanic families in the 1980s: A decade of research. *Journal of Marriage and the Family, 52,* 1015–1024.

Way, N. & Leadbeater, B.J. (1999). Pathways toward educational achievement among African American and Puerto Rican adolescent mothers: Reexamining the role of social support from families. *Development and Psychopathology, 11,* 349–364.

Weinert, S. (2004). Wortschatzerwerb und kognitive Entwicklung. *Sprache, Stimme, Gehör. Zeitschrift für Kommunikationsstörungen, 28*(1), 20–28.

Wolf, E.R. (1994). Perilous ideas: Race, cultrue, people. *Current Anthropology, 35,* 1–11.

Gisela Trommsdorff

Eltern-Kind-Beziehungen über die Lebensspanne und im kulturellen Kontext

Die bisherige Forschung zu Eltern-Kind-Beziehungen hat vor allem die Kindheit und das Jugendalter thematisiert. Wie Eltern und ihre Kinder über die Lebensspanne miteinander in Beziehung stehen, ist bisher kaum untersucht worden. Besonders selten wurde den kulturellen Besonderheiten von Eltern-Kind-Beziehungen über die Lebensspanne nachgegangen. Diese Defizite sind darum so erstaunlich, weil in der Entwicklungspsychologie inzwischen sowohl die Lebensspanne als auch kontextuelle Faktoren berücksichtigt werden. Allerdings gilt auch heute noch das eigentliche Forschungsinteresse der Entwicklung im Kindes- und Jugendalter. Wenn man jedoch die Entwicklung als einen Prozess versteht, der über die Kindheit und Jugend weit hinausgeht, stellt sich die Frage nach Wirksamkeit, Stabilität und Wandel von Eltern-Kind-Beziehungen über die Lebensspanne. Zudem ist die Bedeutung des kulturellen und sozialen Kontextes für Eltern-Kind-Beziehungen durch ständige Migrationen und damit verbundene Akkulturationsanforderungen und durch den weltweiten sozioökonomischen Wandel, einschließlich massiver sozio-demografischer Veränderungen gewachsen. Dadurch sind verschiedene neue Problemfelder entstanden, die Aspekte der Eltern-Kind-Beziehung in einem anderen und neuen Licht erscheinen lassen.

Aus entwicklungspsychologischer Sicht werden Eltern für das Aufwachsen und für die Entwicklung von Kindern und Jugendlichen als bedeutsam angesehen. Eltern verfolgen universell das Ziel, dass ihre Kinder erfolgreich in die Gesellschaft integriert werden und dafür die erforderlichen körperlichen, geistigen, emotionalen und sozialen Voraussetzungen entwickeln. Eltern haben allerdings ganz unterschiedliche Vorstellungen darüber, wie sie dieses Ziel erreichen können. Solche Vorstellungen und subjektiven Erziehungstheorien sind einerseits von den gegebenen kulturellen Werten und Normen geprägt; sie sind andererseits auch beeinflusst durch die Erfahrungen der Eltern mit dem Kind. Diese elterlichen Erziehungsziele, Vorstellungen und Verhaltensweisen sind die Grundlage für die Beziehung der Eltern mit ihrem Kind. Diese Beziehung wiederum wirkt sich auf die Entwicklung des Kindes und Jugendlichen aus, auch wenn daneben andere Sozialisationseinflüsse (z.B. Schule, Altersgleiche) wirksam sind.

Aus entwicklungspsychologischer Sicht ist daher ein wichtiger Aspekt der Eltern-Kind-Beziehung deren Sozialisationsfunktion und Bedeutung für die Entwicklung des Kindes. Wie das Ergebnis der Sozialisation schließlich aussieht, ist jedoch eine Frage, die u.a. auch von dem jeweiligen Entwicklungsalter der Kinder und den gegebenen Entwicklungsanforderungen in dem sozio-kulturellen Kontext abhängt. Diese Fragen sind einerseits aus entwicklungspsychologischer Sicht von Interesse. Zum anderen sind sie auch von Interesse für Fragen der Generationenbeziehungen im sozio-kulturellen und sozio-demografischen Wandel.

Eltern-Kind-Beziehung im Kontext sozio-kulturellen Wandels: Migration und soziodemografische Änderungen

Eltern-Kind-Beziehungen im Akkulturationsprozess

Die zunehmenden Migrationen und die dadurch bedingten sozio-kulturellen Verschiebungen in der Bevölkerung einer Gesellschaft werfen Fragen der Akkulturation von Migranten und ethnischen Minderheiten auf. Dabei ist die Funktion von Eltern-Kind-Beziehungen im Akkulturationsprozess relevant sowie innerfamiliale bzw. auch intergenerationale Unterschiede in der Akkulturation.

Eltern sind die Träger von Werthaltungen und Kompetenzen, die von einer Generation in die nächste gegeben werden. Insofern können Eltern-Kind-Beziehungen auch die Funktion der Kontinuität von Kultur haben. Wie allerdings die intergenerationale Transmission erfolgt und von welchen Bedingungen ihr Ergebnis abhängt, ist eine eigene Untersuchungsfrage. So können Eltern zwar versuchen, ihre Erziehungsvorstellungen und kulturellen Werte, die ihnen wichtig sind, ihren Kindern weiter zu geben. Ob die Kinder diese Werte jedoch übernehmen können und wollen, hängt u. a. von der Beziehung zu ihren Eltern sowie von dem Kontext ab, in dem sie aufwachsen (vgl. Trommsdorff, in press a). Hieraus ergeben sich ganz unterschiedliche Hypothesen zu der Bedeutung von Eltern-Kind-Beziehungen für eine „erfolgreiche" Entwicklung.

Im Fall von Migrantenfamilien können Eltern ihre Kinder, mit denen sie eine gute Beziehung haben, gerade im Fall einer erfolgreichen Transmission eigener kultureller Werte in große Schwierigkeiten bringen. Es können geradezu Entwicklungsrisiken bei den Kindern entstehen. Denn in diesen zugewanderten Familien geht es darum, dass sich diese den Werten und Verhaltensweisen des Gastlandes anpassen und nicht der unbedingten Weitergabe eigener kultureller Werte und Normen die höchste Priorität geben. Diese durch Akkulturation verursachte Doppelaufgabe – die Weitergabe der eigenen traditionellen Werte und die Vermittlung der Werte des Gastlandes – kann erhebliche Probleme sowohl für die Eltern als auch die Kinder und schließlich für die Beziehung zwischen beiden schaffen. So werden die Kinder aus Migrantenfamilien die neuen Sozialisationsaufgaben und den Anpassungsdruck an die neuen kulturellen Werte und Verhaltensweisen anders (und womöglich sehr viel direkter und verbunden mit massiveren Konsequenzen durch die Altersgruppe) erleben als die Eltern. Darüber hinaus können diese Kinder die elterlichen Anforderungen als unvereinbar mit den Anforderungen der anderen Kultur des Aufnahmelandes erleben. Dies kann besonders problematisch sein, wenn aufgrund eigener Entwicklungsübergänge, z.B. der Identitätsfindung im Jugendalter, weitere Belastungen zu bewältigen sind (vgl. Schönpflug, 2001). Eltern können aufgrund ihrer Einstellungen und ihres Verhaltens den Akkulturationsprozess ihrer Kinder (häufig unterschiedlich für Töchter und Söhne) beschleunigen und zu einem guten Ergebnis bringen oder auch erschweren. Umgekehrt stellt sich jedoch auch die Frage, ob die Kinder zugewanderter Familien ihrerseits den Akkulturationsprozess ihrer Eltern beeinflussen, d.h. erleichtern oder erschweren können. Auch hier wird die Eltern-Kind-Beziehung vermutlich eine wichtige Funktion haben.

Eltern-Kind-Beziehungen im sozio-ökonomischen und sozio-demografischen Wandel

Ein anderes Beispiel für neue Konstellationen und Funktionen von Eltern-Kind-Beziehungen ergibt sich aus den dramatischen sozio-demografischen Veränderungen in allen Gesellschaften. Diese Veränderungen bedeuten einerseits eine zunehmend wachsende Lebenserwartung und andererseits eine abnehmende Geburtenrate.

In industrialisierten Ländern steigt die durchschnittliche Lebenserwartung kontinuierlich. In manchen Ländern übertrifft die Zahl der Alten die der jüngeren Generation; in anderen Ländern ist es genau umgekehrt. Wegen des weltweiten Anstiegs der Lebensdauer können Erwachsene im Normalfall erwarten, dass sie über 40 Jahre gemeinsame Lebenszeit mit mindestens einem überlebenden Elternteil verbringen. Andererseits nehmen die Geburtenraten in hochentwickelten Industrienationen ab, während sie in den armen Regionen der Welt hoch bleiben. Dies kann verschiedene Folgen haben, wie weltweite Migrationen infolge regionaler Armut, soziale Konflikte zwischen sozial benachteiligten und wohlhabenden Gruppen und Konflikte und zwischen den Generationen.

Diese sozio-demografischen Veränderungen hängen mit Veränderungen in der Familienstruktur, der Rolle der Frau und dem Wert von Kindern und Familie zusammen (vgl. Bengtson, 2001; Zarit & Eggebeen, 2002). Steigende Scheidungsraten und die Zunahme allein erziehender Eltern sind Beispiele dafür. Wie diese soziodemographischen Veränderungen die Eltern-Kind-Beziehungen beeinflussen, ist noch unklar. Bei einer optimistischen Prognose ließe sich eine relativ beständige Familiensolidarität über die Lebensspanne hinweg erwarten (Bengtson, 2001). Bei einer pessimistischen Prognose lassen sich aufgrund der abnehmenden Geburtenrate und der zunehmenden Belastung der jungen Generation, die ältere Generation auch wirtschaftlich zu unterstützen, mehr intergenerationale Konflikte und abnehmende Solidarität erwarten.

Während es in soziologischen Studien zu Generationenbeziehungen um Analysen auf der Aggregatebene, also hier unterschiedlicher Kohorten (charakterisiert durch dieselbe historische und ökonomische Situation) (vgl. Mannheim, 1929/ 1964) geht, interessieren wir uns aus entwicklungspsychologischer Sicht für individuelle Beziehungen zwischen Eltern und ihren Kindern über die Lebensspanne im kulturellen Kontext (vgl. dazu auch den Beitrag von Steinbach & Nauck in diesem Band).

Entwicklungspsychologische Forschung zu Eltern-Kind-Beziehungen

Eltern-Kind-Beziehungen werden im Folgenden als lebenslange, biologisch begründete, enge Beziehungen verstanden, die auf gemeinsamen Erfahrungen in der Vergangenheit und der Erwartung gemeinsamer Erfahrungen in der Zukunft basieren. Aus einer Lebensspannenperspektive gesehen stellen sie die ausgedehntesten persönlichen Beziehungen im Leben eines Menschen dar, deren Qualität sich allerdings im Laufe des Lebens verändern kann. Einerseits vermitteln Eltern-Kind-Beziehungen wichtige Ressourcen für die Kinder aber auch für die Eltern; andererseits können sie auch gegenseitige Belastungen bedeuten.

Eltern-Kind-Beziehungen werden wegen ihrer vertikalen Struktur unter anderem als Beziehungen beschrieben, die auf Stabilität und Macht (Laursen & Bukowski, 1997) und auf Verpflichtungen (Maccoby, 1999) beruhen. Zu fragen ist, ob Eltern-Kind-Beziehungen, die anfangs hierarchisch strukturiert und primär der Befriedigung der kindlichen Bedürfnisse dienen, in der weiteren Entwicklung durch zunehmende Unabhängigkeit des Kindes von seinen Eltern und durch Abhängigkeit der im Alter pflegebedürftigen Eltern gekennzeichnet sind. Damit hängen Fragen der gegenseitigen Verbundenheit und der jeweiligen Autonomie zusammen, die je nach Lebensalter und je nach kulturellem Kontext unterschiedlich bedeutsam sein können.

Elterliches Verhalten, Erziehungsziele und Eltern-Kind-Interaktionen als Grundlagen für Eltern-Kind-Beziehungen

Bevor Eltern-Kind-Beziehungen ein Thema der Entwicklungspsychologie wurden, konzentrierten sich die meisten Studien auf das elterliche Erziehungsverhalten und dessen Funktion für die kindliche Entwicklung. Dabei wurden auf der Grundlage von Lewins (1951) Arbeiten zu Führungsstilen (autoritär, demokratisch, laissez-faire) verschiedene elterliche Erziehungsstile differenziert wie elterliche Wärme und Kontrolle, Akzeptanz und Zurückweisung (z.B. Maccoby & Martin, 1983; Steinberg, 1990). Baumrind (1967; 1991) nimmt an, dass die „autoritative" Erziehung, eine Kombination von Wärme und Kontrolle, der optimale Erziehungsstil ist. Empirische Studien zeigten jedoch, dass die ausschließliche Untersuchung von elterlichem Verhalten für eine erschöpfende Beschreibung der Erziehung unzureichend ist. Unter dem Einfluss kognitiver Theorien wurde die Bedeutung elterlicher Überzeugungen, subjektiver Theorien, Ziele und Intentionen erkannt (z.B. Goodnow & Collins, 1990; Harkness & Super, 1999; Sigel, 1985). Entsprechende Studien ermöglichen einen tieferen Einblick in den Erziehungsprozess. Sie zeigen, dass Einflüsse des elterlichen Verhaltens und der elterlichen Überzeugungen indirekt und durch vielfältige Faktoren vermittelt werden, und dass Zusammenhänge zwischen Verhalten und Überzeugungen uneindeutig sind (Trommsdorff & Friedlmeier, in Druck).

Ein Grund dafür ist, dass Kinder aktiv ihre Entwicklung mitgestalten (Bell, 1979; Haan, 1977; Lerner & Busch-Rossnagel, 1981). Bereits die sozial-kognitive Lerntheorie hat auf die Aktivität des Kindes hingewiesen. Diese liegt u.a. seiner Wahrnehmung des elterlichen Verhaltens als Modell für eigenes Verhalten und seiner Motivation zugrunde, dieses Verhalten nachzuahmen (Bandura, 1977; 1986). Das Kind wählt aktiv ein Modell für sein Verhalten aus und es zeigt das Verhalten, wenn es dazu motiviert ist und die Fähigkeit zur Nachahmung dieses Verhaltens erworben hat. Somit sind die Bedürfnisse und Kompetenzen des Kindes sowie das Verhalten der Eltern wichtige Elemente im Prozess einer erfolgreichen Erziehung, einschließlich der Art, wie das Kind das elterliche Verhalten erlebt.

Diese veränderte Sichtweise hat schließlich die Bedeutung von Eltern-Kind-Interaktionen und Eltern-Kind-Beziehungen erschlossen. Eine interaktionstheoretische Sichtweise haben Grusec und Goodnow (1994) mit ihrer Sozialisationstheorie vorgeschlagen, um die Internalisierung des Kindes zu erklären. Die Autoren gehen von zwei grundlegenden Voraussetzungen für die Internalisierung von Werten beim Kind aus: Klarheit in der Kommunikation der Eltern und die Akzeptanz dieser Inhalte durch die Kinder. Beides weist auf die Bedeutung der Eltern-Kind-Beziehung für eine erfolgreiche Erziehung hin. Diese Interaktionen zwischen Eltern und ihren Kindern sind Grundlage gemeinsamer Erfahrungen und somit der Beziehung.

Mit der Untersuchung von Eltern-Kind-Beziehungen können sowohl die Eltern als auch das Kind und gleichzeitig Interaktionen zwischen beiden und deren wahrgenommene Folgen für die Bedürfnisbefriedigung berücksichtigt werden. Ähnlich postuliert die Bindungstheorie (Bowlby, 1969), dass die spätere individuelle Entwicklung auf der Grundlage früher Mutter-Kind-Beziehungen beruht (Thompson, 1999). Aus evolutionstheoretischer Sicht sind einerseits die biologisch verankerten primären Bedürfnisse des Kleinkindes nach Geborgenheit und Sicherheit und andererseits das Bedürfnis der Bezugsperson, das Überleben der Nachkommen zu sichern, die Grundlage für die Bindungsbeziehung zwischen Kleinkind und Bezugsperson. Die Bindungsqualität beeinflusst die weitere Entwicklung des Kindes über die Lebensspanne (Thompson, 1999), einschließlich der teilweisen Weitergabe der Bindungsqualität von einer Generation an die nächste.

Die Art der Beziehung zwischen Eltern und ihren Kindern ist aus bindungstheoretischer Sicht also ein wichtiger Aspekt der individuellen Entwicklung. Allerdings ist das Thema der Eltern-Kind-Beziehungen über die Lebensspanne in der Entwicklungspsychologie bisher nicht von zentralem Interesse gewesen. Solche Studien beschränken sich meist nur auf das Kindes- und Jugendalter, während die Frage nach der Beziehung zwischen Eltern und ihren erwachsenen Kindern weitgehend unbeachtet bleibt. Ein weiteres Defizit ist die Vernachlässigung kultureller Bedingungen der Eltern-Kind-Beziehung. Dies ist umso überraschender, als sich die Entwicklungspsychologie mittlerweile sowohl um eine Lebensspannenperspektive als auch um die Berücksichtigung von kontextuellen Faktoren bemüht.

Eltern-Kind-Beziehungen in der Lebensspanne

Lebensspannenansätze

Theoretische Ansätze zur Entwicklung in der Lebensspanne fokussieren u. a. auf Entwicklungsaufgaben, normative Lebensereignisse (Havighurst, 1972), Lebensstadien, Übergänge und Krisen (Erikson, 1959; Levinson, 1986), auf Kontinuität und Wandel in der biologischen, kognitiven, emotionalen, motivationalen, sozialen und mehrdimensionalen Entwicklung und auf Optimierung und Selektion (Baltes & Baltes, 1990). Inwieweit diese Konzepte auch für einen Lebensspannenansatz von Eltern-Kind-Beziehungen jenseits des Kindes- und Jugendalters relevant sind, wurde bisher nicht systematisch untersucht. Allerdings ist anzunehmen, dass sich bestimmte Aufgaben der individuellen Entwicklung auch auf die Eltern-Kind-Beziehung und umgekehrt auswirken können.

Die Präferenz für das Kindes- und Jugendalter steht in Zusammenhang mit theoretischen Interessen. Studien zu Beziehungen junger Eltern und ihren Kindern fokussieren auf die Frage nach den Implikationen der Eltern-Kind-Beziehungen für die individuelle Entwicklung im Kindes- und Jugendalter (Bugenthal & Goodnow, 2000; Collins, Maccoby, Steinberg, Hetherington & Bornstein, 2000, 2001; Maccoby, 1992; 1999). Studien zu Eltern-Kind-Beziehungen im höheren Erwach-

senenalter untersuchen oft weniger die individuelle Entwicklung als das Familienleben (z. B. Rossi & Rossi, 1990). In der gerontologischen Forschung geht es eher
um die Pflege älterer Eltern durch ihre erwachsenen Kinder (vgl. Cooney, 1997;
Zarit & Eggebeen, 2002). Lebenslauftheorien unterstreichen die Bedeutung der
Entwicklung jenseits des Kindes- und Jugendalters und betonen vergangene Sozialisationserfahrungen als Einflussfaktoren intergenerationaler (z. B. Eltern-Kind-,
Großeltern-Enkel-) Beziehungen und der „linked lives" von Familienmitgliedern
über die Lebensspanne unter Berücksichtigung des sozioökonomischen und ge-
schichtlichen Kontextes (z. B. Elder, 1974, 1998).

Eltern-Kind-Beziehungen in der Kindheit und im Jugendalter
Im Folgenden geben wir einen kurzen Überblick über die der Forschung zu Eltern-
Kind-Beziehungen zugrunde liegenden Ansätze. Sie konzentrieren sich überwie-
gend auf das Kindes- und Jugendalter und beziehen sich vorwiegend auf westliche
Länder.
Viele Studien zu Eltern-Kind-Beziehungen im Kindesalter vertreten die Ansicht,
dass Kinder von ihren Eltern abhängig sind, selbst wenn sie das Verhalten ihrer El-
tern mehr oder weniger aktiv beeinflussen. Gleichzeitig wird betont, dass die El-
tern die Unabhängigkeit ihrer Kinder erreichen wollen. Somit wird die Eltern-
Kind-Beziehung zunächst als eine zu Beginn asymmetrische Beziehung gesehen.
Die Asymmetrie beruht auf einer unterschiedlichen Ressourcenverteilung und
Kompetenz im Umgang mit Umwelt- und Entwicklungsanforderungen. Weiter
wird vermutet, dass sich ehemals asymmetrische Eltern-Kind-Beziehungen im Laufe der Entwicklung zu symmetrischen Beziehungen wandeln. Denn eine zentrale
Aufgabe von Jugendlichen wird in der Entwicklung von Unabhängigkeit und eigener Identität gesehen, für die Separation und Individuation als Voraussetzungen
verstanden werden. Neuere Studien kritisieren jedoch die Separations-Individuati-
ons-Annahme und die ihr zugrunde liegende individualistische Annahme. Vielmehr
betonen diese Studien, dass sowohl Autonomie als auch Verbundenheit mit den Eltern die Eltern-Kind-Beziehung bestimmt. Die Verbundenheit mit den Eltern wird
hierbei für den Individuationsprozess als geradezu notwendig gesehen (Cooper,
Grotevant & Condon, 1983). Diese Sichtweise impliziert jedoch, dass auch die Eltern selbst gewisse Veränderungen in ihrer Rolle als Erzieher erleben (Cooney,
1997). Solche Entwicklungen erfolgen durch Bidirektionalität in der Interaktion
zwischen Eltern und Kindern und der Qualität der Eltern-Kind-Beziehung.
Ist nun eine erfolgreiche Entwicklung durch Identität und Unabhängigkeit im
Jugendalter gekennzeichnet und kommt der Eltern-Kind-Beziehung im weiteren
Lebensverlauf keine weitere Bedeutung zu?

Eltern-Kind-Beziehungen im Erwachsenenalter
Im Folgenden wird davon ausgegangen, dass Eltern-Kind-Beziehungen nicht nur
an das Kindes- und Jugendalter gebunden sind, sondern Teil einer individuellen
Entwicklung über die gesamte Lebensspanne sind. Damit stellt sich die Frage, wie
Eltern-Kind-Beziehungen über den Entwicklungsverlauf beschrieben werden kön-
nen: Ist Abhängigkeit der Kinder ein Merkmal der Eltern-Kind-Beziehung im Kin-
des- und Jugendalter, und folgt auf diese Entwicklungsperiode eine durch jeweilige
Unabhängigkeit gekennzeichnete Beziehung?
Im frühen Erwachsenenalter verhandeln Eltern und ihre heranwachsenden Kin-
der die Sicherung der jeweiligen Unabhängigkeit, z. B. die jeweilige Privatsphäre

und die Grenzen der Beziehung (Cooney, 1997). Eltern-Kind-Beziehungen im mittleren Erwachsenenalter zeichnen sich gewöhnlich dadurch aus, dass die erwachsenen Nachkommen ihre eigenen Kinder haben („Sandwich Generation"). Neugarten (1968) versteht die Entwicklung im mittleren Alter als wachsende Verantwortung im weiteren Familienkreis. Diese Entwicklungsaufgabe führt zu einem dritten Seperations-Individuations-Prozess mit zunehmend realistischer Wahrnehmung des (independenten und interdependenten) Selbst in Bezug zu den Eltern. Weitere Veränderungen erfolgen, wenn die Eltern älter werden, aus dem Berufsleben ausscheiden und zunehmende Gebrechlichkeit erfahren, was mit ihrer physischen, psychologischen und kognitiven Abhängigkeit einhergehen kann. Dies kann die Eltern-Kind-Beziehung belasten. Die Beziehung zwischen den erwachsenen Kindern und ihren Eltern wird nunmehr eher von persönlichen Bedürfnissen der alternden Eltern beeinflusst. Nach Blenkner (1965) kann die Eltern-Kind-Beziehung in dieser Zeit die erwachsenen Kinder aufgrund der wahrgenommenen Diskrepanz zwischen der früheren fürsorglichen Elternrolle und der wachsenden elterlichen Abhängigkeit belasten („filiale Krise"). Die „filiale Reife" sieht Marcoen (1995) in der Quantität und Qualität der filialen Pflege auf der Grundlage von normativen und emotionalen Bedingungen. Weitere Bedingungen filialer Hilfe und Pflege sind filiale Autonomie, Grad der Reziprozität zwischen Pflegendem und Pflegeempfänger und familiäre Solidarität (Zusammenarbeit unter Geschwistern und Familienmitgliedern). Einige dieser Konzepte liegen dem einflussreichen Modell der Familiensolidarität von Bengtson (z. B. Bengtson & Roberts, 1991; Rossi & Rossi, 1990) zu Grunde.

Ein weiterer Wandel der Eltern-Kind-Beziehungen über die Lebensspanne entsteht durch die veränderten Rollen der alternden Eltern und der erwachsenen Kinder bei der Geburt von Enkelkindern. Großeltern können die Pflegerolle übernehmen (jüngere Enkel betreuen; Unterstützung und Rat für ältere Enkel bieten) und somit ihre Beziehung zu ihren erwachsenen Kindern (z. B. der Tochter) verändern (vgl. Überblick von Szinovacz, 1998).

Eltern-Kind-Beziehungen über die Lebensspanne im sozialen Wandel

Ein großes Defizit in der Forschung zu Eltern-Kind-Beziehungen ist die Vernachlässigung kontextueller Faktoren. Eltern-Kind-Beziehungen entwickeln sich innerhalb eines weiteren Familiensystems und sie werden von größeren sozioökonomischen und kulturellen Kontexten beeinflusst (Bronfenbrenner, 1979).

Ein kontextueller Ansatz kann auch Veränderungen in Eltern-Kind-Beziehungen erklären, denn Eltern-Kind-Beziehungen finden in sich verändernden Kontexten statt, die mit veränderten Entwicklungsaufgaben über die Lebensspanne verbunden sind. Inwiefern Eltern-Kind-Beziehungen von kontextuellen Veränderungen bestimmt werden, lässt sich anhand von Studien zu Intergenerationenbeziehungen im sozio-ökonomischen Wandel zeigen (z. B. Crocket & Silbereisen, 2000; Elder, 1974; 1998; Trommsdorff, 2000; 2001). Diese Studien vermittelten Einblicke in Risiko- und Schutzfaktoren für Familienmitglieder, die durch gemeinsame Erfahrungen und Kontexte miteinander verbunden sind.

Diese Sichtweise ist besonders in Zeiten dramatischen sozioökonomischen und demographischen Wandels von Bedeutung. Mit steigender Lebenserwartung, sinkenden Geburtenraten, längerem Aufschub der Erstgeburt, abnehmender Familienstabilität und einer wachsenden Vielzahl von Familienstrukturen (u. a. bedingt durch Scheidungen, allein erziehenden Elternschaften, Zweit- oder Drittehen, veränderten Geschlechterbeziehungen) stellt sich die Frage, ob und wie intergenerationale Beziehungen von diesen Veränderungen betroffen werden. Zu untersuchen wäre also, ob sich die Merkmale von Beziehungsqualität (u. a. einschließlich Austausch, emotionale Nähe, Formen intergenerationalen Beistandes, familiäre Altenpflege), die Kontinuität bzw. Diskontinuität intergenerationaler Beziehungen, Ähnlichkeiten und Unterschiede zwischen den Generationen im Hinblick auf Werthaltungen, wechselseitige Wahrnehmung zwischen den Generation, intergenerationale Solidarität und Unterstützung, einschließlich der Großeltern und Enkel, durch diesen Wandel verändern (dazu vgl. Cooney, 1997; Zarit & Eggebeen, 2002). Studien zu Intergenerationenbeziehungen aus der Familiensoziologie und Gerontologie bieten auf der Grundlage von Längsschnittdaten einen wichtigen Einblick in Eltern-Kind-Beziehungen über die Lebensspanne. In diesen Studien werden die unterschiedlichen und die sich verändernden Beziehungen alternder Eltern und ihrer erwachsenen Kinder untersucht (z. B. Schaie & Willis, 1995).

Eltern-Kind-Beziehungen im kulturellen Kontext

Empirische Studien zu Eltern-Kind-Beziehungen im kulturellen Kontext

Studien zu Eltern-Kind-Beziehungen in der westlichen (nordamerikanischen und europäischen) Welt lassen sich nicht ohne weiteres generalisieren. Frühe anthropologische Studien haben bereits ein breites Spektrum an Erziehungsstilen, Elternrollen und Eltern-Kind-Beziehungen nachgewiesen. Neben universellen Erziehungszielen, z. B. in Hinsicht auf die Befriedigung grundlegender Bedürfnisse des Neugeborenen (LeVine, 1988), variieren jedoch die elterlichen Überzeugungen bezüglich der Vorstellungen darüber, was ein kompetentes Kind und eine gelungene Entwicklung ausmacht, und wie dies erreicht werden kann. Entsprechend variieren Eltern-Kind-Beziehungen bereits im frühen Kindesalter.

So reagieren Mütter aus unterschiedlichen Kulturen auf kindliche Primärbedürfnisse nicht auf dieselbe Art und Weise (siehe Bornstein, Toda, Azuma, Tamis Le-Monda & Ogino, 1990; LeVine, 1980; LeVine et al., 1994). Mütterliche Sensitivität in Bezug auf die Bedürfnisse des Kindes kann in verschiedenen Kulturen sehr Unterschiedliches bedeuten: mehr physische Nähe für afrikanische Mütter und mehr Verbalisierung für US-amerikanische Mütter (Richman, Miller & LeVine, 1992). Unsere eigenen Studien zeigen, dass die Sensitivität japanischer und deutscher Mütter wegen ihrer unterschiedlichen kulturellen Bedeutung auf verschiedene Art zum Ausdruck kommt. Wenn das Kind Unwohlsein zeigt, richten japanische Mütter die Aufmerksamkeit ihres Kindes mehr auf sich selbst, während deutsche Mütter die Aufmerksamkeit ihrer Kindes eher auf Objekte lenken (z. B. Friedlmeier & Trommsdorff, 1998; 2004; Trommsdorff & Friedlmeier, 1993; Trommsdorff & Kornadt, 2003) (siehe auch Hess, Kashiwagi, Azuma, Price & Dickson, 1980, für Vergleiche zwischen japanischen und nordamerikanischen Müttern). Beide Interaktionsstrategien sind qualitativ unterschiedlich; aber jede Strategie ist in dem entsprechenden Kontext insofern erfolgreich, als sie das Kind beruhigt. Das mütterlidas Verhalten unterscheidet sich also in Übereinstimmung mit den maßgeblichen kulturellen Werthaltungen und dem elterlichen Ziel, eine qualitativ positive Beziehung mit dem Kind aufzubauen.

Eigene Studien japanischer und deutscher Mutter-Kind-Interaktionen verdeutlichen die unterschiedliche kulturelle Bedeutung von Eltern-Kind-Beziehungen für die Entwicklung. Japanische Mutter-Kind-Beziehungen sind durch Harmonisierung widersprüchlicher Bedürfnisse gekennzeichnet, während sich deutsche Dyaden eher auf eine Eskalation von Konflikten einlassen. Entsprechend dieser kulturspezifischen Beziehungsqualitäten unterscheidet sich die Regulierung von Konflikten (Trommsdorff & Kornadt, 2003). Somit kann also Bidirektionalität in der Eltern-Kind-Beziehung je nach kulturellem Kontext unterschiedlich sein und die weitere soziale und emotionale Entwicklung beeinflussen. Kinder erlernen im Rahmen der vorherrschenden kulturellen Werthaltungen unterschiedliche Wege im Umgang mit Konflikten und sie entwickeln unterschiedliche soziale Motive, wie z. B. weniger Aggression in Japan (Kornadt, Hayashi, Tachibana, Trommsdorff & Yamauchi, 1992; Kornadt & Trommsdorff, 1990; 1997; Trommsdorff & Kornadt, 2003).

Ein weiteres Beispiel von Kulturbesonderheiten in Eltern-Kind-Beziehungen ist die erst neuerdings im Kulturvergleich diskutierte Bidirektionalität (Trommsdorff & Kornadt, 2003). Die westliche Sichtweise geht üblicherweise von Interaktionen zwischen Eltern und ihren Kindern auf der Grundlage jeweiliger relativer Unabhängigkeit aus. In vielen traditionellen und auch modernen Kulturen (z. B. Ostasiens) sind die Rollen der Eltern und Kinder jedoch interdependent und in eine hierarchische Struktur eingebettet, die ein bestimmtes Verhalten vorschreibt (Chao & Tseng, 2002; Trommsdorff & Kornadt, 2003). Daraus ergeben sich unterschiedliche Erziehungsstile und Eltern-Kind-Beziehungen.

Kulturvergleichende Studien zeigen darüber hinaus, dass „dieselbe" Erziehung in verschiedenen Kulturen unterschiedliche Bedeutungen und unterschiedliche Erziehung in verschiedenen Kulturen dieselbe Bedeutung haben kann (vgl. Kornadt & Trommsdorff, 1984; Trommsdorff & Kornadt, 2003 und den Beitrag von Fuhrer & Mayer in diesem Band). Eine strenge Bestrafung von Kindern hält man z. B. in westlichen Kulturen für die Kindesentwicklung für schädlich, während sie in traditionellen chinesischen Familien positiv bewertet wird (Stevenson, Chen & Lee, 1992; Stevenson & Zusho, 2002). Entsprechend belegen kulturvergleichende Studien, dass dasselbe Verhalten und dieselben Ziele der Eltern in unterschiedlichen kulturellen Kontexten unterschiedliche Funktionen erfüllen. Dies unterstreicht die kulturelle Vielfalt von Eltern-Kind-Beziehungen (für Ostasiaten siehe den Überblick von Chao & Tseng, 2002).

Nach unseren eigenen Studien zu Jugendlichen aus unterschiedlichen Kulturen fühlen sich japanische Jugendliche im Vergleich zu deutschen Jugendlichen zurückgewiesen, wenn sie wenig elterliche Kontrolle erfahren (Trommsdorff, 1985). Pettengill und Rohner (1985) berichten ähnliche Ergebnisse zu Koreanern, die in Nordamerika leben und zu Koreanern in der Republik Korea. In mehreren ostasiatischen (Japan) und süd-ostasiatischen (Indonesien) im Vergleich zu westlichen (Deutschland) Kulturen berichten Jugendliche mehr elterliche Kontrolle und gleichzeitig weniger Konflikte und mehr Harmonie in der Eltern-Kind-Beziehung (Trommsdorff, 1995). Somit können Ergebnisse zu negativen Auswirkungen elterlicher Kontrolle auf Kinder und Jugendliche nicht unbedingt über Kulturen hinweg generalisiert werden.

Unterschiede in den Werthaltungen, Überzeugungen und im Verhalten japanischer und deutscher Mütter in der Interaktion mit ihrem Kind gehen ein in die kulturspezifische Qualität der Eltern-Kind-Beziehung und beeinflussen die weitere Entwicklung. Die Frage, was eine „gute" Eltern-Kind-Beziehung ausmacht, steht in Zusammenhang mit der Frage nach „erfolgreicher" Erziehung und Entwicklung. Um diese Fragen empirisch zu beantworten, bedarf es der Untersuchung der kulturspezifischen Bedeutung dieser Konzepte. Deshalb müssen die Eigenschaften und Auswirkungen von Eltern-Kind-Beziehungen im Kontext spezifischer Kulturen unter Berücksichtigung kultureller Werthaltungen, elterlicher Überzeugungen und Erziehungsziele, elterlicher Ethnotheorien, elterlichen Verhaltens und der Eltern-Kind-Interaktionen untersucht werden

Kulturvergleichende Studien zeigen auch entsprechende Unterschiede in den Eltern-Kind-Beziehungen über die Lebensspanne. Anders als in westlichen Kulturen, wo Autonomie und Unabhängigkeit die wichtigsten Aufgaben im Jugendalter und Indikatoren für Reife sind, gilt als Reife in vielen nicht-westlichen Kulturen, wenn die Kinder fähig sind, ihre Rollen und Pflichten in der hierarchischen Familienstruktur zu erfüllen. Dies kann darin bestehen, sich um jüngere Geschwister oder alternde Eltern zu kümmern. Selbst wenn Reife in diesem Sinne erreicht wurde, sind Eltern-Kind-Beziehungen nicht durch die Autonomie der Kinder, sondern durch die Interdependenz sowohl der Eltern als auch ihrer Kinder gekennzeichnet.

Die wenigen kulturvergleichenden Studien zum Erwachsenenalter, die sich mit Beziehungen zwischen erwachsenen Kindern und ihren alten Eltern befassen, belegen für konfuzianisch geprägte Kulturen vor allem die Bedeutung der lebenslangen Pflichten gegenüber ihren Eltern sowie auch gegenüber den eigenen Kindern, also der nächsten Generation. Filiale Pietät hat in ostasiatischen Kulturen einen hohen Wert und ist ein bedeutendes Sozialisationsziel. In der traditionellen patriarchalischen chinesischen Familie (Ho, 1986; Ho & Kang, 1984) wird von den Kindern lebenslang Gehorsam gegenüber ihren Eltern (besonders ihrem Vater) erwartet. Eltern-Kind-Beziehungen beruhen auf der gegenseitigen Erwartung von Unterstützung. Danach haben Eltern die Pflicht, ihre Kinder aufzuziehen und zu auszubilden; die Kinder haben die Pflicht, ihre Eltern in jeder Hinsicht zu unterstützen (Stevenson et al., 1992).

Wie können diese kulturellen Unterschiede in Eltern-Kind-Beziehungen in einem integrativen kulturinformierten Rahmen interpretiert werden?

Theoretische Ansätze zu Eltern-Kind-Beziehungen über die Lebensspanne im kulturellem Kontext

Kultur und Entwicklung: Allgemeiner theoretischer Rahmen

Im Folgenden wird von öko-kulturellen Theorien (systemisch-ökopsychologisches Modell, öko-kultureller Ansatz) (vgl. Bronfenbrenner, 1979; Whiting & Whiting, 1975) und dem Ansatz der Entwicklungsnische (Harkness & Super, 1994; 1999) ausgegangen. Es wird angenommen, dass die individuelle Entwicklung in miteinander verbundenen Systemen auf verschiedenen Ebenen eingebettet ist. Dies sind die Mikro-, Meso-, Exo- und Makrosysteme der Gesellschaft (vgl. Bronfenbrenner, 1979), einschließlich des ökologischen und kulturellen Kontextes (Segall, Dasen,

49

Berry & Poortinga, 1999; Trommsdorff & Dasen, 2001) und der kulturellen Werthaltungen (Hofstede, 1980; 2001, im Druck; Markus & Kitayama, 1991; 1994; Schwartz, 1994; Schwartz & Sagi, 2000; Triandis, 1995) sowie die in einer größeren Ökologie eingebetteten Subsysteme der Entwicklung bzw. der Entwicklungsnische (d.h. dem physischen und sozialen Alltagsrahmen des Kindes, den kulturell regulierten Erziehungsgewohnheiten und der Psychologie der Erziehungspersonen).

Independenz und Interdependenz als Grundlage von Eltern-Kind-Beziehungen

Der grundlegende Unterschied in Eltern-Kind-Beziehungen in verschiedenen Kulturen kann darin gesehen werden, dass eher independente Beziehungen zwischen unabhängigen eigenständigen Personen oder dass eher interdependente Beziehungen zwischen miteinander eng verbundenen gegenseitig voneinander abhängigen Personen bestehen. Independente Beziehungen können durch Spannungen und Konflikte („generative tension") gekennzeichnet sein, während interdependente Beziehungen eher durch Harmonie und Kooperation („symbiotic harmony") gekennzeichnet sind (Rothbaum, Pott, Azuma, Miyake & Weisz, 2000). Ob eher Independenz oder Interdependenz in der Eltern-Kind-Beziehung besteht, hängt vom kulturellen Kontext ab und den durch ihn vermittelten Werten und beruht auf den bisherigen Erfahrungen und dem eher auf Unabhängigkeit oder eher auf Interdependenz beruhenden Selbstkonzept (Markus & Kitayama, 1991). Entsprechend unterscheiden sich kulturspezifische Erziehungstheorien, -ziele und -verhalten der Eltern und damit die Entwicklungsnische, in der das Kind aufwächst, sowie der weitere Entwicklungspfad für die Eltern-Kind-Beziehung.

In einigen Kulturen wird Independenz und Autonomie hoch bewertet (wobei Verbundenheit durchaus in Zusammenhang mit Autonomie auftreten kann; vgl. Individuationsprozesse), während in anderen Kulturen Interdependenz und Verbundenheit (unter Einschränkung von Autonomie) bevorzugt werden. Diese Unterscheidung kulturspezifischer Wertorientierungen hat sich für die Erklärung kultureller Unterschiede in der Selbstentwicklung, der emotionalen und kognitiven Entwicklung und der Entwicklung zwischenmenschlicher Interaktionen und Beziehungen (Fiske, Kitayama, Markus & Nisbett, 1998; Greenfield, Keller, Fuligni & Maynard, 2003; Trommsdorff & Dasen, 2001), einschließlich der Familiensysteme (Kagitcibasi, 1996) als fruchtbar erwiesen. Die kulturellen Werte der Independenz und Interdependenz liegen vielen Aspekten der menschlichen Entwicklung, zwischenmenschlichen Beziehungen und vor allem den Eltern-Kind-Beziehungen zu Grunde.

Werte der Independenz hängen eher mit veränderbaren, flexiblen und instabilen Familien- und Eltern-Kind-Beziehungen zusammen. Werte der Interdependenz hingegen sind verbunden mit Familienorientierung und -verpflichtungen; hier ist das Individuum in ein eng geknüpftes soziales Netzwerk von Pflichten und relativ eindeutigen Rollen eingebunden. Kagitcibasi (1996) beschreibt auf dieser Grundlage drei Modelle. Das Modell der Interdependenz ist eher typisch für traditionelle ländliche Regionen und ist durch Großfamilien, hohe Geburtenrate, ökonomischem Wert der Kinder (besonders der Söhne), hoher Loyalität und Familienorientierung, autoritärer Erziehung und ökonomischer Unterstützung der Eltern durch die Kinder gekennzeichnet. Das Modell der Independenz ist eher typisch für industrialisierte westliche Gesellschaften; es ist durch Kernfamilienstruktur, niedrige Geburtenraten, hohen Status der Frau, geringe Präferenz für Söhne, hohen emotionalen Wert und hohe finanzielle Kosten von Kindern, permissive Erziehung, Transfer finanzieller Ressourcen von Eltern an Kinder und geringe Solidarität in der Familie charakterisiert. Das Modell der emotionalen Independenz beschreibt Kagitcibasi (1996) am Beispiel von Übergangsgesellschaften, wo Familienstrukturen und Wertorientierungen im Wandel begriffen sind. Der ökonomische Wert der Kinder und die ökonomische Abhängigkeit von Eltern und Kindern nehmen dort ab; stattdessen wächst Autonomie bei gleichzeitiger emotionaler Interdependenz.

Entwicklungspfade in engen Beziehungen
Kulturelle Unterschiede in Eltern-Kind-Beziehungen lassen sich nach Rotbaum et al. (2000) in einem Modell kulturspezifischer Entwicklungspfade beschreiben. Eltern-Kind-Beziehungen werden dabei als Beziehungen beschrieben, die auf Bedürfnissen nach Abgrenzung und Nähe, Independenz und Interdependenz, und Autonomie und Verbundenheit beruhen. Die Autoren verstehen die Entwicklung von Eltern-Kind-Beziehungen (auf der Grundlage biologischer Prädispositionen für Verbundenheit) als „passing through cultural lenses". Kulturelle Werte der Interdependenz und Akkomodation/Anpassung oder Independenz und Individuation wirken danach als unterschiedliche kulturelle Linsen auf die Entwicklung enger Beziehungen ein. Entsprechend identifizieren die Autoren zwei Prototypen: Die „symbiotische Harmonie", die in der japanischen Mutter-Kind-Beziehung beobachtet werden kann und auf der mütterliche Hingabe/Nachgiebigkeit und der kindlichen amae (Abhängigkeit von der Mutter) beruht (siehe Azuma, 1986; Doi, 1973). Im Gegensatz dazu beschreiben sie den Prototyp der "generativen Spannung" als typisch für die Mutter-Kind-Beziehung in den Vereinigten Staaten (bzw. im Westen). Auf dieser Grundlage beschreiben die Autoren Veränderungen in der Entwicklung enger Beziehungen über die Lebensspanne.

Diese kulturinformierte Sichtweise nimmt also an, dass sich Eltern-Kind-Beziehungen in dem kulturspezifischen Bedeutungssystem auf verschiedenen Pfaden entwickeln (vgl. Greenfield et al., 2003). Im westlichen Kulturkontext beruhen Eltern-Kind-Beziehungen eher auf Independenz; hier werden Partnerschaft, Akzeptanz von Konflikten und Verhandlungen individueller Interessen eher geschätzt. Hingegen beruhen Eltern-Kind-Beziehungen in ostasiatischen Kulturen eher auf Interdependenz und sind eher durch Harmonie, Kooperation und wechselseitiger Verpflichtungen gekennzeichnet. Nach Rothbaum et al. (2000) wird die Werthaltung der „symbiotischen Harmonie" und der Interdependenz gestärkt, indem man seinen Pflichten und Verpflichtungen nachkommt und den Erwartungen von anderen entspricht. Hingegen ist bei „generativer Spannung" die Aufrechterhaltung von Independenz und die Erfüllung individueller Ziele vorrangig.

Damit charakterisieren in unterschiedlichen Kulturen ganz unterschiedliche Beziehungsqualitäten die Eltern-Kind-Beziehung über die Lebensspanne.

Ausblick

Zusammenfassend ist zu sagen, dass eine Theorie zu Eltern-Kind-Beziehungen über die Lebensspanne die kulturspezifisch unterschiedlichen Werthaltungen und Bedeutungen von Beziehungen berücksichtigen sollte (Trommsdorff, in press, a; b). Damit lassen sich sowohl Indikatoren für eine „gute" Eltern-Kind-Beziehung und für eine „gelungene" Entwicklung spezifizieren. Beides wird u. a. in der gegenwärtig durchgeführten kulturvergleichenden Studie zu „Value of Children and Intergenerational Relationships" (Trommsdorff & Nauck, 2001) untersucht. In dieser groß angelegten Studie geht es um Zusammenhänge zwischen kulturellem Kontext und Eltern-Kind-Beziehungen in drei verbundenen Generationen. Ein Ziel ist, die Rolle von Wertorientierungen (wie die Werthaltung von Kindern, der Familie, von Independenz und Interdependenz, Kollektivismus und Individualismus) und von Sozialisationserfahrungen (einschließlich Erziehung und Bindung) im Zusammenhang mit Eltern-Kind-Beziehungen (aus der Perspektive sowohl der Eltern als auch ihrer Kinder) kulturvergleichend zu untersuchen (Trommsdorff, 2001; in press a; b). Bisherige Ergebnisse belegen kulturelle Unterschiede in intergenerationalen Beziehungen über die Lebensspanne, u. a. auch in der Funktion der Eltern-Kind-Beziehung für die Wertvermittlung an die nächste Generation sowie auch für die Unterstützung der eigenen Kinder und der eigenen Eltern.

Die bisherigen Untersuchungsergebnisse zeigen, dass Eltern-Kind-Beziehungen als Teil des kulturellen Kontextes eine wichtige Schaltstelle zwischen kulturellem Kontext und individueller Entwicklung sind. Entsprechend kann eine Entwicklung erst als „gelungen" im Kontext des kulturellen Bedeutungssystems mit den dort gegebenen Entwicklungsaufgaben, Ressourcen und Einschränkungen beurteilt werden. Dabei ist nicht zuletzt die kulturspezifische Bedeutung von Verbundenheit und Autonomie zu beachten (vgl. Trommsdorff, 1999; in Druck a; b). In den meisten kollektivistischen, nicht-westlichen Kulturen ist ein hohes Ausmaß an Verbundenheit und gemäßigt viel Autonomie für eine gesunde Entwicklung erforderlich, eine Kombination, die in individualistischen (meist westlichen) Kulturen als wenig entwicklungsförderlich gesehen wird (Rothbaum & Trommsdorff, in press). Die Annahme geht über die üblichen westlichen Ansätze hinaus, die ein Gleichgewicht zwischen Verbundenheit und Autonomie annehmen. Vielmehr sind kulturelle Besonderheiten in Eltern-Kind-Beziehungen auf der Basis unterschiedlicher Bedeutungen des Wertes von Autonomie und Verbundenheit sowie von Independenz und Interdependenz zu erklären. Verbundenheit im independenten Kulturkontext hat eine andere psychologische Bedeutung als im interdependenten Kulturkontext (Rothbaum & Trommsdorff, im Druck). Verbundenheit ist hier sozusagen eine Sicherheit stiftende Quelle, ähnlich wie dies in der Bindungstheorie angenommen wird. In interdependenten Kulturkontexten würde die Betonung von Autonomie die grundlegende selbstverständliche Geborgenheit vermittelnde Verbundenheit in Frage stellen.

Diese Überlegungen sind relevant für die Frage einer „erfolgreichen" Erziehung. Als Ergebnis einer „guten" Eltern-Kind-Beziehung und „erfolgreichen" Erziehung kann man z. B. die Transmission von Werten von der Elterngeneration an die Kinder betrachten (Grusec & Goodnow, 1994). Kulturelle Werthaltungen und sozioökonomische Veränderungen wirken sich allerdings auf die Wertevermittlung zwischen den Generationen und die Eltern-Kind-Beziehungen über die Lebensspanne aus. Auf der Grundlage unseres kulturinformierten Modells der Eltern-Kind-Beziehung über die Lebensspanne, das Annahmen des Familienmodells von Kagitcibasi (1996) und des Modells der kulturspezifischen Entwicklungspfade von Rothbaum et al. (2000) integriert, ist anzunehmen, dass in Ländern mit hoher Interdependenz eher Ähnlichkeiten in den Wertorientierungen unter der älteren und jüngeren Generation bestehen als in modern-individualistischen Gesellschaften; Generationsunterschiede werden in den Ländern im Übergang zur Modernität erwartet (vgl. Trommsdorff, im Druck b). Allerdings werden Unterschiede in der Transmission je nach Art der Werte erwartet. Dies haben wir in Vergleichen von Werthaltungen dreier Generationen nachgewiesen (Trommsdorff, Mayer & Albert, 2004). Weitere Ergebnisse belegen Zusammenhänge zwischen der Qualität von Eltern-Kind-Beziehungen und der intergenerationalen Weitergabe von Werthaltungen (Albert & Trommsdorff, 2003). Wie in unserem Modell der intergenerationalen Beziehungen über die Lebensspanne vorhergesagt, beeinflusst die Beziehungsqualität zwischen Müttern und Jugendlichen das Ausmaß der Vermittlung von Werten. So sind Eltern-Kind-Beziehungen sowohl hinsichtlich ihrer Funktion für die individuelle Entwicklung als auch für die Stabilität und den Wandel des kulturellen Kontextes von Bedeutung.

Weiterführende Literatur

Bronfenbrenner, U. (1989). *Die Ökologie der menschlichen Entwicklung*. Frankfurt/M.: Fischer Taschenbuch Verlag.
Rogoff, B. (2003). *The cultural nature of human development*. Oxford: Oxford University Press.
Roopnarine, J. L. & Carter, D. B. (Eds.). (1992). *Parent-child socialization in diverse cultures*. Nordwood, NJ: Ablex Publishing Corporation.
Trommsdorff, G. (1993). Kindheit im Kulturvergleich. In M. Markefka & B. Nauck (Hrsg.), *Handbuch der Kindheitsforschung (S. 45–65)*. Neuwied: Luchterhand.
Trommsdorff, G. (1995). Werthaltungen und Sozialisationsbedingungen von Jugendlichen in westlichen und asiatischen Gesellschaften. In B. Nauck & C. Onnen-Isemann (Hrsg.), *Familie im Brennpunkt von Wissenschaft und Forschung (S. 279–295)*. Neuwied: Luchterhand.
Trommsdorff, G. (Hrsg.). (1995). *Kindheit und Jugend in verschiedenen Kulturen. Entwicklung und Sozialisation in kulturvergleichender Sicht*. Weinheim: Juventa.

Zitierte Literatur

Albert, I. & Trommsdorff, G. (2003). Intergenerational transmission of family values. Poster presented at the XIth European Conference on Developmental Psychology in Milan, Italy.
Azuma, H. (1986). Why study child development in Japan? In H. W. Stevenson, H. Azuma & K. Hakuta (Eds.), *Child development and education in Japan (pp. 3–12)*. New York: Freeman.

Baltes, P. B. & Baltes, M. M. (1990). Psychological perspectives on successful aging: The model of selective optimization with compensation. In P. B. Baltes & M. M. Baltes (Eds.), *Successful aging: Perspectives from the behavioral sciences (pp. 1–34)*. Cambridge, MA: Cambridge University Press.

Bandura, A. (1977). *Social learning theory*. Englewood Cliffs, NJ: Prentice Hall.

Bandura, A. (1986). *Social foundations of thought and action: A social cognitive theory*. Upper Saddle River, NJ: Prentice-Hall.

Baumrind, D. (1967). Child care practices anteceding three patterns of preschool behavior. *Genetic Psychology Monographs, 75*, 43–88.

Baumrind, D. (1991). Effective parenting during the early adolescent transition. In P. A. Cowan & E. M. Hetherington (Eds.), *Family transitions: Advances in family research series (pp. 111–163)*. Hillsdale, NJ: Lawrence Erlbaum Association.

Bell, R. Q. (1979). Parent, child, and reciprocal influences. *American Psychologist, 34*, 821–826.

Bengtson, V. L. (2001). Beyond the nuclear family: The increasing importance of multigenerational bonds. *Journal of Marriage and the Family, 63*, 1–16.

Bengtson, V. L. & Roberts, R. E. L. (1991). Intergenerational solidarity in aging families: An example of formal theory construction. *Journal of Marriage and the Family, 53*, 856–870.

Blenkner, M. (1965). Social work and family relationships in later life with some thoughts on filial maturity. In E. Shanas & G. F. Streib (Eds.), *Social structure and the family: Generational relations (pp. 46–59)*. Englewood Cliffs, NJ: Prentice-Hall.

Bornstein, M. H., Toda, S., Azuma, H., Tamis LeMonda, C. S. & Ogino, M. (1990). Mother and infant activity and interaction in Japan and in the United States: II. A comparative microanalysis of naturalistic exchanges focused on the organisation of infant attention. *International Journal of Behavioral Development, 13*, 289–308.

Bowlby, J. (1969). *Attachment and loss: Vol. 1: Attachment*. New York: Basic Books.

Bronfenbrenner, U. (1979). *The ecology of human development: Experiments by nature and design*. Cambridge, MA: Harvard University Press.

Bugental, D. B. & Goodnow, J. J. (2000). Socialization processes. In W. Damon & N. Eisenberg (Eds.), *Handbook of child psychology: Vol. 3: Social, emotional, and personality development (5th ed., pp. 389–463)*. New York: John Wiley & Sons.

Chao, R. & Tseng, V. (2002). Parenting of Asians. In M. H. Bornstein (Ed.), *Handbook of parenting: Vol. 4: Social conditions and applied parenting (2nd ed., pp. 59–93)*. Mahwah, NJ: Lawrence Erlbaum Association.

Collins, W. A., Maccoby, E. E., Steinberg, L., Hetherington, E. M. & Bornstein, M. H. (2000). Contemporary research on parenting: The case for nature and nurture. *American Psychologist, 55*, 218–232.

Collins, W. A., Maccoby, E. E., Steinberg, L., Hetherington, E. M. & Bornstein, M. H. (2001). Toward nature with nurture: Comment. *American Psychologist, 56*, 171–173.

Cooney, T. M. (1997). Parent-child relations across adulthood. In S. Duck (Ed.), *Handbook of personal relationships (2nd ed., pp. 451–468)*. Chichester, UK: Wiley.

Cooper, C. R., Grotevant, H. D. & Condon, S. M. (1983). Individuality and connectedness in the family as a context for adolescent identity formation and role-taking skill. *New Directions for Child Development, 22*, 43–59.

Crocket, L. J. & Silbereisen, R. K. (Eds.). (2000). *Negotiating adolescence in times of social change*. Cambridge, UK: Cambridge University Press.

Doi, T. (1973). *The anatomy of dependence*. Tokyo: Kodansha.

Elder, G. H. (1974). *The children of the great depression: Social change and life experience*. Chicago: University of Chicago Press.

Elder, G. H., Jr. (1998). The life course as developmental theory. *Child Development, 69*, 1–12.

Erikson, E. H. (1959). *Identity and the life cycle*. New York: International University Press.

Fiske, A. P., Kitayama, S., Markus, H. R. & Nisbett, R. E. (1998). The cultural matrix of social psychology. In D. T. Gilbert, S. T. Fiske & G. Lindzey (Eds.), *The handbook of social psychology: Vol. 2 (4th ed., pp. 915–981)*. Boston: McGraw-Hill.

Friedlmeier, W. & Trommsdorff, G. (1998). Japanese and German mother-child interactions in early childhood. In G. Trommsdorff, W. Friedlmeier & H.-J. Kornadt (Eds.), *Japan in transition. Sociological and psychological aspects (pp. 217–230).* Lengerich: Pabst Science.

Friedlmeier, W. & Trommsdorff, G. (2004). Children's negative emotional reactions and maternal sensitivity in Japan and Germany. Manuscript submitted for publication.

Goodnow, J. J. & Collins, W. A. (Eds.). (1990). *Development according to parents: The nature, sources, and consequences of parents' ideas.* Hillsdale, NJ: Lawrence Erlbaum Association.

Greenfield, P. M., Keller, H., Fuligni, A. J. & Maynard, A. (2003). Cultural pathways through universal development. *Annual Review of Psychology, 54,* 461–490.

Grusec, J. E. & Goodnow, J. J. (1994). Impact of parental discipline methods on the child's internalization of values: A reconceptualization of current points of view. *Developmental Psychology, 30,* 4–19.

Haan, N. (1977). *Coping and defending: Processes of self-environment organization.* New York: Academic Press.

Harkness, S. & Super, C. M. (1994). The developmental niche: A theoretical framework for analyzing the household production of health. *Social Science and Medicine, 38,* 217–226.

Harkness, S. & Super, C. M. (1999). From parents' cultural belief systems to behavior. In L. Eldering & P. P. M. Leseman (Eds.), *Effective early education cross-cultural perspectives (pp. 67–90).* New York: Falmer Press.

Havighurst, R. J. (1972). *Developmental tasks and education (3rd ed.).* New York: McKay.

Hess, R. D., Kashiwagi, K., Azuma, H., Price, G. G. & Dickson, W. P. (1980). Maternal expectations for mastery of developmental tasks in Japan and the United States. *International Journal of Psychology, 15,* 259–271.

Ho, D. Y. F. (1986). Chinese patterns of socialization: A critical review. In M. H. Bond (Ed.), *The psychology of the Chinese people (pp. 1–37).* Hong Kong: Oxford University Press.

Ho, D. Y. F. & Kang, T. K. (1984). Intergenerational comparisons of child-rearing attitudes and practices in Hong Kong. *Developmental Psychology, 20,* 1004–1016.

Hofstede, G. H. (1980). *Culture's consequences: International differences in work-related values.* Beverly Hills, CA: Sage.

Hofstede, G. H. (2001). *Culture's consequences: Comparing values, behaviors, institutions and organizations across nations (2nd ed.).* Thousand Oaks, CA: Sage.

Hofstede, G. H. (im Druck). Der kulturelle Kontext psychologischer Prozesse. In G. Trommsdorff & H.-J. Kornadt (Hrsg.), *Enzyklopädie der Psychologie: Themenbereich C Theorie und Forschung, Serie VII Kulturvergleichende Psychologie. Band 1: Theorien und Methoden in der kulturvergleichenden und kulturpsychologischen Forschung.* Göttingen: Hogrefe.

Kagitcibasi, C. (1996). *Family and human development across cultures: A view from the other side.* Mahwah, NJ: Lawrence Erlbaum Association.

Kornadt, H.-J., Hayashi, T., Tachibana, Y., Trommsdorff, G. & Yamauchi, H. (1992). Aggressiveness and its developmental conditions in five cultures. In S. Iwawaki, Y. Kashima & K. Leung (Eds.), *Innovations in cross-cultural psychology (pp. 250–268).* Amsterdam: Swets & Zeitlinger.

Kornadt, H.-J. & Trommsdorff, G. (1984). Erziehungsziele im Kulturvergleich. In G. Trommsdorff (Hrsg.), *Jahrbuch für Empirische Erziehungswissenschaft 1984: Erziehungsziele (S. 191–212).* Düsseldorf: Schwann.

Kornadt, H.-J. & Trommsdorff, G. (1990). Naive Erziehungstheorien japanischer Mütter – Deutsch-japanischer Kulturvergleich. *Zeitschrift für Sozialisationsforschung und Erziehungssoziologie, 10,* 357–376.

Kornadt, H.-J. & Trommsdorff, G. (1997). Sozialisationsbedingungen von Aggressivität in Japan und Deutschland. In G. Foljanty-Jost & D. Rössner (Hrsg.), *Gewalt unter Jugendlichen in Deutschland und Japan: Ursachen und Bekämpfung (S. 27–51).* Baden-Baden: Nomos.

Kuczynski, L. (Ed.). (2003). *Handbook of dynamics in parent-child relations.* London: Sage.

Laursen, B. & Bukowski, W. M. (1997). A developmental guide to the organization of close relationships. *International Journal of Behavioral Development, 21, 747–770.*

Lerner, R. M. & Busch-Rossnagel, N. A. (1981). Individuals as producers of their development: Conceptual and empirical bases. In R. M. Lerner & N. A. Busch-Rossnagel (Eds.), *Individuals as producers of their development (pp. 1–36).* New York: Academic Press.

LeVine, R. A. (1980). A cross-cultural perspective on parenting. In M. Fantini & R. Cardenas (Eds.), *Parenting in a multicultural society (pp. 17–26).* New York: Longman.

LeVine, R. A. (1988). Human parental care: Universal goals, cultural strategies, individual behavior. In R. A. LeVine, P. M. Miller & M. Maxwell West (Eds.), *Parental behavior in diverse societies (pp. 3–12).* San Francisco: Jossey-Bass.

LeVine, R. A., Dixon, S., LeVine, S., Richman, A., Leiderman, P. H., Keefer, C. H. & Brazelton, T. B. (1994). *Child care and culture: Lessons from Africa.* New York: Cambridge University Press.

Levinson, D. J. (1986). A conception of adult development. *American Psychologist, 41, 3–13.*

Lewin, K. (1951). *Field theory in social science: Selected theoretical papers.* New York: Harper & Row.

Maccoby, E. E. (1992). *The role of parents in the socialization of children: An historical overview.* Developmental Psychology, 28, 1006–1017.

Maccoby, E. E. (1999). The uniqueness of the parent-child relationship. In W. A. Collins & B. Laursen (Eds.), *Relationships as developmental contexts: The Minnesota Symposia on Child Psychology (pp. 157–175).* Mahwah, NJ: Lawrence Erlbaum Association.

Maccoby, E. E. & Martin, J. A. (1983). Socialization in the context of the family: Parent-child interaction. In P. H. Mussen & E. M. Hetherington (Eds.), *Handbook of child psychology: Vol. 4. Socialization, personality and social development (pp. 1–101).* New York: Wiley.

Mannheim, K. (1929/1964). *Das Problem der Generationen.* Köln: Westdeutscher Verlag.

Marcoen, A. (1995). Filial maturity of middle-aged adult children in the context of parent care: Model and Measures. *Journal of Adult Development, 2, 125–136.*

Markus, H. R. & Kitayama, S. (1991). Culture and the self: Implications for cognition, emotion, and motivation. *Psychological Review, 98, 224–253.*

Markus, H. R. & Kitayama, S. (1994). The cultural construction of self and emotion: Implications for social behavior. In S. Kitayama & H. R. Markus (Eds.), *Emotion and culture: Empirical studies of mutual influence (pp. 89–130).* Washington, DC: American Psychological Association.

Neugarten, B. L. (1968). *Middle age and aging: A reader in social psychology.* Chicago: University of Chicago Press.

Pettengill, S. M. & Rohner, R. P. (1985). Korean-American adolescents' perceptions of control, parental acceptance-rejection and parental-adolescent conflict. In I. R. Lagunes & Y. H. Poortinga (Eds.), *From a different perspective: Studies of behavior across cultures (pp. 241–249).* Lisse, The Netherlands: Swets & Zeitlinger.

Richman, A. L., Miller, P. M. & LeVine, R. A. (1992). Cultural and educational variations in maternal responsiveness. *Developmental Psychology, 28, 614–621.*

Rossi, A. S. & Rossi, P. H. (1990). *Of human bonding: Parent-child relations across the life course.* Hawthorne, NY: Aldine de Gruyter.

Rothbaum, F., Pott, M., Azuma, H., Miyake, K. & Weisz, J. (2000). The development of close relationships in Japan and the United States: Paths of symbiotic harmony and generative tension. *Child Development, 71, 1121–1142.*

Rothbaum, F. & Trommsdorff, G. (in press). Cultural perspectives on relationships and autonomy-control. In J. E. Grusec & P. Hastings (Eds.), *Handbook of socialization.* New York: The Guilford Press.

Schaie, K. W. & Willis, S. L. (1995). Perceived family environments across generations. In V. L. Bengtson, K. W. Schaie & L. M. Burton (Eds.), *Adult intergenerational relations (pp. 174–209).* New York: Springer.

Schönpflug, U. (Ed.). (2001). Intergenerational transmission of values: The role of transmission belts [Special issue: Perspectives on cultural transmission]. *Journal of Cross-Cultural Psychology, 32,* 174–185.

Schwartz, S. H. (1994). Beyond individualism/collectivism: New cultural dimensions of values. In U. Kim, H. C. Triandis, C. Kagitcibasi, S.-C. Choi & G. Yoon (Eds.), *Individualism and collectivism: Theory, methods, and applications (pp. 85–119).* Thousand Oaks, CA: Sage.

Schwartz, S. H. & Sagi, G. (2000). Value consensus and importance: A cross-national study. *Journal of Cross Cultural Psychology, 31,* 465–497.

Segall, M. H., Dasen, P. R., Berry, J. W. & Poortinga, Y. H. (1999). *Human behavior in global perspective: An introduction to cross-cultural psychology (2nd ed.).* Boston: Allyn & Bacon.

Sigel, I. E. (Ed.). (1985). *Parental belief systems: The psychological consequences for children.* Hillsdale, NJ: Lawrence Erlbaum Association.

Steinberg, L. (1990). Autonomy, conflict, and harmony in the family relationship. In S. S. Feldman & G. R. E. Elliott (Eds.), *At the threshold: The developing adolescent (pp. 255–276).* Cambridge, MA: Harvard University Press.

Stevenson, H. W., Chen, C. & Lee, S. (1992). Chinese families. In J. L. Roopnarine & D. B. Carter (Eds.), *Parent-child socialization in diverse cultures (pp. 17–33).* Nordwood, NJ: Ablex Publishing Corporation.

Stevenson, H. W. & Zusho, A. (2002). Adolescence in China and Japan: Adapting to a changing environment. In B. B. Brown, R. W. Larson & T. S. Saraswathi (Eds.), *The world's youth: Adolescence in eight regions of the globe (pp. 141–170).* Cambridge, MA: Cambridge University Press.

Szinovacz, M. E. (Ed.). (1998). *Handbook on grandparenthood.* Westport, CT: Greenwood Press.

Thompson, R. A. (1999). Early attachment and later development. In J. Cassidy & P. R. Shaver (Eds.), *Handbook of attachment: Theory, research, and clinical applications (pp. 265–286).* New York: The Guilford Press.

Triandis, H. C. (1995). *Individualism & collectivism.* Boulder, CO: Westview Press.

Trommsdorff, G. (1985). Some comparative aspects of socialization in Japan and Germany. In I. Reyes Lagunes & Y. H. Poortinga (Eds.), *From a different perspective: Studies of behavior across cultures (pp. 231–240).* Amsterdam: Swets & Zeitlinger.

Trommsdorff, G. (1995). Parent-adolescent relations in changing societies: A cross-cultural study. In P. Noack, M. Hofer & J. Youniss (Eds.), *Psychological responses to social change: Human development in changing environments (pp. 189–218).* Berlin: De Gruyter.

Trommsdorff, G. (1999). Autonomie und Verbundenheit im kulturellen Vergleich von Sozialisationsbedingungen. In H. R. Leu & L. Krappmann (Eds.), *Zwischen Autonomie und Verbundenheit (pp. 392–419).* Frankfurt/Main: Suhrkamp.

Trommsdorff, G. (2000). Subjective experience of social change in individual development. In J. Bynner & R. K. Silbereisen (Eds.), *Adversity and challenge in life in the new Germany and in England (pp. 87–122).* Basingstoke, UK: Macmillan Press.

Trommsdorff, G. (2001). Eltern-Kind-Beziehungen aus kulturvergleichender Sicht. In S. Walper & R. Pekrun (Hrsg.), *Familie und Entwicklung. Aktuelle Perspektiven der Familienpsychologie (S. 36–62).* Göttingen: Hogrefe.

Trommsdorff, G. (in press a). Transmission from the perspective of value of children. In U. Schönpflug (Ed.), *New perspectives on transmission of values.* Oxford: Oxford University Press.

Trommsdorff, G. (in press b). Parent-child relationships over the life span from a cross-cultural perspective. In K. Rubin (Ed.), *Parental Beliefs, parenting, and child development in cross-cultural perspective.* New York: Psychology Press.

Trommsdorff, G. & Dasen, P. R. (2001). Cross-cultural study of education. In N. J. Smelser & P. B. Baltes (Eds.), *International encyclopedia of the social and behavioral sciences (pp. 3003–3007).* Oxford, UK: Elsevier.

Trommsdorff, G. & Friedlmeier, W. (1993). Control and responsiveness in Japanese and German mother-child interactions. *Early Development and Parenting, 2,* 65–78.

Trommsdorff, G. & Friedlmeier, W. (im Druck). Kultur und Individuum: Ein Beitrag kulturvergleichender Psychologie zur Rolle subjektiver Erziehungstheorien. In A. Assmann, U. Gaier & G. Trommsdorff (Hrsg.), *Positionen der Kulturanthropologie.* Frankfurt/Main: Suhrkamp.

Trommsdorff, G. & Kornadt, H.-J. (2003). Parent-child relations in cross-cultural perspective. In L. Kuczynski (Ed.), *Handbook of dynamics in parent-child relations (pp. 271–306).* Thousand Oaks, CA: Sage Publications.

Trommsdorff, G., Mayer, B. & Albert, I. (2004). Dimensions of culture in intra-cultural comparisons: Individualism/collectivism and family-related values in three generations. In H. Vinken, J. Soeters & P. Ester (Eds.), *Comparing cultures: Dimensions of culture in a comparative perspective (pp. 157–179).* Leiden, The Netherlands: Brill Academic Publishers.

Trommsdorff, G. & Nauck, B. (2001). *Value of children in six cultures: Eine Replikation und Erweiterung der „Value-of-Children-Studies" in Bezug auf generatives Verhalten und Eltern-Kind-Beziehungen.* Antrag an die DFG. Unveröffentlichtes Manuskript, Universität Konstanz, Konstanz.

Whiting, B. B. & Whiting, J. W. M. (1975). *Children of six cultures: A psycho-cultural analysis.* Cambridge, MA: Harvard University Press.

Zarit, S. H. & Eggebeen, D. J. (2002). Parent-child relationships in adulthood and later years. In M. H. Bornstein (Ed.), *Handbook of parenting: Vol. 5. Practical issues in parenting (2nd ed., pp. 135–161).* Mahwah, NJ: Lawrence Erlbaum Association.

Urs Fuhrer und Simone Mayer

Familiäre Erziehung im Prozess der Akkulturation

Migration ist im Zuge der europäischen Vereinigung und der Globalisierung zur großen Herausforderung für Nationalstaaten geworden (vgl. Hoffmann-Nowotny, 1993). Dabei hat die Migrationsforschung weitgehend übersehen, dass Migration ein „Familienprojekt" ist. Zudem kann sie sich über mehrere Generationen erstrecken und der Generationenabstand wird immer wieder neu durch transnationale Heiraten erzeugt (Straßburger, 1998). Des Weiteren unterscheiden sich Familien ausländischer Herkunft nach ihrem kulturellen Hintergrund, ihren Migrationserfahrungen, ihrem aufenthaltsrechtlichen Status und ihrer Integration in der jeweiligen Aufnahmegesellschaft (Booth, Crouter & Landale, 1997). Daraus ergeben sich differenzierte Prozesse familiärer Akkulturation und vielschichtige Erziehungsrealitäten. Was die Besonderheiten der Familie ausländischer Herkunft kennzeichnet, mit welchen spezifischen Problemlagen Kinder und Jugendliche ausländischer Eltern im Prozess der Akkulturation in Deutschland aufwachsen und welche Herausforderungen sich der elterlichen Erziehung stellen, das sind die Themen, mit denen sich dieses Kapitel beschäftigt.

Die Lebenssituation von Familien ausländischer Herkunft in Deutschland

Orientiert man sich an den Lebensformen der Bevölkerung ausländischer Herkunft, dann ist, wenn wir den von Engstler und Menning (2003) aufbereiteten Statistiken folgen, festzuhalten, dass im Jahr 2000 fast drei Viertel aller Ausländer/-innen in Deutschland (71,6 %) Familienhaushalte mit Kindern waren. Dieser Wert liegt viel höher als bei den Deutschen, von denen nur etwa die Hälfte (53,3 %) in einem Haushalt mit Kind(ern) lebte. Die stärkere Verbreitung des Lebens in einem Haushalt mit Kindern bei Ausländern wird zum einen durch die jüngere Altersstruktur der ausländischen Bevölkerung, zum anderen durch eine höhere Geburtenhäufigkeit ausländischer Frauen verursacht. Des Weiteren liegt der Anteil von Familien, in denen nur ein Kind im Haushalt lebt, bei Ausländern mit 43,4 % aller Familien mit Kindern deutlich niedriger als bei deutschen Familien (51,2 %). Dafür haben Familien ausländischer Herkunft häufiger große Familien mit drei und mehr Kindern (19,7 %) als deutsche Familien (11,7 %). Sodann sind 86,1 % aller ausländischen Familien mit Kind(ern) Ehepaar-Familien, wogegen das bei den deutschen Familien mit Kind(ern) nur 78,4 % sind. In nichtehelicher Lebensgemeinschaft leben lediglich 2 % der ausländischen Eltern (gegenüber 6,2 % der deutschen Eltern). 11,9 % der ausländischen Familien sind Alleinerziehende; auch dieser Wert liegt unter dem der Gesamtbevölkerung von 15,4 %. Außerdem bestanden im Jahr 2000 je 2 % aller Ehen in Deutschland aus einer ausländischen Ehefrau und einem deutschen Ehemann bzw. einem ausländischen Ehemann und einer deutschen Ehefrau (vgl. dazu den Beitrag zu binationalen Familien von Falkner in diesem Band). Während der Anteil der Ehepaare mit Kind(ern) bei deutschen Ehepaaren nur bei 48,6 % lag, war dieser Wert für die *binationalen Ehepaare* mit 58,4 % (Ehefrau Ausländerin) bzw. 61,3 % (Ehemann Ausländer) deutlich höher. Er lag jedoch unter dem Wert für Ehepaare, bei denen beide Partner eine ausländische Staatsangehörigkeit haben (72,8 %).

Innerhalb der deutschen Aufnahmekultur tragen Pluralisierungs- und Individualisierungstendenzen zur spezifischen Differenzierung der Ausländer bei, so dass diese keineswegs eine homogene soziale Gruppe darstellt. Zeitreihenvergleiche aus der Statistik der ausländischen Bevölkerung in den alten Bundesländern lassen vermuten, dass Einwanderer die Merkmale der Postmoderne wie den „Kult der Jugendlichkeit" ebenso pflegen wie den Individualismus, die Familie mit geringer Kinderzahl oder das Tempo der großstädtischen Metropolen. Derart macht sich der differenzierende Einfluss postmoderner Gesellschaften bemerkbar bei der sozialen Schichtung der Einwanderer, bei der Berufstätigkeit der ausländischen Frau, im Verhältnis der Generationen und Geschlechter zueinander, in den Eltern-Kind-Beziehungen, im elterlichen Erziehungsverhalten und im Heirats- und Trennungsverhalten der Partner.

Wie der 6. Familienbericht des BMFSFJ (2000) zeigt, ist in Familien ausländischer Herkunft – zusätzlich zur Gestaltung des alltäglichen Familienlebens – die Aufgabe zu lösen, sich in einer anderen Kultur zurechtzufinden, eine Balance zu erreichen zwischen Assimilation und Ethnizität (Gemende, 1997). Dabei wird unter *Assimilation* der Prozess der Angleichung der Zuwanderer an die Aufnahmegesellschaft verstanden, wogegen *Ethnizität* als die gefühlsmäßige Zugehörigkeit, verbunden mit einem bestimmten Identitäts- und Solidarbewusstsein zu einer bestimmten ethnischen Gruppe von Menschen verstanden wird. Familien ausländischer Herkunft müssen – unter den jeweiligen gesellschaftlichen Bedingungen – diese Balancierung bewältigen. Damit ist aber nicht gemeint, dass die Zugewanderten sich früher oder später anpassen und sich in ihren Orientierungen sowie in ihrer ethnischen Identität aufgeben. Gerade das meint Integration nicht (Süssmuth, 2001).

In diesem Zusammenhang ist der Bedeutung der Ehefrauen und Mütter für den Verlauf und das Gelingen der Integration von Familien ausländischer Herkunft in der bisherigen familien- und migrationspolitischen Diskussion noch unzureichend Rechnung getragen worden (vgl. BMFSFJ, 2000). So gestalten Frauen und Mütter den Eingliederungsprozess aktiv mit, und von ihren Ressourcen hängt es letztlich ab, in welche Richtung sich die Integration der gesamten Familie entwickelt und wie nachhaltig die Anpassung der Familie in ihre Aufnahmekultur erfolgt. Entsprechend zeigen projektbezogene Erfahrungen bedeutend höhere Erfolge dort, wo Mütter und Kinder parallel lernen (Süssmuth, 2001). Eine einseitige Ausrichtung von Integrations- und entsprechenden Bildungsbemühungen auf die Bereiche Kindergarten, Vorschule und Schule reicht nicht aus. Wenn Mütter aus fremdkulturellen Kontexten zeitlich parallel zu den Angeboten für ihre Kinder in Sprachangebote einbezogen werden, entspannen sich auch Belastungen bei Kindern und Eltern und zwischen ihnen; demnach sollte die Sprachkompetenz der Mütter nachdrücklich gefördert werden (Süssmuth, 2001). Folglich sind aus familienpolitischer Sicht alle Maßnahmen, die zur Stärkung der Fähigkeiten von Frauen und Müttern beitragen, zugleich ein wirksames Mittel zur Bewältigung familiärer Integration. Deshalb machen Integrationsmaßnahmen einen *familien-systemischen* Ansatz notwendig.

Im Übrigen sind auch die *intergenerativen Beziehungen* in Familien ausländischer Herkunft aus mindestens zweierlei Gründen für das Verständnis der Familien ausländischer Herkunft von besonderer Bedeutung (vgl. BMFSFJ, 2000 und den Beitrag von Steinbach & Nauck in diesem Band). Zum einen stammen die meisten Familien ausländischer Herkunft aus Gesellschaften ohne ausgebautes staatliches System sozialer Sicherheiten. Deshalb werden alle Sozialleistungen und alle Absicherungen gegen die Risiken des Lebens unmittelbar zwischen den Generationen und durch Generationenbeziehungen erbracht. Zum anderen hat die Migrationssituation selbst unmittelbare Auswirkungen auf die Generationenbeziehungen. Im Kulturvergleich wurde immer wieder als zentrale Dimension der Ausgestaltung kultureller Unterschiede in den Generationenbeziehungen eine ökonomisch-utilitaristische gegenüber einer psychologisch-emotionalen Erwartungshaltung betont (Nauck & Schönpflug, 1997). Ökonomisch-utilitaristische Erwartungen gegenüber Kindern beinhalten etwa die frühe Mithilfe im Familienhaushalt, die spätere Hilfe, Sorge und Unterstützung im Alter und die finanzielle Unterstützung nach Beendigung der Arbeitstätigkeit oder im Falle von Krankheit, Not und Arbeitslosigkeit. Demgegenüber betonen psychologisch-emotionale Erwartungen an Kinder die Bereicherung des eigenen Lebens durch Kinder, die Selbsterfahrung in der Elternrolle oder den Aufbau einer lebensspannen-übergreifenden emotionalen Beziehung.

Zwar finden sich in allen Gesellschaften beide Dimensionen in der Eltern-Kind-Beziehung, jedoch ergeben sich im Vergleich der Kulturen Unterschiede in der Wertigkeit. In Wohlstandsgesellschaften mit hohen Sozialleistungen ist denkbar, dass mehrheitlich psychologisch-emotionale Erwartungen bei der Entscheidung für die Übernahme elterlicher Verantwortung relevant sind. Demgegenüber werden in Armutsgesellschaften ohne sozialstaatliche Leistungen immer wieder Nützlichkeitserwägungen bei der Entscheidung zur Elternschaft vordergründig sein. In diesem Zusammenhang existiert mit dem *Values of Children-Ansatz* (das ist der Wert, den Eltern ihren Kindern zuschreiben) ein Erklärungsrahmen für das Verständnis interkultureller Unterschiede, z.B. im intergenerativen Verhalten oder in der Ausgestaltung der Eltern-Kind-Beziehung (vgl. Nauck & Kohlmann, 1998 und den Beitrag von Trommsdorff in diesem Band). Solche Unterschiede reflektieren in besonderer Weise, inwiefern in den jeweiligen Kulturen Kinder bedeutsame „Zwischengüter" für die Erlangung materieller Sicherheit und sozialer Anerkennung darstellen. Beispielsweise finden in Deutschland Kinder die stärkste Zustimmung zu psychologisch-emotionalen Werten bei Eltern türkischer Herkunft (bei den Vätern 99 %, bei den Müttern 96 % volle Zustimmung); bei deutschen Vätern geben 82 % und bei deutschen Müttern 86 % ihre volle Zustimmung ab (BMFSFJ, 2000). Wesentlich stärker unterscheiden sich die Herkunftsnationalitäten danach, ob Kinder als Hilfe im Alter wahrgenommen werden. Die geringsten Erwartungen haben die deutschen Väter mit 9 %, gefolgt von den deutschen Müttern mit 11 % Zustimmung. Türkische Väter stimmen demgegenüber zu 73 %, türkische Mütter zu 68 % zu. Demnach kennzeichnen sich türkische Familien dadurch, dass ökonomisch-utilitaristische Erwartungen an intergenerative Beziehungen eine größere Bedeutung besitzen als in deutschen Familien. Gleichzeitig geht diese Erwartung nicht mit einer verminderten Bedeutung der psychologisch-emotionalen Werte einher. Vielmehr scheinen in Familien türkischer Herkunft, und ähnliches lässt sich in vietnameslschen Familien beobachten, die Generationenbeziehungen eine multifunktionale Bedeutung zu haben, statt, wie in deutschen Familien, auf ihre emotionale Dimension reduziert zu sein (vgl. Nauck & Schönpflug, 1997 und den Beitrag von Steinbach und Nauck in diesem Band).

Akkulturation und Strukturwandel der Familie ausländischer Herkunft

In Studien zu Veränderungen der Strukturen von Familien ausländischer Herkunft wird der Migration eine katalysatorische Funktion zugemessen (Hoffmann-Nowotny, 1993). Hier liegt die Annahme zugrunde, dass zum einen zwischen der Herkunfts- und der Aufnahmegesellschaft ein Modernisierungsgefälle besteht, so dass Migration für die betroffenen Familien die Entwicklungsaufgabe der Bewältigung dieses Modernisierungsrückstandes beinhaltet; zum anderen wird wegen des unterschiedlichen biographischen Zeitpunktes der Migration eine unterschiedliche Intensität des sozialisatorischen Einflusses von Herkunfts- und Aufnahmegesellschaft auf die Wanderungs- und Folgegeneration als Erklärung von Einstellungs- und Verhaltensunterschieden zwischen beiden angenommen.

Modelle familiärer Akkulturation

Um die Bewältigung der Migrationsanforderungen zu verstehen, die Familien ausländischer Herkunft zu leisten haben, kann als Rahmen das Fünf-Phasen-Modell von Sluzki (1979) dienen.

Vorbereitungsphase. In der Vorbereitungsphase trägt sich die Familie im Herkunftsland mit dem Gedanken, ihr Heimatland zu verlassen. Dabei kann ein großer Druck innerhalb der Familie entstehen, um diese Entscheidung gemeinschaftlich zu treffen. Die Gefühle können zwischen Euphorie und Angst vor der Zukunft schwanken.

Durchführung der Migration. Eine Familie wandert in aller Regel nicht geschlossen aus, sondern der Vater wandert meist (mitunter zusammen mit dem ältesten Kind) als erster aus. Danach werden die Frau und andere Kinder nachgeholt. Nicht ausgeschlossen ist auch der Nachzug anderer Familienangehöriger und Bekannter. In der Migrationsforschung bezeichnet man dieses Phänomen als Kettenwanderung (Gemende, 1997). Hilfreich in dieser Phase sind bereits im Aufnahmeland sich befindliche Verwandte, Freunde und/oder Angehörige aus derselben ethnischen Gruppe.

Phase der Überkompensation. Migranten versuchen auftretende Defizite und Spannungen über eine gewisse Zeit überauszugleichen oder abzuwehren. Sie erleben sehr intensiv die Konfrontation ihrer eigenkulturellen Interaktions- und Kommunikationsstrukturen mit den für sie ungewohnten Strukturen des Aufnahmelandes. Dazu zählen Erfahrungen mit Ausländerfeindlichkeit, Diskriminierungen und Benachteiligungen im Umgang mit Ämtern, Schulen usw. Zur Konfliktabwehr ziehen sich die Familien häufig in die eigene Gruppe zurück und akzentuieren ethnische Verhaltensmuster, die sie in ihren Herkunftsländern nicht mehr so intensiv praktiziert haben (z.B. Tragen des Kopftuches). Ethnische oder generationale familiale Bindungen können hierbei stabilisierend wirken. Umgekehrt können generationale Unterschiede etwa zwischen Eltern und ihren Kindern die Spannungen innerhalb der Familie verstärken (vgl. Booth, Crouter & Landale, 1997).

Phase der Dekomposition. Konflikte und Spannungen können in dieser Phase offen ausbrechen. Im Prozess der Migration können sich die kulturellen und traditionellen Machtverhältnisse in Familien ausländischer Herkunft auf den Kopf stellen. Die Rollen in der Familie müssen neu definiert, durchgesetzt und eingeübt werden, und es muss eine Balance zwischen Assimilation und Ethnizität gefunden werden.

Des Weiteren unterscheidet die kulturvergleichende Forschung zwischen einer Individual- und einer Gruppenebene der Akkulturation (vgl. Schönpflug, 2003). In diesem Beitrag beschränken wir uns auf die *psychologische Akkulturation*, ein Begriff, der von Graves (1967) eingeführt worden ist. Er versteht darunter die psychologischen Veränderungen von Individuen durch die Kulturkontaktsituation. Dazu zählt vor allem die Veränderung der persönlichen Ressourcen durch den Kulturkontakt, die bei der Bewältigung von Anforderungen hilfreich und nützlich sind (z.B. Bildung, Intelligenz, Gesundheit). In diesem Zusammenhang nimmt Berry (1997) an, dass Individuen (oder Gruppen) Orientierungen darüber haben, in welcher Beziehung sie zu anderen Gruppen oder deren Mitgliedern stehen wollen. Diese *Akkulturationsorientierungen* ergeben sich aus der Perspektive der jeweiligen Gruppenmitglieder bezüglich zweier Fragestellungen: Erstens der Überzeugung, ob ethnische oder kulturelle Unterschiede zwischen Gruppen, d.h. ihre kulturelle Identität, in einer Gesellschaft bewahrt oder aufgegeben werden sollten. Zweitens dem Wunsch nach Kontakt mit der jeweils anderen Gruppe oder nach Abgrenzung von dieser.

Berry, Poortinga, Segall und Dasen (1992) gehen davon aus, dass beide Fragen auf kontinuierlichen Skalen beantwortet werden können. Zur Vereinfachung nehmen sie an, dass man die Antworten auf die Fragen, ob die jeweils eigene kulturelle Identität bewahrt werden soll und ob Kontakt mit der anderen Gruppe erwünscht ist, dichotomisieren kann. Daraus ergeben sich vier prototypische Akkulturationsmuster. Dabei bezeichnet *Assimilation* einen Akkulturationsprozess, in dessen Verlauf eine Minderheit die eigene Kultur vollständig zugunsten der fremden Mehrheitskultur aufgibt. *Integration* bedeutet die Beibehaltung eines bestimmten Maßes kultureller Integrität beider Gruppen, gleichzeitig aber auch Bewegung hin zur jeweils anderen Kultur mit dem Ergebnis eines gemeinsamen kulturellen Rahmens. Vertreten alle beteiligten ethnischen Gruppen eine solche Akkulturationsorientierung, entsteht eine multikulturelle Gesellschaft (Berry, 1997). Multikulturalismus antizipiert demnach ein neues gesellschaftliches Bewusstsein, das die Integration von Migranten nicht als weitestgehende Assimilation einfordert, sondern den Migranten einen Spielraum kultureller Identitätswahrung insoweit eröffnet, als auch die Aufnahmegesellschaft in einer interkulturellen Auseinandersetzung ihre Kulturidentität einer gemeinsamen neuen Identitätsfindung aussetzt. Demgegenüber liegt eine *Segregation oder Separation* vor, wenn die Gruppenmitglieder die Beibehaltung eigener kultureller Identität anstreben und kein Verlangen nach substantieller Interaktion mit der anderen Kultur zeigen. Geht dieser Wunsch nach kultureller Abgeschiedenheit von der dominanten Gruppe aus und hält sie die andere Gruppe auf Distanz, ist dies ein Fall von Segregation. Wird das Ziel dagegen von der Minderheit verfolgt, so spricht man von Separation, was in Ausgrenzungen, ethnischen Cliquen- und Ghetto-Bildungen mündet. *Marginalisierung* schließlich bedeutet die Aufgabe der Herkunftskultur ohne Annahme einer neuen. Es wird wenig Interesse gezeigt, die Ursprungskultur beizubehalten, gleichzeitig besteht auch kein Interesse an der anderen Kultur. Vermutlich wird Marginalisierung als Akkulturationsorientierung relativ selten vorzufinden sein, wie Berry (1997) vermutet. Auch scheint für das Zusammenleben der verschiedenen größeren ethnischen Gruppen in Deutschland Marginalisierung als Zielvorstellung keine wesentliche Rolle zu spielen (Van Dick, Petzel & Wagner, 1997). Zudem können diese Akkulturationsorientierungen bereichsspezifisch variieren und bringen nicht nur Unterschiede in personenbezogenen Präferenzen zum Ausdruck, sondern hängen von den Erfahrungen mit Handlungsopportunitäten und -barrieren in der Aufnahmegesellschaft zusammen (vgl. Schönpflug, 2003).

Empirische Befunde sprechen im Allgemeinen dafür, dass Marginalisierung und Separation mit höheren Belastungen verbunden sind als Integration und Assimilation (z.B. Berry & Kim, 1988; Morgenroth & Merkens, 1997). Dabei geht eine Migration im Familienverband mit geringeren Belastungen einher als eine Migration als Einzelperson, da sich Familien in dieser Situation sozial unterstützen können (vgl. Booth, Crouter & Landale, 1997). Nichtsdestotrotz besteht das Risiko, dass Familien bzw. einzelne Familienmitglieder, die den Prozess der Akkulturation nicht bewältigen, zerfallen, in die Kriminalität abrutschen oder krank werden (vgl. Koch, Özek & Pfeiffer, 1995; Schmitt-Rodermund & Silbereisen, 2002).

Des Weiteren wird angenommen, dass Wohlbefinden und gelingende Entwicklung generell am besten durch Integration gefördert werden (z.B. Berry & Kim, 1988; Bourhis, Moise, Perreault & Senécal, 1997). Allerdings existieren auch Befunde, wonach eine integrative Akkulturation mit einem höheren Ausmaß an jugendlichem Problemverhalten einhergeht (z.B. Buriel, Calazada & Vasquez, 1982; Chun, Balls Organista & Marin, 2003; Samaniego & Gonzales, 1999; Wall, Power & Arbona, 1993). Besonders *dysfunktional* sind die durch die jugendlichen Autonomiebestrebungen motivierten Integrationsbemühungen, wenn sie mit einer Abwendung von der Herkunftsfamilie einhergehen, die familiären Zusammenhalt betont. McQueen, Getz und Bray (2003) belegen in ihrer Längsschnittstudie, dass Separation (von der Familie) und familiäre Konflikte den Zusammenhang zwischen Akkulturation und Problemverhaltensweisen (z.B. Alkohol-, Tabak-Marijuanakonsum und deviantes Verhalten) vermitteln. Dabei steigt das familiäre Konfliktniveau mit der Diskrepanz zwischen dem Akkulturationsniveau der Eltern und jenem ihrer jugendlichen Kinder. Für die Prävention bedeuten solche Befunde, dass mit Eltern ausländischer Herkunft und Schulen die Bestrebungen jugendlicher Autonomie thematisiert werden müssen, wobei aufgezeigt werden soll, wie gleichzeitig die emotionale Verbundenheit mit den Eltern, die nicht selten an der familiären Einbindung ihrer jugendlichen Kinder interessiert sind, gesichert werden kann (z.B. Noack & Puschner, 1999).

Folgt man schließlich Zimmer (1986) weiter, so gibt es historische und internationale Belege dafür, dass nach einer verunsicherten ersten Generation von Zuwanderern die zweite Generation zu (Über-)Anpassung bzw. Assimilation an die Maßstäbe des Aufnahmelandes und erst die dritte Generation sich bewusst auf eigene ethnische Werte besinnt und für deren Erhalt eintritt. Ob diese Besinnung auf die eigene ethnische Herkunftsidentität die Form eines „Rückwendungs"-Effekts (Isajiw & Makabe, 1997) bzw. einer „reaktiven Ethnizität" (Nieke, 2000) oder gar einer assimilativen Resistenz annimmt oder aber Teil einer multikulturellen Identität werden kann, ob also Jugendliche aus Migrantenfamilien der dritten Generation, die vielfach genauso behandelt werden möchten wie ihre Gleichaltrigen aus der Majoritätskultur (Uslucan, 2000), auch tatsächlich genauso behandelt werden, wird von den gesellschaftlichen Rahmenbedingungen abhängen, die diese Generation im Aufnahmeland vorfindet, in das sie bereits hineingeboren sind (vgl. Ward, 1996).

Gewalt in türkischen Familien in Abhängigkeit von der elterlichen Akkulturation

Um den Einfluss der elterlichen Akkulturation auf ihre jugendlichen Kinder präziser zu verstehen, nehmen wir als empirische Grundlage die Daten aus unserem familienpsychologischen Forschungsprojekt, das durch das Bundesministerium für Familie, Senioren, Frauen und Jugend (BMFSFJ) finanziert wird, worin die Frage nach den Ursachen der – im innerethnischen Vergleich in Deutschland festgestellten erhöhten (Pfeiffer & Wetzels, 2000) – Gewalt in Familien türkischer Herkunft untersucht wird (z. B. Mayer, Fuhrer & Uslucan, 2005a; Mayer, Fuhrer & Uslucan, 2005b). Auf der Basis von Befragungsdaten von 242 Berliner Jugendlichen (206 türkischer Herkunft; 236 deutscher Herkunft) und deren Eltern (135 Mütter und 117 Väter türkischer Herkunft; 179 Mütter und 152 Väter deutscher Herkunft) zeigte sich, dass die Akkulturationsorientierung (im Sinne des Modells von Berry, 1997) der türkischen Mütter zwar nicht die von ihren Kindern wahrgenommene Gewalt von Seiten der Mutter vorhersagen kann, aber die von der Mutter selbst eingeschätzte Gewalt gegenüber dem Kind. So steht die Integration der Mütter in hohem negativen Zusammenhang mit der Anwendung körperlicher Gewalt gegenüber den Jugendlichen (r = –.407; p < .001), wohingegen die Marginalisierung der Mütter in einem hohen positiven Zusammenhang zur mütterlichen Gewalt steht (r = .404; p < .001). Darüber hinaus lässt sich ein moderater positiver Zusammenhang zwischen der Assimilation türkischer Mütter und deren Gewalt gegenüber ihren Kindern nachweisen (r = .253; p < .01).

Des Weiteren kann in der Vorhersage mütterlicher Gewalt gegenüber ihren Kindern die Integration der Mütter, nach Kontrolle des Einflusses der partnerschaftlichen Gewalt und der in der Herkunftsfamilie erfahrenen Gewalt, noch 14 % an Varianz aufklären. Hinsichtlich des Zusammenhangs zwischen der Akkulturation der Väter und deren Gewalt gegenüber dem Kind zeigt sich ein weniger bedeutsames Ergebnis als bei den Müttern. So kann für Väter weder für deren Integration noch für deren Assimilation ein Zusammenhang mit der Gewalt gegenüber ihren Kindern nachgewiesen werden. Lediglich zwischen Marginalisierung und der Gewalt gegen die Kinder ist bei Vätern türkischer Herkunft ein moderater positiver Zusammenhang zu finden (r = .248; p < .05).

Zieht man die subjektiv beurteilte deutsche Sprachkompetenz der türkischen Migranten als Maß für deren Akkulturation heran (z. B. McQueen, Getz & Bray, 2003), dann kann jedoch bei beiden türkischen Eltern ein statistisch signifikanter Zusammenhang zwischen elterlicher Sprachkompetenz und elterlicher Gewalt gegenüber den Kindern belegt werden. Dabei ist die Gewalt von Seiten der Mütter gegenüber ihren Jugendlichen Kindern umso höher, je schlechter sie ihre Sprach-kompetenz beurteilen (r = .236; p < .01); Väter türkischer Herkunft tun ihren Ju-gendlichen Kinder umso häufiger Gewalt an, je schlechter sie ihre Sprachkompe-tenz einschätzen (r = .254; p < .01). Inwieweit dieser Befund in einem Konflikt zwischen den besser akkulturierten, weil u.a. sprachkompetenteren Kindern und ihren Eltern begründet ist, was sich z.B. in einer reduzierten elterlichen Autorität manifestieren kann, ist nicht endgültig zu beurteilen. Allerdings belegen andere Studien, dass vor allem ältere Kinder und Jugendliche, und um solche handelt es sich auch in unserer Untersuchung, die Konflikte ihrer Eltern als Schwächen inter-pretieren und damit beginnen, die elterliche, besonders die väterliche Autorität aufzuweichen, worauf die Eltern mit körperlicher Bestrafung reagieren (vgl. García Coll & Magnuson, 1997).

Transmission elterlicher Gewalt in Abhängigkeit von elterlicher Akkulturation

Im Folgenden wurde anhand unseres empirischen Datensatzes für die türkische El-tern- und Jugendlichen-Stichproben geprüft, inwieweit eine akkulturative elterliche Integration die Weitergabe elterlicher Gewalt auf die Kinder in Familien türkischer Herkunft moderiert (für das methodische Vorgehen sei auf Cohen, Cohen, Aiken & West, 2003 verwiesen). Dabei zeigt sich, dass der Zusammenhang zwischen vä-terlicher und jugendlicher Gewalt durch die väterliche Integration nicht bedeutsam moderiert wird. Demgegenüber wird die Transmission mütterlicher Gewalt auf die

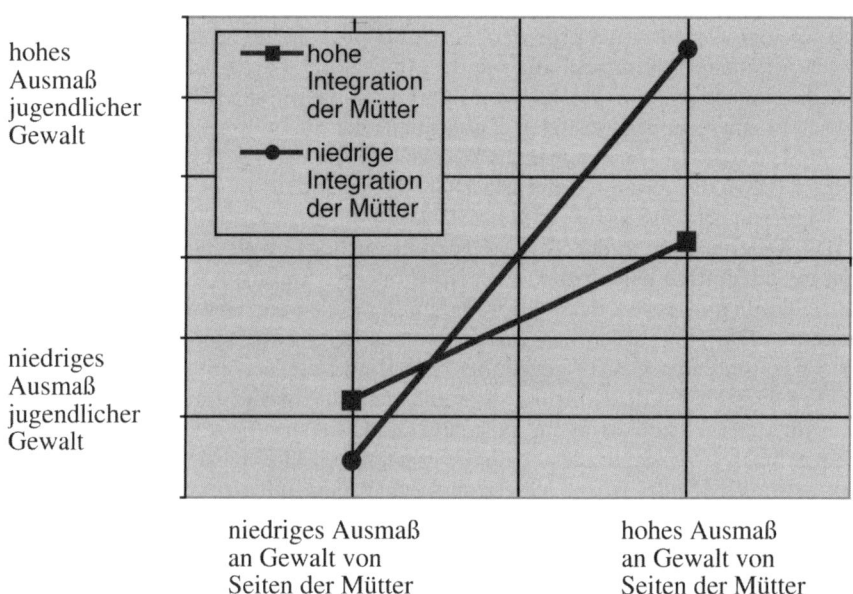

Abbildung 1: Transmission von Gewalt türkischer Mütter auf die Gewalt ihrer ju-gendlichen Kinder in Abhängigkeit von der mütterlichen Integration

jugendliche Gewalt deutlich von der integrativen Akkulturation der Mütter beeinflusst.

Betrachten wir die Moderation der Gewalttransmission genauer, dann lässt sich Folgendes feststellen: Vermehrte Gewalt von Seiten der Mutter bewirkt, dass das jugendliche Kind vermehrt Gewalt gegenüber anderen anwendet (Haupteffekt). In welchem Ausmaß die Transmission elterlicher Gewalt jedoch stattfindet, hängt davon ab, wie gut der Mutter eine integrative Akkulturation gelingt. So zeigt sich, dass bei hoher Integration der Mutter die Weitergabe von mütterlicher auf jugendliche Gewalt deutlich weniger zum Tragen kommt. Umgekehrt lässt sich zeigen, dass sich bei geringer Integration der Mutter deren Gewalt auf das Gewalthandeln ihres Kind deutlich auswirkt (vgl. Abbildung 1). Derart kann durch mütterliche Gewalt sowie durch die Kombination mütterlicher Gewalt und niedriger mütterlicher Integration 27 % an Varianz jugendlicher Gewalt erklärt werden. Das bedeutet für die familiäre Prävention, dass die Transmission von Gewalt in Familien türkischer Herkunft durch eine verbesserte Integration der Mütter abgepuffert werden könnte.

Jugendliche Gewalt und elterliche Wertschätzung in Abhängigkeit elterlicher Akkulturation

Des Weiteren wurde geprüft, inwieweit eine integrative Akkulturation türkischer Väter und Mütter den Zusammenhang zwischen jugendlicher Gewalt und elterlicher Wertschätzung moderieren kann. Obwohl väterliche Wertschätzung in der Er-

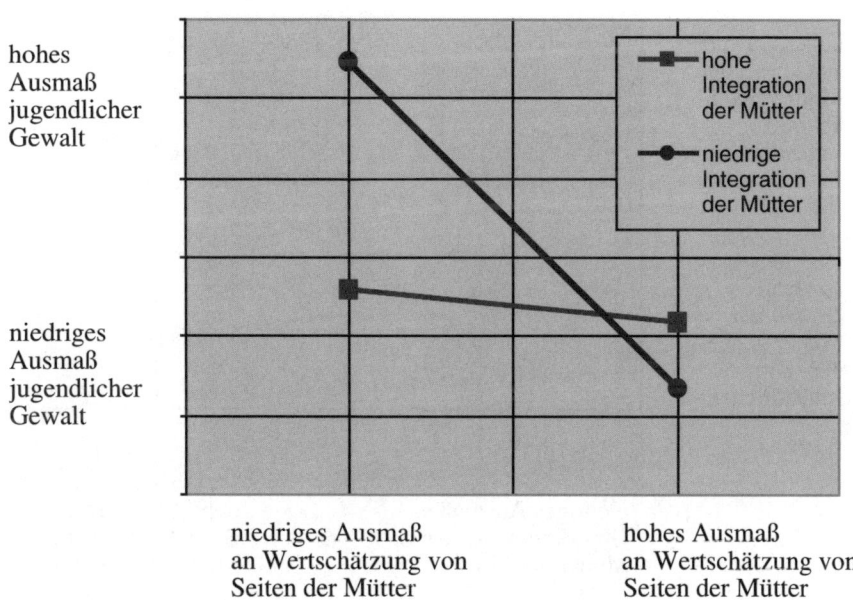

Abbildung 2: Vorhersage jugendlicher Gewalt durch Wertschätzung türkischer Mütter in Abhängigkeit von deren integrativer Akkulturation

ziehung jugendliche Gewalt hemmen kann, ist der Effekt unabhängig vom Gelingen der Integration. Die mütterliche Integration hingegen beeinflusst jugendliche Gewalt durch ihre Wertschätzung gegenüber dem Kind. So ist jugendliche Gewalt gegenüber anderen um so höher, je weniger Wertschätzung Mütter gegenüber ihren Kindern zeigen und je geringer gleichzeitig ihre Integration ist (vgl. Abbildung 2). Derart kann durch mütterliche Wertschätzung sowie die interaktive Wirkung mütterlicher Wertschätzung und Integration 14 % an Varianz im jugendlichen Gewaltverhalten erklärt werden.

Transmission elterlicher Gewalt von den eigenen Eltern auf die Kinder in Abhängigkeit von elterlicher Akkulturation

Die Gewalt türkischer Eltern gegenüber ihren Kindern kann teils aus den Gewalterfahrungen der Eltern in ihrer eigenen Kindheit vorhergesagt werden (vgl. Mayer, Fuhrer & Uslucan, 2005a). Diese Transmission elterlicher Gewalt, so kann angenommen werden, ist durch das Zurechtkommen der Eltern im Aufnahmeland beeinflusst. Während sich wiederum für türkische Väter keine Moderationseffekte durch akkulturative Integration zeigen, ist es bei türkischen Müttern für die Transmission elterlicher Gewalt bedeutsam, inwieweit sie sich in die Aufnahmegesellschaft integrieren. So kann zum einen ein Haupteffekt von der erfahrenen Gewalt der Mutter in ihrer Kindheit auf deren Gewalt gegenüber ihrem Kind nachgewiesen werden. Auch Integration kann mütterliche Gewalt direkt beeinflussen. So

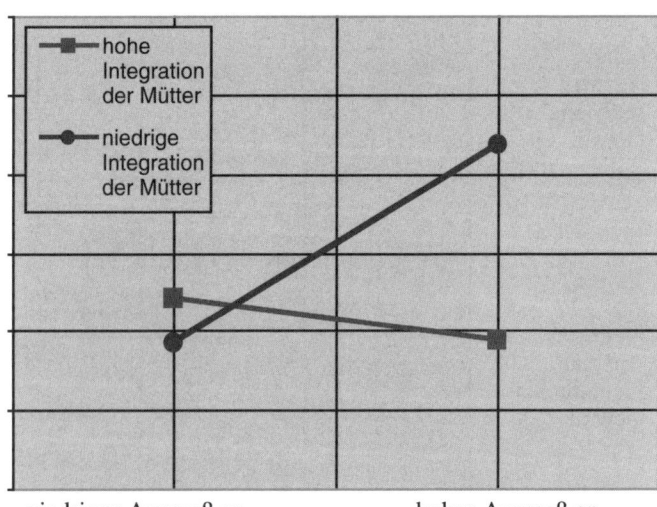

Abbildung 3: Vorhersage mütterlicher Gewalt aus eigener Gewalterfahrung türkischer Mütter von ihren eigenen Müttern in Abhängigkeit vom Ausmaß ihrer akkulturativen Integration

wirkt sich eine niedrige Integration der Mütter direkt auf eine höhere Gewaltan-
wendung gegenüber ihren Kindern aus. Des Weiteren kann bei türkischen Müttern
ein Interaktionseffekt derart nachgewiesen werden, dass bei einem hohen Ausmaß
eigener erfahrener elterlicher Gewalt die Anwendung körperlicher Gewalt gegenüber dem Kind durch eine geringe Integration verstärkt wird (vgl. Abbildung 3).
Folglich wird die Gewalterfahrung in der eigenen Kindheit um so stärker weitergegeben, je geringer es den Müttern gelingt, sich im Aufnahmeland zu integrieren.
Insgesamt kann die Gewalterfahrung der Mutter, die sie durch ihre eigene Mutter
erfahren hat, die Integration der Mutter und die Kombination aus eigener Gewalterfahrung und Integration 21 % an Varianz im Gewaltverhalten der türkischen
Mütter gegenüber ihren Kindern erklären.

Entsprechend zeigt sich, dass die Kombination von hoher väterlicher Gewalterfahrung und niedriger Integration der türkischen Mütter sich darauf auswirkt, in
welchem Ausmaß die Mütter selbst in der Erziehung ihres Kindes körperliche Gewalt einsetzen (vgl. Abbildung 4). Insgesamt lassen sich dadurch ebenfalls 21 % an
mütterlichem Gewaltverhalten gegenüber ihren Kindern vorhersagen.

Diese Ergebnisse unterstreichen erneut die besondere Rolle der ausländischen
Mütter im Akkulturationsprozess und deren Bedeutung für die Integration der
Familienmitglieder, wie das im 6. Familienbericht hervorgehoben wurde (vgl.
BMFSFJ, 2000). Deshalb ist es auch eine wichtige familien- und integrationspoliti-
sche Zielstellung, die Potenziale von Müttern ausländischer Herkunft zu stützen
und zu fördern.

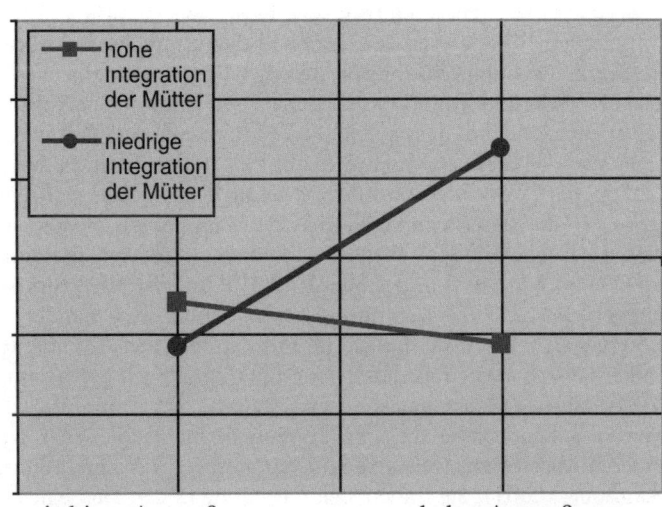

Abbildung 4: Vorhersage mütterlicher Gewalt aus eigener Gewalterfahrung der türkischen Mütter von ihren eigenen Vätern in Abhängigkeit vom Aus-
maß ihrer akkulturativen Integration

Familie als Ort bi-kulturaler Konflikte
und kulturellen Lernens

Es ist anzunehmen, dass sich der mit der Migration verbundene „ökologische Übergang" (Bronfenbrenner, 1986) von einer Herkunfts- in eine Aufnahmegesellschaft als nicht-normativer Einschnitt in den Lebenslauf auffassen lässt, der Neuorientierung und Bewältigung von Verlusten sowie neuen Anforderungen verlangt. Aufgrund der neuen kulturellen Gegebenheiten ist deshalb eine Reorganisation des Familiensystems zu erwarten (vgl. Booth, Crouter & Landale, 1997; Nauck & Schönpflug, 1997). Dabei bewegen sich die Kinder immigrierter Familien im Prozess der Akkulturation in aller Regel zwischen zwei Kulturen: in der Herkunftskultur ihrer Eltern und in der Mehrheits-Kultur des Aufnahmelandes, das sich im Leben der Immigrantenkinder hauptsächlich über die Schule und die Gruppe der Gleichaltrigen manifestiert. Dort werden die Kinder mit Inhalten, Wertvorstellungen und Rollenverständnissen der für sie neuen Kultur konfrontiert und erleben das, was als „bi-kulturelle Probleme" bezeichnet wird (vgl. García Coll & Magnuson, 1997). Auch den Eltern wird häufig erst durch die Kinder richtig bewusst, dass sie im Prozess der Akkulturation bestimmte Entscheidungen zwischen Assimilation und Ethnizität treffen müssen. Nicht selten stehen die von den Eltern auf die Kinder ausgehenden Einflüsse in wesentlichen lebensthematischen Bereichen (mit jedoch erheblichen ethnischen Differenzen) im Widerspruch zu den außerfamiliären Einflüssen (z. B. Sexualität, Geschlechtsrolle, Autonomie). Daraus können sich erhebliche Konflikte zwischen den Generationen ergeben, weil Eltern und Kinder teils in unterschiedlichen Kulturen sozialisiert werden.

Beispielsweise tendieren türkische Eltern, wie Schiffauer (2001) in seinen ethnographischen Fallanalysen zeigt, schnell dazu, unliebsame Aktivitäten ihrer Kinder als „Verdeutschung" zu interpretieren, wogegen dasselbe Verhalten von den Lehrern als Verhaftetsein in der türkischen und islamischen Kultur gedeutet wird. Dabei ist entscheidend, dass solche Einschätzungen mit Wertungen und Ablehnungen verbunden sind. Diese komplexe bi-kulturelle Situation besonders jugendlicher Türken aus Einwandererfamilien wird nicht nur nicht wahrgenommen; die Kompromisse, die sie erzwingt, werden auch immer problematisiert und abgewertet. Viele türkische Kinder sehen sich in dieser Situation gezwungen, im Elternhaus „die Deutschen" und in der Schule den Islam bzw. die „türkische Kultur" zu verteidigen. Da aber die Kenntnisse beider Seiten übereinander rudimentär und stereotyp sind, müssen sie das häufig mit den falschen Argumenten tun. Nicht selten finden sie sich in der Lage, in der sie zur Unwahrheit greifen müssen, um die Wahrheit zu sagen. Dies ist eine sehr schmerzhafte Situation. Obgleich sie linguistisch in zwei Sprachen kompetent sind, können sie nicht von einem Kulturkontext in den anderen übersetzen, weil alles auf der falschen Interpretationsfolie gedeutet wird (Schiffauer, 2001). Sie finden sich dann, wie es der Titel eines der besten Beschreibungen der Sprachlosigkeit bei Eingewanderten fasst, „lost in translation" (Hoffmann, 1993). In der Folge erfahren viele Türken, die im Jugendalter zunehmend ihre relativ geschützte Sphäre von Familie und Elternhaus verlassen, eine gesellschaftliche Zurückweisung. Sie werden von jener Gesellschaft abgelehnt, der man zugehören möchte, und werden auf jene Kultur zurückgewiesen, aus der man ausbrechen wollte. Der daraus resultierende Konflikt kann, wie Schiffauer (2001) vermutet, zahlreiche Formen annehmen: Rückzug und Depression, Aggression oder 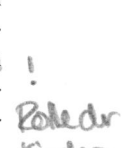 auch Identifikation mit radikalen Oppositionsgruppen.

Kinder sind demnach nie lediglich passive Empfänger kultureller Werte und Normen, sondern in jeder Kultur aktive Lerner, die nicht selten auch auf ihre (familiäre) Umwelt und somit auf die jeweiligen kulturellen Kontexte einwirken können (Super & Harkness, 1997). Derart kann manchmal auch die jüngere Generation ihr Wissen an die ältere weitergeben. In solchen „präfigurativen" Kulturen (Mead, 1974) machen Kinder und Jugendliche viele neuartige Erfahrungen, sie erwerben eine bi- oder interkulturelle Kompetenz und können so zu Vermittlern zwischen dem Neuen und der alten Kultur ihrer Eltern werden. Die Erfahrungen der Eltern können in diesem Fall für die Entscheidungen der nachfolgenden Generation häufig nicht mehr handlungsleitend sein. Dabei wachsen Kinder in ihren Familien in neue Rollen hinein. Kinder haben mehr und mehr das Privileg, an Informationen heranzukommen, die für sie sonst nicht zugänglich wären.

Derart können Kinder mehr und mehr in die Rolle von „Brückenbauern" für ihre Eltern hineinwachsen, übernehmen sogar aufgrund ihrer gegenüber den Eltern höheren bi-kulturellen, besonders auch sprachlichen Kompetenzen, elterliche Aufgaben im Umgang etwa mit Institutionen, Behörden usw. Zusätzliche Probleme können sich für Kinder daraus ergeben, dass sie sich – aufgrund ihrer schulischen Sozialisation im Einwanderungsland – vermutlich rascher und intensiver als ihre Eltern mit einem „bi-kulturalen Konflikt" auseinander setzen müssen (García Coll & Magnuson, 1997). Kinder sehen sich unter dem Druck, sich in der schulischen Sozialisation rasch an die Kultur des Einwanderungslandes zu akkulturieren, verlieren aber gleichzeitig ihre sozialisatorischen Bindungen an ihre Herkunftskultur. Folglich bilden besonders Schulkinder für ihre Eltern ein Medium der Vermittlung zwischen der Kultur des Herkunfts- und des Einwanderungslandes und vermögen derart die Eltern in ihrer Akkulturation zu unterstützen.

Allerdings kann sich innerhalb der Familie eine Inkonsistenz im Status ergeben,  die darin begründet ist, dass Kinder eine Position einnehmen, die den üblichen Rollenerwartungen entgegengesetzt ist, weshalb elterliche Autorität reduziert werden kann (vgl. García Coll & Magnuson, 1997). In der Folge können sich Eltern ausländischer Herkunft in der Erziehung überfordert fühlen. Vor allem ältere Kinder und Jugendliche erleben die Konflikte ihrer Eltern als Schwächen und beginnen damit, die elterliche, besonders die väterliche Autorität aufzuweichen. Autoritäre Erziehungspraktiken der Eltern mögen in der Herkunftsgesellschaft tradierte und damit funktionale Erziehungspraktiken (gewesen) sein, erweisen sich dann aber in der Aufnahmekultur häufig als dysfunktional und für eine gelingende Akkulturation der Familie hinderlich (BMFSFJ, 2000).

In der Konsequenz können derartige Familienkonstellationen, in denen Kinder die Autorität über ihre Eltern haben, für die Familienmitglieder sehr belastend sein. Entsprechende bi-kulturale Konflikte können sich besonders in den Bereichen Sexualität, Identität, Engagement für Bildung, Autonomie und gegengeschlechtliche Freundschaften manifestieren (vgl. García Coll & Magnuson, 1997). Demgegenüber meint Nauck (1998), dass Konflikte zwischen Eltern und Kindern in Migrationsfamilien nicht häufiger vorkommen als in Familien, die nicht ausgewandert sind. Zwar haben Eltern und Kinder aus Migrantenfamilien im Hinblick auf jugendrelevante Fragen wie Fernsehen, Sexualität oder Rauchen durchaus unterschiedliche Auffassungen; dennoch sind Konflikte selten (Fuligni, 1998).

Wenn, wie Nauck (1998) vermutet, Konflikte trotz unterschiedlicher Meinungen zwischen eingewanderten Jugendlichen und ihren Eltern eher selten sind, könnte das auch daran liegen, dass der Einfluss der Eltern schwindet. Interethnische Beziehungen sind bei der Elterngeneration kaum vorhanden, wogegen sie unter türkischstämmigen Jugendlichen einen großen Anteil aller Freunde ausmachen (Nauck & Kohlmann, 1998). Beispielsweise finden sich auch bei jüngeren Aussiedlern mit längerem Aufenthalt, und unabhängig vom Lebensalter, zunehmend mehr Aktivitäten außerhalb der Familie, weshalb die Schnittmenge gemeinsam verbrachter Zeit und gemeinsamer Erfahrungsbereiche zwischen zugewanderten Eltern und Kindern kleiner wird (vgl. dazu den Beitrag von Titzmann, Schmitt-Rodermund & Silbereisen in diesem Band). Dabei dürften die interethnischen Kontakte die Integration bzw. ein Fehlen entsprechender Kontakte die Marginalisierung in der Aufnahmekultur für Jugendliche, wie Kecskes (2003) an türkischstämmigen Jugendlichen zeigen kann, fördern. Obgleich die elterliche Autorität mehrheitlich als unumstößlich betrachtet wird, scheint der Einfluss der Väter insgesamt geringer und Jugendliche gewinnen Macht und Einfluss in ihren Familien (vgl. Schmitt-Rodermund & Silbereisen, 2002).

Umgekehrt lässt der Befund von Pfeiffer und Wetzels (2000) aufhorchen, dass in allen Formen der innerfamiliären Gewalt Familien ausländischer Herkunft in Deutschland im Unterschied zu deutschen Vergleichsgruppen höhere Werte zeigen. Besonders fällt auf, dass im innerethnischen Vergleich in Deutschland die innerfamiliäre Gewalt in Familien türkischer Herkunft deutlich höher ist als in allen anderen Gruppen. Außerdem sind Jugendliche aus Familien türkischer Herkunft auch bei kriminellen Mehrfachdelikten am höchsten belastet (Pfeiffer, 2001). Wenn wir wiederum unsere eigenen Berliner Daten als Grundlage heranziehen (vgl. Mayer, Fuhrer & Uslucan, 2005b), dann zeigt sich, wenn man die Schultypzugehörigkeit der befragten Jugendlichen kontrolliert, dass die durch die Jugendlichen beurteilte körperliche Gewalt bei türkischen Müttern höher als bei deutschen Müttern eingeschätzt wird (F = 6,51; p <.01). Demgegenüber unterscheidet sich die von den Jugendlichen wahrgenommene körperliche Gewalt der Väter zwischen türkischen und deutschen Vätern nicht signifikant (F = 1,10; p = .30). Diese Befunde legen nahe, einerseits den Schultyp der befragten Jugendlichen zu kontrollieren, andererseits zwischen Müttern und Vätern in Familien ausländischer Herkunft zu unterscheiden, wenn es darum geht, Befunde über die Prävalenz von familiärer Gewalt, auch im innerethnischen Vergleich, in Deutschland differenzierter zu beurteilen.

Nichtsdestotrotz scheinen Migrantenkinder und -jugendliche weniger unter ihren Eltern zu leiden, als vielmehr unter der Schwierigkeit, die Widersprüche zwischen familiären Anforderungen und Ansprüchen ihrer Umwelt zu bewältigen; viele Jugendliche fühlen sich ihren Familien verbunden und gleichzeitig von ihnen unverstanden. Sie leiden unter den sozialen Konflikten, die sich aus ihrer Unterschichtung in der deutschen Gesellschaft und im Vergleich ihrer sozialen Lebenslage mit jener der altersgleichen Deutschen aus der Mittelschicht ergeben (Pfeiffer, 2001; Schiffauer, 2002). Allerdings entwickeln Kinder (vor allem Mädchen) selbst Strategien, um ihre Interessen durchzusetzen (vgl. den Beitrag von Boos-Nünning & Karakasoglu in diesem Band). Zusammenfassend kann festgehalten werden, dass die empirische Erkenntnislage zur Frage bi-kultureller Konflikte in Familien nicht konsistent ist. Ebenso ungeklärt ist die Frage, wie genau Kinder und deren Eltern intraindividuelle und intrafamiliäre bi-kulturale Konflikte aushandeln und konstruktiv bewältigen.

Die Erziehungssituation in Familien ausländischer Herkunft

Für Deutschland liegen Analysen des Erziehungs- und Sozialisationsmilieus in Familien türkischer Herkunft sowie für das Bemühen, die Wirkungen dieser Milieus auf Kinder und Jugendliche abzuschätzen, vor (vgl. Koch, Özek & Pfeiffer, 1995; Merkens, 1997; Merkens & Nauck, 1993; Morgenroth und Merkens, 1997; Nauck & Alamdar-Niemann, 1999). Während deutsche Familien ein partnerschaftlich kooperatives Verhältnis zwischen den Ehegatten bevorzugen (Schneewind & Ruppert, 1995), wird Familien türkischer Herkunft häufig eine stark geschlechtsspezifisch organisierte familiale Rollendifferenzierung mit entsprechend definierter Entscheidungs- und Handlungsmacht zugeschrieben. Orientiert man sich an den Forschungen zur Familiensozialisation in der Türkei, so zeigen sich eine Reihe von typischen Merkmalen (vgl. Kagitcibasi & Sunar, 1997): Ein türkisches Kind wird in aller Regel in vorgeformte Werte- und Erwartungsstrukturen hineingeboren und unterliegt sowohl unterschwelligem als auch offenkundigem Druck, sich in seine durch die Gesellschaft definierte geschlechtsspezifische Rolle einzufügen. Wie sich aus der Literatur über Sozialisation der Geschlechtsrollen für die westlichen Länder ergibt, gewähren türkische Eltern ihren Söhnen mehr Unabhängigkeit und erlauben diesen mehr Aggressivität, während sie von ihren Töchtern eher Abhängigkeit und Ergebenheit erwarten. Dabei nehmen die den Mädchen auferlegten Einschränkungen mit zunehmendem Alter des Kindes zu.

Auch im Bildungsbereich beginnt die Trennung der Geschlechter – zu Ungunsten der Mädchen – bereits in den ersten Schuljahren. Darüber hinaus führen die Sorge um Moral und Ehre im Allgemeinen zur Trennung unverheirateter junger Menschen unterschiedlichen Geschlechts. In der Türkei setzt sich diese „duofokale" Familienstruktur fast in vollem Umfang auch nach der Eheschließung fort. Mit zunehmendem Bildungsstatus und mit der Häufigkeit zu urbaner beruflicher Beschäftigung und einem entsprechenden Lebensstil verbessert sich der gesellschaftliche Stellenwert der Frauen. Ungeachtet dessen, halten Kagitcibasi und Sunar (1997) fest, dass die scharfe Unterscheidung zwischen den Geschlechtsrollen weiterhin als für die türkische Gesellschaft geltende Norm betrachtet werden kann.

Des Weiteren kennzeichnet sich die traditionelle türkische Familie durch enge interpersonale Beziehungen, wie sie sich auch in anderen kollektivistischen Gesellschaften mit ihrer „Kultur der Verwandtschaften" findet. Folgerichtig bringen die Sozialisations- und Erziehungspraktiken in traditionellen türkischen Familien im Allgemeinen das ehrerbietige, loyale und gehorsame Familienmitglied hervor. Das Kind wird ermuntert und aufgefordert, seinen Eltern zu gehorchen. Ebenso erwarten die anderen erwachsenen Verwandten und Mitglieder der Gemeinschaft Respekt und Folgsamkeit (vgl. Kagitcibasi & Sunar, 1997). Diese an das Kind gestellten Anforderungen stellen zusammen mit der vom heranwachsenden Nachwuchs erwarteten Loyalität und der Unterstützung der Familie eine schwer auf Kindern lastende Bürde dar. Wie in kollektivistischen Kulturen zu beobachten, ist die Loyalität der Familie gegenüber oft wichtiger als das individualistische Eigeninteresse. Herrscht also in der türkischen Familie auf der einen Seite ein hohes Maß an emotionaler Verbundenheit und kann sich der Einzelne auf die Unterstützung durch die Familie verlassen, so ist auf der anderen Seite Kontrolle und Disziplin ebenfalls charakteristisch, was fortwährend durch die elterliche Erziehungsarbeit austariert werden muss, sollen sich nicht Konflikte mit den Kindern ergeben. Kağıtçıbaşı und Sunar (1997) legen jedoch dar, dass Modernisierung, Mobilität, Berufstätigkeit von Frauen und andere Faktoren die Bedeutung und den Einfluss dieser und ähnlicher Normen geschwächt haben, so dass besonders die türkischen Frauen in den Städten mehr Freiheiten geniessen und stärker an der Entscheidungsfindung in der Familie beteiligt sind.

Vor dem Hintergrund solcher Ergebnisse wird nicht selten ein „defizitäres" Erziehungsklima in Familien ausländischer Herkunft beklagt, was sich weder für türkische (Merkens, 1997; Nauck & Alamdar-Niemann, 1999) noch für Aussiedlerfamilien (Schmidt-Rodermund & Silbereisen, 2002) in dieser generellen Weise empirisch belegen lässt. Beispielsweise kann Merkens (1997) zeigen, dass für die Erziehung in Familien türkischer Herkunft die rigide Durchsetzung elterlicher Forderungen nicht charakteristisch ist. Des Weiteren werden die hohe Einfühlsamkeit in den Eltern-Kind-Beziehungen türkischer Familien ebenso hervorgehoben wie die Dominanz eines ängstlich-behütenden Erziehungsstils gegenüber autoritärer Rigidität (Nauck & Özel, 1986; Nauck, 1994). Allerdings macht der Vergleich mit anderen Herkunftsnationalitäten deutlich, dass in türkischen Familien die engen emotionalen Bindungen zwischen den Generationen verknüpft sind mit ebenso hohen elterlichen Leistungserwartungen, die wiederum als Hinweise auf eine „Modernisierung" utilitaristischer Erwartungen in dem Sinne zu deuten sind, dass intergenerative Mobilitätsaspirationen hauptsächlich durch Schul- und Bildungserfolg gesichert werden sollen. Derart bestätigt sich auch durch die Studie von Nauck (1994) der seit den 1970er Jahren mehrfach replizierte Befund, dass türkische Migranteneltern außerordentlich hohe Bildungsaspirationen für ihre Kinder besitzen (Boos-Nünning, 1994).

Darüber hinaus stimmt, wie die von Nauck und Alamdar-Niemann (1999) berichteten Befunde zeigen, die Assimilationserwartung, d.h. das Ausmaß der erwarteten kulturellen und sozialen Angleichung von Jugendlichen an die Aufnahmegesellschaft in türkischen Migrantenfamilien hochgradig überein. Dabei gehen die jugendlichen Mädchen am stärksten von einer zukünftigen Angleichung aus, während ihre Mütter dies am wenigsten tun; das bedeutet, dass türkische Mütter die Gruppe sind, die am wenigsten erwarten, dass sich ihre Kinder sozial und kulturell assimilieren werden. Ebenso ist auch bei Nützlichkeitserwartungen an die Kindgeneration eine deutliche Transmission zu erkennen, wobei diese wiederum in der weiblichen Dyade stärker ist als in der männlichen (vgl. dazu den Beitrag von Steinbach & Nauck in diesem Band).

Im Ergebnis heißt das, dass türkische Migrantensöhne höhere ökonomisch-utilitaristische Erwartungen an sich stellen, als sie von ihren Eltern geäußert werden. Interessant ist ebenfalls, dass männliche Jugendliche mit Abstand am stärksten normative Geschlechtsrollenorientierungen zeigen und am ehesten dazu neigen, externale Kontrollüberzeugungen zu äußern. Derart akzentuierte Einstellungen bringen die männlichen türkischen Jugendlichen in einen normativen Konflikt nicht nur zu ihren Familien, sondern ebenso zur Aufnahmegesellschaft, in der weder utilitaristische Erwartungen an Kinder noch ausgeprägte normative Geschlechtsrollenorientierungen oder externale Kontrollüberzeugungen positiv bewertet werden. Daraus folgt, dass es besonders die männlichen Jugendlichen sind, die in der Migrationssituation häufig „strukturell" überfordert sind (Nauck, 1990). Gestützt wird diese Interpretation auch dadurch, dass die intergenerative Transmission dieser Einstellungen in den weiblichen Dyaden jeweils höher ist und deshalb vermutet werden kann, dass die Migrantentöchter stärker in ihre Familien integriert sind als die Söhne. Letztendlich wird jedoch eine höhere kollektivistische Orientierung gegenüber der Familie bei der Elterngeneration als bei der Kindergeneration beobachtet; umgekehrt zeigt die Kindgeneration einen höheren Kollektivismus gegenüber Freunden als ihre Eltern (vgl. Nauck & Alamdar-Niemann, 1999).

Betrachtet man nochmals die Daten von Pfeiffer und Wetzels (2000), so zeigt sich ein etwas weniger positives Bild, als uns dies die von Nauck (1994) berichteten Daten nahe legen: Fast 25 % der eingebürgerten türkischen Jugendlichen berichten, dass sie in der Kindheit misshandelt wurden; bei den deutschen Befragten waren es 7,1 %. Bei Misshandlungen jenseits des 12. Lebensjahres sind ebenfalls deutliche Unterschiede zwischen deutschen (5,5 %) und türkischen Jugendlichen (18,8 %) erkennbar. In dieselbe Richtung gehen die jüngsten Befragungsergebnisse aus dem IKG-Jugendpanel von 2001 (vgl. von Gostomski, 2003). So fallen einige Unterschiede zwischen türkischen sowie Aussiedler-Jugendlichen einerseits und deutschen Jugendlichen andererseits auf. Von einem schroffen und inkonsistenten Erziehungsstil sind eher türkische und Aussiedler-Jugendliche betroffen als deutsche Jugendliche. Des Weiteren erleben Türken häufiger als die anderen beiden Gruppen Benachteiligungen gegenüber anderen Jugendlichen im Alltag. Ebenso weisen sie ein höheres Ausmaß an vergeltungsorientierten Konfliktlösungstrategien auf als deutsche Jugendliche. Dabei beschreiben gerade jene türkischen Jugendlichen ihre elterliche Erziehung als besonders schroff und inkonsistent, die sich mit deutschen Jugendlichen prügeln. Es scheint so, dass diejenigen, die in ihrer Kindheit und Jugend Gewalt erfahren, gefährdet sind, selbst Gewalt anzuwenden (vgl. Mayer, Fuhrer & Uslucan, 2005a; Uslucan, Fuhrer & Rademacher, 2003; Wetzels, 1997). Fragt man nach möglichen Ursachen sowohl der hohen innerfamiliären Gewalt in Familien türkischer Herkunft in Deutschland, lassen sich mindestens drei Ursachenfaktoren vermuten.

Erstens entwickeln Familien türkischer Herkunft in der Aufnahmegesellschaft eine stärker behütende und kontrollierende Erziehung als Familien in der Türkei. Entsprechend sehen sich diese Eltern dazu aufgerufen, Behütung und Kontrolle ihrer Kinder (noch weiter) zu steigern. Geht man davon aus, dass sich intergenerative Beziehungen und Transmissionen in einer Migrations- und Minoritätssituation nicht schwächen, sondern in der Mehrzahl der Fälle stärken, ist anzunehmen, dass auch die 2. Generation mit ihren Bildungsaspirationen die Kinder zu überfordern droht. Betrachtet man zweitens als Hauptquelle innerfamiliärer Konflikte enttäuschte elterliche Erwartungen, so könnte vermutet werden, dass Erwartungen an Söhne sehr viel häufiger, langanhaltender und tiefgreifender enttäuscht werden als solche, die an Töchter gerichtet werden. Das Konfliktpotential liegt besonders bei Söhnen also nicht nur darin, dass die sozialen Mobilitätsaspirationen in aller Regel nicht erfüllt werden, sondern darüber hinaus der „individuelle Generationenvertrag" zwischen Eltern und ihren Kindern bezüglich lebenslanger Loyalität und Unterstützung von letzteren (unter den Lebensbedingungen der Aufnahmegesellschaft) einseitig aufgekündigt zu werden droht. Die Eltern werden hinsichtlich der intergenerativ zu erbringenden Leistungen unvermittelt zu einer „lost generation", die einerseits den Loyalitätsverpflichtungen zur Herkunftsfamilie weiterhin nachkommen, andererseits durch Bedingungen in der Aufnahmegesellschaft solche Leistungen von den eigenen Kindern nicht mehr erwarten kann (Nauck, 1998). Dagegen spielen sich drittens Konflikte zwischen Eltern und Töchtern eher in vordergründig sichtbarer Weise ab. Sie sind häufig von situativen Normverletzungen verursacht. Elterliche Erwartungen an die Töchter sind eher kurzfristig angelegt und von Töchtern prinzipiell erfüllbar. Gleichwohl dürften solche Erwartungen (z. B. Mithilfe im Haushalt, Versorgung der Geschwister) dann zu situativen Zielkonflikten bei den Mädchen führen, wenn sie mit Ausbildungsaspirationen und an Deutschen orientierten Autonomiebestrebungen und Bezugsgruppenbindungen konkurrieren.

Diese Vermutungen werden durch einen weiteren von Pfeiffer und Wetzels (2000) berichteten Forschungsbefund gestützt, der überrascht. Sowohl die Gewalt gegen Kinder, Jugendliche und Frauen als auch die Häufigkeit von Gewalt unter den Eltern steigt, je länger die Migranten in Deutschland leben. Auch Daten aus der Schweiz von Eisner, Manzoni und Ribeaud (2000) belegen, dass sich die Wahrscheinlichkeit von aktivem Gewalthandeln bei immigrierten Jugendlichen verändert in Abhängigkeit von der Dauer des Aufenthalts in der Schweiz. Dabei liegt die Gewaltwahrscheinlichkeit am höchsten bei Jugendlichen, die seit etwa 10 Jahren in der Schweiz leben. Mit zunehmender Aufenthaltsdauer sinkt das Gewaltrisiko wieder und nähert sich demjenigen der Schweizer Jugendlichen.

Vermutlich weisen traditionell strukturierte Familien türkischer Herkunft in den ersten Jahren nach ihrer Ankunft in Deutschland noch einen starken Zusammenhalt auf, weil der Migrationsprozess die familiäre Kohäsion stärkt. Zudem scheint die Dominanz des Vaters noch ungebrochen. Mit wachsender Aufenthaltsdauer können Probleme auftreten, wobei die Gründe vielfältig sein können. Möglicherweise kommt es deshalb zu häufigeren Konflikten und Gewalt, weil sich die Kinder nach einigen Jahren besser in der Aufnahmegesellschaft zurechtfinden als ihre Eltern. In hierarchisch strukturierten Familien könnten daraus Spannungen erwachsen, wenn besonders der Vater sich damit schwer tut, dass die Kinder vieles besser wissen und sie ihm in der sozialen Kompetenz überlegen sind. Eine weitere denkbare Interpretation ist die, dass zwar die jugendlichen Türken teils perfekt deutsch sprechen, aber aufgrund ihres Aussehens ausgegrenzt werden; dadurch versuchen sie, eine eigene Identität zu finden. Besonders Kinder der dritten Generation stellen in der Pubertät fest, dass sie nicht anerkannt werden (Schiffauer, 2000); solche Jugendliche versuchen, den Teufelskreis der Ausgrenzung zu verlassen und in der Aufnahmegesellschaft aufzusteigen. Diesem optimistischen Szenario steht ein pessimistisches entgegen, wonach eine ethnische Cliquenbildung stattfindet, die sich durch Assimilations-Resistenz auszeichnet.

Ist autoritative Erziehung in Familien ausländischer Herkunft funktional?

Neben den zahllosen konzeptionellen Vorschlägen für eine interkulturelle Erziehung in der Schule (vgl. Nieke, 2000) bleibt die familiäre Erziehung in der Diskussion um interkulturelle Erziehung meist relativ unbeachtet. Im Hinblick auf positive Entwicklungs- und Sozialisationseffekte, die vor allem in westlich-individualisierten Gesellschaften als erwünscht gelten, schneidet ein *autoritatives Elternverhalten*, das sich durch emotionale Wertschätzung und eine flexible Kontrolle auszeichnet, worin Eltern ihren Kindern Forderungen stellen und Grenzen setzen, aber ebenso Eigenständigkeit gewähren, am besten ab (vgl. Fuhrer, 2005a). Autoritativ erzogene Kinder verfügen im Vergleich zu Kindern, deren Eltern eine autoritäre oder nachgiebige Erziehung ausüben, über das höchste Maß an kognitiven sowie sozialen Kompetenzen und zeigen das geringste Problemverhalten. Wenn diese Kinder ins Jugendalter kommen, demonstrieren sie im Durchschnitt ein hohes Selbstwertgefühl, zeigen vielfältige soziale Fertigkeiten, besitzen eine ausgeprägte moralische sowie prosoziale Haltung und bewegen sich auf einem hohen schulischen Leistungsniveau (vgl. Baumrind, 1991; Steinberg, Darling & Fletcher, 1995).

Die meisten Untersuchungen zu autoritativem Elternverhalten wurden in den USA durchgeführt (vgl. Darling & Steinberg, 1993). Sowohl die Studie von Juang und Silbereisen (1999) als auch von Chen, Dong und Zhou (1997) in China belegen, dass die positiven Effekte autoritativer Erziehung einen proximalen Prozess darstellen, der in einer Vielzahl von Kulturen funktioniert. Derart belegen viele Studien – trotz unterschiedlicher Operationalisierungen der Erziehungsstile – eine deutliche differentielle Wirkung von Erziehung (vgl. Avenevoli, Sessa & Steinberg, 1999; Gray & Steinberg, 1999). Dass der Wert autoritativer Erziehungsmethoden, wenn auch nicht konsistent in starkem Maße, belegt ist, bedeutet allerdings nicht, dass sie bei allen Kindern erfolgreich ist. Dabei ist auch immer eine Wechselwirkung zwischen Erziehungseinflüssen und Entwicklungsstand des Kindes als Hypothese in Betracht zu ziehen. Beispielsweise ist aus der Moralforschung bekannt, dass mit zunehmendem Alter und damit mit wachsender kognitiver Entwicklung argumentative Begründungen von Erziehungsmaßnahmen, z.B. durch Gebote oder gar Verbote, wichtiger, wogegen Strafe und Strafandrohungen immer unwirksamer werden (Parke, 1974).

Des Weiteren wurde die uneingeschränkte *Universalität* der positiven Effekte dieses Erziehungsmusters in Zweifel gezogen. So gilt es zu berücksichtigen, dass Erziehung immer in einem spezifischen kulturellen und familiären Kontext stattfindet. Das bedeutet konkret, dass ein im Mittelschichtmilieu praktizierter autoritativer Erziehungsstil mit seinen überwiegend positiv bewerteten Entwicklungseffekten in bestimmten sozialen Umwelten (wie z.B. in einem delinquenzbelasteten, gefährlichen Familienmilieu) ein stärker lenkendes und einschränkendes Elternverhalten im Sinne eines eher autoritären Erziehungsstils erfordert, um eine längerfristig positive Entwicklung der Kinder zu ermöglichen (z.B. Magnus, Cowen, Wyman, Fagan & Work, 1999; Walker-Barnes & Mason 2001).

In ähnlicher Weise können je nach kulturellem Kontext elterliche Erziehungsziele und darauf bezogenes Elternverhalten unterschiedlich wirksam sein, wie kulturvergleichende Studien zur subjektiven Einschätzung elterlichen Erziehungsverhaltens durch Jugendliche belegen (vgl. Trommsdorff, 1995). Derart spiegeln sich die unterschiedlichen Erziehungshaltungen sowohl in kognitiven wie in emotionalen Orientierungen als auch im Verhalten der Eltern wider. So wird ein bestimmtes ‚Fehlverhalten' im individualistischen Kontext von deutschen Müttern eher als böswilliges Handeln des Kindes bewertet, während dieses in kollektivistischen Kulturen von japanischen Müttern eher über selbstwertschonende Attribuierungen gedeutet wird (wie z.B. „das Kind ist nur ein Kind", oder „es hat nicht anders gekonnt"; Kornadt & Trommsdorff, 1997). Während in individualistischen Kulturen eine Unabhängigkeit und individuelle Selbsterfüllung anstrebende Erziehung erfolgt, wobei das Erziehungsverhalten – dem autoritativen Muster folgend – durch partnerschaftlichen Diskurs, Aushandeln von Rollen und Akzeptanz von Konflikten gekennzeichnet ist, bestehen in kollektivistisch orientierten Kulturen eher interdependente Eltern-Kind-Beziehungen. Dabei sind die Übernahme von vorgegebenen Rollen und Pflichten bei gleichzeitiger Akzeptanz von Autoritäten selbstverständlich (vgl. Trommsdorff, 1999).

Vor dem Hintergrund solcher Befunde haben Darling und Steinberg (1993) ein kontextualistisches Modell elterlicher Erziehungsstile entwickelt, wonach elterliche Ziele und Werte gleichermaßen ihren Erziehungsstil wie ihre konkreten Erziehungspraktiken beeinflussen und im Zusammenspiel mit einer wichtigen weiteren Variable, nämlich der Bereitschaft des Kindes, sich in kooperativer Weise mit elterlichen Erziehungsbemühungen auseinander zu setzen, letztlich die Entwicklungseffekte auf Seiten des Kindes bzw. Jugendlichen mitbestimmen. Noch fehlt es an empirischen Studien, die dieses kontextuelle Erziehungsmodell auf Effekte elterlicher Erziehung in Familien ausländischer Herkunft, vor allem auch im innerethnischen Vergleich in Deutschland anwenden. Derart könnte einerseits eine möglicherweise kulturell differenzierende Wirksamkeit elterlicher Erziehungsstile unter – jeweils für die unterschiedlichen Ethnien variierenden – Akkulturationsbedingungen geprüft und andererseits die inkonsistente Befundlage bezüglich der (Dys-)Funktionalität des Erziehungsverhaltens von Eltern ausländischer Herkunft geklärt werden.

Erziehung zur multikulturellen Akkulturation (in) der Familie

Folgt man der familienpsychologischen Literatur, so kennzeichnet sich jede Familie durch Ressourcen und Vulnerabilitäten (Schneewind, 1999), die auf ihre Akkulturation einwirken. Dabei werden bei Migranten drei Arten von Ressourcen unterschieden: Sozialstatus (z.B. finanzielle Mittel), politischer Status (z.B. Aufenthaltsstatus) sowie soziale Ressourcen (z.B. soziales Netzwerk) und Familienkohäsion (Rumbaut, 1997). Derart bildet etwa die familiäre Kohäsion eine wichtige protektive Ressource, wenn die Familie finanziell schlecht gestellt ist sowie intensive Diskriminierungen oder extreme soziale Benachteiligungen erfährt. Außerdem lassen Forschungserfahrungen vermuten, dass kohäsive Familien mit weniger Eltern-Kind-Konflikten in familiären Outcome-Variablen wie Wohlbefinden, Schulleistung der Kinder, soziale Unterstützung, Bildungsaspiration usw. konfliktreichen Familien überlegen sind (vgl. de Leon Siantz, 1997; García Coll & Magnuson, 1997). Aus mindestens zwei Forschungsrichtungen lassen sich Implikationen für die Förderung jener integrativen oder multikulturellen Akkulturationsorientierung ableiten, wie sie Berry (1997) beschrieben hat, worin Traditionen, Werte und Gewohnheiten aus der Herkunfts- wie aus der Aufnahmekultur in einer Art multikultureller Identität verknüpft sind:

Interkulturelles Lernen zum Aufbau interkultureller Kompetenz. Innerhalb der Migrationsforschung noch viel zu selten diskutiert worden sind die Möglichkeiten, die sich aus der Psychologie des interkulturellen Lernen für die Akkulturation gewinnen lassen. Wenn man sich fragt, wie interkulturelles Lernen gefördert werden kann, dann kann man sich von einigen Grundprinzipien leiten lassen. So befasst sich interkulturelles Lernen und Handeln mit den psychischen Bedingungen, Ver-

3
Ressourcen

laufsprozessen und Wirkungen menschlichen Verhaltens in kulturellen Überschneidungssituationen (vgl. Thomas, 2003 sowie den Beitrag von Thomas, Kammhuber & Schmid, in diesem Band). Auch ein – unter Akkulturationsbedingungen stattfindendes – funktionierendes Familienleben zwischen den kulturell verschieden sozialisierten Generationen der Eltern und ihrer Kinder erfordert ein gewisses Maß an Fähigkeit und Bereitschaft, fremde Kulturstandards in die eigenen Wahrnehmungs-, Denk-, Bewertungs- und Handlungsmuster zu integrieren. Derart findet interkulturelles Lernen in der Familie statt, wenn z. B. Vater und/oder Mutter bestrebt sind, im Umgang mit ihren durch Schule, Medien und Peer-Gruppe(n) bi-kulturell sozialisierten Kindern, deren spezifisches Orientierungssystem der Wahrnehmung, des Denkens, Wertens und Handelns zu verstehen, in das eigenkulturelle Orientierungssystem zu integrieren und auf ihr Denken und Handeln im fremdkulturellen Handlungsfeld anzuwenden. Interkulturelles Lernen ist dann erfolgreich, wenn eine handlungswirksame Synthese zwischen kulturdivergenten Orientierungssystemen (interkulturelle Kompetenz) erreicht ist, die erfolgreiches Handeln in der eigenen und in der fremden Kultur erlaubt. Dazu müsste die Perspektive der Betroffenen ermittelt und berücksichtigt werden. Hierfür reicht die einfache Einbeziehung von Professionellen aus der jeweiligen Minorität in der interkulturellen Familienarbeit nicht aus; denn gerade mit Blick auf den Alters- bzw. Generationenunterschied ist zu vermuten, dass erwachsene Experten (der 2. Generation) aus den Minoritäten andere Perspektiven vertreten als die betroffenen Jugendlichen (der 3. Generation). Des Weiteren müssen Differenzen in den Lebenswelten von Professionellen innerhalb der Minoritäten einerseits und den Lebenswelten der Jugendlichen innerhalb der Minorität berücksichtigt werden. Betroffenheit und Engagement allein machen noch nicht interkulturell kompetent.

Interkulturelle Erziehung. In der interkulturellen Erziehung wird immer wieder auf die Ich-Stärke als eine Bedingung multikultureller Identität hingewiesen, deren Merkmale Flexibilität und Zukunftsoffenheit sind (Bliesener, 1997). Fragt man differenzierter nach identitätsstiftenden Fähigkeiten, dann erwähnt Krappmann (1997) neben Empathie noch Rollendistanz und Ambiguitätstoleranz. Diese Fähigkeiten versteht er als sich in vielfachen sozialen Interaktionen fortentwickelnde Persönlichkeitsmerkmale. Neben bestimmten gesellschaftlichen Bedingungen wie Flexibilität der Normensysteme oder Abbau gesellschaftlicher Repressionen bildet auf Seiten des Individuums die Fähigkeit zur *Rollendistanz* eine erste psychologische Voraussetzung für die Formierung einer Identität. Im Sinne von Goffman (1967) meint Rollendistanz die Fähigkeit, sich über die Anforderungen von Rollen zu erheben, um auswählen, negieren, modifizieren und interpretieren zu können. Identität bildet sich derart durch die Herstellung von Distanz oder Differenz (Fuhrer, 2004). *Empathie* wiederum meint die kognitive oder, wie Krappmann (1997) erweiternd darlegte, die affektiv-motivationale Fähigkeit einer Person, die Erwartungen von Interaktionspartnern zu übernehmen, die Reaktionen eines anderen zu antizipieren, was die Fähigkeit zur Perspektivenübernahme voraussetzt. Schließlich ist mit *Ambiguitätstoleranz* das Ertragen von Ambivalenzen innerhalb von Sozial- und Rollenbeziehungen gemeint. Zur Toleranz zählt die Akzeptanz und nicht nur die Duldung des Fremden ebenso wie eine Emanzipation vom Traditionalismus (Hoff, 1988) sowie die Fähigkeit zur *Multiperspektivität* als einer Art von Schlüsselkompetenz beim Umgang mit dem Fremden (Fritzsche, 1997). Toleranz für Ambiguität (z. B. gegenüber fremder Ethnizität) ist umso wichtiger, je weniger repressiv die Rollen sind, in denen eine Person agiert. Im Rahmen interkultureller

[Marginalien handschriftlich: individuelle Bedingungen; gesellschaftl. Bed.; Def. Rollendistanz; Empathie; Ambiguitätstoleranz]

79

Erziehung wird diese Ambiguitätstoleranz für Kinder und Jugendliche der Zuwanderungsminorität als die Fähigkeit beschrieben, mit den widersprüchlichen Anforderungen der zwei (oder mehr) Kulturen dauerhaft und produktiv umzugehen, denen sie täglich ausgesetzt sind (vgl. Nieke, 2000 für ein integriertes Konzept interkultureller Erziehung). Allerdings sind diese Fähigkeiten zu einem offenen, toleranten und achtungsvollen Umgang mit Menschen aus anderen Kulturen ebenso wie die Kompetenz zur Multiperspektivität für die Angehörigen der Majoritätskultur nicht weniger wichtig als das Bewältigen der Widersprüche aus dem täglichen Wechsel der Kulturen für die Angehörigen der Zuwanderungsminoritäten. Derart enthält etwa für die Angehörigen der Majorität die Zielvorstellung einer interkulturellen Kompetenz die Anforderung, achtungsvoll, einfühlsam, kundig und tolerant auf kulturelle Differenzen Fremder einzugehen. Vor dem Hintergrund dieser Überlegungen ist es verständlich, dass immer wieder (Bildungs-)Angebote zur *Förderung interkultureller Kompetenz* für Kindergärten, Kindertagesstätten, Schulen oder gar für die Erwachsenenbildung und die berufliche Weiterbildung gefordert werden; dabei sollten keine getrennten Maßnahmen für deutsche und nichtdeutsche Kinder und Jugendliche (und deren Eltern und Lehrer), sondern *gemeinsame* geschaffen werden (Süssmuth, 2001).

Vor dem dargelegten Hintergrund ist *familiäre Akkulturation* als *doppelter reziproker* Prozess zu verstehen: Einerseits können Eltern und Kinder intrafamiliär wechselseitig voneinander lernen. Andererseits können Kinder und ihre Eltern – aus der Majoritäts- wie aus der Minoritätskultur – rechtzeitig erfahren, dass die gesellschaftliche Wirklichkeit, in der sie gemeinsam leben, multikulturell ist, wenn man sie gleichsam in eine Art multiperspektivischer Wahrnehmung der Gesellschaft einübt, dann werden die anderen, die Minderheit (oder aus der Sicht der Minderheit die Mehrheit), erst gar nicht zu Fremden, zumindest erhalten sie dann vermutlich keine Qualität des Bedrohlichen. Deshalb ist das Erlernen von Empathie und Konfliktfähigkeit, aber ebenso von Toleranz und Offenheit gefordert.

Weiterführende Literatur

Booth, A., Crouter, A.C. & Landale, N. (Eds.) (1997). *Immigration and the family.* Mahwah, NJ: Erlbaum.

Diehm, I. & Radtke, F.-O. (1999). *Erziehung und Migration.* Stuttgart: Kohlhammer.

Nauck, B. & Schönpflug, U. (Hrsg.) (1997). *Familien in verschiedenen Kulturen.* Stuttgart: Enke.

Silbereisen, R.K., Lantermann, E.-D. & Schmitt-Rodermund, E. (Hrsg.) (1999). *Aussiedler in Deutschland. Akkulturation von Persönlichkeit und Verhalten.* Opladen: Leske & Budrich.

Zitierte Literatur

Avenevoli, S., Sessa, F.M. & Steinberg, L. (1999). Family structure, parenting practices, and adolescent adjustment: An ecological examination. In E.M. Hetherington (Ed.), *Coping with divorce, single parenting, and remarriage: A risk and resilience perspective (pp. 65–90)*. Mahwah, NJ: Erlbaum.

Baumrind, D. (1991). Effective parenting during early adolescent transition. In P.A. Cowan & M.E. Hetherington (Eds.), *Family transitions (pp. 111–163)*. Hillsdale, NJ: Erlbaum.

Berry, J.W. (1997). Immigration, acculturation, and adaptation. *Applied Psychology: An International Review, 46, 5–68*.

Berry, J.W. & Kim, U. (1988). Acculturation and mental health. In P.R. Dasen, J.W. Berry & N. Sartorius (Eds.), *Health and cross-cultural psychology (pp. 207–236)*. London: Sage.

Berry, J.W., Poortinga, Y.H., Segall, M.H. & Dasen, P.R. (1992). *Cross-cultural psychology: Theory, method, and applications*. Cambridge: Cambridge University Press.

Bliesener, U. (1997). Interkulturelles lernen: eine pädagogische Notwendigkeit und Chance. In Y. Bizeul, U. Bliesener & M. Prawda (Hrsg.), *Vom Umgang mit dem Fremden (S. 202–232)*. Weinheim: Beltz.

Boos-Nünning, U. (1994). Türkische Familien in Deutschland. Auswirkungen der Wanderung auf Familienstruktur und Erziehung. In S. Luchtenberg & W. Nieke (Hrsg.), *Interkulturelle Pädagogik und Europäische Dimension (S. 5–24)*. Münster: Waxman.

Booth, A., Crouter, A.C. & Landale, N. (Eds.) (1997). *Immigration and the family*. Mahwah, NJ: Erlbaum.

Bourhis, R.Y., Moise, L.C., Perreault, S. & Senécal, S. (1997). Towards an interactive model: A social psychological approach. *International Journal of Psychology, 32, 369–386*.

Bracht, E. (1994). *Multikulturell leben lernen*. Heidelberg: Asanger.

Bronfenbrenner, U. (1986). Ecology of the family as a context of human development: Research perspectives. *Developmental Psychology, 22, 723–742*.

Bundesministerium für Familie, Senioren, Frauen und Jugend (Hrsg.) (2000). *Familien ausländischer Herkunft in Deutschland. Sechster Familienbericht*. Berlin.

Bundesministerium für Familie, Senioren, Frauen und Jugend (Hrsg.,) (2001). Integration von Familien ausländischer Herkunft. Dokumentation der Fachtagung. 11.-12. Dezember 2001, Berlin.

Buriel, R., Calazada, S. & Vasquez, R. (1982). The relationship of traditional Mexican American culture to adjustment and delinquency among three generations of Mexican American male adolescents. *Hispanic Journal of Behavioral Sciences, 4, 41–55*.

Chen, X., Dong, Q. & Zhou, H. (1997). Authoritative and authoritarian parenting practices and social and school performance in Chinese children. International *Journal of Behavioral Development, 21, 855–873*.

Chun, K.M., Balls Organista, P. & Marin, G. (Eds.) (2003). *Acculturation. Advances in theory, measurement, and applied research*. Washington, D.C.: APA.

Cohen, J., Cohen, P., Aiken, S. & West, L. (2003). *Applied multiple regression/correlation analysis for the behavioral sciences*. Mahwah, NJ: Erlbaum.

Darling, N. & Steinberg, L. (1993). Parenting style as context: An integrative model. *Psychological Bulletin, 113, 487–496*.

Deutsches PISA-Konsortium (Hrsg.) (2002). *PISA 2000. Die Länder der Bundesrepublik Deutschland im Vergleich*. Opladen: Leske & Budrich.

Diehm, I. & Radtke, F.-O. (1999). *Erziehung und Migration*. Stuttgart: Kohlhammer.

Eisner, M., Manzoni, P. & Ribeaud, D. (2000). *Gewalterfahrungen von Jugendlichen*. Aarau/Schweiz: Sauerländer.

Engstler, H. & Menning, S. (2003). *Die Familie im Spiegel der amtlichen Statistik*. Berlin: BMFSFJ.

Fritzsche, K.-P. (1997). Multiperspektivität: eine Schlüsselkompetenz beim Umgang mit dem Fremden. In Y. Bizeul, U. Bliesener & M. Prawda (Hrsg.), *Vom Umgang mit dem Frenden (S. 190–201)*. Weinheim: Beltz.

Fulmer, U. (2004). *Cultivating minds: Identity as meaning-making practice.* London: Routledge.

Fuhrer, U. (2005). Lehrbuch Erziehungspsychologie: Bern, Göttingen: Huber.

Fuligni, A.(1998). Authority, autonomy, and parent-adolescent conflict and cohesion: A study of adolescents from Mexican, Chinese, Fillipino, and European backgrounds. *Developmental Psychology, 34,* 782–792.

Furstenberg, F.F. (1993). How families manage risk and opportunity in dangerous neighbourhoods. In W.J. Wilson (Ed.), *Sociology and the public agenda (pp. 231–258).* Newbury Park, CA: Sage.

García Coll, C. & Magnuson, K. (1997). The psychological experience of immigration: A developmental perspective. In A. Booth, A. C. Crouter & N. Landale (Eds.), *Immigration and the family (pp. 91–132).* Mahwah, NJ: Erlbaum.

Gemende, M. (1997). Familien ausländischer Herkunft – im Spannungsfeld zwischen Assimilation und Ethnizität. In L. Böhnisch & K. Lenz (Hrsg.), *Familien. Eine interdisziplinäre Einführung (S. 283–297).* Weinheim: Juventa.

Gerris, J.R.M. & Grundmann, M. (2002). Reziprozität, Qualität von Familienbeziehungen und die intergenerationale Transmission von Beziehungskompetenz. *Zeitschrift für Soziologie der Erziehung und Sozialisation, 22,* 3–24.

Goffman, E. (1967). *Stigma.* Frankfurt a.M.: Suhrkamp.

Gontovos, K. (Hrsg.) (2000). *Psychologie der Migration. Über die Bewältigung von Migration in der Nationalgesellschaft.* Hamburg, Berlin: Argument Verlag.

Gostomski, C.B. von (2003). Einflussfaktoren inter- und intraethnischen Gewalthandelns bei männlichen deutschen, türkischen und Aussiedler-Jugendlichen. *Zeitschrift für Soziologie der Erziehung und Sozialisationsforschung, 23,* 399–415.

Graves, T.D. (1967). Psychological acculturation in a tri-ethnic community. *South-western Journal of Anthropology, 23,* 337–350.

Gray, M. R. & Steinberg, L. (1999). Unpacking authoritative parenting: Reassessing a multidimensional construct. *Journal of Marriage and the Family, 61,* 574–587.

Grusec, J.E. & Goodnow, J.J. (1994). Impact of parental discipline methods on the child's internalization of values: A reconceptualization of current points of view. *Developmental Psychology, 30,* 4–19.

Hoff, G. (1988). Auf dem Weg zur Mündigkeit in der multikulturellen Gesellschaft. In M. Borelli & G. Hoff (Hrsg.), *Interkulturelle Pädagogik im internationalen Vergleich (S. 101–132).* Baltmannsweiler: Schneider.

Hoffmann, E. (1993). *Ankommen in der Fremde – Lost in Translation.* Franfurt a.M.: Suhrkamp.

Hoffmann-Nowotny, H.J. (1993). Weltmigration – Eine soziologische Analyse. In W. Kälin & R. Moser (Hrsg.), *Migrationen aus der Dritten Welt (S. 57– 68).* Bern: Haupt.

Isaijiw, W.W. & Makabe, T. (1997). Identitätswahrung und eigenethnische Familie, Schule und Nachbarschaft: der kanadische Kontext unterschiedlicher Migrantengruppen. In B. Nauck & U. Schönpflug (Hrsg.), *Familien in verschiedenen Kulturen (S. 285–302).* Stuttgart: Enke.

Juang, L.P. & Silbereisen, R.K. (1999). Elterliche Erziehung in verschiedenen ökologischen Nischen und zu unterschiedlichen Zeiten während der Jugend. In R.K. Silbereisen & J. Zinnecker (Hrsg.), *Entwicklung im sozialen Wandel (S. 317–336).* Weinheim: PVU.

Kagitcibasi, C. & Sunar, D. (1997). Familie und Sozialisation in der Türkei. In B. Nauck & U. Schönpflug (Hrsg.), *Familien in verschiedenen Kulturen (S. 145–161).* Stuttgart: Enke.

Kecskes, R. (2003). Ethnische Homogenität in sozialen Netzwerken türkischer Jugendlicher. *Zeitschrift für Soziologie der Erziehung und Sozialisation, 1,* 68–84.

Koch, E., Özek, M. & Pfeiffer, W.M. (Hrsg.) (1995). *Psychologie und Pathologie der Migration: Deutsch-türkische Perspektiven.* Freiburg i.Br.: Lambertus.

Kornadt, H.-J. & Trommsdorff, G. (1997). Sozialisationsbedingungen von Aggressivität in japan und Deutschland. In G. Foljanty-Jost & D. Rössner (Hrsg.), *Gewalt unter Jugendlichen in Deutschland und Japan: Ursachen und Bekämpfung (S. 27–51).* Baden-Baden: Nomos.

Krappmann, L. (1997). Die Identitätsproblematik nach Erikson aus einer interaktionistischen Sicht. In H. Keupp & R. Höfer (Hrsg.), *Identitätsarbeit heute (S. 66–92)*. Frankfurt am Main: Suhrkamp.

Leon Siantz, M.L. de (1997). Factors that impact developmental outcomes of immigrant children. In A. Booth, A.C. Crouter & N. Landale (Eds.), *Immigration and the family (pp. 149–161)*. Mahwah, NJ: Erlbaum.

Lerner, J.V. (1993). The influence of child temperamental characteristics on parent behaviors. In T. Luster & L. Okagaki (Eds.), *Parenting: An ecological perspective (pp. 101–120)*. Hillsdale, NJ: Erlbaum.

Magnus, K.B., Cowen, E.L., Wyman, P.A., Fagan, D.B. & Work, W.C. (1999). Parent-child relationship qualities and child adjustment in highly stressed urban Black and White families. *Journal of Community Psychology, 27*, 55–71.

Mayer, S., Fuhrer, U. & Uslucan, H.-H. (2005a). Intra- und intergenerationale Weitergabe von physischer Gewalt in Familien türkischer und deutscher Herkunft. In I. Seiffge-Krenke (Hrsg.), *Aggressionsentwicklung zwischen Normalität und Pathologie* (im Druck).

Mayer, S., Fuhrer, U. & Uslucan, H.-H. (2005b). Erziehung und Gewalt Jugendlicher türkischer und deutscher Herkunft. In A. Ittel & M. von Salisch (Hrsg.), *Lügen, Leiden, Lästern – Aggression in Kindheit und Jugend* (im Druck).

McQueen, A., Getz, J.G. & J.H. Bray (2003). Acculturation, substance use, and deviant behavior: Examining separation and family conflict as mediators. *Child Development, 74*, 1737–1750.

Mead, M. (1974). *Der Konflikt der Generationen. Jugend ohne Vorbild*. München: dtv.

Merkens, H. (1997). Familiale Erziehung und Sozialisation türkischer Kinder in Deutschland. In D. Kirchhöfer, H. Merkens & F. Schmidt (Hrsg.), *Sozialisation und Erziehung in ausländischen Familien (S. 9–100)*. Hohengehren: Schneider.

Merkens, H. & Nauck, B. (1993). Ausländerkinder. In M. Marfefka & B. Nauck (Hrsg.), *Handbuch der Kinderforschung (S. 447–457)*. Neuwied.

Morgenroth, O. & Merkens, H. (1997). Wirksamkeit familialer Umwelten türkischer Migranten in Deutschland. In B. Nauck & U. Schönpflug (Hrsg.), *Familien in verschiedenen Kulturen (S. 303–323)*. Stuttgart: Enke.

Nauck, B. & Schönpflug, U. (Hrsg.) (1997). *Familien in verschiedenen Kulturen*. Stuttgart: Enke.

Nauck, B. (1990). Eltern-Kind-Beziehungen bei Deutschen, Türken und Migranten. Ein interkultureller Vergleich der Werte von Kindern, des generativen Verhaltens, der Erziehungseinstellungen und Sozialisationspraktiken. *Zeitschrift für Bevölkerungswissenschaft, 16*, 87–120.

Nauck, B. (1994). Erziehungsklima, intergenerative Transmission und Sozialisation von Jugendlichen in türkischen Migrantenfamilien. *Zeitschrift für Pädagogik, 40*, 43–62.

Nauck, B. (1998). Eltern-Kind-Beziehungen in Migrantenfamilien. Survey intergenerative Beziehungen in Migrantenfamilien. Expertise zum 6. Familienbericht.

Nauck, B. & Özel, S. (1986). Erziehungsvorstellungen und Sozialisationspraktiken in türkischen Migrantenfamilien. Eine individualistische Erklärung interkulturell vergleichender Befunde. *Zeitschrift für Sozialisationsforschung und Erziehungssoziologie, 6*, 285–312.

Nauck, B. & Kohlmann, A. (1998). Verwandtschaft als soziales Kapital – Netzwerkbeziehungen in türkischen Migrantenfamilien. In M. Wagner & Y. Schütze (Hrsg.), *Verwandtschaft. Sozialwissenschaftliche Beiträge zu einem vernachlässigten Thema (S. 203–235)*. Stuttgart: Enke.

Nauck, B. & Alamdar-Niemann, M. (1999). Migrationsbedingter Wandel in türkischen Familien und seine Auswirkungen auf Eltern-Kind-Beziehungen und Erziehungsverhalten. In Arbeitskreis Neue Erziehung (Hrsg.), *Erziehung – Sprache – Migration (S. 4–35)*. Berlin: Arbeitskreis Neue Erziehung.

Nieke, W. (2000). *Interkulturelle Erziehung und Bildung. Wertorientierungen im Alltag*. Opladen: Leske & Budrich.

Parke, R.D. (1974). Rules, roles, and resistance to deviation: Recent advances in punishment, discipline, and self-control. In A.E. Pick (Ed.), *Minnesota symposium on child psychology (pp. 111–149)*. New York: Wiley.

Pfeiffer, C. (2001). Gewalt entsteht durch Gewalt. Wie kann der Teufelskreis durchbrochen werden? In W. Deutsch & M. Wenglorz (Hrsg.), *Zentrale Entwicklungsstörungen bei Kindern und Jugendlichen (S. 164–187)*. Stuttgart: Klett-Cotta.

Pfeiffer, C. & Wetzels, P. (2000). Junge Türken als Täter und Opfer von Gewalt. Kriminologisches Forschungsinstitut Niedersachsen. Forschungsbericht Nr. 81.

Redfield, R., Linton, R. & Herskovits, M. (1936). Memorandum on the study of acculturation. *American Anthropologist, 38,* 149–152).

Rumbaut, R.G. (1997). Ties that bind: Immigration and immigrant families in the United States. In A. Booth, A.C. Crouter & N. Landale (Eds.), *Immigration and the family (pp. 3–46)*. Mahwah, NJ: Erlbaum.

Samaniego, R.Y. & Gonzales, N.A. (1999). Multiple mediators of the effects of acculturation status on delinquency for Mexican American adolescents. *American Journal of Community Psychology, 27,* 189–210.

Schiffauer, W. (1997). Auf der Suche nach Anerkennung im Spagat zwischen zwei Kulturen. *Der Bürger im Staat, 51(4),* 226–232.

Schiffauer, W. (Hrsg.) (2002). *Fremde in der Stadt. Zehn Essays zu Kultur und Differenz.* Frankfurt a.M.: Suhrkamp.

Schmitt-Rodermund, E. & Silbereisen, R.K. (2002). Akkulturation und Entwicklung: Jugendliche Immigranten. In R. Oerter & L. Montada (Hrsg.), *Entwicklungspsychologie (S. 893–906)*. Weinheim: Beltz-PVU, 5. vollständig überarb. Auflage.

Schneewind, K.A. (1999). *Familienpsychologie.* Stuttgart: Kohlhammer.

Schneewind, K.A. & Ruppert, S. (1995). *Familien gestern und heute: Ein Generationenvergleich über 16 Jahre.* München: Quintessenz.

Schönpflug, U. (2003). Migration aus kulturvergleichender psychologischer Perspektive. In A. Thomas (Hrsg.), *Kulturvergleichende Psychologie (S. 515–541)*. Göttingen: Hogrefe.

Sluzki, C. E. (1979): Migration and family conflict. *Family Process, 18,* 379–390.

Steinberg, L., Darling, N.E. & Fletcher, A.C. (1995). Autoritative parenting and adolescent development: An ecological journey. In P. Moen, G.H. Elder & K. Lüscher (Eds.), *Examining lives in context (pp. 423–466)*. Washington, D.C.: American Psychological Association.

Steinberg, L., Darling, N.E. & Fletcher, A.C. (1995). Autoritative parenting and adolescent development: An ecological journey. In P. Moen, G.H. Elder & K. Lüscher (Eds.), *Examining lives in context (pp. 423–466)*. Washington, D.C.: American Psychological Association.

Straßburger, G. (1998). Das Heiratsverhalten von Frauen und Männern ausländischer Herkunft im Einwanderungskontext der BRD. Expertise zum 6. Familienbericht des BMFSFJ 2000.

Super, C. & Harkness, S. (1997). The cultural structuring of child development. In J. Berry, P.R. Dasen & T.S. Saraswathi (Eds.), *Handbook of cross-cultural psychology (Volume 2, pp. 1–39)*. Needham Height, MA: Allyn & Bacon.

Süssmuth, R. (2001). Empfehlungen der unabhängigen Kommission „Zuwanderung" im Hinblick auf die Integration. In BMFSFJ (Hrsg.) (2001), *Integration von Familien ausländischer Herkunft*. Dokumentation der Fachtagung (S.14–19). Berlin: BMFSFJ.

Thomas, A. (2003). Psychologie interkulturellen Lernens und Handelns. In A. Thomas (Hrsg.), *Kulturvergleichende Psychologie (S. 433–485)*. Göttingen: Hogrefe.

Trommsdorff, G. (1995). Parent-adolescent relations in changing societies: A cross-cultural study. In P. Noack, M. Hofer & J. Youniss (Eds.), *Psychological responses to social change: Human development in changing environments (pp. 189–218)*. Berlin: de Gruyter.

Uslucan, H.-H. (2000). Gewalt in Kontexten kultureller und sozialer Verunsicherung. *Frühe Kindheit, 4,* 20–24.

Uslucan, H.-H., Fuhrer, U. & Rademacher, J. (2003). Jugendgewalt und familiale Desintegration. *Psychologie in Erziehung und Unterricht, 50,* 281–293.

Van Dick, R., Petzel, T. & Wagner, U. (1997). Einstellungen zur Akkulturation: Erste Evaluation eines Fragebogens an sechs deutschen Stichproben. *Gruppendynamik, 28,* 83–92.

Walker-Barnes, C.J. & Mason, C.A. (2001). Ethnic differences in the effect of parenting on gang involvment and gang delinquency: A longitudinal, hierachical linear modeling perspective. *Child Development, 72,* 1814–1831.

Wall, J.A., Power, T.G. & Arbona, C. (1993). Suceptibility to antisocial peer pressure and its relation to acculturation in Mexican-American adolescents. *Journal of Adolescent Research, 8,* 403–418.

Ward, C. (1996). Acculturation. In D. Landis & R.S. Bhagat (Eds.), *Handbook of intercultural training (pp. 124–147).* Thousand Oaks, CA: Sage.

Wetzels, P. (1997). *Gewalterfahrungen in der Kindheit.* Baden-Baden: Nomos.

Zimmer, J. (1986). Interkulturelle Erziehung als Erziehung zur internationalen Verständigung. In M. Borelli (Hrsg.), *Interkulturelle Pädagogik (S. 46–63).* Baltmannsweiler: Schneider.

Peter F. Titzmann, Eva Schmitt-Rodermund und Rainer K. Silbereisen

Zwischen den Kulturen:
Zur Akkulturation jugendlicher Immigranten

Ein erheblicher Anteil der Immigranten in Deutschland sind Jugendliche. Ca. 20 % der ausländischen Bevölkerung in Deutschland waren 2002 jünger als 18 Jahre, bei den im Jahr 2002 neu eingereisten Aussiedlern[1] waren es 28 % (Statistisches Bundesamt, 2004; Bundesministerium des Inneren, 2004). Damit liegt der Anteil Jugendlicher bei Einwanderern in Deutschland etwas höher als bei der einheimischen Bevölkerung (im Jahr 2001 betrug der Anteil der unter 18-Jährigen knapp 19 %, Statistisches Bundesamt, 2002). Die jungen Einwanderer leben teils schon seit einigen Generationen in Deutschland, andere sind erst jüngst angekommen. Jedoch sagt die Aufenthaltsdauer nichts darüber aus, ob die betreffenden Jugendlichen einen deutschen Pass haben. Gerade unter den Nachkommen der Arbeitsmigranten der 60er- und 70er-Jahre sind viele, die nicht als Deutsche gelten. Andererseits besitzen die weitaus meisten der als Aussiedler nach Deutschland eingereisten Jungen und Mädchen die deutsche Staatsangehörigkeit, oftmals ohne die deutsche Sprache zu beherrschen. Eine Reihe von Problemen treten in Folge dieser Situation auf, die junge Aussiedler und Ausländer gemeinsam haben. Um diese Schwierigkeiten, aber auch um den Verlauf gelingender Anpassung, soll es im vorliegenden Beitrag gehen. Dabei liegt der Schwerpunkt vor allem auf solcher Forschung, die die Situation junger Aussiedler beleuchtet. Ergänzend wurden Arbeiten über Immigranten anderer Herkunft sowohl nach Deutschland als auch in andere Staaten herangezogen.

Motive zur Immigration

Die Frage, warum Immigranten in ein bestimmtes Land kommen, hat mehrere mögliche Antworten. Berry und Sam (1997) unterschieden zwei Dimensionen: die zeitliche Perspektive der Immigration (permanenter oder nur temporärer Aufenthalt) und die Freiwilligkeit der Aus- bzw. Einreise. Aussiedler kommen diesem Schema zufolge freiwillig und permanent nach Deutschland und sind demnach Immigranten, im Gegensatz zu Gästen, Flüchtlingen und Asylbewerbern, die sich ent-

---

1 Aussiedler sind Deutschstämmige, die vor dem 8. Mai 1945 in den ehemaligen deutschen Ostgebieten (in vielen Ländern des ehemaligen Ostblocks) lebten und aufgrund ihrer deutschen Abstammung das Recht haben, in die BRD einzureisen und die deutsche Staatsbürgerschaft zu erhalten (vgl. Schwind, 2001, Bade & Oltmer, 2003). Zur ausländischen Bevölkerung gehören alle Menschen, die in Deutschland leben, ohne eine deutsche Staatsangehörigkeit zu besitzen, also Arbeitsmigranten, Asylbewerber, Asylanten, Kriegs- und Kontingentflüchtlinge bzw. deren Kinder.

weder in der zeitlichen Perspektive oder der Freiwilligkeit der Einreise von Immigranten und also auch Aussiedlern unterscheiden. Immigranten werden in der Regel durch „Pull-Faktoren" motiviert, also durch Anreize im Zielland (Ward, 2001). Die Einreisegründe der Eltern von Aussiedlerjugendlichen spiegeln diese „Pull-Faktoren" wider. Sie verlassen ihre Heimat, um „als Deutsche unter Deutschen zu leben", (77,8 %), "bei den Verwandten zu sein" (60,5 %), aus "Angst vor der Zukunft" (die in der Bundesrepublik als besser wahrgenommen wird) (49 %) oder um „den Kindern eine bessere Ausbildung zu bieten" (40,6 %) (Fuchs, Schwietring & Weiss, 1999a; Schmitt-Rodermund, 1997). Materielle Gründe existieren ebenfalls, werden jedoch von verschiedenen Einwanderergruppen unterschiedlich bewertet (52 % der Aussiedler aus Polen nennen materielle Gründe, Aussiedler aus der ehemaligen Sowjetunion jedoch nur in 22,7 % der Fälle). Bei der Betrachtung der einreisenden Aussiedler der letzten Jahre kann man von einer veränderten Einreisemotivation ausgehen, wobei hierzu bislang systematische Untersuchungen fehlen (Dietz, im Druck). Eine Rolle dabei spielt sicherlich, dass die Aussiedlerfamilien nur noch zu einem ganz kleinen Teil aus zwei deutschstämmigen Eltern bestehen. So hatten im Jahr 2003 nur ca. 20 % der einwandernden Aussiedler einen deutschen Hintergrund, 65 % waren Ehepartner mit russischem Hintergrund und 15 % waren nicht-deutsche Verwandte (Personen, die zwar mit dem Antragsteller das Recht erwerben, in Deutschland zu leben, die aber selbst keine deutsche Abstammung nachweisen können). Vor 10 Jahren (1993) waren noch 75 % der einreisenden Aussiedler ethnische Deutsche, nur 25 % nicht-deutsche Ehepartner und nahezu keine nicht-deutsche Verwandte (Dietz, im Druck).

Studien zu Motiven bei Jugendlichen fragen weniger nach den Gründen, sondern untersuchen eher, inwieweit Jugendliche freiwillig übergesiedelt sind und ob Jugendliche an der Entscheidungsfindung beteiligt waren. Gegen eine Ausreise waren diesen Befunden nach nur 6 % der Jugendlichen, 8 % wurden von Ihren Eltern überhaupt nicht gefragt und 14 % hatten keinen Einfluss auf die Immigrationsentscheidung, auch wenn sie darüber im Prinzip informiert waren. Sehr ähnliche Befunde publizierten Silbereisen und Schmitt-Rodermund (1999). In dieser Studie berichteten 4 % der Jugendlichen, dass sie lieber im Herkunftsland geblieben wären und 32 % fiel es schwer, nach Deutschland zu gehen. Wenn man demnach feststellt, dass selbst in den vor allem deutschstämmigen Familien der 90er Jahre doch etliche der Jugendlichen mit gemischten Gefühlen nach Deutschland kamen, und weiter, dass es sich heute bei einer zunehmenden Anzahl der jungen Leute um solche mit russischen Wurzeln handelt, dann dürfte nunmehr der Anteil derer mit Vorbehalten gegenüber einem Leben in Deutschland eher zu- als abgenommen haben.

Ergebnisse des akkulturativen Prozesses: Psychosoziale und soziokulturelle Anpassung

In der Forschung wird zwischen zwei Bereichen der Anpassung unterschieden, nämlich der soziokulturellen und der psychosozialen Anpassung (Ataca & Berry, 2002; Kosic, 2002; Leung, 2001, Ward et al., 1998). Soziokulturelle Anpassung bezieht sich meist auf kulturspezifische Fähigkeiten und Wissen über das neue Land, wodurch Interaktionen mit Menschen und Organisationen der Aufnahmekultur vereinfacht werden (z.B. Ward & Kennedy, 1999; Furnham & Bochner, 1982). Gemessen werden hier beispielsweise sprachliche Fertigkeiten oder das Wissen über kulturspezifische Gegebenheiten wie Einkaufen oder die Nutzung öffentlicher Verkehrsmittel etc. (Ward & Rana-Deuba, 1999). Psychosoziale Anpassung betrifft Merkmale der psychischen und sozialen Befindlichkeit wie Depressivität, Ängstlichkeit, psychosomatische Beschwerden oder die allgemeine Lebenszufriedenheit (Ataca & Berry, 2002).

Diese beiden Dimensionen, so die Annahme, sind vor allem am Anfang des Akkulturationsprozesses voneinander unabhängig (Ward et al., 1998) und werden durch unterschiedliche Prädiktoren vorhergesagt (Ward & Kennedy, 1993; Ward et al., 1998; Ward & Rana-Deuba, 1999). Erst im späteren Verlauf beginnen die beiden Dimensionen sich gegenseitig zu beeinflussen. Jemand, der bereits lange im Land ist und trotzdem einen unzureichenden soziokulturellen Wissensstand hat, hat auch Einschränkungen im psychosozialen Bereich zu fürchten und umgekehrt. Entsprechend der Unabhängigkeit der beiden Dimensionen kurz nach der Übersiedlung unterscheiden sich auch die Erwartungen über den Verlauf der soziokulturellen gegenüber der psychosozialen Angleichung. Drei theoretische Perspektiven sind hier immer wieder angeführt worden (Ward, 2001; Ward, Bochner & Furnham, 2001; Schönpflug, 1997), nämlich Theorien zu kulturellem Lernen, Theorien zu sozialer Identifikation und Stress- bzw. Copingtheorien, die im Folgenden vorgestellt werden sollen.

Lerntheorien fassen akkulturationsbedingte Veränderungen vor allem als Erwerb (kulturspezifischer) Fähigkeiten auf, wozu sprachliche und alltagspraktische Kompetenzen gehören. Veränderungen durch die neue Umgebung betreffen Kenntnisse und lebenspraktische Kompetenzen, die durch Kontakt mit den neuen Lebensumständen erworben werden. Der Aufbau dieser Fertigkeiten (bzw. die Abnahme soziokultureller Probleme) folgt demnach einer Lernkurve mit einem zunächst steileren und sich dann mit längerem Aufenthalt allmählich abflachenden Verlauf (Ward et al., 1998). Dieses Modell lässt sich am besten auf den Bereich der soziokulturellen Veränderungen anwenden, da diese vor allem kulturspezifisches und erlernbares Wissen beinhalten (vgl. den Beitrag von Thomas, Kammhuber & Schmid in diesem Band).

Die transaktionale Stresstheorie ist das zweite Modell, das Veränderung durch Akkulturation erklären soll (Liebkind, 2001; Berry, 1997; Ward, 1996). Nach Lazarus (1990) entsteht Stress, wenn persönliche Ressourcen im Umgang mit einer Anforderung als unzureichend wahrgenommen werden. Im Akkulturationsprozess beschreibt Berry (1997) Akkulturationserfahrungen als Anforderungen, die durch Interaktionen (z.B. mit Personen des Aufnahmelandes) entstehen. In einigen Studien wurden diese Anforderungen durch die Aufenthaltsdauer als Maß für alle gemachten Erfahrungen repräsentiert (Schmitt-Rodermund & Silbereisen, 1999a). Es gibt allerdings auch das Bestreben, Akkulturationserfahrungen junger Immigranten in Form von täglichen Stresserlebnissen (daily hassles) direkt zu messen. Hier stehen entweder einzelne Aspekte wie Diskriminierung oder Sprachprobleme im Vordergrund (Neto, 2001; Liebkind & Jasinskaja-Lahti, 2000), oder es wurden umfassend Erfahrungen in mehreren verschiedenen Bereichen der jugendlichen Immigranten erfragt (Lay & Nguyen, 1998; Vinokurov, Trickett & Birman, 2002). Nach diesem Modell entsteht akkulturative Veränderung insbesondere aus dem

Zusammenspiel negativer Erfahrungen und den eigenen Ressourcen. Wenn ein Individuum potenziell bedrohlichen und herausfordernden Ereignissen nichts entgegenzusetzen hat, misslingt die akkulturative Anpassung und Störungen der Gesundheit und Befindlichkeit stellen sich ein. Entsprechend ist dieses Modell ausschließlich für Themen der psychosozialen Anpassung wie Befindlichkeit oder Delinquenz angewandt worden.

Obwohl beide Dimensionen akkulturativer Anpassung, also soziokulturelle und psychosoziale, hilfreich für die Einordnung verschiedener Akkulturationsergebnisse sind, hat es unseres Wissens keine Arbeiten gegeben, die sie in ihrer Gesamtheit untersucht haben. Wohl aber fokussieren viele Studien auf Einzelaspekte, wie z. B. Delinquenz (Schmitt-Rodermund & Silbereisen, im Druck), Partnerschaft (Ataca & Berry, 2002) oder auch Bildungsaspirationen und Schulleistungen (Dandy & Nettelbeck, 2002; Fuligni, 1998), also Themen, die sich in die beiden Bereiche problemlos einordnen lassen.

Soziokulturelle Anpassung an den neuen Kontext

Im Folgenden wird der Verlauf soziokultureller Veränderung nach der Übersiedlung jugendlicher Aussiedler anhand von drei Themen dargestellt. Erstens geht es um Erfahrungen, die sich aufgrund fehlenden soziokulturellen Wissens ergeben, zum zweiten um einen speziellen Bereich jugendtypischen Wissens, nämlich um die Erwartungen, die Jugendliche für die eigene Entwicklung hegen, und drittens soll auf den Spracherwerb und dessen Prädiktoren eingegangen werden, da die sprachlichen Fähigkeiten den wichtigsten Zugang zur Aufnahmegesellschaft darstellen. Für alle drei Themen gilt, dass zunächst ihr Zusammenhang mit der im Aufnahmeland verbrachten Zeit aufgezeigt wird. Anschließend werden Faktoren berichtet, die den Wissenszuwachs (und damit die Verringerung von mit fehlendem Wissen verbundenen Problemen) in den drei Bereichen anzutreiben oder zu behindern vermögen.

Alltagsprobleme jugendlicher Aussiedler als Beispiel für soziokulturelle Anpassung

In einem 16 Aufenthaltsjahre umfassenden Querschnitt[2] wurden akkulturationsbezogene soziokulturelle Probleme jugendlicher Aussiedler in verschiedenen vorher definierten Bereichen (Schule, Peers, Familie, romantische Beziehungen, das neue Land, Identität, Sprache und Diskriminierungen) erfragt. Diese negativen Erfahrungen können als fehlende soziokulturelle Fähigkeiten und Fertigkeiten im Um-

---

2 Hierbei handelte es sich um die erste Erhebungswelle der Studie „The impact of social and cultural adaptation of juvenile immigrants from the former Soviet Union in Israel and Germany on delinquency and deviant behavior"; Projektleitung für Deutschland: Rainer K. Silbereisen & Eva Schmitt-Rodermund; finanziert aus Mitteln der Deutsch-Israelischen Projektkoordination, Ministerium für Bildung und Forschung. Es wurden mehr als 1200 junge Aussiedler verschiedener Herkunft befragt (s. Schmitt-Rodermund & Silbereisen, in Druck).

gang mit der neuen Kultur aufgefasst werden. Die Teilnehmer an der Studie schätzten die Häufigkeit von 28 akkulturationsbezogenen negativen Erlebnissen in den letzten 12 Monaten ein („Nie", „1–2 Mal", „3–5 Mal", „6–10 Mal", „Mehr als 10 Mal"). Statistische Analysen lieferten vier Bereiche, nämlich Sprachschwierigkeiten (z. B. „Ich verstand nichts, weil mein Deutsch zu schlecht war"), Diskriminierung (z. B. „Ich wurde von anderen gehänselt, weil ich Aussiedler/russischer Immigrant bin"), Isolation (z. B. „Ich dachte, dass Einheimische und Aussiedler nur schwer Freunde werden, weil sie einfach zu verschieden sind") und familiäre Akkulturationshemmnisse (z. B. „Meine Eltern verstanden nicht, warum ich so sein möchte wie die Einheimischen hier"). Die Mittelwerte auf den vier Skalen in Abhängigkeit von der Aufenthaltsdauer sind in Abbildung 1 zu sehen.

Generell am häufigsten erlebten die jugendlichen Aussiedler Schwierigkeiten im Hinblick auf Sprache und wahrgenommene Isolation. Diskriminierung und familiäre Akkulturationshemmnisse traten dagegen eher selten auf. Bei einem Vergleich zwischen Gruppen unterschiedlich langen Aufenthalts fällt auf, dass längere in Deutschland verbrachte Zeit, wie zu erwarten, mit weniger Problemen einherging. Interpretiert man diese querschnittlichen Befunde in aller Vorsicht als Hinweis auf intraindividuelle Veränderung, findet demnach mit steigender Aufenthaltsdauer eine stetige Verbesserung statt – immer seltener werden die angegebenen Probleme erlebt. Dabei scheinen Gefühle von Isolation bei den Jugendlichen, die bereits län-

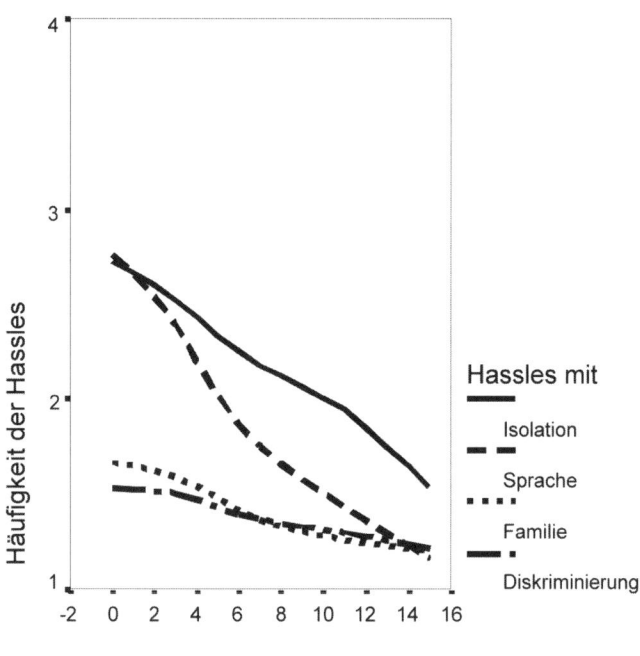

Abbildung 1: Häufigkeit von Alltagsproblemen jugendlicher Aussiedler in vier verschiedenen Bereichen

ger im Land sind, das größte Problem zu sein. In diesem Bereich treten Verbesserungen langsamer ein und selbst nach vielen Jahren sind hier noch Schwierigkeiten nachweisbar. Eine derartige Deutung der querschnittlichen Daten als Veränderung ist allerdings nur vertretbar, wenn man davon ausgeht, dass die Gruppen unterschiedlichen Aufenthalts sich nicht wesentlich in anderen Merkmalen unterscheiden (Kohorteneffekte) und es prinzipiell nur einen Verlauf, nicht aber verschiedene Verläufe gibt. Weil die Untersuchung auf insgesamt drei Messungen im jährlichen Abstand ausgelegt ist, werden wir künftig mit Informationen zur intraindividuellen Veränderung der Frage nach dem Nachlassen soziokultureller Probleme genauer nachgehen können.

Entwicklungserwartungen jugendlicher Aussiedler als Beispiel für soziokulturelle Anpassung

Das zweite Beispiel für soziokulturelle Angleichung sind die eng mit Wertorientierungen verbundenen Entwicklungserwartungen, also die Vorstellungen Jugendlicher darüber, wann sie bestimmte Übergänge ins Erwachsenenalter meistern werden. Entsprechend der eher kollektivistischen Wertorientierungen der Aussiedler (Schmitt-Rodermund, 1997; Lantermann & Hänze, 1999) weichen diese Entwicklungserwartungen zumindest am Anfang des Akkulturationsprozesses erheblich von denen einheimischer Jugendlicher ab. Während Einheimische annehmen, schon frühzeitig von anderen unabhängig zu sein und entsprechend erwarten, auch schon früh eine Liebesbeziehung einzugehen oder eigenes Geld zu besitzen, haben die traditionelleren Aussiedler hier zunächst die Erwartung, solche Freiheiten erst spät zu erreichen. Mit der in Deutschland verbrachten Zeit ergibt sich hier jedoch eine drastische Veränderung hin zu früheren Altersangaben, die teils mehrere Jahre umfassen kann (Schmitt-Rodermund & Silbereisen, 1999b). Wir untersuchten hierzu zwei Aspekte von Entwicklungserwartungen: Autonomie von elterlicher Kontrolle (ab wann ein Jugendlicher denkt, bei bestimmten Entscheidungen nicht mehr die Eltern fragen zu müssen) und Autonomie in sozialen Beziehungen (Erwartung darüber, wann bestimmte Beziehungen eingegangen und interpersonale Erfahrungen gesammelt werden – z.B. die erste Freundin/ Freund, Discobesuch etc.). Zwei Gruppen unterschiedlich langen Aufenthalts, aber gleichen Lebensalters wurden untersucht, nämlich Neuankömmlinge, die zu Messzeitpunkt eins erst seit maximal eineinhalb Jahren in Deutschland lebten, und Erfahrene, die bereits bis zu drei Jahre in Deutschland waren. Generell unterschieden sich Neuankömmlinge und Erfahrene in ihren Entwicklungserwartungen, und zwar so, dass die schon länger in Deutschland lebenden Jugendlichen deutlich frühere Erwartungen über ihre eigene Entwicklung hegten. Weiter gab es bei beiden Gruppen gleichermaßen eine Veränderung über die Zeit. Demnach waren die Erfahrenen zu Messzeitpunkt vier nahezu so früh in ihren Erwartungen für die eigene Entwicklung wie eine Gruppe ebenfalls befragter Einheimischer. Der Unterschied zwischen den Gruppen hat demnach nichts mit normaler altersbedingter Entwicklung zu tun (denn das Lebensalter war in beiden Gruppen gleich), sondern mit einer Anpassung an Entwicklungserwartungen, wie sie unter Einheimischen bestehen. In einer Vergleichsstudie mit etwas jüngeren Probanden (im Durchschnitt ca. 10–11 Jahre) ergab sich ebenfalls, dass die Aussiedlerkinder spätere Erwartungen über ihre Entwicklung hegten als Einheimische, und weiter, dass sich alle Kinder mit der Zeit in Richtung auf frühere Angaben veränderten. Diese Veränderung war jedoch bei den jungen Aussiedlern und hier vor allem bei den Neuankömmlingen wesentlich stärker als bei den einheimischen Jungen und Mädchen, was ebenfalls für akkulturative Prozesse spricht, die neben den altersnormativen Veränderungen stattfinden (Schmitt-Rodermund & Roebers, 1999).

Sprachkenntnisse jugendlicher Aussiedler als Beispiel für soziokulturelle Anpassung

Die Sprache ist eines der besten soziokulturellen Anpassungsmaße (Dietz, 2000), das im Vergleich mit anderen Bereichen auch die meiste Veränderung über die im Aufnahmeland verbrachte Zeit erfährt (s. Abbildung 1). In vielen Studien wird Sprache als ein Maß für generelle Akkulturation verwendet (Dietz, 2000; Ataca & Berry, 2002). Unabhängig davon, ob man annimmt, dass es nur der Sprachgebrauch ist, an dem sich Nähe oder Abstand zur Aufnahmekultur bemerkbar macht (wir glauben, dass es sicherlich noch weitere Faktoren gibt, die zeigen, wie nahe eine Person der Kultur des Aufnahmelandes steht), ist klar, dass Sprache ein Schlüssel für jede gesellschaftliche Integration ist, sei es hinsichtlich von Kontakten zur Aufnahmegesellschaft, beruflicher Möglichkeiten oder auch der Teilhabe an Informationen (Dietz, 2003; Fochler, 1997).

Jugendliche Aussiedler (vor allem in neueren Einwanderungswellen) kommen oft mit ungenügenden bzw. ganz ohne deutsche Sprachkenntnisse in die Bundesrepublik. So gibt ca. die Hälfte der befragten jugendlichen Aussiedler an, dass ihre Probleme mit der deutschen Sprache die größte Schwierigkeit in Deutschland sind (Dietz, 2003; Strobl & Kühnel, 2000). Nur 33 % der Jugendlichen stuften ihre Fähigkeiten als gut oder sehr gut ein, die meisten (53 %) nur als mittelmäßig. Inzwischen mögen sich die Sprachprobleme weiter erhöht haben, denn der Anteil von gemischt nationalen Familien hat rapide zugenommen (s.o.). Sprachkurse könnten hier unterstützend wirken, jedoch wurde die Förderungshöchstdauer für Sprachkurse der Aussiedler von anfangs 12 auf 6 Monate (mit Ausnahmeregelungen) reduziert (Dietz, 2003), was sicherlich zu kurz ist, um eine Sprache für den Gebrauch in Beruf und Alltag zu beherrschen.

Freilich helfen nicht nur Kurse, sondern es kommt auch auf die beständige Anregung zum Praktizieren der Sprache an. Deshalb ist die Aufenthaltsdauer einer der besten Prädiktoren für den Spracherwerb. Je länger Jugendliche im Land sind, desto besser sprechen sie deutsch, insbesondere wenn sie bei der Einreise noch jünger waren (Stevens, 1999; Fuchs, Schwietring & Weiß, 1999b). Bei den Eltern gilt dies jedoch nicht unbedingt in derselben Weise. Sie lernen langsamer, wodurch die Jugendlichen gelegentlich in die Rolle eines Übersetzers geraten und das familiäre Gefüge wanken lässt (Kaiser, 1991; Thielicke, 1988). Bei jugendlichen Aussiedlern spielt außerdem auch das Herkunftsland eine Rolle. Aussiedler, die aus Rumänien kamen, sprachen bereits bei der Einreise wesentlich besser als beispielsweise Aussiedler aus der ehemaligen SU oder Polen (Fuchs, Schwietring & Weiß, 1999b), was mit besseren Möglichkeiten der Aufrechterhaltung der kulturellen Traditionen in Rumänien zusammenhängt.

Moderatoren des Veränderungsprozesses

Nach dem lerntheoretischen Modell von Ward und Kennedy (1999) oder Furnham und Bochner (1982) sollen Zuwanderer sich über die neuen Verhältnisse in einem Lernprozess orientieren. Dieser erfolgt zunächst in hohem Tempo und dann langsamer. Anders als bei Berry (1997) wurden für diesen Vorgang keine expliziten Moderatoren formuliert, jedoch ist klar, dass Vorkenntnisse oder auch eine schnelle Auffassungsgabe in diesem Prozess des Wissenserwerbs hilfreich sind. Aber auch Bedingungen des schulischen oder freizeitbezogenen Kontexts dürften für eine schnelle soziokulturelle Anpassung bedeutsam sein. Für alle genannten Faktoren gilt jedoch, dass diese im Zusammenhang mit soziokultureller Anpassung bislang praktisch noch nicht untersucht sind. Wohl aber gibt es einige Studien, die Kontextbedingungen in der Familie mit dem Verlauf der soziokulturellen Anpassung in Beziehung setzen, über die im Folgenden berichtet werden soll.

Soziokulturelle Anpassung an den neuen Kontext und damit die Anpassung an bestehende Werte und Normen wird von elterlichem Verhalten moderiert. Es spricht einiges dafür, dass der Zusammenhalt in der Familie durch die Immigration generell größer wird und Eltern demnach eigene Normen und Werte besser an ihre Kinder vermitteln können, als dies im Herkunftsland der Fall gewesen wäre (Nauck, 1995). Über den eigentlichen Sachverhalt der Migration hinaus, der ja für alle Familien in gleicher Weise zutrifft, ist jedoch das Klima und der Erziehungsstil in der individuellen Familie bedeutsam. Schönpflug (2001) zeigte für Vater-Sohn-Paare aus der Türkei, dass Eltern und Kinder dann ganz besonders ähnliche Werte angaben, wenn die Söhne ihre Behandlung durch die Eltern als empathisch und autoritativ wahrnahmen.

Die Ergebnisse von Studien über Entwicklungserwartungen bei Jugendlichen weisen in eine ganz ähnliche Richtung. So zeigte sich auch hier, dass eine enge Beziehung zwischen Eltern und Kindern die Wirkung hatte, dass die Jugendlichen sich mit der Zeit weniger an die Einheimischen anglichen. Umgekehrt hatten Konflikte, geringer Austausch und elterliche Permissivität im Umgang mit den Kindern zur Folge, dass sich die Jugendlichen stärker nach außen orientierten und die früheren Entwicklungserwartungen der einheimischen Jungen und Mädchen schneller übernahmen (Schmitt-Rodermund & Silbereisen, 1999b). Man könnte diesen Befund als ein „Hinaustreiben" aus dem familiären Kontext mit daraus resultierender beschleunigter Anpassung an einheimische Werte und Normen (und der Entfernung von den Orientierungen der Eltern, die sich nicht über die Zeit verändern) verstehen (vgl. den Beitrag von Fuhrer & Mayer in diesem Band).

Neben den Eltern können auch Faktoren in der Schule erheblichen Einfluss auf die soziokulturelle Anpassung von jugendlichen Aussiedlern haben. Schule und Peers scheinen hinsichtlich bestimmter Variablen sogar wichtiger als der familiäre Kontext zu sein (Rodriguez et al., 2003). Schmitt-Rodermund und Roebers (1999) konnten beispielsweise zeigen, dass Schulvariablen mit Autonomieerwartungen jugendlicher Aussiedler zusammenhängen. Insbesondere solche Aussiedlerjugendliche gaben im Verlauf eines Jahres frühere Erwartungen für ihre eigene Entwicklung hin zu Autonomie an, die sich in ihrer Klasse wohl fühlen und nach der Schilderung der Lehrer keine Disziplinprobleme hatten. Bei den Einheimischen war es genau umgekehrt: Hier hatten solche Jungen und Mädchen frühere Erwartungen, die sich nicht diszipliniert verhielten. Dabei ist allerdings zu beachten, dass früh bei Einheimischen und Aussiedlern etwas ganz anderes heißt: Ein einheimischer Jugendlicher ist früh, wenn er deutlich vor der Zeit etwas Bestimmtes als erreicht angibt, was bekanntermaßen ein problematisches Verhalten darstellt. Aussiedler mit frühen Entwicklungserwartungen sind dagegen jene, die mit dem Durchschnitt der Einheimischen im Takt liegen, die also mittun können, was den Zusammenhang mit positiven Verhaltensweisen erklären dürfte.

Auch bei den sprachlichen Fähigkeiten spielt der Kontext der Entwicklung eine zentrale Rolle. In der Regel wird innerhalb der Familie vor allem auf Russisch oder bilingual kommuniziert. Hier ist die (ethnische) Herkunft der Aussiedlereltern ein wichtiger Faktor. Ist ein Elternteil russischer Herkunft, wird eher russisch gesprochen, sind beide Elternteile deutsch, mit größerer Wahrscheinlichkeit deutsch (Dietz, 2003). Analog fällt die Wirkung der Wohn- bzw. Schulsituation aus. Je mehr andere Aussiedler im Wohngebiet leben bzw. in dieselbe Schulklasse gehen, desto seltener sprechen die jungen Aussiedler mit ihren Freunden deutsch, wie sich in unserer neuen Studie zeigte (bislang unveröffentlichte Auswertung, Silbereisen und Titzmann). Als letzter Faktor soll hier die Aufnahmegesellschaft genannt werden, die ebenfalls den Spracherwerb positiv beeinflussen kann. Die Wahrnehmung der Immigranten, ob sie sich von der Gesellschaft aufgenommen und im neuen Land heimisch fühlen, hängt ebenfalls mit ihren sprachlichen Fähigkeiten zusammen (Mesch, 2003). Wer schlecht die Sprache des Aufnahmelandes spricht, fühlt sich schneller ausgegrenzt und nicht dazugehörig. Umgekehrt ist fehlende Übung einer der Hauptgründe für einen langsamen Spracherwerb.

Psychosoziale Anpassung an den neuen Kontext

Im Zusammenhang mit psychosozialen Merkmalen wie der Befindlichkeit von Zuwanderern sind eine Vielzahl von Studien entstanden. Auch junge Aussiedler wurden hier untersucht. Bevor auf einzelne Prädiktoren eingegangen wird, soll noch einmal kurz über theoretisch und empirisch ermittelte Verläufe berichtet werden. Danach werden Voraussetzungen für eine erfolgreiche psychosoziale Anpassung beschrieben. Jeder Abschnitt im zweiten Teil geht auf einen spezifischen Prädiktor ein und beschreibt empirische Ergebnisse über den Zusammenhang zu psychosozialer Anpassung.

Der Verlauf psychosozialer Anpassung

Annahmen über den Verlauf der psychosozialen Anpassung wurden bereits früh geäußert. Lysgaard (1955) schlug vor, dass die Anpassung an einen neuen kulturellen Kontext einer U-Kurve folgt. Demnach dominieren am Anfang positive Gefühle, es geschafft zu haben und erfolgreich gewesen zu sein. Dieser ersten Phase folgt eine zweite, in der verstärkte Einsamkeit wahrgenommen wird, und die mit negativer emotionaler Befindlichkeit verbunden ist. Nach einiger Zeit und erfolgreicher Anpassung an den Kontext, stellt sich wieder ein positives Wohlbefinden ein. Dieser U-Kurven Verlauf konnte allerdings empirisch nicht bestätigt werden. Die existierenden Befunde gehen eher von großen Problemen am Beginn des Akkulturationsprozesses aus, die dann nach und nach abnehmen (Ward, et al., 1998). Dies wurde auch bei einer Längsschnittstudie an jugendlichen Aussiedlern gezeigt, in der Neuankömmlinge zu Beginn depressive Verstimmungen berichteten, die dann über die Zeit hinweg abnahmen. Nach ca. zwei bis drei Jahren erreichten diese Jugendlichen durchschnittlich die gute Befindlichkeit von einheimischen Jugendlichen (Schmitt-Rodermund & Silbereisen, 2002a).

Moderatoren des Veränderungsprozesses

Berry (1997) schlägt in seinem Modell eine ganze Reihe von Moderatoren der psychosozialen Anpassung vor, die im Folgenden kurz umrissen werden sollen. Diese sind angeordnet danach, ob sie bereits vor oder erst nach der Übersiedlung bestanden, auf dem Niveau der Gruppe oder der Einzelperson wirken, und ob sie innerhalb oder außerhalb der Person des Zuwanderers liegen. Beispiele für solche Faktoren sind Vorkenntnisse, Persönlichkeitseigenschaften, die Motivation zur Wanderung, Unterstützung durch Familie und Freunde oder auch Bedingungen im Aufnahmeland. Hier nun für alle Facetten Beispiele aufzuzählen, würde den Rahmen des Kapitels sprengen, generell gilt jedoch, dass eine Person mit Vorkenntnissen und zutreffenden Erwartungen, die optimistisch und tatkräftig ist und auf wenig Diskriminierung stößt, es mit der Angleichung leichter hat, vor allem dann, wenn Herkunftskultur und Aufnahmeland miteinander Ähnlichkeiten aufweisen. Umgekehrt hat es schwer, wer die Sprache nicht spricht, hohe Erwartungen hegt, dabei ängstlich und zurückgezogen ist und zusätzlich anders aussieht, so dass er oder sie beständig mit ablehnenden Erfahrungen konfrontiert ist (für eine ausführlichere Beschreibung des Modells von Berry, 1997, und der darin enthaltenen Moderatoren siehe Schmitt-Rodermund & Silbereisen, 2002b).

Die psychosoziale Anpassung jugendlicher Immigranten und auch jugendlicher Aussiedler ist gut untersucht, und viele Faktoren sind bekannt, die einen erfolgreichen bzw. weniger erfolgreichen Anpassungsprozess bedingen. Dabei variieren jedoch die untersuchten Merkmale. Es finden sich Studien zu Depressivität, Ängstlichkeit, negativer Stimmung, Gesundheitsproblemen und Wohlbefinden, aber auch Befunde zu abweichendem Verhalten oder Delinquenz bei Aussiedlern und anderen Einwanderern liegen vor. In diesem Kapitel sind insbesondere psychische Probleme angesprochen. Dabei werden vor allem drei Gruppen von Moderatoren betrachtet, nämlich solche, die bereits vor der eigentlichen Übersiedlung bestimmen, wie der Prozess der Akkulturation verlaufen und die psychosoziale Anpassung gelingen könnte, solche, die während des Akkulturationsprozesses wirken und sich vor allem auf das Zusammenspiel mit den Einheimischen beziehen, und zuletzt Charakteristika des Kontexts, in dem sich die jungen Zuwanderer wieder finden, also ihrer Familie und ihren Freunden, die ebenfalls die Ergebnisse der akkulturativen Angleichung bestimmen.

Bereits bei der Einreise unterscheiden sich jugendliche Aussiedler hinsichtlich der Freiwilligkeit, mit der sie die Übersiedlung in das neue Land hinter sich gebracht haben. Jugendliche, die unfreiwillig nach Deutschland kamen, berichten auch langfristig über schlechtere Stimmung, die zudem stabiler und somit änderungsresistenter war als bei freiwillig eingereisten Jugendlichen. Die Ablehnung durch einheimische Peers schien zwar anfangs nicht durch die Freiwilligkeit der Einreise bestimmt zu sein, es zeigte sich aber, dass die Peer-Ablehnung bei freiwillig eingereisten signifikant schneller abnahm als bei unfreiwillig eingereisten, was auf einen erfolgreicheren Immigrationsprozess schließen lässt (Silbereisen & Schmitt-Rodermund, 1999).

Ein weiterer Faktor, der teils bereits vor der Übersiedlung bedeutsam ist, sind die Sprachkenntnisse der jungen Zuwanderer. Wer schon im Herkunftsland deutsch sprach, hat es in Deutschland leichter (Lantermann & Hänze, 1999; Schmitt-Rodermund & Silbereisen, 2002a). Umgekehrt gehen Sprachprobleme mit stärkerer Depressivität einher (Schmitt-Rodermund & Silbereisen, im Druck). Andere Merkmale psychosozialer Anpassung sind für jugendliche Aussiedler nicht untersucht worden, jedoch ist es nicht unwahrscheinlich, dass für sie dieselben Zusammenhänge gelten, wie sie auch für Zuwanderer anderer Herkunft gefunden wurden. So zeigen ausländische Jugendliche in Deutschland bei fehlenden Sprachkompetenzen eine erhöhte allgemeine und soziale Ängstlichkeit, größere Einsamkeit und ein schlechteres Selbstwertgefühl (Jerusalem, 1992). Auch der durch den Akkulturationsprozess bedingte Stress wird offensichtlich durch fehlende sprachliche Fähigkeiten verstärkt (Yeh & Inose, 2003; Oh, Koeske & Sales; 2002, Hernandez & Charney, 1998). Jedoch scheint ein Zuwachs in Sprachkenntnissen auch eine Kehrseite zu haben, wie sich an erhöhten Werten in Problemverhaltensweisen wie Rauchen oder Trinken zeigt (Unger, 2000). In einigen Studien ist auch von Stimmungs- und Angstproblemen im Zusammenhang mit einem Zuwachs im sprachlichen Können die Rede (Alderete et al., 2000; Ortega et al., 2000). Diese scheinbar gegensätzlichen Befunde erklären sich aufgrund der äußeren Bedingungen, die Migranten in Deutschland und anderswo antreffen. Einerseits ist die Sprache eindeutig der Schlüssel, wenn es um Ausbildungsplatz oder Studium geht. Andererseits ist sie nicht alles: Viele junge Zuwanderer bleiben trotzdem in einer sozialen Randlage, auch wenn sie bereits als zweite Generation im Land leben und die Sprache perfekt beherrschen. Enttäuschte Erwartungen sind die Folge. Zusammen mit einem Nachlassen der Kontrollfunktion der althergebrachten Traditionen ergibt sich so eine Situation, die den Griff zu Alkohol und Drogen ebenso wie andere Problemverhaltensweisen wahrscheinlicher macht (Hernandez & Charney, 1998).

Anders als die Sprache ist Diskriminierung ein Moderator, der von der aufnehmenden Gesellschaft ausgeht und erst während des Akkulturationsprozesses wirksam wird. Die meiste Diskriminierung erleben Aussiedlerjugendliche in der Schule. Hier geben über ein Drittel (39 %) aller Jugendlichen an, schon einmal diskriminiert worden zu sein (Steinbach, 2001). 24 % der befragten Jugendlichen erlebten bereits Diskriminierung in der Nachbarschaft und 20 % in Geschäften. Wenn sich jugendliche Aussiedler allerdings diskriminiert fühlen, sind sie oft auch schlechter angepasst. Diskriminierung steht in direktem Zusammenhang mit stärkerer Delinquenz unter jugendlichen Aussiedlern (Schmitt-Rodermund & Silbereisen, im Druck), Substanzgebrauch (Gibbons et al., 2004), Einsamkeit (Neto, 2002a), geringerem Selbstwert (Jasinskaja-Lahti & Liebkind, 2001; Liebkind & Jasinskaja-Lahti, 2000), akkulturativem Stress und Verhaltensauffälligkeiten (Liebkind & Jasinskaja-Lahti, 2000).

Ein weiterer Faktor, der erst im eigentlichen Akkulturationsprozess Bedeutung gewinnt und mit der Haltung der Aufnahmegesellschaft zu tun hat, ist die Identität der jungen Zuwanderer. Die Frage, wer man ist, lässt sich ohne Berücksichtigung der Herkunft bzw. kulturellen oder ethnischen Zugehörigkeit kaum beantworten. Entsprechend sind Minoritäten bzw. jugendliche Immigranten mit ihrer ethnischen Zugehörigkeit konfrontiert und müssen diese in ihre Gesamtidentität integrieren (Kvernmo & Heyerdahl, 2003; Romero & Roberts, 1998; Phinney, 1993). Eine ethnische Identität meint dabei vor allem das subjektive Gefühl der Zugehörigkeit zu einer bestimmten Ethnie (Phinney, 2003). Dazu gehört erstens die Selbstidentifikation, also wie sich Jugendliche selbst bezeichnen würden – beispielsweise als Deutsche, Russen, Türken etc.; zweitens das subjektive Zugehörigkeitsgefühl zu dieser Gruppe bzw. die Gefühle, die mit der Mitgliedschaft in dieser Gruppe verbunden sind; und drittens inwieweit der Jugendliche aktiv seine ethnische Identität erarbeitet hat, also inwieweit aktiv exploriert und persönliche Belange hinsichtlich der eigenen Ethnizität gelöst wurden (vgl. den Beitrag von Schönpflug in diesem Band).

Woran machen nun jugendliche Aussiedler das Deutschsein fest? Für die meisten ist Abstammung und das Gefühl, deutsch zu sein, ein wichtiges Merkmal (Dietz, 2003). Hier unterscheiden sich Aussiedlerjugendliche auch von einheimischen Jugendlichen. Während für Aussiedler vor allem deutsch ist, wer deutsche

Vorfahren hat (57 %), sich als Deutsche/r fühlt (22 %), die deutsche Staatsangehörigkeit besitzt (19 %) oder in Deutschland aufgewachsen ist (18 %), sehen die Einheimischen vor allem einen Zusammenhang zur Staatsbürgerschaft und zum Aufwachsen in Deutschland (je 41 %). Deutsche Vorfahren werden nur von 19 % der Einheimischen als Bedingung genannt. Aussiedlerjugendliche haben deutsche Vorfahren, sind allerdings kulturell stark russisch geprägt. Im Herkunftsland oftmals als die Deutschen ausgegrenzt, werden sie im Aufnahmeland nun häufig als Russen bezeichnet. Leider gibt es kaum Untersuchungen zur Identität jugendlicher Aussiedler und den Einfluss auf die psychosoziale Anpassung. Deshalb werden hier Befunde aus Studien über Immigranten anderer Herkunft angeführt, die jedoch sinngemäß auch für Aussiedlerjugendliche gelten dürften[3].

Eine ausgeprägte ethnische Identität bezogen auf die eigene Herkunft zu haben, hat für die Jugendlichen durchaus positive Konsequenzen, steht sie doch mit einem höheren Selbstwert, mehr Optimismus, weniger Einsamkeit und geringerer Depressivität in Zusammenhang (Roberts et al., 1999). Das Bewahren der ethnischen Identität des Herkunftslandes stellt sich außerdem als ein Schutzfaktor dar, der die negativen Auswirkungen von Diskriminierung auf Schulleistungen und psychisches Befinden (Wong, Eccles & Sameroff, 2003) oder den Selbstwert (Romero & Roberts, 1998, 2003) abpuffert. Yip und Fuligni (2002) untersuchten Schwankungen im Gefühl der ethnischen Identität bei jugendlichen Immigranten. Bei ihren Tagebuchuntersuchungen fanden sie heraus, dass an Tagen, an denen die ethnische Identität stärker empfunden wird, weniger Angst, weniger depressive Symptome und ein höheres Wohlbefinden nachweisbar sind. Dieser Zusammenhang ist allerdings an eine vorher bereits erfolgreich erarbeitete ethnische Identität gekoppelt. Hat der Jugendliche dies (noch) nicht geschafft, lassen sich die Zusammenhänge nicht oder nur eingeschränkt finden (Yip & Fuligni, 2002). So ähnlich lesen sich auch die Befunde von Heitmeyer und Kollegen über in Deutschland lebende türkische Jugendliche. Auch hier scheint eine starke ethnische Identität als Türke selbstwertförderlich zu sein, allerdings mit dem Nachteil, dass es auch gerade diese Jugendlichen sind, die angeben, ihre Orientierungen notfalls auch mit Gewalt durchsetzen zu wollen (Heitmeyer, Müller & Schröder, 1997; Heitmeyer & Dollase, 1996; Müller, 1998).

Genauso wie die ethnische Identität werden auch Akkulturationsorientierungen erst während der akkulturativen Angleichung bedeutsam und entstehen ebenfalls im Zusammenspiel mit der Aufnahmegesellschaft. Gemeint ist eine generelle Haltung zur neuen Kultur, die sich zum einen darin ausdrückt, ob Kontakt mit Einheimischen gesucht und neue Gewohnheiten angeeignet, und zum anderen, inwieweit Elemente der Herkunftskultur aufrechterhalten werden. Dies können traditionelle Wertorientierungen sein ebenso wie lieb gewonnene Angewohnheiten (z.B. Berry, 1976; Berry et al. 2002). Aus der Haltung sowohl zu den Einstellungen, Verhaltensweisen und Kontakten der Herkunftskultur und denen zur Aufnahmekultur resultieren vier mögliche Akkulturationsorientierungen, nämlich Integration, Separation, Assimilation und Marginalisierung. Integration ist die Bezeichnung für eine

---

3 Wiewohl Aussiedler durch ihre deutsche Staatsangehörigkeit oder zumindest durch ein dauerhaftes Bleiberecht rechtlich anders gestellt sind als Ausländer, die zumeist schon viel länger in Deutschland leben, kann man wohl beide Gruppen hinsichtlich ihrer kulturellen, sozialen und mentalen Situation als vergleichbar auffassen (Bade & Oltmer, 1993).

Akkulturationsorientierung, die gleichzeitig die Aufnahme neuer Kontakte und Verhaltensweisen der Aufnahmekultur wie auch ein Interesse an den eigenen kulturellen Merkmalen beinhaltet. Separation ist durch das Beibehalten der eigenen Kultur bei fehlenden Kontakten zur Aufnahmekultur gekennzeichnet. Assimilation beschreibt die Übernahme der Aufnahmekultur, ohne das Interesse, dabei eigene kulturelle Werte aufrecht zu erhalten. Das letzte Feld dieser Matrix ist durch Marginalisierung gekennzeichnet. Die Betreffenden haben oder wünschen keine Kontakte zu Mitgliedern der Aufnahmekultur und berichten gleichzeitig ein fehlendes Interesse an der Aufrechterhaltung eigener kultureller Wurzeln. Diese letzte Orientierung – Marginalisierung – kann allerdings nicht nur negativ (als Orientierungslosigkeit) betrachtet werden. Denkbar sind als Hintergrund einer solchen Haltung auch ein erhöhter Individualismus und damit verbunden ein geringes Gruppenbewusstsein oder die Orientierung an einer neuen, von der Aufnahme- und Herkunftskultur unabhängigen Gruppenzuordnung (Bourhis et al., 1997).

In vielen Untersuchungen zeigt sich, dass Integration bei jugendlichen Immigranten die bevorzugte Akkulturationsstrategie ist (Jasinskaja-Lahti et al., 2003; Neto, 2002b). Integration ging dabei mit besserem psychologischen Befinden (Virta, Sam & Westin, 2004; Ward & Rana-Deuba, 1999) und geringerem akkulturativen Stress einher (Berry et al., 1987). Dabei scheint der Weg der zu sein, dass der Grad einer integrativen Akkulturationsorientierung bestimmt, wie gut die Unterstützung durch Freunde, Klassenkameraden und Eltern ausfällt. Wer sich gut unterstützt sieht, hat dann auch einen höheren Selbstwert und wird von den Gleichaltrigen besser akzeptiert, wie an einer Stichprobe jugoslawischer Einwanderer nach Australien gezeigt wurde (Kovacev & Shute, 2004). Neben der Integration scheint auch Assimilation mit positiver psychosozialer Anpassung in Verbindung zu stehen (Kosic, 2002; Flaskerud & Uman, 1996; Huang, Leong & Wagner, 1994). Allerdings existieren auch Studien, die den gegenteiligen Zusammenhang zeigen (Kovacev & Shute, 2004; Phinney, Chavira & Williamson, 1992). Segregation und Marginalisierung werden hingegen nahezu durchgängig als risikoreichere Akkulturationsorientierungen beschrieben. Die Ergebnisse sind allerdings auch hier nicht ganz eindeutig, einige Studien finden einen Zusammenhang zu schlechterer psychosozialer Anpassung (Virta, Sam & Westin, 2004; Neto, 2002b), andere nicht (Jasinskaja-Lahti et al., 2003; Kovacev & Shute, 2004).

Der dritte Block von Moderatoren des akkulturativen Veränderungsprozesses bei Merkmalen psychosozialer Angleichung besteht in den Bedingungen des Kontexts, in dem die jungen Leute aufwachsen. Die Familie wird generell als einer der wichtigsten sozialisierenden Einflüsse auf Kinder und Jugendliche (Super & Harkness, 1997) verstanden und kann die psychosoziale Anpassung von Jugendlichen positiv beeinflussen, was auch bei Immigranten nicht anders ist. Harker (2001) untersuchte verschiedene Immigrantengruppen und fand, dass elterliche Supervision und Nähe zwischen Eltern und Jugendlichen negativ, ein geringes familiäres Einkommen und Konflikte hingegen positiv mit Depressivität der immigrierten Jugendlichen in Zusammenhang stehen. Zwei weitere Studien deuten in die gleiche Richtung. Zum einen erwies sich Nähe bzw. Kohäsion zwischen Eltern und Kindern als ein guter Prädiktor für positives Wohlbefinden bzw. für weniger negative Emotionen bei jungen Aussiedlern in Deutschland (Silbereisen & Schmitt-Rodermund, 2000; Schmitt-Rodermund, Silbereisen & Wiesner, 1996). Zum anderen konnten Hänze und Lantermann (1999) nachweisen, dass der emotionale Familienzusammenhalt auch längsschnittlich die subjektive Integration vorhersagen kann, also das Ausmaß, in dem sich die Jugendlichen im neuen Kontext nach einiger Zeit heimisch fühlen. Die Familie kann demnach als Rückhalt in schwierigen Lagen (wie der Immigrationssituation) dienen und durch höheren Zusammenhalt helfen, längere schwierige Lebensabschnitte erfolgreich zu durchstehen (vgl. den Beitrag von Fuhrer & Mayer in diesem Band).

Ein anderer wichtiger Kontext von Jugendentwicklung und speziell für Immigranten eine der wichtigsten Informationsquellen für das Leben im neuen Land ist der Freundeskreis. Hier ist die Frage, ob ein verstärkter Kontakt zu einheimischen Jugendlichen zu besserer psychosozialer Anpassung führt oder nicht. Ungefähr die Hälfte der jugendlichen Aussiedler (54 %) geben an, vor allem mit anderen Aussiedlern zusammen zu sein (Dietz, 2003). Zur Frage allerdings, ob das nun gut oder schlecht ist, muss man scheinbar differenzieren. Verbringen jugendliche Aussiedler viel Freizeit mit einheimischen Jugendlichen, verbessert sich ihre negative Stimmung zwar schneller über vier Messzeitpunkte einer Längsschnittuntersuchung, jedoch nur, wenn die Jugendlichen bereits einige Zeit im Land sind (Silbereisen & Schmitt-Rodermund, 2000). Für Neuankömmlinge gilt das Gegenteil: Vermehrter Freizeitkontakt mit Einheimischen sagt bei ihnen schlechtere Stimmung über die vier Messzeitpunkte vorher und die Verbesserung über die Zeit bleibt aus. Möglicherweise hat dieses Ergebnis mit den Erwartungen zu tun, die jugendliche Immigranten an eigene Freundschaften stellen und die sie mit den Erwartungen der Einheimischen vergleichen, die als anders wahrgenommen werden (vgl. (Horenczyk und Tatar, 1998).

Nachdem nun etliche Risiken für einen erfolgreichen Verlauf psychosozialer Anpassung benannt worden sind, muss man fragen, wie deren Verhältnis zueinander ist. Inwieweit alle genannten Probleme gleichermaßen schädlich für einen erfolgreichen Akkulturationsprozess sind, und ob schon eines der genannten Risiken genügt, um ein Misslingen der akkulturativen Anpassung hervorzurufen, ist bislang noch weitgehend unklar. Eine der wenigen Studien, die verschiedene Risiken im Zusammenspiel betrachtet hat, ist unsere eigene Arbeit über depressive Verstimmungen und Schulprobleme junger Aussiedler (Schmitt-Rodermund & Silbereisen, 2002a). Hier zeigte sich, dass die oben beschriebene Verbesserung der depressiven Verstimmung lediglich bei den Jugendlichen nachweisbar ist, die hinsichtlich des Akkulturationsprozesses nicht risikobelastet sind. Dabei ist nicht das Vorliegen einer einzelnen Risikobedingung (Konflikte in der Familie, depressive Eltern, fehlende Deutschkenntnisse, Ablehnung durch Gleichaltrige in der Schule, keine Unterstützung durch Freunde und unfreiwillige Übersiedlung) ein Problem. Erst mehrere, gleichzeitig bestehende Schwierigkeiten aus der Liste der genannten Probleme gefährden den Verlauf des Akkulturationsprozesses. Solchermaßen risikobelastete Jugendliche veränderten sich im zweijährigen Beobachtungszeitraum nicht in Richtung auf eine bessere Befindlichkeit. Auch die Schulprobleme der Jungen und Mädchen lassen nicht, wie eigentlich zu erwarten wäre, nach. Allerdings betraf die besondere Risikolage nur wenige (mehr als zwei Risikobereiche nannten von den 220 Jugendlichen nur etwas über 19 %), und auch nur bestimmte Jungen und Mädchen. Wer aus den Ländern der ehemaligen Sowjetunion stammte (die übrigen untersuchten Herkunftsregionen waren Polen und Rumänien), arbeitslose Eltern hatte und zudem erst seit kurzem in Deutschland lebte, berichtete häufiger von Schwierigkeiten.

Der Befund, dass relativ wenige Jugendliche von einem hohen Risiko betroffen sind, diese dann jedoch beeinträchtigt erscheinen, wird auch von einer unserer jün-

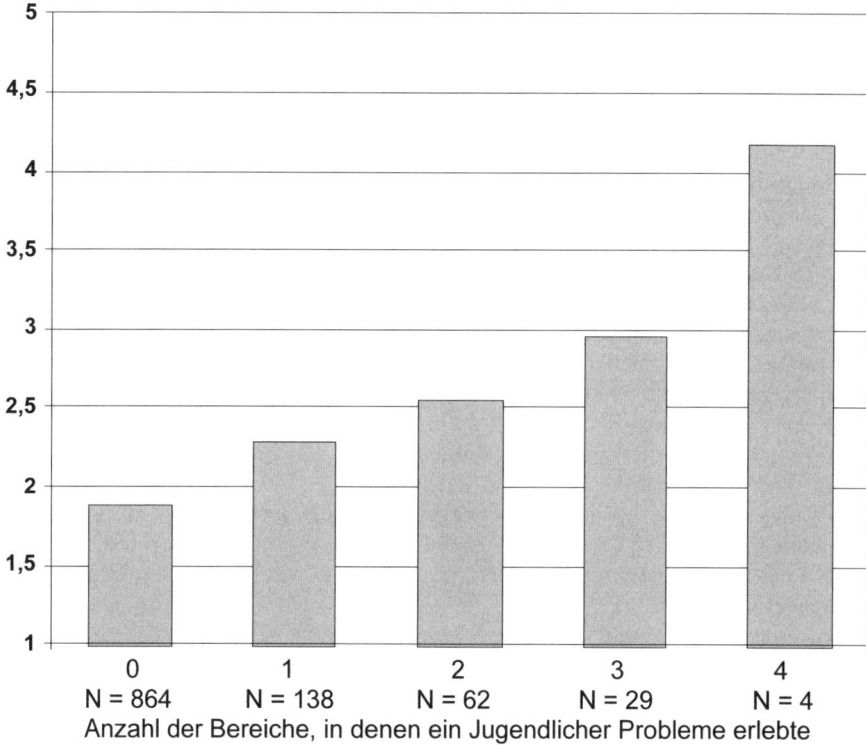

Abbildung 2: Zusammenhang zwischen Depressivität und einer Kumulation von häufig erlebten Akkulturationsproblemen in verschiedenen Bereichen

geren Studien gestützt, in der Akkulturationsprobleme von Jugendlichen in unterschiedlichen Bereichen gemessen wurden. Abbildung 2 unterscheidet fünf Gruppen Jugendlicher, nämlich Jungen und Mädchen, die in keinem der vier Bereiche Sprache, Isolation, Diskriminierung und Familie überdurchschnittlich viele negative Erfahrungen machten, und solche, die in einem, zwei, drei oder vier Bereichen viele Probleme nannten[4]. Je mehr Bereiche als problembelastet geschildert wurden, desto höher lagen erwartungsgemäß die Werte für depressive Verstimmung, aber auch Jungen und Mädchen, die nur einen der vier Bereiche als schwierig empfanden, hatten bereits eine weniger gute Befindlichkeit als die, die keine Probleme berichteten.

---

4 Als überdurchschnittliche Problembelastung wurde aufgefasst, wenn der Durchschnittswert dieses Bereichs auf drei und höher lag. Die Originalskala ging von 1 = nie, 2 = 1–2, 3 = 3–5, 4 = 6–10 bis 5 = 10 Mal und häufiger in den letzten 12 Monaten diese Erfahrung gemacht. Der Anteil dieser Hochbelasteten war in allen vier Bereichen sehr klein (N zwischen 35–170) verglichen mit dem Rest (N zwischen 957–1092).

Wenn also auch die weitaus meisten sich gut in ihrer Lebenslage zurechtfinden, so gibt es doch einige (wenige) Jungen und Mädchen, die sehr häufig negative Erlebnisse haben und entsprechend oft von depressiver Verstimmung berichten. Die Folgen liegen auf der Hand: Bekanntermaßen stehen depressive Symptome mit Delinquenz im Zusammenhang (Beyers & Loeber, 2003). Auch bei den jugendlichen Aussiedlern sind solche Beziehungen gefunden worden (Schmitt-Rodermund & Silbereisen, im Druck). Daher sollte der Gruppe der besonders risikobelasteten Jugendlichen besonderes Augenmerk gelten. Trotzdem ist nicht zu vergessen, dass die Angleichung bei den weitaus meisten der Jugendlichen problemlos verläuft. Wenn es überhaupt Schwierigkeiten gab, dann nehmen diese mit der Zeit schnell ab und nach etwa drei Jahren des Aufenthalts sind beispielsweise im Hinblick auf Schulleistungen und depressive Verstimmungen praktisch keine Unterschiede zu Einheimischen mehr erkennbar (Schmitt-Rodermund & Silbereisen, 2002a).

Methodische Besonderheiten bei der Untersuchung der Akkulturation Jugendlicher

Für alle Forschung über den Akkulturationsprozess bei jugendlichen Aussiedlern gilt, dass sie zumindest mit drei Quellen oder Motoren für Veränderung zu rechnen hat. Jugendliche Immigranten verändern bestehende Auffassungen oder Verhaltensweisen durch den Einfluss des neuen kulturellen Umfelds (Akkulturation), wachsen durch ihr neues Umfeld in anderer Art und Weise auf und übernehmen damit andere Auffassungen und Verhaltensweisen (Enkulturation), und verändern sich obendrein auch noch durch ihre reguläre Entwicklung zum Erwachsenen, ein Vorgang, der bei allen jungen Leuten gleich welcher Herkunft zu beobachten ist (Berry et al., 2002).

Diese drei Motoren des Wandels sollen im Folgenden noch etwas ausführlicher beschrieben werden. Normative Veränderungen finden bei Jugendlichen im biologischen (Pubertät), sozialen (Autonomieentwicklung) und psychischen Bereich (z.B. steigende Depressivität bei Mädchen) statt und betreffen jugendliche Einwanderer ebenso wie junge Leute, die nie ihren Aufenthaltsort gewechselt haben. Anders jedoch als lokale Jugendliche sind junge Einwanderer gleichzeitig von einem Kontrast zwischen Althergebrachtem und Neuem geprägt. Zum einen haben sie bereits eigene Auffassungen gewonnen, die sich nun, in der neuen Kultur, vielleicht nicht mehr halten lassen und daher geändert werden. Gleichzeitig kann man davon ausgehen, dass Jugendliche noch nicht vollständig durch die Herkunftskultur geprägt sind und dementsprechend kulturell in das Aufnahmeland hineinwachsen (Enkulturation). Dieses Hineinwachsen in die Aufnahmekultur kann zu Entwicklungsergebnissen führen, die jugendliche Immigranten sowohl von ihren im Heimatland verbliebenen Altersgenossen als auch von Einheimischen unterscheidet. Während Enkulturation und Akkulturation eher konzeptuell Unterschiedliches beinhalten und daher in ihrem Miteinander methodisch kein Problem darstellen, sieht das für die dritte Quelle von Wandel anders aus, ist dieser doch nicht kulturbedingt, sondern in der alterskorrelierten Entwicklung verwurzelt. Letztere stellt eine methodische Herausforderung an die Akkulturationsforschung im Jugendalter, die zuweilen als nicht lösbar bezeichnet wurde (vgl. Fuligni, 2001; Schönpflug, 1997; Berry, 1997).

Um die Konfundierung zwischen Aufenthaltsdauer (Akkulturation, Enkulturation) und Alter (normative Entwicklung) aufzulösen, wurden verschiedene Methoden entwickelt. Zum einen hat man jugendliche Migranten mit Parallelstichproben von Jugendlichen im Herkunftsland und im Aufnahmeland verglichen, was Aufschluss über Veränderungen geben kann, die durch den neuen Kontext bedingt sind (z.B. Janssen et al., 2004). Dies hat allerdings den Nachteil, dass die Gruppen in bestimmten Aspekten ungleich sein müssen, nicht zuletzt beispielsweise hinsichtlich der Gründe, warum die einen emigriert sind, die anderen nicht. Außerdem ist es möglich, dass sich bei den eingereisten Jungen und Mädchen neue Muster entwickeln, die sich sowohl von den Einheimischen als auch von den Jugendlichen im Herkunftsland unterscheiden (Janssen et al., 2004), was die Einordnung in normale Entwicklung oder Anpassung an den neuen Kontext erschwert.

Eine zweite, etwas aufwendigere Methode ist ein spezielles entwicklungssensitives Design, das in der bereits erwähnten, früheren Längsschnittstudie an jungen Aussiedlern erstmalig angewandt wurde und nun auch bei der jüngst ins Leben gerufenen neuen Studie unserer Arbeitsgruppe Verwendung fand (Silbereisen, Lantermann & Schmitt-Rodermund, 1999). Dieses Modell stellt einen akzelerierten, also bezüglich der Aufenthaltsdauer verlängerten Längsschnitt dar. Dazu wurden zwei Gruppen von Teilnehmern befragt, die sich hinsichtlich ihrer Aufenthaltsdauer (Neuankömmlinge: 0 – 18 Monate; Erfahrene: 18 – 36 Monate), nicht aber hinsichtlich ihres Lebensalters unterschieden. Diese beiden Gruppen wurden dann im Längsschnitt zu vier Messzeitpunkten untersucht. Unterschiede zwischen den Gruppen sind in diesem Design ausschließlich der Aufenthaltsdauer zuzurechnen, jedenfalls dann, wenn man sicherstellt, dass sich die Gruppen nur in diesem einen Merkmal voneinander unterscheiden, hinsichtlich aller anderen Aspekte aber äquivalent sind.

Eine Kombination des oben genannten Gruppenvergleichs mit dem beschriebenen Design scheint uns der ideale Weg zu sein, akkulturative Prozesse abzubilden. In der Studie von Schmitt-Rodermund und Roebers (1999) wurden Einheimische und Aussiedler verschieden langen Aufenthalts über mehrere Messungen verfolgt. Auch bei den Einheimischen zeigte sich Veränderung, aber nicht annähernd so steil wie es bei den jugendlichen Aussiedlern der Fall war. Auf diese, zugegeben aufwendige, Art und Weise können längsschnittliche Veränderungen hinsichtlich Alters- und Aufenthaltseffekten differenziert werden.

Interventionen zur Verbesserung der Situation jugendlicher Immigranten

Was kann man nun aus dem bisher gesagten ableiten, um die Integration jugendlicher Aussiedler (oder anderen jugendlichen Immigranten) zu verbessern? Als erstes ist sicherlich wichtig, zwischen soziokultureller und psychosozialer Anpassung zu unterscheiden, zwei Bereiche der Anpassung, die zumindest unmittelbar nach der Einreise in ein neues Land voneinander unabhängig sind (Ward et al., 1998). Bei einer geplanten Intervention müsste also erst einmal festgelegt werden, hinsichtlich welchem der Bereiche man etwas erreichen möchte und dann entsprechende Verfahren entwickeln. Eine gelungene psychosoziale Anpassung ergibt sich vereinfacht gesagt, wenn Jugendliche sich in ihren Familien und im Freundeskreis gut aufgehoben fühlen, wenn sie gern nach Deutschland gekommen sind, einheimische Auffassungen und Verhaltensweisen ihren ursprünglichen Orientierungen hinzufügen und geeignete Copingstrategien im Umgang mit den Gegebenheiten im neuen Land erwerben. Eine gute soziokulturelle Anpassung ist vor allem mit dem Informationszuwachs über die neue Kultur verknüpft, der sich aus Kontakten, Mediengebrauch und Unterricht ergibt. Mit der Frage nach der Festlegung des Ziels eng verbunden sind Überlegungen zum geeigneten Zeitpunkt der Maßnahmen. So zeigt die Untersuchung von Silbereisen und Schmitt-Rodermund (2000), dass ein zu frühes Zusammenbringen mit einheimischen Peers nachteilige Effekte auf das Wohlbefinden haben kann. Andererseits kann der Kontakt zu Einheimischen durch eine beschleunigte soziokulturelle Anpassung positive Ergebnisse haben und auf diese Weise sogar längerfristig die emotionale Befindlichkeit fördern. Insgesamt scheint jedoch zu gelten, dass ein Zusammentreffen mit Einheimischen sinnvoll und einer besseren Befindlichkeit zuträglich ist, wenn die jugendlichen Aussiedler sich in ihrer Situation eingewöhnt haben und soziale Vergleiche nicht mehr beständig zum eigenen Nachteil ausfallen.

Eine weitere zu stellende Frage wäre, ob allen immigrierten Jugendlichen ein Programm angeboten werden sollte, oder nur einigen, besonders belasteten. Wie oben beschrieben, haben nur wenige Jungen und Mädchen dauerhafte Anpassungsprobleme. In Anbetracht der substantiellen Einwanderungszahlen scheint deshalb eine Konzentration auf die Problemfälle sinnvoller. Aus der Forschung an Risikogruppen ist jedoch bekannt, dass eine ausschließliche Konzentration auf Problemfälle iatrogene (das Problem verschlimmernde) Effekte erzeugen kann (Dishion, McCord & Poulin, 1999), zumindest dann, wenn diese zu Gruppen zusammengefasst werden. Risikojugendliche verstärken sich gegenseitig, beispielsweise durch Lachen und längere Gespräche über Regelbrüche, und von solchem „Angeben" über Verstöße gegen Normen ist bekannt, dass es auch bei noch unbelasteten Jugendlichen den eigentlichen Straftaten vorausgeht (Dishion et al. 1997). Folglich sollten sich Interventionen zwar auf Jugendliche mit größerem Risiko konzentrieren, gering risikobehaftete Jugendliche (am besten in wesentlich größerer Zahl) sind jedoch in die Intervention einzubeziehen. Dieses Vorgehen würde auch mit weniger Stigmatisierung der problematischen Jugendlichen einhergehen.

Betrachtet man wissenschaftliche Veröffentlichungen und politische Debatten, könnte der Eindruck entstehen, dass Interventionen bzw. Präventionen in diesem Bereich eine Seltenheit darstellen. Das Gegenteil ist der Fall. Es existiert eine Vielzahl verschiedenster Ansätze, um die Integration von Zuwanderern zu fördern (siehe Bertelsmann Stiftung, 2003; Kober, 2003). Die meisten dieser Maßnahmen finden allerdings nicht vor einer großen Öffentlichkeit und unter wissenschaftlicher Begleitung statt, sondern sind mehrheitlich das Ergebnis bürgerschaftlicher Initiativen und werden dementsprechend nicht breit diskutiert.

Neben diesen bürgerschaftlichen Initiativen sollen hier auch Maßnahmen genannt sein, die vor allem im wirtschaftlichen Bereich verbreitet sind (vgl. den Beitrag von Thomas, Kammhuber & Schmid in diesem Band). Vor dem Hintergrund von Internationalisierung, Globalisierung, internationalem Handel und Austausch von Arbeit, Wissen und Kapital gewinnt interkulturelles Management zunehmend an Bedeutung (Bergemann & Sourisseaux, 2003). Ansätze zum Umgang mit kultureller Diversität in Unternehmen sind daher zahlreich (z.B. Bergemann & Sourisseaux, 2003; Landis & Bhagat, 1996; Hall, 1995; Hofstede, 1991). Einige dieser Programme ließen sich leicht an die Bedürfnisse Jugendlicher aus den betreffenden Herkunftsländern ebenso wie in Deutschland adaptieren. Ein erster Schritt ist getan durch die Vermittlung kulturspezifischen Wissens an Aussiedler, wie es in der Broschüre „Wegweiser für Spätaussiedler – Informationen, Beratung und Hilfen" geschieht (Bundesministerium des Innern, 2003).

Man kann die Situation von Immigranten in der Aufnahmekultur auch als Intergruppensituation begreifen und Ansätze aus der Intergruppenforschung heranziehen, um eine erfolgreiche Akkulturation zu gewährleisten. Innerhalb dieser Sichtweise auf den Akkulturationsprozess wurden ebenfalls bereits Ansätze vorgeschlagen. Ziel dieser Ansätze ist es, die Intergruppenbeziehung zwischen Einheimischen und Immigranten zu verbessern, indem beide Gruppen die jeweils andere Gruppe kennen lernen oder eine positive Einstellung hinsichtlich kultureller Diversität (das Zusammenleben verschiedener Gruppen) erwerben sollen. Interventionsansätze in diesem Bereich ordnen bestehende Vermittlungsmaßnahmen in einem zweidimensionalen Design an. Eine Dimension reiht Interventionen hinsichtlich einer didaktischen vs. erfahrungsbasierten (interaktiven) Dimension auf, die zweite baut ein Kontinuum bezüglich kulturgenerellen (indirekten) und kulturspezifischen (direkten) Vermittlungsansätzen auf (siehe Stephan & Stephan, 2001; Gudykunst, Guzley & Hammer, 1996; Gudykunst & Hammer, 1983).

Leider weiß man noch nicht, welche dieser Verfahren gute Erfolge bringen. Bisherige Maßnahmen orientierten sich in der Regel nicht an theoretischen Überlegungen und wurden kaum evaluiert. Zukünftige Studien sollten daher nicht nur neue auf theoretischen und empirischen Studien beruhende Verfahren entwickeln, sondern auch existierende Programme evaluieren, um zu ermitteln, welche dieser Maßnahmen sinnvoll und welche verbesserungswürdig sind bzw. welche Art der Vermittlung die effizienteste ist. Interventionsansätze können außerdem genutzt werden, um die aus der Grundlagenforschung bekannten Faktoren zu verändern und die damit einhergehende Verbesserung der Integration der jugendlichen Immigranten zu untersuchen. Dabei wäre dies nicht nur in Anbetracht der Verbesserung der Situation jugendlicher Immigranten wichtig. Auch die auf grundlagenbasierter Forschung aufgestellten Modelle zum Akkulturationsprozess könnten untersucht und verbessert werden. Dadurch wären Analysen vor allem hinsichtlich kausaler Effekte möglich. Mit einem derartigen Design konnte eine in Längsschnittforschung integrierte Interventionsstudie von Lacourse et al. (2002) ein theoretisches Modell zur Entstehung aggressiven Verhaltens bei Jungen bestätigen. Es zeigte sich, dass ein Programm zur Förderung sozialer Fähigkeiten bei 7- bis 8-jährigen Jungen zu einer wesentlich geringeren Belastung durch schwere Delinquenz im Jugendalter führte. Ein solcher Ansatz würde auch im Bereich der Integration jugendlicher Immigranten gewinnbringend sein.

Weiterführende Literatur

Berry, J. W. (1997). Immigration, acculturation, and adaptation. *Applied Psychology: An International Review, 46*, 5–68.
Schmitt-Rodermund, E. & Silbereisen, R. K. (2002). Akkulturation und Entwicklung: Jugendliche Immigranten. In R. Oerter & L. Montada (Hrsg.) *Entwicklungspsychologie* (S. 893–906). Weinheim: Psychologie Verlags Union.
Ward, C., Bochner, S. & Furnham, A. (2001). *The psychology of culture shock*. London: Routledge.

Zitierte Literatur

Alderete, E., Vega, W. A., Kolody, B. & Aguilar-Gaxiola, S. (2000). Lifetime prevalence of risk factors for psychiatric disorders among Mexican migrant farmworkers in California. *American Journal of Public Health, 90,* 608–614.

Ataca, B. & Berry, J. W. (2002). Psychological, sociocultural, and marital adaptation of Turkish immigrant couples in Canada. *International Journal of Psychology, 37,* 13–26.

Bade, K. J. & Oltmer, J. (2003). *Aussiedler: Deutsche Einwanderer aus Osteuropa.* Göttingen: V&R unipress.

Bergemann, N. & Sourisseaux, A. L. J. (Hrsg.). (2003). *Interkulturelles Management.* Berlin: Springer.

Bertelsmann Stiftung (Hrsg.). (2003). *Auf Worte folgen Taten. Gesellschaftliche Initiativen zur Integration von Zuwanderern.* Gütersloh: Verlag Bertelsmann Stiftung.

Berry, J. W. (1976). *Human ecology and cognitive style. Comparative studies in cultural and psychological adaptation.* New York: Sage.

Berry, J. W. (1997). Immigration, acculturation, and adaptation. *Applied Psychology: An International Review, 46,* 5–68.

Berry, J.W., Kim, U., Minde, T. & Mok, D. (1987). Comparative studies on acculturative stress. *International Migration Review, 21,* 491–511.

Berry, J. W., Poortinga, Y. H., Segall, M. H. & Dasen, P. R. (2002). *Cross-cultural psychology. Research and applications.* Cambridge: University Press.

Berry, J. W. & Sam, D. (1997). Acculturation and adaptation. In J. W. Berry, M. H. Segall & C. Kagitcibasi (Eds.), *Handbook of cross-cultural psychology: Vol. 3. Social behavior and applications* (pp. 291–326). Boston: Allyn & Bacon.

Beyers, J. M. & Loeber, R. (2003). Untangling developmental relations between depressed mood and delinquency in male adolescents. *Journal of Abnormal Child Psychology, 31,* 247–266.

Bourhis, R. Y., Moise, L. C., Perreault, S. & Senecal, S. (1997). Towards an interactive acculturation model: A social psychological approach. *International Journal of Psychology, 32,* 369–386.

Bundesministerium des Innern (2003). *Wegweiser für Spätaussiedler – Informationen Beratung Hilfen.* Berlin: Bundesministerium des Innern.

Bundesministerium des Inneren (2004). Altersstruktur der 2002 eingereisten Aussiedler. http://www.bmi.bund.de/frame/sonstige/Wir_ueber_uns/Beauftragte/Beauftragter_fuer_Aussiedler_und_Minderheiten/Statistiken/ix9019_81066.htm?language=de&schwerp=%20&behoerde=&categoryVariant=bmi_DF&Thema=78, 25.5.2004.

Dandy, J. & Nettelbeck, T. (2002). Research note: a cross-cultural study of parents' academic standards and educational aspirations for their children. *Educational Psychology, 22,* 621–627.

Dietz, B. (2000). German and Jewish migration from the former Soviet Union to Germany: background, trends and implications. *Journal of Ethnic and Migration Studies, 26,* 635–652.

Dietz, B. (2003). Jugendliche Aussiedler in Deutschland: Risiken und Chancen der Integration. In K. J. Bade & J. Oltmer (Eds.). Aussiedler: deutsche Einwanderer aus Osteuropa (S. 153–176). Göttingen: V&R unipress.

Dietz, B. (im Druck). Aussiedler in Germany: then and now. In L. Lucassen & J. Oltmer (Eds.). Paths of Inclusion.

Dishion, T. J., McCord, J. & Poulin, F. (1999). When interventions harm: Peer groups and problem behavior. *American Psychologist, 54,* pp. 755–764.

Dishion, T. J., Eddy, J. M., Haas, E., Li, F. & Spracklen, K. (1997). Friendships and violent behavior during adolescence. *Social Development, 6,* 207–223.

Flaskerud, J. & Uman, G. (1996). Acculturation and its effect on self-esteem on immigrant Latina women. *Behavioral Medicine, 22,* 123–133.

Fochler, E. (1997). Berufliche Integration junger Migranten in Zeiten von Konjunkturrückgang und technischem Wandel. Zeitschrift für Jugendsozialarbeit. Beratungs- und Betreuungsarbeit für jugendliche AussiedlerInnen. *35. Sozialanalyse*, S. 39–44.

Fuchs, M., Schwietring, T. & Weiss, J. (1999a). Leben im Herkunftsland. In R.K. Silbereisen, E.D. Lantermann & E. Schmitt-Rodermund (Hrsg.): *Aussiedler in Deutschland. Akkulturation von Persönlichkeit und Verhalten* (S. 69–90). Opladen: Leske + Budrich.

Fuchs, M., Schwietring, T. & Weiss, J. (1999b). Kulturelle Identität. In R.K. Silbereisen, E.D. Lantermann & E. Schmitt-Rodermund (Hrsg.): *Aussiedler in Deutschland. Akkulturation von Persönlichkeit und Verhalten* (S. 203–232). Opladen: Leske + Budrich.

Fuligni, A.J. (1998). Adolescents from immigrant families. In V.C. McLoyd &. L. Steinberg (Eds.). Studying minority adolescents (pp. 127–143). London: Lawrence Earlbaum.

Fuligni, A. J. (2001). A comparative longitudinal approach to acculturation among children from immigrant families. *Harvard Educational Review, 71*, 566–578.

Furnham, A & Bochner, S. (1982). Social difficulty in a foreign culture: An empirical analysis of culture shock. In S. Bochner (ED.). *Cultures in contact. Studies in cross-cultural interaction* (pp. 161–198). Oxford, England: Pergamon.

Gibbons, F., Gerrard, M., Cleveland, M., Wills, T. A. & Brody, G. (2004). Perceived discrimination and substance use in African American parents and their children: A panel study. *Journal of Personality & Social Psychology, 86*, 517–529.

Gudykunst, W. B., Guzley, R. M. & Hammer, M. R. (1996). Designing intercultural training. In D. Landis & R. S. Bhagat (Eds.), *Handbook of intercultural training* (pp. 61–80). Thousand Oaks, CA: Sage.

Gudykunst, W. B. & Hammer, M. R. (1983). Basic training design: Approaches to intercultural training. D. Landis & R.W. Brislin (Eds.), *Handbook of intercultural training: Volume 1. Issues in theory and design* (pp. 118–154). Thousand Oaks, CA: Sage.

Hall, W. (1995). *Managing Cultures. Making strategic relationships work.* Chichester: John Wiley & Sons.

Hänze, M. & Lantermann, E. D. (1999). Familiäre, soziale und materielle Ressourcen bei Aussiedlern. In R.K. Silbereisen, E.D. Lantermann & E. Schmitt-Rodermund (Hrsg.): *Aussiedler in Deutschland. Akkulturation von Persönlichkeit und Verhalten* (S. 143–161). Opladen: Leske + Budrich.

Harker, K. (2001). Immigrant generation, assimilation and adolescent psychological wellbeing. *Social Forces, 79*, 969–1004.

Heitmeyer, W. & Dollase R. (Hrsg.) (1996). *Die bedrängte Toleranz: Ethnisch-kulturelle Konflikte, religiöse Differenzen und die Gefahren politischer Gewalt.* Frankfurt: Suhrkamp.

Heitmeyer, W., Müller, J. & Schröder, H. (1997). *Verlockender Fundamentalismus. Türkische Jugendliche in Deutschland.* Frankfurt: Suhrkamp.

Hernandez, D. J. & Charney, E. (1998). *From generation to generation. The health and well-being of children in immigrant families.* Washington: National Academy Press.

Hofstede, G. (1991). *Cultures and organizations. Software of the mind.* London: Mc Graw-Hill.

Horenczyk, G. & Tatar, M. (1998). Friendship expectations among immigrant adolescents and their host peers. *Journal of Adolescence, 21*, 69–82.

Huang, K., Leong, F. T. & Wagner, N. S. (1994). Coping with peer stressors and associated dysphoria: Acculturation differences among Chinese-American children. *Counselling Psychology Quarterly, 7*, 53–68.

Janssen, M. M. M., Verhulst, F. C., Bengi-Arslan, L., Erol, N., Salter, C. J. & Crijnen, A. A. M. (2004). Comparison of self-reported emotional and behavioral problems in Turkish immigrant, Dutch and Turkish adolescents. *Social Psychiatry and Psychiatric Epidemiology, 39*, 133–140.

Jasinskaja-Lahti, I. & Liebkind, K. (2001). Perceived discrimination and psychological adjustment among Russian-speaking immigrant adolescents in Finland. *International Journal of Psychology, 36*, 174–185.

Jasinskaja-Lahti, I., Liebkind, K., Horenczyk, G. & Schmitz, P. (2003). The interactive nature of acculturation: perceived discrimination, acculturation attitudes and stress among young ethnic repatriates in Finland, Israel and Germany. *International Journal of Intercultural Relations, 27*, 79–97.

Jerusalem, M. (1992). Akkulturationsstress und psychosoziale Befindlichkeit jugendlicher Ausländer. *Report Psychologie, 2,* 16–25.

Kaiser, A. (1991). Pädagogische Probleme der Geschlechtsdifferenz bei Aussiedlerkindern. *Neue deutsche Schule, 43,* 21–23.

Kober, U. (2003). Strategien bürgerschaftlichen Engagements bei der Integration von Zuwanderern. Ergebnisse des Integrationswettbewerbs des Bundespräsidenten und der Bertelsmann Stiftung. In F. Swiaczny & S. Haug (Hrsg.). *Migration – Integration – Minderheiten. Neuere interdisziplinäre Forschungsergebnisse* (S. 129–141). Wiesbaden: Bundesinstitut für Bevölkerungsforschung.

Kosic, A. (2002). Acculturation attitudes, need for cognitive closure, and adaptation of immigrants. *Journal of Social Psychology, 14,* 179–201.

Kovacev, L. & Shute, R. (2004). Acculturation and social support in relation to psychosocial adjustment of adolescent refugees resettled in Australia. International *Journal of Behavioral Development, 28,* 259–267.

Kvernmo, S. & Heyerdahl, S. (2003). Acculturation strategies and ethnic identity as predictors of behaviour problems in arctic minority adolescents. *Journal of the American Academy of Child & Adolescent Psychiatry, 42,* 57–65.

Lacourse, E., Cote, S, Nagin, D. S., Vitaro, F., Brendgen, M. & Tremblay, R. E. (2002). A longitudinal-experimental approach to testing theories of antisocial behavior development. *Development & Psychopathology, 14,* 909–924.

Landis, D & Bhagat, R. S. (1996). *Handbook of intercultural training.* Thousand Oaks: Sage.

Lantermann, E. D. & Hänze, M. (1999). Werthaltung, materieller Erfolg und soziale Integration von Aussiedlern. In R. K. Silbereisen, E. D. Lantermann & E. Schmitt-Rodermund (Hrsg.), *Aussiedler in Deutschland: Akkulturation von Persönlichkeit und Verhalten* (S. 165–184). Opladen: Leske & Budrich.

Lay, C. & Nguyen, T. (1998). The role of acculturation-related and acculturation nonspecific daily hassles: Vietnamese-Canadian students and psychological distress. *Canadian Journal of Behavioural Science.* 30, 172–181.

Lazarus, R. (1990). Stress und Stressbewältigung – Ein Paradigma. In S.-H. Filipp (Hrsg.). *Kritische Lebensereignisse* (S. 198–232). München: PVU.

Leung, C. (2001). The sociocultural and psychological adaptation of Chinese migrant adolescents in Australia and Canada. *International Journal of Psychology, 36,* 8–20.

Liebkind, K. (2001). Acculturation. In R. Brown & S. L. Gaertner (Eds.). *Blackwell handbook of social psychology: Intergroup processes* (pp. 386–406). Oxford: Blackwell Publishers Ltd.

Liebkind, K. & Jasinskaja-Lahti, I. (2000) Acculturation and psychological well-being among immigrant adolescents in Finland: A comparative study of adolescents from different cultural backgrounds. *Journal of Adolescent Research, 15,* 446–469.

Lysgaard, S. (1955). Adjustment in a foreign society: Norwegian Fulbright grantees visiting the United States. *International Social Science Bulletin, 7,* 45–51.

Mesch, G. S. (2003). Language proficiency among new immigrants: the role of human capital and societal conditions. The case of immigrants from the FSU in Israel. Sociological Perspectives, 46, 41–58.

Müller, J. (1998). Jugendliche türkischer Herkunft: Alltagserfahrungen und Orientierungen. *Wissenschaft und Frieden,*16, 51–53.

Nauck, B. (1995). Educational climate and intergenerative transmission in Turkish families: a comparison of migrants in Germany and non-migrants. In P. Noack, M. Hofer & J. Youniss (Eds.). *Psychological responses to social change. Human development in changing environments* (pp. 67–85). Berlin: De Gruyter.

Neto, F. (2001). Satisfaction with life among adolescents from immigrant families in *Portugal. Journal of Youth and Adolescense, 30,* 53–67.

Neto, F. (2002a). Loneliness and acculturation among adolescents from immigrant families in Portugal. *Journal of Applied Social Psychology, 32,* 630–647.

Neto, F. (2002b). Acculturation strategies among adolescents from immigrant families in Portugal. *International Journal of Intercultural Relations, 26,* 17–38.

Oh, Y., Koeske, G. F. & Sales, E. (2002). Acculturation, stress, and depressive symptoms among Korean immigrants in the United States. *Journal of Social Psychology, 142,* 511–526.

Ortega, A. N., Rosenheck, R., Alegria, M. & Desai, R. A. (2000). Acculturation and the lifetime risk of psychiatric and substance use disorders among Hispanics. *Journal of Nervous and Mental Disease, 188,* 728–735.

Phinney, J. S. (1993). A three stage model of ethnic identity development in adolescence. In M. E. Bernal & G. P. Knight (Eds.). *Ethnic identity: formation and transmission among Hispanics and other minorities* (pp. 61–79). Albany, NY: State University of New York Press.

Phinney, J. S. (2003). Ethnic identity and acculturation. In K. M. Chun, P. B. Organista & G. Marin (Eds.). *Acculturation. Advances in theory, measurement, and applied research* (pp. 63–81). Washington, DC: APA.

Phinney, J. S., Chavira, V. & Williamson, L. (1992). Acculturation attitudes and self-esteem among high school and college students. *Youth & Society, 23,* 299–312.

Roberts, R. E., Phinney, J. S., Masse, L. C., Chen, Y. R., Roberts, C. R. & Romero, A. (1999). The structure of ethnic identity of young adolescents from diverse ethnocultural groups. *Journal of Early Adolescence, 19,* 301–322.

Rodriguez, N., Mira, C. B., Myers, H. F., Morris, J. K. & Cardoza, D. (2003). Family or friends: Who plays a greater supportive role for Latino college students? *Cultural Diversity & Ethnic Minority Psychology, 9,* 236–250.

Romero, A. J. & Roberts, R. E. (1998). Perception of discrimination and ethnocultural variables in a diverse group of adolescents. *Journal of Adolescence, 21,* 641–656.

Romero, A. J. & Roberts, R. E. (2003).The impact of multiple dimensions of ethnic identity on discrimination and adolescents' self esteem. *Journal of Applied Social Psychology, 33,* 2288–2305.

Schmitt-Rodermund, E. (1997). *Akkulturation und Entwicklung. Eine Studie unter jugendlichen Aussiedlern.* Weinheim: PVU.

Schmitt-Rodermund, E. & Roebers, C. M. (1999). Veränderungen von Autonomieerwartungen bei Einheimischen und Kindern aus Aussiedlerfamilien. *Psychologie in Erziehung und Unterricht, 46,* 161–176.

Schmitt-Rodermund, E. & Silbereisen, R.K. (1999a). Differentielle Akkulturation von Entwicklungsorientierungen unter jugendlichen Aussiedlern. In R. K. Silbereisen, E. D. Lantermann & E. Schmitt-Rodermund (Hrsg.): *Aussiedler in Deutschland. Akkulturation von Persönlichkeit und Verhalten* (S. 185–201), Opladen: Leske + Budrich.

Schmitt-Rodermund, E. & Silbereisen, R.K. (1999b). Determinants of differential acculturation of developmental timetables among adolescent immigrants to Germany. *International Journal of Psychology, 34,* 219–233.

Schmitt-Rodermund, E. & Silbereisen, R. K. (2002a). Psychosoziale Probleme bei jungen Aussiedlern – Eine Längsschnittstudie. *Zeitschrift für Entwicklungspsychologie und Pädagogische Psychologie, 34,* 63–71.

Schmitt-Rodermund, E. & Silbereisen, R. K. (2002b). Akkulturation und Entwicklung: Jugendliche Immigranten. In R. Oerter & L. Montada (Hrsg.) *Entwicklungspsychologie* (S. 893–906). Weinheim: Psychologie Verlags Union.

Schmitt-Rodermund, E. & Silbereisen, R. K. (im Druck). „Ich war gezwungen, alles mit der Faust zu regeln" – Delinquenz unter jugendlichen Aussiedlern aus der Perspektive der Entwicklungspsychologie. *Neue Kriminalsoziologie. Sonderheft der Kölner Zeitschrift für Soziologie und Sozialpsychologie.*

Schmitt-Rodermund, E., Silbereisen, R. K. & Wiesner, M. (1996). Junge Aussiedler in Deutschland: Prädiktoren emotionaler Befindlichkeit. *Zeitschrift fuer Entwicklungspsychologie und Pädagogische Psychologie, 28,* 357–379.

Schönpflug, U. (1997). Acculturation – adaptation or development? *Applied Psychology: An international Review, 46,* 52–56.

Schönpflug, U. (2001). Intergenerational transmission of values. The role of transmission belts. *Journal of Cross-Cultural Psychology, 32,* 174–185.

Schwind, H. D. (2001). *Kriminologie. Eine praxisorientierte Einführung mit Beispielen.* Heidelberg: Kriminalstatistikverlag.

Silbereisen, R. K., Lantermann, E. D. & Schmitt-Rodermund, E. (Hrsg.) (1999). Aussiedler in Deutschland. *Akkulturation von Persönlichkeit und Verhalten.* Opladen: Leske + Budrich.

Silbereisen, R.K. & Schmitt-Rodermund, E. (1999). Wohlbefinden der jugendlichen Aussiedler. In R. K. Silbereisen, E. D. Lantermann & E. Schmitt-Rodermund (Hrsg.): *Aussiedler in Deutschland. Akkulturation von Persönlichkeit und Verhalten* (S. 257 – 275), Opladen: Leske + Budrich.

Silbereisen, R. K. & Schmitt-Rodermund, E. (2000). Adolescent immigrants' well-being: the case of ethnic German immigrants in Germany. *International Journal of Group Tensions, 29,* 79–100.

Statistisches Bundesamt (2002). Statistisches Jahrbuch der Bundesrepublik Deutschland. Bonn: Statistisches Bundesamt.

Statistisches Bundesamt (2004). Altersstruktur der ausländischen Bevölkerung 2002. http://www. destatis. de/download/d/bevoe/altergr2002.xls, 25.5.2004

Steinbach, A. (2001). Intergenerational transmission and integration of repatriate families from the former Soviet Union in Germany. *Journal of Comparative Family Studies, 32,* 505–515.

Stephan, W. G. & Stephan, C. W. (2001). *Improving intergroup relations.* Thousand Oaks: Sage.

Stevens, G. (1999). Age at immigration and second language proficiency among foreign-born adults. *Language in Society, 28,* 555–578.

Strobel, R. & Kühnel, W. (2000). *Dazugehörig und ausgegrenzt. Integrationschancen junger Aussiedler.* Weinheim: Juventa.

Super, C. M. & Harkness, S. (1997). The cultural structuring of child development. In: J. W. Berry & P. R. Dasen (Eds.). *Handbook of cross-cultural psychology, Vol. 2: Basic processes and human development* (pp. 1–39). Needham Heights, MA: Allyn & Bacon.

Thielicke, B. (1988). Aussiedler – Fremde in der alten und neuen Heimat. *Unsere Jugend, 40,* 4–9.

Unger, J. B., Cruz, T. B., Rohrbach, L. A., Ribisl, K. M., Baezconde-Garbanati, L., Chen, X., Trinidad, D. R. & Johnson, C. A. (2000). English language use as a risk factor for smoking initiation among Hispanic and Asian American adolescents: evidence for mediation by tobacco-related beliefs and social norms. *Health Psychology, 19,* 403–410.

Vinokurov, A., Trickett, E.D. & Birman, D. (2002). Acculturative hassles and immigrant adolescents: A life domain assessment for Soviet Jewish Refugees. *The Journal of Social Psychology, 14,* 425–445.

Virta, E., Sam, D. L. & Westin, C. (2004) Adolescents with Turkish background in Norway and Sweden: A comparative study of their psychological adaptation. *Scandinavian Journal of Psychology, 45,* 15–25.

Ward, C. (1996). Acculturation. In D. Landis & R. S. Bhagat (Eds.), *Handbook of intercultural training* (pp. 124–147). Thousand Oaks, CA: Sage.

Ward, C. (2001). The A, B, Cs of acculturation. In D. Matsumoto (Ed.), *The handbook of culture and psychology.* New York: Oxford University Press.

Ward, C., Bochner, s, & Furnham, A. (2001). *The psychology of culture shock.* London: Routledge.

Ward, C. & Kennedy, A. (1993). Psychological and Socio-cultural Adjustment during cross-cultural transitions: a comparison of secondary students overseas and at home. *International Journal of Psychology, 28,* 129–147.

Ward, C. & Kennedy, A. (1999). The measurement of sociocultural adaptation. *International Journal of Intercultural Relations, 23*, 659–677.

Ward, C., Okura, Y., Kennedy, A. & Kojima, T. (1998). The U-curve on trial: A longitudinal study of psychological and sociocultural adjustment during cross-cultural transition. *International Journal of Intercultural Relations, 22*, 277–291.

Ward, C. & Rana-Deuba, A. (1999). Acculturation and adaptation revisited. *Journal of Cross-Cultural Psychology, 30*, 411–442.

Wong, C. A., Eccles, J. S. & Sameroff, A. (2003). The influence of ethnic discrimination and ethnic identification on African American adolescents' school and socioemotional adjustment. *Journal of Personality, 71*, 1197–1233.

Yeh, C. J. & Inose, M. (2003). International students reported English fluency, social support satisfaction, and social connectedness as predictors of acculturative stress. *Counselling Psychology Quarterly, 16*, 15–28.

Yip, T. & Fuligni, a. J. (2002). Daily variation in ethnic identity, ethnic behaviours, and psychological well-being among American adolescents of Chinese descent. *Child Development, 73*, 1557–1572.

Anja Steinbach und Bernhard Nauck

Intergenerationale Transmission in Migrantenfamilien

Einleitung

In der Soziologie haben Untersuchungen des Solidarpotenzials familialer Generationenbeziehungen in den letzten Jahren zunehmend an Bedeutung gewonnen (Becker, 1997; Huinink, Strohmeier & Wagner, 2001; Kohli u. a., 2000; Kohli & Szydlik, 2000; Nave-Herz 1999; Szydlik 2000). Zentrales Ergebnis ist, dass trotz der viel beschworenen ‚Individualisierung' der Familienmitglieder und ‚Pluralisierung' der Familienformen ein enger Zusammenhalt zwischen Eltern und Kindern besteht – auch wenn die Kinder das Elternhaus bereits verlassen haben. Es konnte nachgewiesen werden, dass in großem Ausmaß materielle als auch immaterielle Transfers von Hilfeleistungen zwischen den Generationen erbracht werden. Diese Verbundenheit der Generationen wird durch intergenerative Transmission – die Weitergabe von Wahrnehmungen, Einstellungen und Verhaltensweisen der Eltern an ihre Kinder – erreicht. Über die genauen Mechanismen der Weitergabe können jedoch bisher weder theoretisch noch empirisch genaue Angaben gemacht werden. Der aktuelle Forschungsstand ist diesbezüglich als eher unbefriedigend zu bezeichnen. Fest steht aber, dass intergenerationale Solidarität und soziale Platzierung aufs engste miteinander verbunden sind (vgl. Szydlik, 2000). Soziale Ungleichheit wird dabei nicht nur über direkte monetäre Transfers (ökonomisches Kapital), sondern auch über die Weitergabe von Netzwerkkontakten (soziales Kapital) sowie von Schul- und Berufsausbildung (kulturelles Kapital) reproduziert (Bourdieu, 1983).

Da sich Migrantenfamilien – im Gegensatz zu einheimischen Familien – in der besonderen Situation befinden, dass Eltern und Kinder in verschiedenen Gesellschaften mit unterschiedlichen Ansprüchen an ihre Mitglieder aufwachsen, stellt sich die Frage, ob auch bei ihnen intergenerative Stabilität und Solidarität beobachtet werden kann oder ob diese Ausnahmesituation verstärkt zu intergenerativen Konflikten führt. In den letzten Jahren wurden diesbezüglich eine Reihe von Untersuchungsergebnissen zu Migrantenfamilien veröffentlicht (Knafo & Schwartz, 2001; 2003; Krentz, 2002; Nauck, 1994; 1997; 1999; 2001; 2002; Phalet & Schönpflug, 2001a; 2001b; Steinbach, 2001). Generell kann festgehalten werden, dass die Weitergabe der eigenen Kultur für Eltern aus Migrantenfamilien schwieriger ist, da sie allein durch die Eltern bzw. die ethnische Gemeinde geleistet werden muss. Schule oder Medien der Aufnahmegesellschaft fallen als zusätzliche Sozialisationsinstanzen aus. Eine weitere Schwierigkeit besteht darin, dass sich die Kinder stärker an den Einheimischen orientieren, das heißt, sie messen ihre Situation nicht an den Standards der Herkunftsgesellschaft wie ihre Eltern, sondern an denen der Aufnahmegesellschaft. Trotz dieser speziellen und im Hinblick auf die intergenerationale Weitergabe von Wahrnehmungen, Einstellungen und Handlungsmustern schwierigen Situation stellen alle Untersuchungen übereinstimmend fest: Auch in

Migrantenfamilien kommt es nicht zu verstärkten Konflikten zwischen den Generationen, sondern Situationswahrnehmungen, Einstellungen und Verhaltensweisen sind stabil. Das heißt, es existiert eine intergenerative Kontinuität zwischen der ersten Einwanderergeneration und der zweiten – mehrheitlich in der Aufnahmegesellschaft geborenen – Generation.

Die intergenerative Transmission innerhalb familialer Generationen[1] ist nur eine Dimension des weit gefassten Konzeptes intergenerationaler Beziehungen (Martin-Matthews & Kobayashi, 2002). Im Folgenden soll die Transmission vorrangig aus sozialisationstheoretischer Perspektive, das heißt die Weitergabe von Werten, Normen und Einstellungen der Eltern an ihre Kinder[2], betrachtet werden. Eine bewährte Methode zur Messung von intergenerativer Transmission ist die Feststellung der Übereinstimmungen zwischen Eltern und Kindern. Lange Zeit erfolgte dies in Form von Kohortenvergleichen auf Aggregatebene: Dazu wurden Antwortverteilungen in der Gruppe der Eltern mit denen in der Gruppe der Kinder (zumeist Jugendliche) verglichen (Oswald, 1989). Diese Ergebnisse sind jedoch sehr ungenau, da sie nichts über die tatsächliche Übereinstimmung zwischen Eltern und ihren Kindern aussagen. Als günstiger hat sich deshalb der direkte Paarvergleich (Dyadenuntersuchungen) erwiesen, bei dem jeweils ein Elternteil und ein dazugehöriges Kind befragt werden (Knafo & Schwartz, 2001; Nauck, 2002; Steinbach, 2001). Noch aussagekräftiger sind allerdings Triadenuntersuchungen, bei denen die Aussagen von Vater, Mutter und Kind verglichen werden können, denn auch die Antworten von Vätern und Müttern unterscheiden sich bis zu einem gewissen Grad voneinander (Oswald, 1989). Solche Daten sind auf Grund des komplizierten Erhebungsdesigns allerdings eher eine Seltenheit. Die folgenden Ergebnisse zur intergenerativen Transmission in Migrantenfamilien stammen deshalb ausschließlich aus Dyadenuntersuchungen. Auf der Basis von Mittelwertvergleichen und korrelationsstatistischen Befunden wird gezeigt, welches Ausmaß intergenerative Konflikte in Migrantenfamilien (aus der Türkei, Griechenland, Italien, der ehemaligen Sowjetunion und Marokko) in Deutschland, Israel und den Niederlanden annehmen. In einzelnen Fällen ist es möglich, diese mit nichtgewanderten Familien im Herkunftsland und im Aufnahmeland zu vergleichen.

Intergenerative Transmission von Erziehungsstilen

Um den Grad der Übereinstimmung in der Wahrnehmung bilateraler Beziehungen zu überprüfen, wurde von Nauck (1994; 1999; 2002) das familiale Erziehungsklima in türkischen, griechischen und italienischen Migrantenfamilien sowie Aussiedlerfamilien in Deutschland untersucht. Die Wahrnehmungsübereinstimmungen des

---

1 Szydlik (2000) schlägt vor, zwischen familialer und gesellschaftlicher Generation zu unterscheiden, um Mikro- und Makroebene analytisch besser voneinander trennen zu können.
2 Es besteht natürlich auch die Möglichkeit, dass Jugendliche ihre Eltern beeinflussen, d. h., dass es zwischen Eltern und Kindern zu einer wechselseitigen Beeinflussung kommt (Schönpflug, 2001). Diese Eventualität soll in den folgenden Ausführungen allerdings unberücksichtigt bleiben.

Erziehungsklimas sind in allen untersuchten Migrantenfamilien außerordentlich hoch, was auf eine hohe Integration und hohe Interaktionsdichte in den Familien schließen lässt (Nauck, 1994). Dennoch lassen sich Unterschiede nach Geschlecht und nach Generation ausmachen: So existieren zum Beispiel Unterschiede in den Erziehungseinstellungen und -praktiken zwischen Vätern und Müttern, die sich auch in den geschlechtsspezifischen Wahrnehmungsunterschieden bei den Jugendlichen widerspiegeln. Bemerkenswert ist jedoch, dass geschlechtsspezifische Unterschiede in den Einstellungen sowohl in der Eltern- als auch in der Kindergeneration ausgesprochen gering sind. Außerdem gibt es Niveauunterschiede in der Wahrnehmung des Erziehungsklimas zwischen den Generationen. Die Unterschiede in den generationsspezifischen Einstellungen in der männlichen Dyade sind stärker als in der weiblichen – das heißt, die intergenerative Transmission von Einstellungen und Verhaltensorientierungen erfolgt in der weiblichen Dyade stärker und umfassender. Bei allen Unterschieden ist die intergenerative Transmission von Erziehungsstilen dennoch ein wesentliches Element der Sozialisation von Jugendlichen der zweiten Migrantengeneration in Deutschland (Nauck, 1994).

Zur Messung des familialen Erziehungsklimas in Migrantenfamilien kamen verschiedene, zuvor in interkulturell vergleichenden Untersuchungen erprobte Instrumente der Erziehungsstilforschung zum Einsatz (Nauck, 1999). Folgende Erziehungsstile wurden erfasst: Die Intensität elterlicher Religionserziehung (Wahrnehmung elterlicher Forderungen nach Religionsausübung), die elterlichen Leistungserwartungen (Wahrnehmung der Höhe und Rigidität elterlicher Erwartungen an die Leistungen des Jugendlichen in der Schule), die autoritäre Rigidität (Wahrnehmung eines Erziehungsstils, der durch die unnachgiebige Durchsetzung elterlicher Forderungen gegen die Interessen des Jugendlichen gekennzeichnet ist), Behütung (Wahrnehmung eines elterlichen Erziehungsstils, der durch ängstliches Beschützen des Jugendlichen – insbesondere vor außerfamiliären Einflüssen – geprägt ist und ihm wenig Gelegenheit zur Entwicklung von Selbstkontrolle lässt) und Empathie (Wahrnehmung eines elterlichen Erziehungsstils, der durch großes Einfühlungsvermögen des Elternteils in die Situation des Jugendlichen und durch starkes gegenseitiges Verständnis geprägt ist). Die Frage ist nun, inwieweit sich verschiedene Migrantengruppen und innerhalb dieser die Generationen hinsichtlich der Wahrnehmung von Erziehungspraktiken voneinander unterscheiden.

Ein Vergleich der Antworten zu den Erziehungseinstellungen bei gewanderten und nichtgewanderten türkischen Familien kommt zu dem Ergebnis, dass ‚Empathie' und ‚Leistungserwartung' jeweils die ersten Rangplätze besetzen (Nauck, 1999). Bei den Mädchen spielt Empathie eine größere Rolle während bei den Jungen die Leistungserwartung stärker im Vordergrund steht. Übereinstimmend nimmt bei gewanderten und nichtgewanderten türkischen Familien ‚Rigidität' in der Durchsetzung elterlicher Forderungen den untersten Rangplatz ein. Das heißt, in türkischen Familien dominiert ein ängstlich-behütender gegenüber einem autoritären Erziehungsstil. Zusammenfassend kann die Erziehung in türkischen Familien also folgendermaßen beschrieben werden: Es besteht eine enge emotionale Beziehungen zwischen den Generationen, die mit hohen Leistungserwartungen an die Kinder verbunden ist.

In griechischen und italienischen Migrantenfamilien in Deutschland ist die Wahrnehmungsübereinstimmung zwischen Eltern und Kindern hinsichtlich des familialen Erziehungsklimas noch höher als in türkischen Migrantenfamilien (Nauck & Niephaus, 2001). Es kann also ausgeschlossen werden, dass es sich bei der hohen Transmission zwischen den Generationen um ein Spezifikum der türkischen Familienkultur handelt. Auch von den Griechen und Italienern wird elterliche ‚Empathie' am stärksten unter den verschiedenen Erziehungsstilen geschätzt. Im Gegensatz zu den Türken dominiert bei den Griechen und den Italienern allerdings ein autoritärer gegenüber einem behütenden Erziehungsstil.

Auch in russlanddeutschen Aussiedlerfamilien besteht eine hohe Wahrnehmungsübereinstimmung zwischen den Generationen hinsichtlich des familialen Erziehungsklimas. Genauso wie in türkischen, griechischen und italienischen Migrantenfamilien in Deutschland nimmt ‚Empathie' die erste Stelle der Erziehungseinstellungen ein (Krentz, 2002). Bei den Eltern folgen an zweiter Stelle ‚Religion', an dritter Stelle ‚Leistung' und an vierter Stelle ‚Rigidität'. Bei den Kindern steht ‚Leistung' vor ‚Rigidität' und ‚Religion'. Den letzten Rangplatz nimmt sowohl bei den russlanddeutschen Eltern als auch bei den russlanddeutschen Kindern ‚Behütung' ein (Krentz, 2002).

Zusammenfassend kann hinsichtlich der intergenerativen Transmission von Erziehungsstilen in Migrantenfamilien festgehalten werden: In türkischen, griechischen, italienischen und russlanddeutschen Aussiedlerfamilien in Deutschland bestehen hohe Wahrnehmungsübereinstimmungen zwischen den Eltern und ihren Kindern. In nichtgewanderten türkischen Familien ist diese Übereinstimmung in der Wahrnehmung des Erziehungsstils dagegen weniger ausgeprägt. Dieser Befund einer hohen intergenerationalen Transmission in Migrantenfamilien kann als situationale Anpassung der Migrantenfamilien an ihre Minoritätensituation interpretiert werden (Nauck, 2002).

Intergenerative Transmission von individuellen Einstellungen

Während die Wahrnehmung des familialen Erziehungsstils zunächst nur den Grad der Übereinstimmung in den Generationenbeziehungen abbildet, stehen die individuellen Einstellungen von Jugendlichen und ihren Eltern im Zentrum der Analyse intergenerativer Konflikte in Migrantenfamilien (Nauck, 1994; 1999). Die individuellen Einstellungen, welche in die Analyse einbezogen wurden, sind: die Utilität von Kindern, die normativen Geschlechtsrollenorientierungen, das Ausmaß der internalen Kontrollüberzeugung und die Bildungsaspiration bezüglich der zweiten Generation. Auch zur Transmission von individuellen Einstellungen liegen Untersuchungsergebnisse von gewanderten und nichtgewanderten türkischen Familien, von griechischen und italienischen Arbeitsmigrantenfamilien und von russlanddeutschen Aussiedlerfamilien in Deutschland vor.

Utilität von Kindern: Unter der Utilität von Kindern ist die Nützlichkeit eines Kindes für seine Eltern zu verstehen. Die Utilität setzt sich aus mindestens zwei, empirisch erfassbaren, Komponenten zusammen: ökonomisch-utilitaristische und psychologisch-affektive Nutzenerwartungen (Nauck, 2002). Empirische Untersuchungen haben gezeigt, dass sich die Nutzenerwartungen von Eltern in verschiedenen Gesellschaften deutlich voneinander unterscheiden (Nauck & Schönpflug, 1997; Nauck & Suckow, 2003; Schwarz, Chakkarath & Trommsdorff, 2002). So sind Eltern-Kind-Beziehungen in deszendenzverwandtschaftlich organisierten Gesellschaften wie der Türkei durch ökonomisch-utilitaristische Nutzenerwartungen geprägt, während in affinalverwandtschaftlich organisierten Gesellschaften wie Deutschland die instrumentellen intergenerativen Erwartungen an Kindern eher gering ausfallen (Nauck & Suckow, 2003). Die Frage ist nun, inwieweit die Nützlichkeitserwartungen der Eltern unter Migrationsbedingungen intergenerational weitergegeben werden (können). Die Einstellungen der Eltern- und der Kindergeneration unterscheiden sich in den griechischen, italienischen und türkischen Migrantenfamilien deutlich voneinander – wenn auch weniger als in nichtgewanderten türkischen Familien (Nauck, 1999). In den griechischen und italienischen Familien haben sowohl Väter als auch Mütter höhere ökonomisch-utilitaristische Erwartungen an Söhne und Töchter als ihre jugendlichen Kinder wahrnehmen. In den türkischen Migrantenfamilien ist die Relation genau umgekehrt: Hier antizipieren die Jugendlichen jeweils höhere Erwartungen, als ihre Eltern zum Ausdruck bringen. In den russlanddeutschen Aussiedlerfamilien gibt es keine signifikanten intergenerativen Unterschiede hinsichtlich der Nützlichkeitserwartungen an Kinder (Krentz, 2002). Sowohl die Eltern als auch die Jugendlichen äußern hohe Utilitätserwartungen, die sich jedoch mit zunehmender Aufenthaltsdauer verringern (Krentz, 2002).

Normative Geschlechtsrollenorientierung: Mit Hilfe der Abbildung normativer Geschlechtsrollenorientierungen kann die Rigidität der geschlechtsspezifischen Zuschreibung von sozialen Rolleninhalten erfasst werden. Für alle (Arbeits-)Migrantengruppen gilt, dass die normativen Geschlechtsrollenorientierungen bei den Jugendlichen stärker ausgeprägt sind als bei den Eltern (Nauck, 1999). Eine Ausnahme bildet die türkische Mutter-Tochter-Dyade, bei der die Differenz zwischen den Generationen nicht signifikant ist. Ergebnisse für russlanddeutsche Aussiedlerfamilien liegen bezüglich der normativen Geschlechtsrollenorientierungen nicht vor.

Internale Kontrollüberzeugung: Das Ausmaß der internalen Kontrollüberzeugung zeigt, inwieweit Eltern und Jugendliche der Auffassung sind, Situationskontrolle in den sie betreffenden Angelegenheiten zu besitzen und nicht externen Einflüssen oder schicksalhaften Verkettungen zu unterliegen. In allen untersuchten (Arbeits-)Migrantengruppen äußern die Eltern höhere internale Kontrollüberzeugungen als ihre jugendlichen Kinder (Nauck, 1999). Eine Ausnahme bilden griechische Mutter-Tochter-Dyaden, bei denen kein signifikanter Unterschied im Antwortverhalten ausgemacht werden konnte. Auch bezüglich der internalen Kontrollüberzeugung liegen keine Ergebnisse zu russlanddeutschen Aussiedlerfamilien vor.

Bildungsaspiration: Mit der Bildungsaspiration wird der Wunsch nach einem bestimmten Bildungsabschluss für die Kinder und die Einschätzung der Wahrscheinlichkeit, dass dieser tatsächlich erreicht werden kann, erfasst. Wie bei den Nützlichkeitserwartungen gibt es auch bei den Bildungsaspirationen deutliche Unterschiede zwischen griechischen und italienischen Familien einerseits und türkischen Familien andererseits: In den griechischen und italienischen Familien haben die Eltern jeweils niedrigere Bildungserwartungen als ihre Kinder. In den türkischen Familien dagegen haben die Eltern höhere Aspirationen als ihre jugendlichen Kinder. Das heißt, in den griechischen und italienischen Familien sind sich die Eltern weniger sicher, dass ihre Kinder den angestrebten Bildungsabschluss erreichen, während in den türkischen Familien die Kinder eher unsicher sind, den hohen Anspruchen ihrer Eltern genügen zu können (Nauck, 1999). In russlanddeutschen Aussiedlerfamilien funktioniert die intergenerative Transmission von Bildungsaspirationen am besten. Interessant ist allerdings, dass die Bildungsaspirationen – im Vergleich zu den Arbeitsmigranten – nicht sehr hoch sind und dass Aussiedler auch eher unsicher sind, ob der angestrebte Bildungsabschluss durch die Jugendlichen überhaupt erreicht werden kann. Wichtige Einflussfaktoren der Bildungsaspiration sind das Bildungsniveau und die Aufenthaltsdauer: Je höher das Bildungsniveau der russlanddeutschen Eltern und je länger die Aufenthaltsdauer der Familie, desto höher sind die Bildungsaspirationen an die zweite Generation (Krentz, 2002).

Zusammenfassend ist bezüglich der intergenerativen Transmission von individuellen Einstellungen festzuhalten: Die Niveau-Unterschiede zwischen den Generationen in den Antworten zu den einzelnen Einstellungsdimensionen können nicht als konflikthaftes Auseinanderbrechen der Generationenbeziehungen in den Migrantenfamilien gedeutet werden (Nauck, 1999). Zunächst wurde festgestellt, dass die intergenerative Transmission von Einstellungen in türkischen Migrantenfamilien stärker ist als in nichtgewanderten Familien in der Türkei. Vergleichende Befunde mit anderen Migrantengruppen in Deutschland zeigten dann, dass die Übereinstimmung von Einstellungen in den Eltern-Kind-Dyaden in griechischen, italienischen und russlanddeutschen Aussiedlerfamilien durchweg noch höher ist als in türkischen Migrantenfamilien. Die geringeren intergenerativen Konflikte in griechischen und italienischen Migrantenfamilien sind möglicherweise auf die geringere kulturelle Distanz von Herkunfts- und Aufnahmegesellschaft zurückzuführen (Nauck & Niephaus, 2001), da die Differenz in den Anpassungsleistungen der Familienmitglieder nicht ganz so groß ist. Eine Erklärung für das hohe Ausmaß der intergenerativen Transmission von Einstellungen in Migrantenfamilien könnte sein, dass diese Sozialisationsleistungen erfüllen, die sonst von homogenen kulturellen Milieus mitübernommen werden.

Intergenerative Transmission von Werten

Werte bilden die Grundlage des alltäglichen Handelns von Individuen in einer Gesellschaft. Sie dienen als Standards und geben Sicherheit bei der Entscheidung zwischen verschiedenen Handlungsalternativen (Schwartz, 1992; Knafo & Schwartz, 2001). Da sie Orientierungsmaßstäbe des Handelns für zahlreiche Situationen bieten, sind Werte zentral für die Organisation einer Gesellschaft. Wertewandel und gesellschaftlicher Wandel sind deshalb eng miteinander verbunden (Klages & Kmieciak, 1985; Klages, Hippler & Herbert, 1992). Als allgemein geteilte Vorstellungen des Gewünschten stellen Werte konstitutive Bestandteile von Gesellschaften und Kulturen dar. Verschiedene Untersuchungen widmeten sich deshalb der Frage, inwieweit eine intergenerative Transmission von Werten unter Migrationsbedingungen – bei einem Wechsel zwischen zwei Gesellschaften bzw. Kulturen – beobachtet werden kann (Knafo & Schwartz, 2001; 2003; Nauck & Niephaus, 2001; Phalet & Schönpflug, 2001a; 2001b; Schönpflug, 2001). Die intergenerative Transmission von Werten in Migrantenfamilien betrifft also die Frage nach der Intensität der Weitergabe der Herkunftskultur an die nachfolgenden Generationen:

116

„The transmission of value orientations may seen as a core issue of cultural maintenance and culture change" (Schönpflug, 2001, S. 175).

Bezüglich des Ausmaßes an kultureller Transmission in Familien sind zwei Extremfälle denkbar: Erstens die exakte Transmission, bei der keinerlei Unterschiede zwischen den Eltern und ihren Kindern erkennbar sein würden und zweitens überhaupt keine Transmission, was keinerlei Gemeinsamkeiten zwischen Eltern und Kindern zur Folge hätte (Schönpflug, 2001). Beide Extreme sind höchst problematisch. Einerseits kann die kulturelle Transmission niemals vollständig sein, da sonst der Umgang mit neuen Situationen unmöglich wäre und kein sozialer Wandel stattfinden könnte. Andererseits geht es aber auch nicht ohne jegliche Transmission, denn dann könnte kein koordiniertes Handeln zwischen den Generationen stattfinden (Boyd & Richerson, 1985). Das tatsächliche Ausmaß der intergenerationalen Transmission liegt also immer zwischen diesen beiden Extremen.

Von besonderem Interesse ist nun, inwieweit sich das Ausmaß der Wertetransmission zwischen gewanderten und nichtgewanderten Familien unterscheidet, denn „the migration context exemplifies conditions of rapid and deep sociocultural change" (Phalet & Schönpflug 2001a, S. 489). In Migrantenfamilien ist die vertikale Transmission von Werten zwischen den Generationen[3] entscheidend für die Erhaltung der Herkunftskultur. Aus der Migrationssituation ergibt sich nämlich der paradoxe Effekt, dass die Eltern größere Schwierigkeiten, aber auch ein größeres Bedürfnis haben, die Herkunftskultur an die nächste Generation weiterzugeben (Phalet & Schönpflug, 2001a). Einerseits erschweren konkurrierende Angebote der Herkunfts- und der Aufnahmekultur die Transmission von Werten in Migrantenfamilien (Knafo & Schwartz, 2001), andererseits ist die Transmission in Migrantenfamilien stärker motiviert als in nichtgewanderten Familien (Nauck, 2002). Ziel der verschiedenen Untersuchungen ist es deshalb, den Prozess der Wertetransmission von einer Generation zur nächsten unter den Bedingungen eines schnellen und tiefgreifenden Wandels in der Migrationssituation zu analysieren. Von verschiedenen Forschern wird dabei unterstellt, dass sich die Migrationssituation negativ auf die Transmission von Werten auswirkt, da „the transmission of culture of origin may be dysfunctional in the host country" (Schönpflug 2001, S. 176; siehe auch Phalet & Schönpflug 2001a; 2001b; Knafo & Schwartz, 2001). Eltern aus Migrantenfamilien sollten also größere Probleme bei der Transmission von Werten haben als nichtgewanderte Eltern, da die Sozialisationsleistungen letzterer eingebettet sind in ein unterstützendes Netz von Institutionen und Mittlern wie zum Beispiel Schule, Fernsehen und Peer-Groups. Sowohl Schönpflug (2001), Phalet und Schönpflug (2001a; 2001b) als auch Knafo und Schwartz (2001) kommen allerdings anhand empirischer Analysen zu dem Ergebnis, dass die Wertetransmission in Migrantenfamilien besser funktioniert als in nichtgewanderten Familien. Jugendliche aus Migrantenfamilien (türkische Migranten in Deutschland und den Niederlanden, Russische Juden in Israel) akzeptieren die elterlichen Werte besser als nichtgewanderte Jugendliche in der Türkei bzw. einheimische israelische Jugendliche. In einem weiteren Schritt versuchen die Forscher nun eine Erklärung für dieses Ergebnis zu finden.

---

3 In der Transmissionsforschung wird einerseits die vertikale (zwischen Generationen) und andererseits die horizontale (zwischen Peers) Transmission unterschieden (Phalet & Schönpflug, 2001a).

117

Schönpflug (2001) interessiert sich über die Untersuchung von sog. ‚transmission belts' dafür, ob bestimmte Werte besser als andere von den Eltern an ihre Kinder weitergegeben werden. Ihre Analyse bezieht sich dabei auf die in der interkulturell vergleichenden Psychologie stark diskutierten Wertorientierungen ‚Individualismus' und ‚Kollektivismus': Bei der individualistischen Orientierung ist der individuelle Akteur Maßstab des Handelns, bei der kollektivistischen Orientierung eine bestimmte Gruppe (Schwartz, 1992; siehe auch Phalet & Schönpflug, 2001a). Schönpflug (2001) kommt zu dem Ergebnis, dass sowohl in gewanderten als auch in nichtgewanderten türkischen Familien eher kollektivistische Werte an die nächste Generation weitergegeben werden. Obwohl Deutschland zu den individualistischen Gesellschaften zählt (Schwartz 1992), sind die Eltern in türkischen Migrantenfamilien also in der Lage, ihre kollektivistischen Werte an die nächste Generation zu transferieren.

Im Gegensatz zu dieser Einordnung ganzer Kulturen auf der Individualismus-Kollektivismus Dimension werden von Nauck und Niephaus (2001) einzelne Skalenbestandteile dieser Werte verwendet, um das Ausmaß des Kollektivismus in Bezug auf verschiedene Zielgruppen zu erfassen: kollektivistische Orientierung gegenüber der Familie, gegenüber der Verwandtschaft und gegenüber Freunden. Auch Nauck und Niephaus (2001) greifen für ihre Analyse auf türkische Migrantenfamilien in Deutschland zurück, die sie mit nichtgewanderten Familien in der Türkei vergleichen. Sie kommen zu dem Ergebnis, dass in den Migrantenfamilien Eltern höhere kollektivistische Orientierungen gegenüber der Familie und Kinder höhere kollektivistische Orientierungen gegenüber Freunden aufweisen. Bei diesen beiden Orientierungen konnten im Gegensatz zur kollektivistischen Orientierung gegenüber Verwandten keine geschlechtsspezifischen Unterschiede gefunden werden. Bei der kollektivistischen Orientierung gegenüber Verwandten hat allerdings die Generationenzugehörigkeit keine Bedeutung. Ein wichtiges Ergebnis ist, dass bei beiden Geschlechtern und Generationen der Familienkollektivismus in den Migrantenfamilien und der Verwandtschafts- und Freundeskollektivismus in den nichtgewanderten türkischen Familien ausgeprägter ist. Das wird als Hinweis darauf interpretiert, dass „Migration in erheblichem Umfang zu einer familistischen Orientierung (im Sinne einer Konzentration auf die Kernfamilie) führt" (Nauck & Niephaus 2001, S. 240).

Die Schlussfolgerung, die Phalet und Schönpflug (2001b, S. 199) aus ihrer Untersuchung von türkischen und marokkanischen Familien in Deutschland und den Niederlanden ziehen, bestätigt die effektive Transmission von kollektivistischen Werten in Migrantenfamilien: „Cross-ethnic and cross-national transmission models with Turkish immigrant families in Germany and with Turkish and Moroccan families in the Netherlands replicate the selective and mediated transmission of core collective values". Vor allem türkische Jugendliche scheinen kollektivistische Werte – insbesondere in Bezug auf die Familie – zu internalisieren und gleichzeitig hohe Bildungsaspirationen zu hegen (Phalet & Schönpflug, 2001a). Eine Verbindung von kollektivistischen Werten und Leistungsorientierung scheint ihre Art der Anpassung an die Aufnahmegesellschaft zu sein: „The successful transmission of collectivism and achievement values to the next generation seems crucial to support coordinated family adaption in the migration situation. Family-based adaption strategies take the form of intergenerational mobility strategies, coordinating academic investment in the next generation with a strong normative emphasis on family values and interdependence between generations" (Phalet & Schönpflug

2001a, S. 501). Dieses Ergebnis gilt allerdings nur für türkische Migranten in Deutschland. Für türkische Migranten in den Niederlanden konnte es nicht bestätigt werden (Phalet & Schönpflug, 2001b). Offensichtlich ist die effektive Transmission von elterlichen Aspirationen empfindlich hinsichtlich unterschiedlicher Opportunitätenstrukturen zwischen verschiedenen nationalen Kontexten. Oder wie Knafo und Schwartz (2001, S. 225) es ausdrücken: „These different result alert us to the uniqueness of every immigrant group, reflecting its countries of origin and destination, and the historic situation."

Die zentrale Frage, ob eine internationale Migration die intergenerative Transmission von Werten beeinflusst, beantworten die vorliegenden Ergebnisse verschiedener Untersuchungen folgendermaßen: Vergleiche der Gruppenmittelwerte von gewanderten und nichtgewanderten Eltern und ihren jugendlichen Kindern zeigen zwar, dass sich die Werte der Jugendlichen untereinander mehr gleichen als die Werte der Jugendlichen und ihrer Eltern, was die Annahme stützt, dass Immigration die Wertedistanz zwischen den Generationen erhöht (Knafo & Schwartz, 2001). Die Ergebnisse der Dyadenanalysen zeichnen dagegen ein ganz anderes Bild: Werden tatsächlich existierende Eltern-Kind-Dyaden verglichen, zeigen gewanderte und nichtgewanderte Familien das gleiche Ausmaß an Wertegleichheit (Knafo & Schwartz, 2001) bzw. ist die Akzeptanz der Elternwerte in der Kindergeneration in Migrantenfamilien sogar höher als in nichtgewanderten Familien (vgl. Knafo & Schwartz, 2001; Nauck & Niephaus, 2001; Phalet & Schönpflug, 2001a; 2001b; Schönpflug, 2001).

Intergenerative Transmission und Akkulturation

Nachdem für verschiedene Dimensionen der Sozialisation das Ausmaß der intergenerativen Transmission in Migrantenfamilien dargestellt wurde, soll im Folgenden die Bedeutung der Eltern-Kind-Transmission für die Akkulturation an die Aufnahmegesellschaft betrachtet werden. Die unterschiedliche Ausstattung der Migranten mit individuellen und familialen Ressourcen, zum Beispiel unterschiedliche Erziehungseinstellungen, aber auch soziales und kulturelles Kapital, führen – so die Annahme – auch zu unterschiedlichen Akkulturationsstrategien. Akkulturationsunterschiede würden dann also im Wesentlichen auf Verteilungsunterschieden in individuellen Ressourcen beruhen, die von einer Generation auf die nächste übertragen werden, wobei historisch unterschiedliche Eingliederungsopportunitäten zu berücksichtigen sind (Nauck, 2002).

Eine Untersuchung türkischer Migrantenfamilien in Deutschland von Nauck, Kohlmann und Diefenbach (1997) belegt die zentrale Bedeutung familiärer Ressourcen und intergenerativer Transmission für die Akkulturation an die Aufnahmegesellschaft. Sie betonen, dass der Akkulturationsprozess nicht unbedingt mit ‚Assimilation' enden muss, vielmehr sind mehrere Ausgänge des Kulturkontakts in der Migrationssituation denkbar. Mit Anlehnung an Berry (1990, siehe auch Berry & Kim, 1988) wird eine Typologie von vier Akkulturationsausgängen bzw. Akkulturationsstrategien vorgestellt: Assimilation, Integration, Segregation und Marginalisierung (Nauck, Kohlmann & Diefenbach, 1997). Die unterschiedlichen Ausgänge beziehen sich auf die grundlegende Orientierung der Migranten hinsichtlich der eigenen kulturellen Identität und dem Unterhalt von Kontakten zu Angehörigen der Kultur der Aufnahmegesellschaft. Zu beachten ist, dass die unterschiedlichen Strategien nicht einfach gewählt werden können, sondern dass es sich um Entscheidungen handelt, die durch eine Vielzahl von Handlungsrestriktionen bedingt sind.

Die empirische Analyse, mit Hilfe derer untersucht werden soll, welche Rolle die intergenerative Transmission bei der Akkulturation von Türken der zweiten Generation spielt, konzentriert sich dann allerdings nur auf einen Ausgang migrationsbedingten Kulturkontakts: die Assimilation (Nauck, Kohlmann & Diefenbach, 1997). Die Operationalisierung der familiären Ressourcen und der intergenerativen Transmission erfolgte über das Ausmaß der Kongruenz der Netzwerkkomposition von Eltern und Kindern und über ihre ethnische Identifikation. Darüber hinaus wurde als Kontextbedingung der Eingliederung die Transmission der wahrgenommenen Diskriminierung durch Einheimische in das Modell aufgenommen. Die empirischen Befunde entsprechen größtenteils den Annahmen des zuvor entworfenen theoretischen Modells: Es zeigt, „in welch starkem Ausmaß Prozesse intergenerationaler sozialer Platzierung und Eingliederungsprozesse miteinander verknüpft sind und welch große Bedeutung (generalisiertes) kulturelles Kapital in diesem Prozess hat" (Nauck, Kohlmann & Diefenbach 1997, S. 495). Dem kulturellen Kapital – in Form von Bildung – wird eine strategische Bedeutung für den Verlauf und die Geschwindigkeit von Assimilationsprozessen zugemessen, denn das Bildungsniveau der Eltern hat einen starken Einfluss auf den Eingliederungsprozess der Kinder: Es beeinflusst direkt die Schulkarriere der Kinder und deren kognitive Assimilation (Sprache) und indirekt (negativer Effekt in Bezug auf die eigenethnische Identifikation) die soziale und identifikative Assimilation. Außerdem weisen die Netzwerkcharakteristika beider Generationen ein hohes Maß an Ähnlichkeit auf: Sowohl bei den Eltern als auch den Kindern konzentrieren sich die Sozialkontakte stark auf die eigene Ethnie, wobei die Mitglieder der eigenen Familie und der Verwandtschaft dominieren. Diese Ergebnisse verweisen erneut auf die besondere Bedeutung von intergenerativen Transmissionsprozessen in Migrantenfamilien. Zusammenfassend stellen Nauck, Kohlmann und Diefenbach (1997) fest: „Die multivariate empirische Analyse hat gezeigt, dass sowohl im Bereich der sozialen und der identifikativen Assimilation als auch im Bereich der Bildungsressourcen Transmissionsprozesse zwischen der ersten und der zweiten Migrantengeneration auftreten" (S. 496).

Die Untersuchung des Zusammenhangs von intergenerationaler Transmission und der Integration von russlanddeutschen (Spät-)Aussiedlern in der Bundesrepublik Deutschland (Steinbach, 2001) bestätigt dieses Ergebnis. Auch in (Spät-)Aussiedlerfamilien können starke intergenerationale Transmissionseffekte bezüglich der wahrgenommenen Diskriminierung, den intraethnischen Netzwerkbeziehungen und der ethnischen Identifikation nachgewiesen werden (Steinbach, 2001). Im Gegensatz zu den türkischen Migrantenfamilien besteht bei den (Spät-)Aussiedlerfamilien allerdings kein Zusammenhang zwischen dem (höchsten) Bildungsabschluss der Eltern und den Deutschkenntnissen der Kinder. Die Bildung der Eltern wirkt im präsentierten Modell nur indirekt über die Schulkarriere der Kinder, die wiederum Einfluss auf die Deutschkenntnisse der Kinder nimmt. Ein Ergebnis, das im Gegensatz zur theoretischen Erwartung steht und deshalb hervorgehoben wird, ist, dass mit der zunehmenden Wahrnehmung von Diskriminierung durch die Einheimischen die intraethnische Identifikation der (Spät-)Aussiedler abnimmt. Eine mögliche Erklärung könnte sein, dass die Russlanddeutschen denken, dass sie den einheimischen Deutschen gleichgesetzt sind und deshalb besonders sensibel darauf reagieren, als Russen diskriminiert zu werden. Je mehr sie sich also diskriminiert fühlen, desto stärker versuchen sie, ihre russische Identifikation zu unterdrücken (Steinbach, 2001).

Wie die Ergebnisse der beiden vorgestellten Untersuchungen zu türkischen Migrantenfamilien (Nauck, Kohlmann & Diefenbach 1997) und (Spät-)Aussiedlerfamilien (Steinbach, 2001) in Deutschland zeigen, ist der familiale Zusammenhalt eine wichtige Ressource im Akkulturationsprozess der Migranten. Die Weitergabe von kulturellem und sozialem Kapital zwischen den Generationen bestimmt maßgeblich das Ausmaß der Akkulturation an die Aufnahmegesellschaft. Je höher die Bildung der Eltern und je mehr Sozialkontakte zu einheimischen Deutschen, desto positiver verläuft die Schulkarriere der Kinder, was sich wiederum auf ihre deutschen Sprachkenntnisse auswirkt, und desto höher ist auch der Anteil intraethnischer Netzwerkkontakte, den die Jugendlichen haben. Aber nicht nur das kulturelle und soziale Kapital, als individuelle Ressourcen der Migranten, werden intergenerativ weitergegeben, sondern auch die alltägliche Wahrnehmung von Diskriminierungen durch einheimische Deutsche. Diese wichtige Kontextbedingung im Eingliederungsprozess (Steinbach, 2004) bestimmt wiederum maßgeblich den Anteil intraethnischer Netzwerkkontakte sowie die eigenethnische Identifikation und damit die Akkulturation der Migranten.

Zusammenfassung und Ausblick

Das Interesse dieses Beitrags richtete sich auf die intergenerative Transmission von Wahrnehmungen, Einstellungen und Verhaltensweisen in Migrantenfamilien. Dabei ging es vorrangig um die Frage, ob die Migrationssituation zu verstärkten Konflikten zwischen den Generationen führt oder ob in Migrantenfamilien – wie in nichtgewanderten Familien auch – eher Stabilität und Solidarität beobachtet werden können. Bislang liegen nur wenige empirische Untersuchungen vor, die diesen Sachverhalt näher beleuchten und ein entsprechendes Design zur Analyse von existierenden Eltern-Kind-Paaren (Dyadendesign) aufweisen. Die vorgestellten Untersuchungen bezogen sich auf Migrantenfamilien in der Bundesrepublik Deutschland (aus der Türkei, Italien, Griechenland und der ehemaligen Sowjetunion) sowie in den Niederlanden (aus der Türkei und Marokko) und Israel (aus der ehemaligen Sowjetunion), die teilweise mit nichtgewanderten Familien aus der Herkunftsgesellschaft (Türkei) oder mit Einheimischen (Israel) verglichen wurden.

Es konnte gezeigt werden, dass Konfliktsituationen zwischen Jugendlichen und ihren Eltern (gerade in den Migrantengruppen) keineswegs dem Normalfall entsprechen. Im Gegenteil: Die intergenerative Transmission von Werten und Einstellungen konnte bei beiden Geschlechtern als ein bedeutsamer Faktor der Sozialisation in der Migrations- und Minoritätensituation identifiziert werden. Es besteht eine ausgeprägte Konstanz zwischen der Wanderungsgeneration und der zweiten – mehrheitlich in der Aufnahmegesellschaft geborenen – Generation. Die Wahrnehmungsübereinstimmungen des familialen Erziehungsklimas waren in allen untersuchten Migrantengruppen außerordentlich hoch, was auf eine hohe Integration und hohe Interaktionsdichte in den Familien schließen lässt. Auch bezüglich der individuellen Einstellungen – wie der Utilität von Kindern, normativen Geschlechtsrollenorientierungen, dem Ausmaß der internalen Kontrollüberzeugung und der Bildungsaspiration – wurde ein hohes Maß an Übereinstimmung zwischen den Generationen in Migrantenfamilien festgestellt. Ein konflikthaftes Auseinanderbrechen der Generationenbeziehungen konnten die Untersuchungsergebnisse deshalb nicht bestätigen. In Migrantenfamilien sind die intergenerativen Beziehungen sogar besonders hoch motiviert und stärker koordiniert als in nichtgewanderten Familien in der Herkunfts- oder in der Aufnahmegesellschaft.

Ein besonderes Augenmerk richteten verschiedene Untersuchungen zur intergenerativen Transmission in Migrantenfamilien auf die Übertragung von Wertorientierungen zwischen Eltern und ihren Kindern. Inwieweit die Weitergabe von Werten gelingt, bestimmt nämlich, in welchem Ausmaß die (Herkunfts-)Kultur in den nachfolgenden Generationen erhalten werden kann. Dies ist notwendig, da sonst kein koordiniertes Handeln zwischen den Generationen möglich ist. Sozialer Wandel, wie er für die Migranten durch den Wechsel zwischen zwei Gesellschaften vorliegt, erfordert allerdings eine gewisse Flexibilität in der Übertragung von Werten der (Herkunfts-)Kultur, da der Umgang mit neuen Situationen unumgänglich ist. Wichtigstes Ergebnis der vorliegenden Untersuchungen war, dass die Wertetransmission in Migrantenfamilien besser funktioniert als in nichtgewanderten Familien. Insbesondere kollektivistische Wertorientierungen gegenüber der Familie werden von einer Migrantengeneration auf die nächste übertragen. Daneben scheint auch die Leistungsorientierung von Migranten besonders ausgeprägt zu sein, wobei die effektive Transmission von elterlichen Aspirationen anscheinend empfindlich hinsichtlich unterschiedlicher Opportunitätenstrukturen zwischen verschiedenen nationalen Kontexten ist.

Schließlich wurde auch der Zusammenhang von intergenerationaler Transmission und Akkulturation betrachtet. Die empirischen Untersuchungen bestätigten, dass die familialen Beziehungen eine wichtige Ressource im Eingliederungsprozess darstellen. Eine Erweiterung herkömmlicher Analysen war der Hinweis, dass Assimilation nicht zwangläufiges Endergebnis einer Akkulturation an die Aufnahmegesellschaft ist. Auch wenn theoretisch mehrere Ausgänge des Eingliederungsprozesses konstatiert werden können, beschränken sich die empirischen Untersuchungen – aus analysetechnischen Gründen – bisher auf den Ausgang der Assimilation. Festgestellt wurde, dass die Weitergabe von kulturellem und sozialem Kapital maßgeblich das Ausmaß der Assimilation beeinflusst.

Die vorgestellten Untersuchungsergebnisse zeigen deutlich, welch große Bedeutung intergenerative Transmissionsprozesse in Migrantenfamilien haben. Zukünftige Untersuchungen zur Akkulturation von Migranten sollten deshalb keinesfalls darauf verzichten, die intergenerative Transmission explizit in ihre Analysen einzubeziehen. Dazu bedarf es allerdings einer Untersuchungsanlage, die (mindestens) Eltern-Kind-Dyaden erfasst. Darüber hinaus wäre ein Vergleich von gewanderten und nichtgewanderten Familien der Herkunfts- und der Aufnahmegesellschaft wünschenswert, um Rückschlüsse auf die tatsächlichen Auswirkungen der Migrationssituation ziehen zu können. Weiterhin stellen die wenigen vorliegenden Untersuchungen zur intergenerativen Transmission in Migrantenfamilien zwar alle starke Übereinstimmungen in den Wahrnehmungen, Einstellungen und Verhaltensweisen zwischen den Generationen fest, allerdings ist bisher nur sehr wenig über die genauen Mechanismen der Weitergabe bekannt. In Zukunft muss deshalb der Fokus der Untersuchungen stärker auf die Faktoren gelegt werden, welche die intergenerationale Transmission beeinflussen (wie z.B. die soziale Distanz der Einheimischen gegenüber den Migranten als Kontextbedingung im Eingliederungsprozess). Die Fruchtbarkeit einer solchen Vorgehensweise zeigte sich zum Beispiel an den Ergebnissen, dass bestimmte Werte besser als andere von einer Generation an die nächste weitergegeben werden und dass bestimmte Bedingungen als ‚transmission belts' fungieren und als solche die Transmission entweder begünstigen oder aber behindern. Die außerordentliche Bedeutung der intergenerativen Transmission in Migrantenfamilien macht deutlich, dass weitere theoretische Auseinandersetzungen und empirische Untersuchungen unbedingt erforderlich sind.

Weiterführende Literatur

Nauck, B. & Schönpflug, U. (Hrsg.) (1997). *Familien in verschiedenen Kulturen*. Stuttgart: Ferdinand Enke.
Nave-Herz, R. (Hrsg.) (2002*). Family change and intergenerational relations in different cultures*. Würzburg: Ergon.
Richter, R. & Supper, S. (Eds.) (1999). *New qualities in the lifecourse. Intercultural aspects*. Würzburg: Ergon.
Schönpflug, U. (Ed.) (2001). Perspectives on cultural transmission. *Journal of Cross-Cultural Psychology, 32*, Special Issue.

Zitierte Literatur

Becker, R. (Hrsg.) (1997). *Generationen und sozialer Wandel. Generationsdynamik, Generationenbeziehungen und Differenzierung von Generationen*. Opladen: Leske+Budrich.
Berry, J. W. (1990). Psychology of acculturation: Understanding individuals moving between cultures. In R. W. Brislin (Eds*.), Applied Cross-Cultural Psychology (pp. 232–253)*. London: Sage.
Berry, J. W. & Kim, U. (1988). Acculturation and mental health. In P. Dasen; J. W. Berry & N. Sartorius (Eds.), *Health and Cross-Cultural Psychology (pp. 207–235)*. London: Sage.
Bourdieu, P. (1983). Ökonomisches Kapital, kulturelles Kapital, soziales Kapital. In R. Kreckel (Hrsg.), *Soziale Ungleichheiten (S. 183–198)*. Soziale Welt, Sonderband 2.
Boyd, R. & Richerson, P. J. (1985). *Culture and the evolutionary process*. Chicago: University of Chicago Press.
Huinink, J., Strohmeier, K. P. & Wagner, M. (Hrsg.) (2001). *Solidarität in Partnerschaft und Familie. Zum Stand familiensoziologischer Theoriebildung*. Würzburg: Ergon.
Klages, H. & Kmieciak, P. (Hrsg.) (1985). *Wertwandel und gesellschaftlicher Wandel*. Frankfurt a. M./New York: Campus.
Klages, H., Hippler, H.-J. & Herbert, W. (Hrsg.) (1992*). Werte und Wandel. Ergebnisse und Methoden einer Forschungstradition*. Frankfurt a. M., New York: Campus.
Knafo, A. & Schwartz, S. (2001). Value socialization in families of Israeli-Born and Soviet-Born adolescents in Israel. *Journal of Cross-Cultural Psychology, 32*, Special Issue, 213–228.

Knafo, A. & Schwartz, S. (2003). Parenting and adolescents` accuracy in perceiving parental values. *Child Development, 74, 595–611.*

Kohli, M. & Szydlik, M. (2000). *Generationen in Familie und Gesellschaft.* Opladen: Leske+Budrich.

Kohli, M., Künemund, H., Motel, A. & Szydlik, M. (2000). Generationenbeziehungen. In M. Kohli & H. Künemund (Hrsg.), *Die zweite Lebenshälfte. Gesellschaftliche Lage und Partizipation im Spiegel des Alters-Survey (S. 176–211).* Opladen: Leske+Budrich.

Krentz, S. (2002). Intergenerative Transmission von Erziehungseinstellungen bei Migranten aus der ehemaligen Sowjetunion in Deutschland und Israel. *Zeitschrift für Soziologie der Erziehung und Sozialisation, 22, 79–99.*

Martin-Matthews, A. & Kobayashi, K. M. (2002). Intergenerational transmission. In J.J. Ponzetti (Ed.), *International encyclopedia of marriage and family relationships (pp. 922–927).* New York: MacMillan.

Nauck, B. (1994). Erziehungsklima, intergenerative Transmission und Sozialisation von Jugendlichen in türkischen Migrantenfamilien. *Zeitschrift für Pädagogik, 10,* 43–62.

Nauck, B. (1997). Migration and intergenerational relations: Turkish families at home and abroad. In W. W. Isajiw (Ed.), *Multiculturalism and North America and Europe: Comparative perspectives on interethnic relations and social incorporation (pp. 435–465).* Toronto: Canadian Scholar's Press.

Nauck, B. (1999). Sozialer und intergenerativer Wandel in Migrantenfamilien in Deutschland. In R. Buchegger (Hrsg.), *Migranten und Flüchtlinge: Eine familienwissenschaftliche Annäherung (S. 13–69).* Wien: Österreichisches Institut für Familienforschung.

Nauck, B. (2001). Social capital, intergenerational transmission and intercultural contact in immigrant families. *Journal of Comparative Family Studies, 32,* Special Issue, 465–488.

Nauck, B. (2002). Dreißig Jahre Migrantenfamilien in der Bundesrepublik. Familiärer Wandel zwischen Situationsanpassung, Akkulturation, Segregation und Remigration. In R. Nave-Herz (Hrsg.), *Kontinuität und Wandel der Familie in Deutschland. Eine zeitgeschichtliche Analyse (S. 315–339).* Stuttgart. Lucius & Lucius.

Nauck, B. & Schönpflug, U. (Hrsg.) (1997). *Familien in verschiedenen Kulturen.* Stuttgart: Ferdinand Enke.

Nauck, B. & Niephaus, Y. (2001): Intergenerative Konflikte und gesundheitliche Belastungen in Migrantenfamilien. In P. Marschalck & K. H. Wiedl (Hrsg.*),* *Migration und Krankheit (S. 217–250).* Osnabrück: Universitätsverlag Rasch.

Nauck, B. & Suckow, J. (2003). Generationenbeziehungen im Kulturvergleich – Beziehungen zwischen Müttern und Großmüttern in Japan, Korea, China, Indonesien, Israel, Deutschland und der Türkei. In M. Feldhaus, N. Logemann & M. Schlegel (Hrsg.), *Blickrichtung Familie. Vielfalt eines Forschungsgegenstandes (S. 51–66).* Würzburg: Ergon.

Nauck, B., Kohlmann, A. & Diefenbach, H. (1997). Familiäre Netzwerke, intergenerative Transmission und Assimilationsprozesse bei türkischen Migrantenfamilien. *Kölner Zeitschrift für Soziologie und Sozialpsychologie, 49,* 477–499.

Nave-Herz, R. (1999). The family and young adults in Germany. Are they still today mutually supportive? In R. Richter & S. Supper (Eds.), *New qualities in the lifecourse. intercultural aspects (pp. 121–130).* Würzburg: Ergon.

Oswald, H. (1989). Intergenerative Beziehungen (Konflikte) in der Familie. In M. Markefka & R. Nave-Herz (Hrsg.), *Handbuch der Familien- und Jugendforschung, Band 2: Jugendforschung (S. 367–381).* Neuwied/Frankfurt a.M.: Luchterhand.

Phalet, K. & Schönpflug, U. (2001a). Intergenerational transmission in Turkish immigrant families: Parental collectivism, achievement values and gender differences. *Journal of Comparative Family Studies, 32,* Special Issue, 186–201.

Phalet, K. & Schönpflug, U. (2001b). Intergenerational transmission of collectivism and achievement values in two acculturation contexts: The case of Turkish families in Germany and Turkish and Moroccan families in the Netherlands. *Journal of Cross-Cultural Psychology, 32,* Special Issue, 186–201.

Schönpflug, U. (2001). Intergenerational transmission of values: The role of transmission belts. *Journal of Cross-Cultural Psychology, 32,* Special Issue, 174–185.

Schwartz, S. H. (1992). Universals in the content and structure of values: Theoretical advances and empirical tests in 20 countries. In M. P. Zinna (Ed.), *Advances in experimental social psychology (pp. 269–278).* Lisse: Swets & Zeitlinger.

Schwarz, B., Chakkarath, P. & Trommsdorff, G. (2002). Generationenbeziehungen in Indonesien, der Republik Korea und Deutschland. *Zeitschrift für Soziologie der Erziehung und Sozialisation, 22,* 393–408.

Steinbach, A. (2001). Intergenerational transmission and integration of repatriate families from the former Soviet Union in Germany. *Journal of Comparative Family Studies, 32,* Special Issue, 505–515.

Steinbach, Anja (2004). *Soziale Distanz. Ethnische Grenzziehung und die Eingliederung von Zuwanderern in Deutschland.* Wiesbaden: Verlag für Sozialwissenschaften.

Szydlik, M. (2000). *Lebenslange Solidarität? Generationenbeziehungen zwischen erwachsenen Kindern und Eltern.* Opladen: Leske+Budrich.

Ursula Boos-Nünning und Yasemin Karakasoglu

Familialismus und Individualismus. Zur Bedeutung der Familie in der Erziehung von Mädchen mit Migrationshintergrund

Das Bild von Familien mit Migrationshintergrund

Obwohl die Gestaltung des Familienlebens einer derjenigen Bereiche ist, der sich am stärksten im Privaten abspielt, ist das öffentliche Interesse an Veränderungsprozessen bei Migranten und Migrantinnen besonders groß. Veränderungen in diesem Bereich gelten als Indikator für den Grad der Integration von Zuwanderern und Zuwanderinnen und damit für ihre Bereitschaft, sich an Modellen der Aufnahmegesellschaft zu orientieren, die in der Regel unhinterfragt als dem Leben in der Moderne besser angepasst bewertet werden. Die Mädchen stehen dabei als Repräsentantinnen der Umbrüche in Migrationsfamilien im Mittelpunkt. Sie werden nach ihren diesbezüglichen Orientierungen zwei Kategorien zugeordnet, entweder gelten sie als kollektivistisch und somit an der Elterngeneration oder als individualistisch und somit an den Werten der Mehrheitsgesellschaft orientiert. Diese Einordnung folgt der dichotomen Beschreibung von Gesellschaften, die nach solchen unterschieden werden, die Individualismus pflegen und individualisierte Persönlichkeiten hervorbringen, und solchen, die Kollektivismus fördern. „Individualismus beschreibt Gesellschaften, in denen die Bindungen zwischen den Individuen locker sind: Man erwartet von jedem, dass er für sich selbst und seine unmittelbare Familie sorgt. Sein Gegenstück, der Kollektivismus beschreibt Gesellschaften, in denen der Mensch von Geburt an in starke, geschlossene Wir-Gruppen integriert ist, die ihn ein Leben lang schützen und dafür bedingungslose Loyalität verlangen" (Hofstede 1993, S. 67).

Das Maß an Individualismus wird als zusammenhängend mit dem Grad der Industrialisierung und Modernisierung der jeweiligen Gesellschaft gesehen, während ein Mehr an Kollektivismus als ein Zeichen einer nicht industrialisierten und stärker traditionell organisierten Gesellschaft gedeutet wird. Insbesondere die Herkunftsgesellschaften der Arbeitsmigranten und Arbeitsmigrantinnen, neuerdings auch die der Aussiedler und Aussiedlerinnen werden als kollektivistisch charakterisiert. Diese Einteilung von Gesellschaften bzw. Kulturen als kollektivistisch oder individualistisch und die Ableitung von Orientierungen von Angehörigen solcher Gesellschaften bleibt jedoch zu oberflächlich. Selbst wenn sich bei Migrationsfamilien ein stärkerer Zusammenhalt von Familienmitgliedern und eine höhere Übereinstimmung in Werten und Haltungen erweisen sollte, sind diese nicht notwendigerweise aus der Herkunftskultur zu erklären, sondern können auch als Ergebnis eines Prozesses auftreten, der von den Migrationsbedingungen beeinflusst ist. Nauck wendet das dichotome Gegensatzpaar Individualismus und Kollektivismus in Abgrenzung zur interkulturell vergleichenden Psychologie, die den Gegensatz auf alle Handlungsmuster von Kulturen bezieht, nur auf den engeren Kreis von Familie, Verwandten und Freunden an. Er stellt fest, dass Arbeitsmigrationsfamilien türkischer Herkunft im Gegensatz zu nicht migrierten Familien in der Türkei viel stärker an der Kernfamilie orientiert sind als an Verwandten und Freunden (Nauck, 1997). Dieses Phänomen wird infolgedessen nicht als Kollektivismus, sondern als Familialismus bezeichnet (vgl. Boos-Nünning, 1998; zum Begriff „Familialismus" bezogen auf italienische Frauen und Mädchen siehe auch Apitzsch, 1990).

In vielen Einwanderungsfamilien umfasst der Begriff der Familie nicht nur das Ehepaar und seine minderjährigen Kinder, sondern auch Eltern, Geschwister, Tanten, Onkel und Paten. Das Zusammengehörigkeitsgefühl bleibt auch dann erhalten, wenn die Familie sich – was meistens der Fall ist – zur Kleinfamilie entwickelt hat, oftmals über große geographische Entfernungen hinweg. Darüber hinaus werden Jugendliche mit Migrationshintergrund häufig stärker als deutsche Gleichaltrige in ein Verpflichtungsgefüge zugunsten der Familie eingebunden; dazu gehört z.B. die Hilfe bei der Sicherung der Existenz der Familie durch Mitarbeit, wenn angestrebte Migrationsziele nicht erreichbar scheinen (z.B. Abzahlung eines Hauses im Herkunfts- oder Aufnahmeland), aber auch die Hilfe für die erweiterte Familie, etwa die Großeltern, die im Herkunftsland leben, oder die Unterstützung der Geschwister. Für Jugendliche kann es selbstverständlich sein, dass sie nach Erreichung der Volljährigkeit so lange in der Herkunftsfamilie leben, bis sie eine eigene Familie gründen können. Die Einforderung von Selbstständigkeit (z.B. im Hinblick auf Partnerschaft oder Ausgehen) ist dann – insbesondere, aber nicht ausschließlich bei Mädchen – geringer als bei volljährigen deutschen Jugendlichen.

In Ländern, in denen wie in Deutschland Individualisierung als Merkmal von Moderne verstanden wird, erfahren familialistische Orientierungen eine Abwertung. Es wird geltend gemacht, dass Werte wie persönliche Autonomie, Selbstverwirklichung, Gleichberechtigung und Emanzipation Werten wie Einordnung in die familiären Interessen und Muster überlegen seien. Die Beibehaltung der traditionellen Werte wird dann als der Integration der Jugendlichen mit Migrationshintergrund hinderlich angesehen. In einer anderen Sichtweise kann Familialismus aber als protektiver Faktor und als Grund für psychische Stabilisierung eingestuft werden (Baros, 2001). Herwartz-Emden weist darauf hin, dass „die Familienmitglieder in Migrantenfamilien mehr übereinander wissen und mehr miteinander kommunizieren als vergleichbare deutsche Familien. Die Generationenbeziehungen sind keineswegs nur durch Zerrüttung oder schwerwiegende Konflikte charakterisiert, sondern durch ein hohes Maß an Unterstützung und gegenseitigem Respekt" (Herwartz-Emden 2000, S. 19; vgl. hierzu auch Dietz & Roll, 1998).

Die Migrationsfamilie kann demnach für Kinder und Jugendliche mit Migrationshintergrund eine wichtige Ressource darstellen, sie kann bei der Verarbeitung schulischer, beruflicher und sozialer Enttäuschungen Hilfe leisten. Auch traditionell geprägte Familien können aufgrund der Kohäsion positiv auf den Integrationsprozess ihrer Kinder einwirken.

Wanderung verändert Familienstrukturen

Neuere quantitative und qualitative empirische Untersuchungen zu familiären Beziehungen und Orientierungen in Familien mit Migrationshintergrund[1] belegen, dass selbst die Familien, die im Herkunftsland im Durchschnitt stärker als deutsche Familien patriarchalisch ausgerichtet waren, sich durch die Wanderung und die daraus resultierenden Bedingungen im Hinblick auf die Verteilung von Entscheidungsmacht, die Aufgabenverteilung und die Familienstruktur verändert haben. Dieses bedeutet jedoch keine lineare Anpassung an deutsche Familien. Zudem wird eine starke Ausdifferenzierung und dadurch bedingte Variabilität innerhalb der Zuwanderungsfamilien ermittelt.

Einige Untersuchungen machen auf den Wandel im Erziehungsverhalten von Migrationsfamilien aufmerksam, der sich im Zuge der Veränderung der Familienstruktur durch Migration zeige. So sei als Resultat der Migration mit der Einbindung der Frauen in die Arbeitswelt außerhalb des Hauses und dem Wegfallen der verwandtschaftlichen Unterstützungssysteme bei der Betreuung der Kinder eine Verkleinerung der Familie festzustellen und damit eine stärkere Einbindung der Väter in die Kindererziehung und -betreuung (Gümen, Herwartz-Emden & Westphal, 2000). Während in früheren Untersuchungen zu Griechen deren rigideres Erziehungsverhalten gegenüber Töchtern hervorgehoben wurde (z. B. Ligouras, 1981), stellen neuere Untersuchungen dar, dass vor allem jüngere Eltern von dem geschilderten Muster abweichen und traditionelle, geschlechtsspezifische Erziehungsmuster kritisch beurteilen (Baros, 2001). Hinsichtlich der jüngst zugewanderten Gruppe der Aussiedler und Aussiedlerinnen aus der GUS bewegt sich die Forschung zu den Erziehungszielen und Familienstrukturen in ähnlichen Bahnen (vgl. den Beitrag von Titzmann, Schmidt-Rodermund und Silbereisen in diesem Band). Ein Forschungsstrang sieht Aussiedlerfamilien als gekennzeichnet durch patriarchalische Strukturen, in denen die Rollenverteilung zwischen Männern und Frauen traditionell geprägt sei. Das Erziehungskonzept der Aussiedlereltern wird hier als moralisch und emotional beschrieben. Von den Töchtern werde erwartet, dem traditionellen weiblichen Rollenverständnis entsprechend Mithilfe im Haushalt zu leisten und ihre jüngeren Geschwister zu betreuen. Selbstständigkeit der Kinder werde weniger angestrebt als üblicherweise in einheimischen deutschen Familien (vgl. Dietz, 1997). Dieses Bild wird von Herwartz-Emden und Westphal (2000a) auf der Grundlage ihrer Untersuchung korrigiert, indem darauf verwiesen wird, dass bei solchen Vergleichen die westdeutschen Erziehungspraktiken zum Maßstab genommen und als vorbildlich dargestellt würden, wie Partnerschaftlichkeit, auf Geschlechtergleichheit bedachte Erziehung, Eigenständigkeit und Förderung der Selbstständigkeit. Die Erziehungsstile der Aussiedlereltern können jedoch, ebenso wie die der nicht-deutschen Familien, nicht als homogen betrachtet werden, da deren Variationen von vielen Faktoren abhängig sind, unter anderem dem Bildungsstatus der Eltern, der Ausprägung familiärer Religiosität oder dem ländlichen bzw. städtischen Lebensraum im Herkunftsland (Herwartz-Emden, 1997).

---

1 Siehe dazu Goudiras 1997; Baros 2001; siehe vor allem die Untersuchungen von Nauck 1997; 2000 und Herwartz-Emden 2000; Herwartz-Emden und Westphal 2000a; dies. 2000b; Kohlmann 2000.

Viele Veränderungen in den Familien spielen sich unerkannt durch die Außenwelt ab. Daher muss das nach außen präsentierte Bild nicht zwangsläufig mit den inneren Strukturen kompatibel sein. Der Sechste Familienbericht der Bundesregierung (BMFSFJ, 2000) hat dies berücksichtigt, indem ein Focus auf die Innenperspektive der Familien mit Migrationshintergrund gelegt wurde. Auf diese Weise war es möglich, Aussagen über die Rolle der Frauen innerhalb der Familie zu gewinnen und deutlich zu machen, dass die aktive Beteiligung der Frauen am Eingliederungsprozess bislang zu wenig beachtet worden ist. Dabei hängt es in entscheidendem Maße von ihren Ressourcen und Handlungskompetenzen ab, in welche Richtung und mit welcher Intensität die Eingliederung der jungen Zugewanderten in die Gesellschaft vollzogen wird. In Bezug auf die Aufgabenverteilung und Entscheidungskompetenz innerhalb der Familie wurde belegt, dass weniger Variabilität zwischen den jeweiligen Herkunftsnationalitäten (wie auch der deutschen) besteht als es die vielfältigen Annahmen über die kulturelle Prägung der Geschlechterrolle nahe legen (BMFSFJ, 2000).

Eine besondere Bedeutung kommt den jungen Frauen mit Migrationshintergrund als den zukünftigen Müttern zu. Ihre Orientierungen werden in den neueren Jugendstudien generell als traditionalistischer als die ihrer deutschen Altersgleichen beschrieben (vgl. Pupeter, 2000) und dieses wird oft gleichgesetzt mit einer engen Bindung an die Herkunftskultur und an das Herkunftsland. Je nach der Skala, mit Hilfe derer die Geschlechterrolleneinstellung gemessen wird, ergibt sich ein deutlich traditionalistischeres Bild bei den jungen Türkinnen im Vergleich zu anderen Nationalitäten oder aber es wird festgestellt, dass sich bei der Gruppe dieser nationalen Herkunft eine deutliche Abkehr von traditionellen Geschlechterrollen abzeichnet. Herwartz-Emden und Westphal (2000b) ermitteln dagegen, dass die Selbstkonzepte von Männern und Frauen mit Migrationshintergrund anhand einer Gegenüberstellung von deutschen, türkischen und Befragten mit Aussiedlerhintergrund aus der ehemaligen Sowjetunion weniger dichotom sind als bei westdeutschen Männern und Frauen. Das geschlechtsspezifische Selbstkonzept bei Migrantinnen – so wird empirisch belegt – umfasst ausgeprägte Anteile von Androgynität für beide Geschlechter.

Auch wenn die empirische Basis zu Familien mit Migrationshintergrund Ende der 90er Jahre des vergangenen Jahrhunderts entscheidend erweitert wurde, so bleibt doch die Rolle und Bedeutung der Familie für Mädchen und junge Frauen mit Migrationshintergrund in einer Innenperspektive merkwürdig blass. Dies hängt u. a. damit zusammen, dass Fragen zu Familie und Erziehung in den wenigen Jugendstudien, die diese Untersuchungsgruppe mitberücksichtigen (Deutsche Shell, 2000; Weidacher, 2000, Zinnecker et al., 2002), nur in Ansätzen und kaum nach Geschlecht und Herkunftsgruppe differenziert ausgewertet worden sind.

Ergebnisse einer Untersuchung bei Mädchen mit Migrationshintergrund

Die Untersuchung „Viele Welten leben. Lebensorientierungen von Mädchen und jungen Frauen mit Migrationshintergrund" (Boos-Nünning & Karakasoglu, 2004), die im Auftrag des Bundesministeriums für Familie, Senioren, Frauen und

Jugend als Mehrthemenuntersuchung durchgeführt wurde und aus der im Folgenden Daten über die familiären Bezüge vorgestellt werden, greift in zweifacher Hinsicht das Forschungsdesiderat auf. Zum einen fokussiert sie die Gruppe der Mädchen und jungen Frauen mit Migrationshintergrund und bietet für diese eine vertiefte Analyse der von ihnen wahrgenommenen Familienstrukturen und Erziehungsformen in der Familie. Zum anderen kann aufgrund der Anlage der Untersuchung auf herkunftsdifferenzierte Daten zu einem breiten Themenspektrum zurückgegriffen werden.[2] Befragt wurden von November 2001 bis März 2002 insgesamt 950 Mädchen und unverheiratete junge Frauen im Alter von 15 bis 21 Jahren türkischer, italienischer, griechischer, ehemals jugoslawischer (überwiegend serbischer und bosnischer) Herkunft sowie Aussiedlerinnen aus Ländern der ehemaligen Sowjetunion.[3] Die Stichprobe der vier Migrantinnengruppen nicht-deutscher Herkunft wurde zu 75 Prozent mittels Zufallsauswahl aus Einwohnermeldeamtsregistern und zu 25 Prozent über das Schneeballsystem zusammengestellt. Mit dieser Kombination konnte gewährleistet werden, dass auch Personen deutscher Staatsangehörigkeit der genannten Herkünfte in der Stichprobe vertreten sind. Die Aussiedlerinnen wurden ausschließlich über das Schneeballverfahren ermittelt. Die Erhebung erfolgte durch persönliche Interviews mittels eines standardisierten Fragebogens und in Form einer freien Sprachwahl der Mädchen, die nach Wunsch in den jeweiligen Herkunftssprachen von speziell geschulten, zweisprachigen Interviewerinnen befragt wurden. Unsere Untersuchung erlaubt es also, einige der eingangs vorgestellten Thesen aus der Perspektive der Mädchen und jungen Frauen mit verschiedenen nationalen Hintergründen vergleichend zu prüfen.

Familiale Orientierungen der Mädchen und jungen Frauen

In der Untersuchung wurde unter verschiedenen Fragestellungen der Sachverhalt angesprochen, ob und in welcher Stärke die Mädchen sich an familiale Traditionen gebunden fühlen. „Familiale Traditionen" wurden operationalisiert über die Frage nach der zukünftig gewünschten Lebensform, der Wahrung kultureller Traditionen im Hinblick auf die Freizeitaktivitäten und die fehlende Bereitschaft, einen Deutschen zu heiraten, und nach der Bereitschaft, die Kultur der Eltern beizubehalten.

---

2 Erhoben werden teils in umfangreichen Fragebatterien Daten zur Migrationsbiographie, dem sozialen Umfeld, der Einstellung zur Familie, Freizeit und Freundschaften, Bildungslaufbahn, Spracheinschätzung, Geschlechterrolle und Partnerwahl, Körperlichkeit und Sexualität, Ethnizität und psychischer Stabilität, Religiosität und Inanspruchnahme von Hilfen. Mit der Präsentation der Ergebnisse zu Familienbeziehungen bei Mädchen und jungen Frauen mit Migrationshintergrund bezieht sich der vorliegende Beitrag somit lediglich auf einen kleinen Ausschnitt aus dem Datenpool der Untersuchung.

3 Die Befragungsregionen waren Frankfurt, Mannheim, Berlin, Völklingen, Dresden, Chemnitz sowie der Ballungsraum Ruhrgebiet mit den Städten Duisburg und Essen und den Kreisen Unna und Recklinghausen. Die Städte wurden so ausgewählt, dass sie über das Bundesgebiet streuten und städtische und ländliche Regionen einbezogen wurden.

Zukünftige Lebensform

Ein Merkmal, das als Ausdruck individualistischer Formen oder der Wahrung familialistischer Traditionen gedeutet werden kann, ist die Vorstellung, zu welchem Zeitpunkt und aus welchem Anlass das Elternhaus verlassen wird. Die Zukunftsvorstellungen in diesem Punkt differenzieren stark nach Migrationshintergrund.

Tabelle 1: Zukünftig gewünschte Lebensform (stimme voll/stimme eher zu) (in Prozent)

| | Migrationshintergrund | | | | | |
	Aussiedl.	griech.	ital.	jugosl.	türk.	Gesamt
Gesamt	165	163	173	152	202	855**
weiter bei Eltern wohnen*	15	19	30	23	37	25 (217)
heiraten und mit Mann in eigener Wohnung leben*	56	47	62	65	68	60 (513)
mit Partner und anderen Familienmitgliedern zusammenleben	9	8	10	12	9	10 (81)
mit Partner wohnen und evtl. heiraten*	62	52	37	45	13	40 (346)
in Wohngemeinschaft leben*	10	22	15	27	24	20 (168)
(einige Zeit) alleine leben*	39	41	24	40	37	36 (310)

* Signifikante Unterschiede nach nationaler Herkunft p ≤ .05.
** Diese Frage war eine Filterfrage, die sich nur auf diejenige befragten Mädchen und jungen Frauen bezog, die zum Zeitpunkt der Befragung noch bei den Eltern oder bei Familienangehörigen lebten, deshalb N = 855.

Tabelle 1 zeigt, dass viele der Mädchen und jungen Frauen auf traditionelle Muster im Hinblick auf die angestrebte Lebensform ausgerichtet sind. Sie wollen heiraten und danach mit ihrem Ehemann zusammenleben. Eine im Vergleich zu deutschen Jugendlichen deutlich geringere Akzeptanz einer vorehelichen Lebensgemeinschaft wird seitens der italienischen und in stärkerem Maße noch seitens der türkischen Jugendlichen auch in der Shell-Jugendstudie festgestellt. Anders als bei deutschen Jugendlichen sprechen sich italienische und noch deutlicher türkische Mädchen stärker gegen eine solche Lebensform aus als Jungen (Fuchs-Heinritz, 2000).

Der Vergleich von Mädchen und jungen Frauen mit türkischem, italienischem, griechischem und jugoslawischem Hintergrund und den Aussiedlerinnen fördert weitere Unterschiede zwischen den Herkunftsgruppen hervor. So sind die Mädchen und jungen Frauen mit griechischem Hintergrund, aber auch die jungen Aussiedlerinnen deutlich weniger auf traditionelle Muster ausgerichtet und sprechen sich für das Zusammenwohnen mit dem Partner vor der Ehe als die am häufigsten vorgestellte Lebensform aus.

In allen Gruppen gibt es eine zwar kleine, aber dennoch beachtliche Gruppe, die eine selbstständige Lebensführung vor der Ehe wahrnimmt oder für sich plant oder wünscht. Dies sind diejenigen, die sich auch vorstellen können, mit einem Partner vor der Ehe zusammenzuleben, in einer Wohngemeinschaft oder alleine wohnen zu wollen. Immerhin mehr als ein Drittel der Mädchen und jungen Frauen, die noch bei ihren Eltern wohnen, kann sich mit der Vorstellung anfreunden, einige Zeit alleine zu leben, ein Fünftel in einer Wohngemeinschaft. Wenn Dietz und Roll (1998) hinsichtlich der Jugendlichen aus Aussiedlerfamilien – ohne Differenzierung nach Geschlecht – feststellen, „dass die Tendenz unter jungen Aussiedlern für bundesdeutsche Verhältnisse früh zu heiraten (…) auf die nach wie vor traditionelle Familienorientierung vieler Aussiedler" hinweist (Dietz & Roll 1998, S.108), so spiegelt sich dies nicht in unseren Daten wider. Es sind mehr Mädchen aus Aussiedlerfamilien sowie mehr Mädchen und junge Frauen griechischer und jugoslavischer Herkunft, die sich eine selbstständige Lebensführung wünschen.

Wahrung kultureller Traditionen

Kulturelle Traditionen können, soweit sie über den familialen Kontext vermittelt oder in ihm verstärkt werden, durch Bindungen an Familienmitglieder in der Freizeit, durch Heiratsmuster und durch den Wunsch nach Erhalt der Kultur der Eltern ausgedrückt werden. Ein mögliches Indiz für die Pflege kultureller Traditionen ist die Teilnahme an Familienfesten. Danach wurde in der Annahme, dass es sich dabei zumindest für diejenigen Mädchen, die wenig Freizeit außer Haus verbringen, um eine wichtige Freizeitbeschäftigung handeln könnte, im Rahmen der Freizeitbetätigungen gefragt. Familienfeste stellen nur für ein Drittel der Mädchen insgesamt

Tabelle 2: Häufigste Freizeitpartner und -partnerinnen (in Prozent)

| | Migrationshintergrund | | | | | |
	Aussiedl.	griech.	ital.	jugosl.	türk.	Gesamt
Cousinen oder andere Verwandte * N = 950	8	8	11	9	14	10 (97)
Geschwister* N = 901**	12	15	12	15	23	15 (139)
Eltern N = 950	9	10	12	13	17	12 (118)

  * Signifikante Unterschiede nach nationaler Herkunft p ≤ .05.
** N = 901, da in 49 Fällen keine Geschwister vorhanden sind.

eine Freizeitbeschäftigung dar, der sie oft bzw. sehr oft nachgehen. Mehr Mädchen mit türkischem Hintergrund und aus Aussiedlerfamilien nennen Familienfeste häufig, Mädchen mit italienischem Hintergrund tun dies hingegen weniger. Dem entspricht, dass vergleichsweise mehr Mädchen mit türkischem Hintergrund ihre Freizeit „meistens" im familialen Raum, häufig mit Geschwistern, verbringen, wie die Tabelle 2 verdeutlicht.

Ethnische Heiratsorientierungen

Häufig wird die Bereitschaft zu einer Heirat mit einem deutschen Partner als Hinweis für die Nähe bzw. Distanz zur Mehrheitsgesellschaft und somit als „ein Hinweis auf ihren Grad der gesellschaftlichen Integration" interpretiert (BMFSFJ, 2000; Heckmann et al., 2000). In diesem Zusammenhang betont jedoch Straßburger (2001, S. 294f): „Aus der bloßen Tatsache, dass eine Migrantengruppe vorwiegend innerethnische Ehen schließt, kann nicht unmittelbar auf die Befürwortung sozialer Segregation geschlossen werden." Auch die Mehrheitsbevölkerung muss zur Aufnahme solch enger Beziehungen bereit sein. In unserem Zusammenhang soll die ethnische Heiratspräferenz daher lediglich als weiterer Faktor, in dem sich die Nähe oder Ferne zur Pflege familialer Traditionen äußern kann, genauer betrachtet werden.

Wie die folgende Tabelle 3 zeigt, weist die Gruppe der Mädchen und jungen Frauen mit italienischem Hintergrund die größte Bereitschaft auf, einen einheimischen Deutschen zu heiraten (60 % „auf jeden Fall" und „möglicherweise"), gefolgt von den Aussiedlerinnen (51 %) und Befragten mit jugoslawischem Migrationshintergrund (46 %). Die Mädchen und jungen Frauen mit türkischem (22 %) und griechischem (33 %) Migrationshintergrund dagegen weisen die niedrigste Bereitschaft auf, eine interethnische Ehe mit einem Deutschen einzugehen. Sie lehnen

Tabelle 3: Heirat eines deutschen Mannes (in Prozent)

| | Migrationshintergrund | | | | | |
	Aussiedl.	griech.	ital.	jugosl.	türk.	Gesamt
Gesamt	200	182	183	172	213	950
ja, auf jeden Fall	8	4	13	12	2	7 (70)
ja, möglicherweise	43	29	47	34	20	34 (327)
nein, wahrscheinlich nicht	24	25	22	25	29	25 (237)
nein, auf keinen Fall	21	40	16	28	47	31 (292)
nein, ich möchte überhaupt nicht heiraten	4	2	2	1	2	3 (24)

p = .00

diese Option auch am häufigsten in konsequenter Form ab (47 % und 40 % „auf keinen Fall").[4]

Unsere Ergebnisse bilden damit die gleichen Tendenzen und herkunftsspezifischen Unterschiede ab, die sich in den Ergebnissen anderer Untersuchungen zeigen. Auch in der Shell–Jugendstudie (Münchmeier 2000) wurde nach Einstellungen zu binationalen Ehen gefragt, wobei die Frage nicht auf eine bestimmte Nationalitätengruppe fokussiert wurde, da mit dem gleichen Fragebogen auch deutsche Jugendliche befragt wurden. Demnach können sich gut 28 Prozent der jungen Deutschen, ein Viertel der Jugendlichen türkischer und nur drei Prozent italienischer Herkunft „eigentlich gar nicht vorstellen, jemanden mit einer anderen Nationalität zu heiraten". In diesem Zusammenhang wurde festgestellt, dass Mädchen stärker als Jungen türkischer Herkunft eine binationale Ehe ablehnen. Als wichtigste Bedingung für eine national gemischte Ehe wird – unabhängig von dem nationalen Hintergrund – „Liebe" genannt. Dafür sprechen sich mehr als die Hälfte der Deutschen und Jugendlichen türkischer Herkunft sowie gut 78 Prozent der Jugendlichen italienischer Herkunft aus. Die Bedingung der gleichen Religion ist nur für ca. 13 Prozent der Jugendlichen türkischer Herkunft, hier insbesondere der männlichen, bedeutsam.

Im Ausländersurvey des Deutschen Jugendinstituts (Weidacher, 2000) wird die Frage nach interethnischen Ehen präzisiert, in dem die jungen, ledigen und heiratswilligen Erwachsenen griechischer, italienischer und türkischer Herkunft nach ihrer Bereitschaft zur Ehe mit einer/einem Deutschen gefragt wurden. Rund die Hälfte bis drei Viertel der Befragten zeigte sich dazu bereit, wobei sich bei den Befragten mit türkischem Migrationshintergrund – insbesondere den jungen Frauen – eine deutlich geringere Bereitschaft zeigte als bei den übrigen Gruppen.

Der Ausländersurvey des Bundesministeriums für Arbeit und Sozialordnung (2002) stellt im Zeitvergleich gegenüber 1985 und 1995 eine zunehmende Bereitschaft aller befragten Herkunftsgruppen zur Heirat mit einem oder einer Deutschen fest. Dabei bleiben Unterschiede im herkunftsspezifischen Vergleich bestehen. Demnach sind jeweils drei Viertel der Befragten italienischer und griechischer sowie 70 Prozent jugoslawischer Herkunft, aber nur unter 60 Prozent der Befragten türkischer Herkunft einer interethnischen Ehe mit einem oder einer Deutschen gegenüber positiv eingestellt. Auch hier ist der Anteil der Frauen türkischer Herkunft, die eine solche Heirat ablehnen, mit 36 Prozent deutlich größer als bei den übrigen Vergleichsgruppen.

Unsere Ergebnisse weisen höhere Anteile von Mädchen und jungen Frauen auf, die sich auf keinen Fall oder wahrscheinlich nicht eine Heirat mit einem deutschen Mann vorstellen können. Dies sind etwa drei Viertel der Mädchen und jungen Frauen mit türkischem, zwei Drittel mit griechischem und etwa die Hälfte mit jugoslawischem und Aussiedlerhintergrund. Bei einem Vergleich der Ergebnisse muss berücksichtigt werden, dass die Shell-Studie nicht nach der Ehe mit einem Deutschen, sondern nach der Einstellung zu einer binationalen Ehe fragt. Die Unterschiede zwischen dem DJI Ausländersurvey, dem Survey des BMA und unserer Erhebung lassen sich nicht auf einfache Art erklären. Ansätze für eine Erklärung der

---

4 Die Untersuchung von Straßburger über türkische Zuwanderer und Zuwanderinnen (2003) belegt, dass die tatsächlichen Heiratsmuster den Vorstellungen folgen und die meisten jungen Frauen innerethnisch heiraten.

ablehnenden Einstellung zu einer interethnischen Ehe bei Jugendlichen mit griechischem Hintergrund bietet Tilkeridoy (1998). Sie stellt in ihrer qualitativen Untersuchung zu griechischen Jugendlichen in Griechenland und in Deutschland fest, dass die Wahl des Ehepartners ein Weg sein kann, Loyalität gegenüber den Eltern und der elterlichen Kultur zu beweisen. Dieses könnte ein Grund für die relativ große Ablehnung, einen Deutschen zu heiraten, bei den Befragten mit griechischem Hintergrund unseres Samples sein.

Wie Tabelle 4 verdeutlicht, gibt es auch deutliche Unterschiede zwischen den Herkunftsgruppen, wenn es um eine Ehe mit einem Partner aus dem Herkunftsland der Eltern geht. Während für weit über 50 Prozent der Aussiedlerinnen sowie Mädchen und jungen Frauen mit türkischem Hintergrund eine Heirat mit jemandem, der noch in den Herkunftsländern ihrer Familien lebt, nicht in Frage käme, ist dies für jeweils 82 Prozent der Befragten mit griechischem und italienischem Hintergrund durchaus vorstellbar. Von den Mädchen mit türkischem Hintergrund sind nur 46 Prozent dazu bereit.

Was die Gruppe der Mädchen und jungen Frauen mit italienischem und griechischem Hintergrund anbelangt, so bestätigt das Ergebnis deren stärkere Tendenz, eine enge Verbindung zum Herkunftsland der Eltern – über die Bereitschaft zur Mobilität, aber auch über die Partnerwahl – aufrecht zu erhalten.

Tabelle 4: Heirat eines Partners aus dem Herkunftsland (in Prozent)

| | Migrationshintergrund | | | | | |
	Aussiedl.	griech.	ital.	jugosl.	türk.	Gesamt
Gesamt	200	182	183	172	213	950
ja, auf jeden Fall	6	35	40	26	14	23 (223)
ja, möglicherweise	35	47	42	38	32	38 (365)
nein, wahrscheinlich nicht	30	10	13	24	20	20 (185)
nein, auf keinen Fall	25	6	3	11	32	16 (153)
nein, ich möchte überhaupt nicht heiraten	4	2	2	1	2	3 (24)

p = .00

Diejenigen, die eine solche Möglichkeit akzeptieren oder sie für denkbar halten, wurden nach den Voraussetzungen hierfür gefragt (siehe Tabelle 5). Ebenso wie bei der Heirat eines Deutschen ist die Liebe für 94 Prozent die wesentliche Bedingung. Dieses gilt für Mädchen aller Herkunftsgruppen in gleichem Maße. Alle anderen Bedingungen sind weniger wichtig, aber die Unterschiede sind größer. Die Bereitschaft, nach Deutschland zu ziehen, ist für Mädchen mit griechischem Hintergrund weniger wichtig als für die anderen Gruppen. Mehr noch als von anderen Gruppen wird von ihnen hingegen die Bereitschaft als wichtig bewertet, nach der Heirat in Griechenland zusammen zu leben. Dieser Befund korrespondiert zu den höheren

Optionen, die sich die Mädchen und jungen Frauen mit griechischem Hintergrund für eine „Rückkehr" in das Herkunftsland der Eltern offen lassen. Weit häufiger Wert auf eine gute Ausbildung, auf deutsche Sprachkenntnisse des Partners und auf Übernahme des eigenen Erziehungskonzeptes durch den Partner legen die Mädchen mit türkischem Hintergrund. Dies sind alles Voraussetzungen, die an der Integrationsfähigkeit ihres Partners in die deutsche Gesellschaft orientiert sind. Am wenigsten erwarten Mädchen und junge Frauen mit jugoslawischem Hintergrund und die jungen Aussiedlerinnen die Bereitschaft des Partners, mit ihnen zusammen in das Herkunftsland der Eltern umzuziehen. Der Wunsch der Eltern, einen Partner aus dem Herkunftsland zu heiraten, wird von keiner Gruppe als akzeptabler Grund gesehen, eine solche Verbindung einzugehen. Auch die Gruppe der jungen Frauen mit türkischem Hintergrund, die im Fokus der Öffentlichkeit stehen, wenn das Thema der Heiratsmigration behandelt wird, stimmen lediglich zu zwei Prozent zu, auf Wunsch ihrer Eltern einen Partner aus der Türkei zu wählen.

Tabelle 5: Bedingungen für eine Heirat eines Partners aus dem Herkunftsland (in Prozent)

| | Migrationshintergrund | | | | | |
	Aussiedl.	griech.	Ital.	jugosl.	türk.	Gesamt
Gesamt	141	168	173	151	140	773*
Ich könnte mir das vorstellen, wenn... ich ihn liebe	94	92	95	94	94	94 (726)
... er mir gefällt, alles andere ist nicht wichtig	37	39	44	40	32	39 (299)
... er eine gute Ausbildung hat	18	35	21	34	51	32 (244)
... er unsere Kinder so erzieht, wie ich mir das vorstelle	18	36	31	35	40	32 (249)
... er Deutsch kann	25	19	21	30	39	26 (201)
... er bereit ist, nach Deutschland zu ziehen	71	32	49	76	67	58 (447)
... wir nach der Heirat zusammen in ... (Herkunftsland) leben würden	1	33	24	7	15	17 (130)
... meine Eltern unbedingt wollen, dass ich ihn heirate	–	–	1	1	2	1 (5)

* Diese Frage war eine Filterfrage, die sich nur auf diejenigen befragten Mädchen und jungen Frauen bezog, die sich vorstellen konnten, jemanden zu heiraten, der im Herkunftsland lebt, deshalb N = 773.

Auch eine arrangierte Ehe stellt keinen Modus dar, den die von uns befragten Mädchen mit Migrationshintergrund bereit wären zu akzeptieren. In unserer Untersuchung wurde die Einstellung zu diesem Thema erstmals mit quantitativen Methoden erhoben. Dabei wurden die Fragen so formuliert, dass sie der Lebensrealität der von der sogenannten „Zwangsheirat" betroffenen jungen Frauen am ehesten entsprechen. Das heißt, es wurde nach dem gemeinsamen Aussuchen eines Partners für die junge Frau von Seiten der Jugendlichen und von Seiten der Eltern gefragt. Trotz der vorsichtigen Formulierung ist die abwehrende Haltung der jungen Frauen herkunftsgruppenübergreifend eindeutig. 87 Prozent lehnt eine solche Form der Partnersuche bzw. Partnerwahl ab. Lediglich ein kleiner Teil von vier Prozent findet es „sehr gut" oder „gut", wenn Eltern mit ihrer Tochter gemeinsam einen Ehemann aussuchen. Im herkunftsspezifischen Vergleich sind es die Befragten türkischer Herkunft, die jeweils zu elf Prozent angeben, dies „gut" oder „sehr gut" zu finden. Ebenso viele können sich dies für sich selbst vorstellen.

Mit Ausnahme der Mädchen und jungen Frauen aus Aussiedlerfamilien sind alle Mädchen und jungen Frauen an den Kulturen der Eltern orientiert. Dabei ist zu berücksichtigen, dass es sich bei der „Kultur der Eltern" im Falle von Mädchen aus Aussiedlerfamilien zumindest teilweise um Bezüge zur deutschen Kultur – wenn auch als Minderheitenkultur in den Ländern der GUS – handelt, hier somit eventuell kein großer Gegensatz zur Kultur der deutschen Mehrheitsgesellschaft gesehen wird. Auf die Frage, ob man von jemandem, der schon lange in Deutschland lebt, erwarten kann, die ‚Kultur der Eltern' aufzugeben, wird wie folgt geantwortet (vgl. Tabelle 6):

Tabelle 6: Aufgabe der Kultur der Eltern (in Prozent)

| | Migrationshintergrund | | | | | |
	Aussiedl.	griech.	ital.	jugosl.	türk.	Gesamt
Gesamt	200	182	183	172	213	950
auf jeden Fall	–	–	2	2	1	1 (10)
eher ja	4	2	–	–	3	2 (21)
teils-teils	29	6	14	9	11	14 (131)
eher nicht	35	21	30	31	33	30 (286)
auf keinen Fall	32	71	54	58	52	53 (502)

p = .00

Deutlich häufiger als Mädchen aus anderen Arbeitsmigrationsfamilien antworten Mädchen mit griechischem Hintergrund traditions- und familiengebunden. Sie lehnen die Aufgabe der eigenen Kultur (es handelt sich hierbei um einen stereotypisierenden Topos, bei dem nicht vorab definiert ist, was mit der Kultur der Eltern konkret gemeint ist) am stärksten ab. Mit einer relativ hohen Zustimmung zur „teilweise" Aufgabe der Kultur der Eltern erweisen sich erwartungsgemäß die jungen Aussiedlerinnen als am ehesten assimilationsbereit. Mädchen und junge Frauen mit türkischem Hintergrund sind geringfügig häufiger bereit als diejenigen mit italienischem und jugoslawischem Hintergrund zuzugestehen, dass bei langjährigem Aufenthalt in Deutschland die Kultur der Eltern aufgegeben werden könnte.

Familiale Unterstützung der Mädchen und jungen Frauen

Familien mit Migrationshintergrund haben, wie deutsche Familien auch, die Aufgabe der Platzierung ihrer Kinder im Bildungssystem – eine, wie Leenen, Grosch und Kreidt (1990) ausführen, zumindest für die im Erwachsenenalter Zugewanderten unvertraute Aufgabe. Sie reicht „von der Grundlegung von Basiskompetenzen und -motivationen bis zur Bildungslaufbahnberatung und Biographieplanung, von der Sicherung adäquater Lern- und Arbeitsbedingungen bis zur konkreten schulischen Lernunterstützung"(Leenen, Grosch & Kreidt, 1990, S. 753). Trotz hoher Bildungsorientierung kommen Eltern bestimmter Migrationsgruppen (insbesondere türkischer, italienischer und jugoslawischer Herkunft) diesen Anforderungen nicht bzw. nur zu einem relativ geringen Teil nach. In Bezug auf die Erziehungsstile und Erwartungen an die Kinder wurde festgestellt, dass insbesondere bei den türkischen Familien „Empathie" und „Leistung" die beiden wesentlichen Komponenten des Erziehungsstils sind, während dies bei griechischen und italienischen Familien nicht in gleicher Weise der Fall ist. Dies spiegelt sich auch in den Bildungsaspirationen wider. Nauck, Diefenbach und Petri (1998) analysierten auf der Grundlage von SOEP-Daten, dass bei Migrationsfamilien ein positiver Zusammenhang zwischen der Zahl der Kinder im Haushalt und dem Bildungserfolg der Kinder besteht. Dies gilt nicht in gleicher Weise für deutsche Familien. Anzunehmen wären hier positive Effekte der Unterstützungsleistung jüngerer durch die älteren Geschwister.

Eltern mit Migrationshintergrund haben also ein hohes schulisches und berufliches Anspruchsniveau für ihre Kinder. Die Schulbildung soll den Zugang zu Berufen eröffnen, die ein höheres Ansehen haben und einen höheren Status verleihen, als sie die Tätigkeit der Eltern besitzt. Die Kinder – so wird seit den 70er Jahren durch Untersuchungen belegt – sollen somit eine soziale Position einnehmen, die die Eltern nicht erreichen konnten. Deren sozialer Aufstieg soll die oftmals deprivierte berufliche Stellung der Eltern kompensieren. Leenen, Grosch und Kreidt (1990) zitieren in ihrer qualitativen Untersuchung Aussagen von Jugendlichen, die von verpassten Bildungschancen der Eltern in einer Art sprechen, als seien es eigene Erfahrungen. Die Jugendlichen haben den Bildungsauftrag angenommen, bekommen aber durch die Eltern oftmals nicht genügend Hilfe bei der Umsetzung des Auftrages.

Um ein genaueres Bild der von den Mädchen und jungen Frauen wahrgenommenen familialen Unterstützung zu erhalten und Hinweise auf mögliche Gründe dafür, warum diese vielfach nicht in der von der Aufnahmegesellschaft erwarteten Form geleistet wird bzw. werden kann, werden Hilfen und Unterstützungsleistungen der Familie oder einzelner Familienmitglieder erfragt. Auf die Frage, ob es eine Person gebe, mit der über alle Sorgen und Nöte gesprochen werden kann, nennen 47 Prozent die Mutter, elf Prozent den Vater, 31 Prozent die Schwester, sieben Prozent den Bruder und 13 Prozent andere Verwandte. Da Mehrfachnennungen möglich waren, konnten sowohl Personen innerhalb wie auch außerhalb der Familie benannt werden.

Tabelle 7 verdeutlicht, wie groß – im Vergleich zwischen der Mutter und dem Vater – die hervorgehobene Rolle der Mutter ist.

Tabelle 7: Eltern als Vertrauenspersonen (in Prozent)

| | Migrationshintergrund | | | | | |
	Aussiedl.	griech.	ital.	jugosl.	türk.	Gesamt
Gesamt	200	182	183	172	213	950
nur Mutter	42	38	44	35	28	37 (352)
nur Vater	1	3	–	1	2	1 (14)
Mutter und Vater	12	9	14	9	5	10 (91)
keiner von beiden	45	50	42	55	65	52 (493)

$p = .00$

Zwar stellt die Mutter erheblich häufiger als der Vater und als beide Elternteile zusammen eine wichtige Vertrauensperson dar, aber die Hälfte der Mädchen sucht Vertraute nicht in den Eltern. Mädchen und junge Frauen mit italienischem Hintergrund und aus Aussiedlerfamilien geben besonders häufig (58 bzw. 55 %), Mädchen mit türkischem Hintergrund besonders selten (35 %) an, alle Sorgen und Nöte auch mit den Eltern besprechen zu können.

Ausschließlich bzw. unter anderem mit Familienmitgliedern können 70 Prozent der Mädchen über alles sprechen. Ausschließlich bzw. unter anderem mit den Freunden hingegen sprechen 91 Prozent. Die Familie ist zwar von großer Bedeutung als Instanz, an die sich die jungen Frauen bei dem Bedürfnis nach einem Gespräch wenden, die Freundschaften spielen jedoch eine weitaus größere Rolle. In der Kategorie „nur" wenden sich deutlich mehr Mädchen und junge Frauen nur an den festen Partner bzw. Freunde und Freundinnen (26 %) als nur an Familienmitglieder (7 %). Die Unterschiede nach nationaler Herkunft sind nicht bedeutsam.

Einen für die Altersgruppe der befragten Mädchen und jungen Frauen wichtigen Bereich familialer Unterstützung stellen Hilfen bei den Hausaufgaben dar. Wenn Familienmitglieder Unterstützung bei den Hausaufgaben leisten, dann sind es entweder die Geschwister oder die Mutter bzw. die Geschwister und die Mutter sind beteiligt. In den meisten Fällen (58 %) kommt jedoch aus dem Familienkreis keinerlei Hilfe. Entfällt die familiäre Hilfe, so stehen oder standen die Mädchen und jungen Frauen größtenteils alleine. Die fehlende Hilfe kann nicht mit Unwillen erklärt werden; die an anderer Stelle bereits genannte hohe Bildungsaspiration der

Familien mit Migrationshintergrund spricht gegen eine solche These. Es ist zu vermuten, dass die Möglichkeiten zur Hilfestellung bei einem Teil der Familien fehlen. Dafür spricht, dass die familiale Unterstützung bei den Hausaufgaben entscheidend von dem sozialen Status der Herkunftsfamilie abhängt. Je höher der soziale Status der Familie ist, desto stärker werden die Mädchen und jungen Frauen insbesondere durch die Mutter unterstützt. Die Hilfe der Mutter – und diese ist die wichtigste Person in der Unterstützung der Tochter – hängt deutlich von deren Schulbildung ab; vor allem Mütter mit gehobenem und hohem Bildungsniveau helfen ihren Töchtern bei den Hausaufgaben.

Erziehung der Mädchen und jungen Frauen in der Herkunftsfamilie

Für das Verhältnis zwischen Töchtern und Eltern ist es wichtig, wie die elterlichen Erziehungsgrundsätze von den Mädchen wahrgenommen werden. Wir haben nach Bildern, Strategien und Erwartungen gefragt, die die Befragten im Hinblick auf ihre Person in der elterlichen Erziehung wahrnehmen. Eine Faktorenanalyse ermittelt die Dimensionen verständnisvolle Erziehung, hohes Anspruchsniveau, besorgte Grundhaltung und zwei Items zur materiell ausgerichteten Erziehung. Etwa die Hälfte der Mädchen und jungen Frauen stimmt Aussagen zu, die auf eine verständnisvolle Erziehung hinweisen. Immerhin 40 Prozent fühlt sich von den Eltern am besten verstanden, 23 Prozent hingegen nicht. Die meisten Mädchen fühlen sich von ihren Eltern angenommen: Mehr als 80 Prozent („voll" und „eher" einverstanden) sagen, dass ihre Eltern Hoffnungen in sie setzen und sich um sie sorgen; mehr als zwei Drittel, dass die Eltern stolz auf sie sind. Die Eltern haben eine dominante Bedeutung. Sie stehen bei 80 Prozent an erster Stelle.

Die Untersuchungsergebnisse zeichnen ein differenziertes Bild von dem Klima, in dem die Mädchen ihre familiale Erziehung erfahren: hohes Verständnis ist gepaart mit hohen Leistungsanforderungen, aber auch mit dem Setzen von Grenzen. Negative Formulierungen wie „Meine Eltern meckern dauernd an mir herum" werden überwiegend zurückgewiesen (von 56 Prozent). Die Sorgen der Eltern um ihre Töchter (81 %) („voll" und „eher" einverstanden) und deren Zukunft (51 %) („voll" und „eher" einverstanden) werden als stark eingeschätzt.

In den meisten Erziehungsfragen lassen sich herkunftsspezifische Unterschiede ermitteln, die besonders deutlich werden, wenn ausschließlich – wie in der folgenden Tabelle 8 – die Kategorie „trifft voll zu" berücksichtigt wird.

Tabelle 8: Wahrgenommenes Erziehungsverhalten der Eltern (trifft voll zu) (in Prozent)

	Migrationshintergrund					
	Aussiedl.	griech.	ital.	jugosl.	türk.	Gesamt
Gesamt	200	182	183	172	212	949**
Verständnisvolle Erziehung						
Eltern versuchen mich immer zu verstehen*	24	28	31	26	19	26 (242)
fühle mich von Eltern am besten verstanden*	20	29	21	19	18	21 (202)
Eltern lassen mich tun, was ich für wichtig halte	17	22	16	14	15	17 (158)
Hohes Anspruchsniveau						
Eltern setzen große Hoffnungen in mich	50	56	48	61	59	55 (518)
Zusammenhalt ist stärker als in anderen Familien*	14	41	37	38	38	33 (315)
Eltern sind stolz auf mich*	14	45	38	42	37	35 (329)
auf meine Schulnoten wird geachtet	42	49	33	53	47	45 (423)
Eltern kommen an erster Stelle*	46	58	54	51	64	55 (518)
Besorgte Grundhaltung						
Eltern machen sich Sorgen, was aus mir wird*	38	28	28	27	27	30 (282)
Eltern sagen immer, ich mache nichts richtig*	8	3	5	4	6	5 (48)
Eltern meckern dauernd an mir herum	11	7	8	7	8	8 (76)
Eltern machen sich viel Sorgen um mich*	66	62	67	63	54	62 (589)
Materiell ausgerichtete Erziehung						
bekomme von Eltern alles, was ich will*	8	18	12	12	20	14 (134)
haben genug Geld, um unsere Wünsche zu erfüllen*	10	32	30	20	25	23 (220)

* Signifikante Unterschiede nach nationaler Herkunft p ≤ .05.
** N = 949, da beide Elternteile einer Befragten verstorben sind.

Im Herkunftsgruppenvergleich sind Befragte italienischer Herkunft besonders häufig der Meinung, dass die Eltern immer versuchen, sie zu verstehen (31 %). Aber de facto am besten verstanden fühlen sich mit 29 Prozent die Mädchen und jungen Frauen griechischer Herkunft. Sie sind es auch, deren Eltern sie im Vergleich zu den anderen Gruppen am meisten tun lassen, was sie für wichtig halten (22 %). In allen Gruppen erhalten die Statements „Meine Eltern setzen große Hoffnungen in mich" und „Eltern kommen an erster Stelle" sehr hohe Zustimmungen von knapp 50 bis über 60 Prozent. Dies bestätigt die in der Literatur festgestellte Kohäsion in der Familie und das hohe Anspruchsniveau der Eltern in Bezug auf die Mädchen (Nauck 1997; 2000). Als besonders anspruchsvoll empfinden Mädchen jugoslawischer (61 %) und türkischer (59 %) Herkunft ihre Eltern, im Vergleich dazu deutlich weniger Mädchen italienischer Herkunft (48 %). Den hohen Stellenwert der Eltern in ihrem Leben betonen vor allem Mädchen türkischer Herkunft (64 %), gefolgt von Mädchen griechischer Herkunft (58 %). Ebenfalls hohe Zustimmungswerte (54 bis 67 %) erhalten die Items, die die Sorge der Eltern um die Mädchen und jungen Frauen zum Ausdruck bringen. Materiell fühlen sich alle Herkunftsgruppen nicht besonders gut ausgestattet. Mädchen türkischer Herkunft bekommen im Vergleich am häufigsten von ihren Eltern, was sie wollen (20 %), während Mädchen griechischer und italienischer Herkunft genug Geld bekommen, um sich ihre Wünsche zu erfüllen. In vielen Bereichen werden die Erziehungsvorstellungen der Eltern von den Mädchen aus Aussiedlerfamilien als prekärer wahrgenommen als von den übrigen Befragten. So haben sie häufiger als die übrigen Befragtengruppen den Eindruck, ihre Eltern sagten immer, sie machten nichts richtig. Während bei ihnen im Vergleich zu den anderen die Eltern seltener an erster Stelle kommen, stellen sie einen geringen Familienzusammenhalt fest und geben deutlich seltener an, dass die Eltern stolz auf sie sind. Materiell werden ihre Wünsche seitens der Eltern seltener erfüllt. Dies ist vor dem Hintergrund zu sehen, dass sie in der Familie auch seltener genug Geld haben, um sich ihre Wünsche zu erfüllen.

Neben der Frage nach dem Elternverhalten bezogen auf konkrete Situationen oder Themen, haben wir auch nach der Bewertung des elterlichen Erziehungsstils gefragt (vgl. Tabelle 9). Demnach fühlt sich der weitaus größte Teil der Mädchen aller Herkunftsgruppen „streng, aber liebevoll" erzogen. Auffällig ist der geringe Anteil wiederum aller, die sich als „streng" oder „zu streng" erzogen fühlen. Bemerkenswert ist der mit ca. einem Drittel relativ große Teil, der die Erziehung als „locker" bezeichnet. In dieser Gruppe sind die Mädchen mit jugoslawischem Hintergrund und die aus Aussiedlerfamilien seltener vertreten.

Was die herkunftsspezifischen Unterschiede anbelangt, so folgt das Ergebnis den Tendenzen aus der Shell-Jugendstudie 2000, in der lediglich ein Vergleich zwischen deutschen, italienischen und türkischen Jugendlichen nach Geschlecht vorgenommen wurde. Allerdings enthielt die Skala dort vier – nicht wie in unserer Befragung fünf – Ausprägungen (sehr streng, streng, gütig-milde, zu milde). Wir entschieden uns für eine zeitgemäßere Formulierung und die Einführung einer mittleren Kategorie „streng, aber liebevoll", die in unserer Untersuchung auch am häufigsten zur Beschreibung des elterlichen Erziehungsverhaltens gewählt wurde. Dementsprechend fallen die Ergebnisse der Shell-Studie stärker zugunsten der Kategorie „sehr streng" oder „streng" aus (Fuchs-Heinritz, 2000).

Vor dem Hintergrund der Diskussion um die unterschiedliche Wertigkeit von Mädchen und Jungen in traditionalen Gesellschaften und der Zuweisung des Attri-

Tabelle 9: Beurteilung der elterlichen Erziehung (in Prozent)

	Migrationshintergrund Aussiedl. griech. ital.			jugosl.	türk.	Gesamt
Gesamt	200	182	183	172	213	950
zu streng	–	–	–	2	1	1 (6)
streng	10	3	6	12	6	7 (67)
streng, aber liebevoll	62	61	61	58	53	59 (557)
locker	27	32	31	25	38	31 (295)
zu locker	1	4	2	3	2	2 (25)

p = .01

butes „Traditionalität" zu Migrationsfamilien haben wir ein Item formuliert, das die Einschätzung der Mädchen und jungen Frauen hinsichtlich der unterschiedlichen Behandlung von weiblichen und männlichen Kindern in der Familie erhebt. Lediglich den Mädchen, die einen Bruder haben, wurde die Frage nach geschlechtsspezifischen Unterschieden im familialen Umgang gestellt. Das Ergebnis im Herkunftsgruppenvergleich ist Tabelle 10 zu entnehmen.

Tabelle 10: Geschlechtsspezifische Erziehung in der Familie (in Prozent)

	Migrationshintergrund Aussiedl. griech. ital.			jugosl.	türk.	Gesamt
Gesamt	112	115	109	116	170	622*
Ich werde... als Mädchen besser behandelt als ein Junge	15	11	5	12	13	11 (71)
als Mädchen genauso gut behandelt wie ein Junge	79	82	75	70	71	75 (466)
als Mädchen schlechter behandelt als ein Junge	6	7	20	18	16	14 (85)

p = .01
* N = 622, da in 328 Fällen kein Bruder vorhanden ist.

Der weitaus größte Teil der Mädchen und jungen Frauen fühlt sich in der Familie gleich behandelt. Eine nicht unbedeutende Gruppe fühlt sich besser, eine geringfügig größere Zahl schlechter behandelt als ein Junge. Schlechter behandelt sehen sich Mädchen mit italienischem (20 %), gefolgt von denen mit jugoslawischem (18 %) und türkischem (16 %) Hintergrund. Diese drei Gruppen bringen dieses deutlich häufiger zum Ausdruck als die Aussiedlerinnen und Befragte mit griechischem Hintergrund.

Tabelle 11: Durchsetzungsstrategien (in Prozent)

voll/ eher bzw.weniger/ gar nicht angewandt	Migrationshintergrund Aussiedl.	griech.	ital.	jugosl.	türk.	Gesamt
Individualistische Durchsetzungsmuster						
mache, was ich will* N = 949[1]	25	19	10	19	12	17 (161)
mache, was Eltern wollen (weniger/gar nicht)* N = 949[1]	56	52	40	48	33	46 (432)
mache es heimlich* N = 949[1]	22	9	8	16	9	13 (120)
streite und setzte mich durch* N = 949[1]	47	36	36	33	26	36 (337)
Überredung Vater/Eltern						
kriege den Vater herum N = 908[2]	32	39	29	31	40	35 (314)
überzeuge die Eltern* N = 949[1]	78	78	78	73	71	75 (716)
Einschaltung Dritter						
Einschaltung der Mutter* N = 908[2]	38	40	42	38	39	39 (356)
berate mich mit Freunden oder anderen Leuten N = 949[1]	31	32	27	30	23	30 (382)

* Signifikante Unterschiede nach nationaler Herkunft p ≤ .05.
1) N = 949, da beide Elternteile einer Befragten verstorben sind.
2) N = 908, da bei 40 Mädchen und jungen Frauen der Vater irrelevant ist und in zwei Fällen beide Elternteile verstorben sind.

Durchsetzungsstrategien der Mädchen gegenüber den Eltern

Nicht nur das Verhalten der Eltern gegenüber den Mädchen, sondern auch der Umgang der Befragten mit ihren Eltern, wenn es um die Durchsetzung eigener Wünsche geht, die nicht den elterlichen Vorstellungen entsprechen, wurde mittels einer Itembatterie abgefragt. Eine Faktorenanalyse ermittelte drei Dimensionen von Strategien im Umgang mit dem Wunsch, eigene Interessen gegenüber den Eltern durchzusetzen: individualistische Durchsetzungsmuster, die Überredung des Vaters oder der Mutter sowie die Einschaltung Dritter. Generell scheint bei den Mädchen und jungen Frauen die Strategie der Überzeugung der Eltern vor individualistischen Durchsetzungsmustern zu rangieren. Bei grundsätzlich gleichen Mustern gibt es aber in den Strategien deutliche Unterschiede nach nationalem Migrationshintergrund, wie Tabelle 11 veranschaulicht.

Die mit Abstand defensivsten Strategien weisen die Mädchen mit türkischem Migrationshintergrund auf. Mehr von ihnen machen, was die Eltern wollen, und mehr stellen ihre eigenen Wünsche eher zurück, wenn sie die Eltern nicht überzeugen können. Den Gegenpol bilden die Mädchen aus Aussiedlerfamilien, deren Bereitschaft zur Durchsetzung ihrer Wünsche und Bedürfnisse mittels individualistischer Strategien besonders ausgeprägt ist.

Familiale Kohäsion und Bildungsanforderungen: Diskussion der Ergebnisse

Die Untersuchungsergebnisse bestätigen die bereits in früheren Untersuchungen festgestellte Variabilität der Erziehungsvorstellungen in allen Migrationsfamilien nun auch aus Sicht der Mädchen. Grundsätzlich ist das Spektrum auch in türkischen Migrationsfamilien groß. Allerdings unterscheiden sich die Mädchen mit türkischem Migrationshintergrund von den anderen Gruppen: Sie sind weniger rebellisch und wenden weniger häufig individualistische Muster der Durchsetzung an. Sie fühlen sich andererseits aber auch – verglichen mit Mädchen italienischer und jugoslawischer Herkunft – in der Familie als Mädchen weniger häufig schlecht behandelt und häufiger frei (locker) erzogen.

Darüber hinaus bestätigen die Antworten der Mädchen und jungen Frauen über ihre Zufriedenheit mit der familialen Erziehung und der Behandlung in der Familie ebenfalls Befunde früherer Untersuchungen zum Erziehungsverhalten in Migrationsfamilien von Nauck (2000), der in seinem Vergleich intergenerativer Transmissionsprozesse bei Migrantenfamilien griechischer, italienischer, türkischer und vietnamesischer Herkunft zu dem Schluss kommt, dass in diesen eine so hohe Integration und Interaktionsdichte vermittelt werde, die segregative intergenerative Beziehungen zwischen Eltern und Kindern ausschließe. Die hohe gemeinsame Orientierung zwischen den Generationen, so schlussfolgert er, vermöge Sozialisationsleistungen, die sonst von einem kulturell homogeneren kulturellen Milieu (mit) übernommen werden, zu substituieren. Aus dieser Perspektive stellt die Familie eine wichtige Ressource für die Sozialisation der Mädchen und jungen Frauen dar (vgl. dazu auch den Beitrag von Steinbach und Nauck in diesem Band).

Unsere Untersuchung macht deutlich, dass Mädchen und junge Frauen überwiegend mit ihrer Erziehung im Elternhaus zufrieden sind. Mehr als die Hälfte beurteilt die Erziehung im Elternhaus als verständnisvoll und nicht besorgt oder herabwürdigend. Bei allem Verständnis, das den Mädchen ihrer Einschätzung nach von ihrem Elternhaus entgegen gebracht wird, sind damit jedoch gleichzeitig hohe schulische Anforderungen verbunden. Individualistische Durchsetzungsstrategien sind eher selten. Weitaus die meisten, die zusammen mit Brüdern aufwachsen, fühlen sich egalitär behandelt.

Die Ergebnisse bieten keine Ansatzpunkte dafür, dass die Familienstruktur von den Mädchen und jungen Frauen als autoritär (oder als streng) wahrgenommen wird und dass das Verhältnis zwischen den Generationen gestört ist. Alle Aussagen gelten grundsätzlich für die Mädchen und jungen Frauen aller nationaler Herkünfte (mit den dargestellten Abstufungen). Was die gegenwärtige und die gewünschte künftige Lebensform anbetrifft, finden sich relativ viele Mädchen und junge Frauen, die traditionell orientiert sind; die Lösung von und aus der Herkunftsfamilie stellt kein verbreitetes Muster dar, kulturelle Traditionen werden als Orientierungen von einer Mehrzahl akzeptiert und – was die Freizeit anbetrifft – von einer bedeutsamen Minderheit gepflegt.

Der auch in unserer Untersuchung bestätigte Sachverhalt, dass sich Mädchen mit Migrationshintergrund in der Adoleszenzphase nicht oder seltener als Mädchen der Mehrheitsgesellschaft aus ihrem familialen Kontext lösen, wird in der neueren wissenschaftlichen Diskussion nicht mehr einseitig auf die autoritäre Kontrolle der Eltern zurückgeführt, sondern als eine von einem Teil dieser Mädchen und jungen Frauen selbst gewählte Lebensform betrachtet. Hintergrund sind Ergebnisse qualitativer Interviews, die diese Sichtweise nahe legen. So betonen die von Rohr (2001) befragten Mädchen die enge Bindung vor allem an die Mütter und lehnen ein Adoleszenzmodell ab, das auf der Ablösung von den Eltern und der frühen Hinwendung zum anderen Geschlecht basiert. Trennungen von der Mutter sind nicht mitgedacht und eine selbstständige Lebensführung stellt kein erstrebenswertes Ziel dar. Dieses gilt auch bei enormen Bildungs- und Modernisierungsdifferenzen innerhalb der Familie; auch solche führen nicht zu Distanzierungen der Töchter gegenüber ihren Müttern.[5] Während jedoch im familialen Bereich eine Lösung von der Familie, insbesondere von der Mutter, nicht angestrebt wird, sind die Mädchen im beruflichen Bereich auf Aufstieg ausgerichtet und zeigen starke Individualisierungs- und Verselbstständigungstendenzen (Rohr, 2001; Gültekin, 2003). Die enge Bindung an die Mutter behindert Vorstellungen von sozialem Aufstieg nicht. Im Gegenteil, die Entwicklung weiblicher Geschlechtsidentität vollziehe sich bei einem Teil der Mädchen und jungen Frauen im Wesentlichen über die Identifikation mit den Müttern und nicht in Abgrenzung zu ihnen (Rohr, 2001).

Die Betonung der Kohäsion in Migrationsfamilien, die auch durch die Ergebnisse unserer Untersuchung bestätigt wurde, darf nicht vergessen lassen, dass den durch die Familie an die Mädchen und jungen Frauen herangetragenen hohen Er-

---

5 Zu den spezifischen weiblichen Lebensentwürfen und deren hervorragender Rolle im „Familienprojekt Migration" siehe auch Apitzsch (1996) und Herwartz-Emden und Westphal (2000a).

wartungen an Bildung und Ausbildung kaum konkrete Hilfestellungen entsprechen. Bei den Eltern sind es die Mütter, nicht die Väter, die von den Töchtern als Vertrauenspersonen akzeptiert werden. Diese Rolle nimmt jedoch nur etwas mehr als ein Drittel der Mütter wahr. Die Geschwister oder Freunde und Freundinnen, wenn vorhanden auch der feste Freund, werden häufiger angesprochen. Wenn die Mutter ausfällt, steht häufiger kein anderes Familienmitglied zur Verfügung. Nahezu zwei Drittel der Mädchen und jungen Frauen finden keine Unterstützung durch Familienmitglieder bei den Hausaufgaben, wobei ein niedriges Bildungsniveau der Mutter Hilfe von ihrer Seite verhindert. Ähnliches gilt für Beratung beim Übergang in eine berufliche Ausbildung.

Zukünftige Untersuchungen zu dieser Gruppe von Mädchen und jungen Frauen sollten dem Aspekt der familialen Leistungen im Hinblick auf eine emotionale, mentale, beratende, kognitive und hilfestellende Unterstützung mehr Aufmerksamkeit widmen. Hier könnte der Schlüssel zur Erklärung der bereits in früheren Studien festgestellten Diskrepanz zwischen der hohen Kohäsion zwischen den Familienmitgliedern in Migrationsfamilien bei gleichzeitig fehlenden konkreten Unterstützungsleistungen z.B. im schulischen Bereich und beim Übergang von der Schule in den Beruf liegen.

Weiterführende Literatur

Sachverständigenkommission 6. Familienbericht (Hrsg.) (2000). *Familien ausländischer Herkunft in Deutschland: Empirische Beiträge zur Familienentwicklung und Akkulturation: Materialien zum 6. Familienbericht (Band 1).* Opladen: Leske + Budrich.

Zitierte Literatur

Apitzsch, U. (1990). Besser integriert und doch nicht gleich. Bildungsbiographien jugendlicher Migrantinnen als Dokumente widersprüchlicher Modernisierungsprozesse. In U. Rabe-Kleberg (Hrsg.), *Besser gebildet und doch nicht gleich! Frauen und Bildung in der Arbeitsgesellschaft (S. 197–217).* Bielefeld: Kleine Verlag.
Apitzsch, U. (1996). Migration und Traditionsbildung: Biographien Jugendlicher ausländischer Herkunft. In E. Karpf & D. Kiesel (Hrsg.), *Politische Kultur und politische Bildung Jugendlicher ausländischer Herkunft. Arnoldshainer Texte. 91 (S. 11–30).* Frankfurt/Main: Haag + Herchen.
Baros, W. (2001). *Familien in der Migration: Eine qualitative Analyse zum Beziehungsgefüge zwischen griechischen Adoleszenten und ihren Eltern im Migrationskontext.* Frankfurt a.M.: Lang Verlag.
Boos-Nünning, U. (1998). Migrationsforschung unter geschlechtsspezifischer Perspektive. In E. Koch, M. Özek, W. Pfeiffer, M. Wolfgang & R. Schepker (Hrsg.), *Chancen und Risiken der Migration (S. 304–316).* Freiburg: Lambertus.
Boos-Nünning, U. & Karakasoglu, Y. (2004). *Viele Welten leben. Lebenslagen von Mädchen und jungen Frauen mit griechischem, italienischem, jugoslawischem, türkischem und Aussiedlerhintergrund.* Unveröffentlichte Studie im Auftrag des Bundesministeriums für Familie, Senioren, Frauen und Jugend, Mai 2004.

Bundesministerium für Arbeit und Sozialordnung (BMA) (2002). *Situation der ausländischen Arbeitnehmer und ihrer Familienangehörigen in der Bundesrepublik Deutschland: Repräsentativuntersuchung 2001.* Offenbach.

Bundesministerium für Familie, Senioren, Frauen und Jugend (BMFSFJ) (Hrsg.) (2000). *Familien ausländischer Herkunft in Deutschland: Leistungen, Belastungen, Herausforderungen. Sechster Familienbericht.* Berlin: BMFSFJ.

Deutsche Shell (Hrsg.) (2000). *Jugend 2000: 13. Shell Jugendstudie.* Opladen: Leske + Budrich.

Dietz, B. (1997). *Jugendliche Aussiedler: Ausreise, Aufnahme, Integration.* Berlin: Berlin Verlag.

Dietz, B. & Roll, H. (1998). *Jugendliche Aussiedler: Porträt einer Zuwanderergeneration.* Frankfurt/Main u. a.: Campus.

Fuchs-Heinritz, W. (2000). Zukunftsorientierungen und Verhältnis zu den Eltern. In Deutsche Shell (Hrsg.) *Jugend 2000. 13. Shell Jugendstudie (Bd. 1, S. 23–92).* Opladen: Leske + Budrich.

Gültekin, N. (2003). *Bildung, Autonomie, Tradition und Migration: Doppelperspektivität biographischer Prozesse junger Frauen aus der Türkei.* Opladen: Leske + Budrich.

Gümen, S., Herwartz-Emden, L. & Westphal, M. (2000). Vereinbarkeit von Beruf und Familie als weibliches Selbstkonzept. L. Herwartz-Emden (Hrsg.), *Einwandererfamilien: Geschlechterverhältnisse, Erziehung und Akkulturation (S. 207–231).* Osnabrück: Rasch.

Goudiras, D. (1997). *Wertorientierung und Verhaltensnormen griechischer Jugendlicher in der erzieherischen Lebenswelt: Ein Vergleich von Stichproben in Deutschland und Griechenland.* Frankfurt a. M.: Lang Verlag.

Heckmann, F., Wunderlich, T., Worbs, S. & Lederer, H. (2000). *Integrationspolitische Aspekte einer gesteuerten Zuwanderung: Gutachten für die interministerielle Arbeitsgruppe der Bayerischen Staatsregierung zu Fragen der Zuwanderungssteuerung und Zuwanderungsbegrenzung.* Bamberg. Unveröffentlichtes Manuskript.

Herwartz-Emden, L. (1997). Erziehung und Sozialisation in Aussiedlerfamilien: Einwanderungskontext, familiäre Situation und elterliche Orientierungen. *Politik und Zeitgeschichte. Beilage zur Wochenzeitschrift Das Parlament, Bd. 7–8, 3–9.*

Herwartz-Emden, L. (Hrsg.) (2000). *Einwandererfamilien: Geschlechterverhältnisse, Erziehung und Akkulturation.* Osnabrück: Rasch.

Herwartz-Emden, L. & Westphal, M. (2000a). Konzepte mütterliche Erziehung. In: Herwartz-Emden, L. (2000) *Einwandererfamilien: Geschlechterverhältnisse, Erziehung und Akkulturation (S. 99–120).* Osnabrück: Rasch.

Herwartz-Emden, L. & Westphal, M. (2000b). Akkulturationsstrategien im Generationen- und Geschlechtervergleich bei eingewanderten Familien. In: Sachverständigenkommission 6. Familienbericht (Hrsg.), *Familien ausländischer Herkunft in Deutschland: Empirische Beiträge zur Familienentwicklung und Akkulturation (Bd. 1, S. 229–271).* Opladen: Leske + Budrich.

Hofstede, G. (1993). *Interkulturelle Zusammenarbeit: Kulturen, Organisationen, Management.* Wiesbaden: Gabler.

Kohlmann, A. (2000). Entscheidungsmacht und Aufgabenallokation in Migrantenfamilien. In Sachverständigenkommission 6. Familienbericht (Hrsg.), *Familien ausländischer Herkunft in Deutschland: Empirische Beiträge zur Familienentwicklung und Akkulturation (Bd. 1, 273–302).* Opladen: Leske + Budrich.

Leenen, W.R., Grosch, H. & Kreidt, U. (1990). Bildungsverständnis, Platzierungsverhalten und Generationenkonflikt in türkischen Migrantenfamilien: Ergebnisse qualitativer Interviews mit „bildungserfolgreichen" Migranten der zweiten Generation. *Zeitschrift für Pädagogik. 4,* 753–771.

Ligouras, S. (1981). *Familien zwischen zwei Kulturen: eine Untersuchung zum soziokulturellen Wandel griechischer Familien in der Bundesrepublik Deutschland.* Frankfurt a. M.: Haag + Herchen.

Münchmeier, R. (2000). Miteinander – Nebeneinander – Gegeneinander? Zum Verhältnis zwischen deutschen und ausländischen Jugendlichen. In Deutsche Shell (Hrsg.) *Jugend 2000 (S. 221–260).* Opladen: Leske + Budrich.

148

Nauck, B. (1997). Intergenerative Konflikte und gesundheitliches Wohlbefinden in türkischen Familien: ein interkultureller und interkontextueller Vergleich. In B. Nauck & U. Schönpflug (Hrsg.), *Familien in verschiedenen Kulturen (S. 324–352)*. Stuttgart: Enke.

Nauck, B. (2000). Eltern-Kind-Beziehungen in Migrantenfamilien: Ein Vergleich zwischen griechischen, italienischen, türkischen und vietnamesischen Familien in Deutschland. In Sachverständigenkommission 6. Familienbericht (Hrsg.), *Familien ausländischer Herkunft in Deutschland: Empirische Beiträge zur Familienentwicklung und Akkulturation (Bd. 1, S. 347–392)*. Opladen: Leske + Budrich.

Nauck, B., Diefenbach, H. & Petri, K. (1998). Intergenerationale Transmission von kulturellem Kapital unter Migrationbedingungen: Zum Bildungserfolg von Kinder und Jugendlichen aus Migrantenfamilien in Deutschland. *Zeitschrift für Pädagogik. 44(5)*, 701–736.

Pupeter, M. (2000). Migrationssoziologische und soziokulturelle Aspekte der Lebenssituation deutscher und ausländischer junger Erwachsener. In A. Weidacher (Hrsg.), *In Deutschland zu Hause: Politische Orientierung griechischer, italienischer, türkischer und deutscher junger Erwachsener im Vergleich (S. 101–134)*. Opladen: Leske + Budrich.

Rohr, E. (2001). Ganz anders und doch gleich: Weibliche Lebensentwürfe junger Migrantinnen in der Adoleszenz. In E. Rohrmann (Hrsg.), *Mehr Ungleichheit für alle: Fakten Analysen und Berichte zur sozialen Lage der Republik am Anfang des 21. Jahrhunderts (S. 115–134)*. Heidelberg: Edition 9.

Straßburger, G. (2001). *Evaluation von Integrationsprozessen in Frankfurt am Main: Studie zur Erforschung des Standes der Integration von Zuwanderern und Deutschen in Frankfurt am Main am Beispiel von drei ausgewählten Stadtteilen*. Im Auftrag des Amtes für Multikulturelle Angelegenheiten der Stadt Frankfurt am Main. Frankfurt/Main.

Straßburger, G. (2003). *Heiratsverhalten und Partnerwahl im Einwanderungskontext: Eheschließungen der zweiten Migrantengeneration türkischer Herkunft*. Würzburg: Ergon.

Tilkeridoy, F. (1998). Zwischen Tradition und Moderne: Identitätsbildung im Spannungsfeld zweier Kulturen am Beispiel der zweiten Generation von Griechen in Deutschland. In K. Lajios (Hrsg.), *Die ausländische Familie: ihre Situation und Zukunft in Deutschland (S. 25–62)*. Opladen: Leske + Budrich.

Weidacher, A. (Hrsg.) (2000). *In Deutschland zu Hause: Politische Orientierungen griechischer, italienischer, türkischer und deutscher junger Erwachsener im Vergleich*. Opladen: Leske + Budrich.

Zinnecker, J., Behnken, I., Maschke, S. & Stecher, L. (Hrsg.) (2002). *null zoff & voll busy. Die erste Jugendgeneration des neuen Jahrhunderts*. Opladen: Leske + Budrich.

Rainer Dollase

Schulische Einflüsse auf die interkulturelle Entwicklung von Kindern und Jugendlichen

Multikulturelle Schulen entstanden in Deutschland aufgrund von Arbeitsmigration. Die dadurch entstehenden Probleme sind nicht allein mit Hilfe der kulturvergleichenden Psychologie zu erklären, als sei nichts anderes als eine Kulturbegegnung und damit ein „Clash of Cultures" (Huntington, 1998) zu erwarten. Im Unterschied zur „Cross Cultural Psychology" (Berry, Poortinga, Segall & Dasen, 1992; Trommsdorff, 1995) ist die Wissenschaft von der interkulturellen Integration in multikulturellen Gesellschaften und Schulsystemen mit völlig anderen Problemen konfrontiert. Sobald Kinder aus unterschiedlichen Ethnien bzw. Kulturen mit den Bildungssystemen einer multikulturellen Gesellschaft in Kontakt kommen, entstehen Probleme der Mächtigkeit unterschiedlicher Sozialisationsinstanzen, jener der Herkunfts- und der Aufnahmekultur, also eher einer bikulturellen Sozialisation. Die Ethnien in einer multikulturellen Gesellschaft befinden sich bereits im Zustand ihrer Auseinandersetzung mit einer Aufnahmekultur. Zugleich sind Schüler und Schülerinnen meist jung, also dem Einfluss der Sozialisationsinstanzen ihres alltäglichen Lebens, besonders aber der Schule und den Gleichaltrigeneinflüssen, aufgeschlossen (Silbereisen & Schmitt-Rodermund, 1995). Die Herkunftskultur wird hingegen durch die elterliche Sozialisation und – ein Phänomen der jüngsten Zeit – den eigenethnischen Medien, religiösen Gemeinschaften und Sportvereinen repräsentiert. Wirken familiäre und eigenethnische kulturelle Erfahrungen und Prägungen stärker als die im Schulsystem entstehenden Normen der Gleichaltrigengruppe oder die Einflüsse eines intentionalen interkulturellen Lernens? Die empirische Erforschung schulischer Einflüsse auf das interkulturelle Lernen ist eher ein interdisziplinärer denn ein rein psychologischer Forschungsgegenstand gewesen. Neben vielen soziologischen Arbeiten sind es vor allen Dingen auch Arbeiten zur Ausländerpädagogik, in denen verstreut einzelne empirische Untersuchungsdaten zur Integration bzw. Segregation, also zu Sonderformen der interkulturellen Sozialisation, enthalten waren (Auernheimer, 1990; Dickopp, 1982; Gärtner-Harnach et al., 1974/75; Göpfert, 1985; Nieke, 1995). Die vorherrschende Annahme solcher „frühen" Studien war in Deutschland die eines zu erwartenden interethnischen Konfliktes, dem durch rechtzeitiges interkulturelles Lernen und die Entwicklung entsprechender toleranter Zielvorstellungen für das Zusammenleben begegnet werden sollte.

Das Kultur-Konflikt-Szenario

Die Interpretation empirischer Forschungsergebnisse zur interkulturellen Sozialisation ist wesentlich von einer Reflexion des Kultur- und Konfliktbegriffes abhängig, gewissermaßen von axiomatischen Vorentscheidungen über den zu untersu-

150

chenden Gegenstand. Ein ethnischer Konflikt wäre (Duden) ein „Konfliktverlauf, in dem sich bestimmte Gruppen auf konstruierte ethnische Zugehörigkeit berufen und die daraus resultierenden Grenzlinien die Grundlage für soziale Konflikte werden". Eine Ethnie ist eine „Menschengruppe mit einheitlicher Kultur". Kultur heißt „die Gesamtheit der geistigen und künstlerischen Lebensäußerungen einer Gemeinschaft, eines Volkes". Man spricht folgerichtig und synonym also auch von interkulturellen Konflikten, die zwischen deutschen und ausländischen Schülern und Schülerinnen bestehen. Konflikte entstehen wegen zahlreicher Vorurteile, wegen Stereotypen, Ausländer- oder Fremdenfeindlichkeit, Rassismus oder wegen unterschiedlicher Sitten und Gebräuche, die die zugewanderte Schülerschaft in Konflikt mit dem Schulleben bringt (z.B. muslimische Mädchen dürfen nicht am Schwimmen oder am Sexualkundeunterricht teilnehmen). Zumeist ist auch die Sprache Anlass für Konflikte (z.B. Soll die Muttersprache stärker gefördert werden oder nicht?).

Die Theorie von der interkulturellen Differenz, die zu Konflikten führt, ist noch weit verbreitet. Diese Kultur-Konflikt-Theorie entwickelt in etwa folgendes Szenario: Wir haben eine Kultur ebenso wie die Zugewanderten. Wir benötigen eine kulturelle Identität für unser psychosoziales Wohlbefinden. Die Kulturen sind verschieden, sind sich also fremd. Jeder Einzelne in einer Kultur ist Träger dieser Kultur, weshalb es auch interpersonelle Probleme gibt, die auf kultureller Differenz, auf Fremdheit basieren. Diese Fremdheit muss folglich durch interkulturelles Lernen überwunden werden. Dadurch, dass man weiß, warum die Anderen so sind, wie sie sind, wird man auch zur Toleranz fähig. Das Szenario geht davon aus, dass Pauschalisierungen erlaubt sind: „Sage mir, welcher Kultur Du angehörst, und ich sage Dir, wie Du bist". Lerne ich die Kultur eines Menschen kennen, kann ich ihn, als Einzelwesen, besser verstehen. Wenn mir die Kultur nicht gefällt, muss ich tolerant sein und diese Kultur ertragen, ohne meiner Abneigung oder meiner Antipathie Ausdruck zu verleihen. Andernfalls kommt es zum Konflikt (Scheron & Scheron, 1984; Ulrich, 2000).

Das Szenario klingt derart einleuchtend, dass es längerer Forschungen und Diskurse bedurfte, um daran Zweifel zu wecken. Allerdings enthält das Szenario eine Fülle von empirisch testbaren Hypothesen. Zum Beispiel: Dass die Varianz zwischen den Kulturen größer ist als innerhalb. Oder: Dass die kulturelle Identität beibehalten und offensiv gegen andere durchgesetzt wird. Oder: Dass Kultur unwandelbar sei, dass auch spätere Generationen von Zuwanderern noch „fremd" sind etc. Einige dieser Annahmen sollen exemplarisch mit Daten empirischer Untersuchungen bzw. mit Erfahrungsargumenten konfrontiert werden.

Empirie des Kultur-Konfliktes

Die empirischen Studien zur interkulturellen Sozialisation sind nicht oder nur selten mit dem Ziel einer Korrektur des Kultur-Konflikt-Szenarios durchgeführt worden. Deshalb erscheint insgesamt die Befundlage löcherig – viele Fragen wurden noch nicht beantwortet, die Operationalisierungen der abhängigen und unabhängigen Variablen ist unsystematisch. Dennoch lassen sich Trends belegen.

Die Abgrenzung der Kulturen und Ethnien wird unscharf

Die Feststellung der ethnischen und kulturellen Zugehörigkeit, die ja notwendig wäre, um von interethnischen oder interkulturellen Konflikten zu reden, ist im Zuwanderungsland Deutschland keineswegs so eindeutig, wie man denkt. In einer Studie wurden verschiedene Methoden benutzt, um den Ausländerstatus zu bestimmen (Lehrerangabe, also Staatsangehörigkeit, Geburtsort des Schülers, Herkunft der Mutter, Herkunft der Eltern und Nationalitätsgefühl). Die Maße klaffen erheblich auseinander, so dass in einer Stichprobe von rund 7.800 zwischen 2.000 und 2.900, oder in Prozent, zwischen 29 und 39 % als Ausländer diagnostiziert werden könnten (Bieler, 1999; Dollase, Ridder, Bieler, Köhnemann & Woitowitz, 2000; Mosblech, 1999). Unter denen, die in Deutschland geboren wurden und deren Eltern aus der Türkei kommen, gibt es immer noch 50,3 % Schüler und Schülerinnen, die sich als Ausländer fühlen. Oftmals ist die deutsche Staatsangehörigkeit schon erworben, Eltern und Kinder sind in Deutschland geboren, und dennoch gibt es ein Fremdheitsgefühl bzw. ein Gefühl der Ausgrenzung.

Die „Fremden" sind nicht mehr „fremd"

Fremdheitsgefühle können nicht daher rühren, dass die deutsche Kultur unbekannt wäre bzw. dass die Deutschen mit türkischstämmigen Mitbürgern und Mitbürgerinnen „kulturelle" Konflikte hätten, weil sie zu fremdartig wären, weil man sich ja über lange Jahrzehnte schon aneinander gewöhnt hat. Vielmehr handelt es sich um eine Ausgrenzung von Ähnlichen. Die Diagnose „gefährlich fremd" oder „Fremdheitszumutung" (Treptow, 1995) wäre in diesem Kontext für viele Schüler/-innen völlig falsch. Die ingroup-outgroup-Konflikte zwischen Menschen prinzipiell ähnlicher Sozialisation sind – wie Bürgerkriege in Nordirland, Jugoslawien, USA gezeigt haben – offenbar schärfer als jene zwischen Fremden (Williams, 1964).

Die angebliche Fremdheit zwischen den Kulturen, die im Rahmen des Kultur-Konflikt-Szenarios häufig behauptet wird, wird selten genau festgestellt. In der Tat sind Schüler und Schülerinnen aus unterschiedlichen Abstammungsgruppen hinsichtlich ihrer Alltagskultur, also bezogen auf Vorlieben für Musik, Sänger/innen, Sport, Sportvereine, Schulfächer, Essen, Filme, Farben, TV Sendungen, Idole, Freizeitaktivitäten etc., hochgradig ähnlich. Nur rund 3 % der türkischstämmigen Jugendlichen präferieren z. B. türkische Musik (Folklore, Hip-Hop, Rap). In allen in der Bundesrepublik lebenden ausländischstämmigen Schüler- und Schülerinnengruppen konnten signifikante und hohe Interkorrelationen der kulturellen Vorlieben festgestellt werden (Dollase, 2001a; Dollase, Woitowitz, Bieler, Ridder & Köhnemann, 2002). Und die Alltagskultur ist schließlich das, was ein kindliches oder jugendliches Schülerleben ausmacht.

Die Annahme von kultureller Fremdheit übersieht geflissentlich den erheblichen Vorrat an Gemeinsamkeiten zwischen allen Menschen, egal aus welcher Gegend dieser Welt sie stammen. Sympathie, Liebe, Trauer, Tod, Krankheiten, Erfolg, Anerkennung, Motivation, Begeisterung, Religion – alle diese Themen und noch viele mehr sind für alle Menschen ähnlich wichtig. Für SchülerInnen kommt hinzu: Erfolg und Misserfolg in der Schule, die Stellung in der Gleichaltrigengruppe, die Beziehung zur Lehrkraft u. ä. Solche Gemeinsamkeiten verweisen auf ein universales, anthropogen konstantes Programm des Menschen, das man in allen Kulturen und allen Rassen wiederfinden kann. Dass die Unterschiede zwischen den Ethnien und Kulturen so betont werden, ist ein psychologisches Phänomen der Akzentuierung von Unterschieden, die man groß macht, obwohl sie objektiv so groß nicht sind (Rabbie & Horwitz, 1969).

Subjektive Zufriedenheitsunterschiede vor allem bezüglich „Religion"

Der Fremde, so ließe sich aus dem Kultur-Konflikt-Szenario folgern, muss sich ja – wegen seiner Fremdheit – in der Fremde unwohl fühlen. Das scheint ebenfalls nicht zu stimmen. Von 27 Lebensbereichen, die Schüler und Schülerinnen nach Zufriedenheit beurteilen sollten, lagen bei allen ethnischen Gruppen Familie, Eltern, Geschwister an erster Stelle und wurden positiv bewertet (Dollase et al., 2000). Paradoxerweise sind ausländischstämmige SchülerInnen mit den meisten anderen Lebensbereichen im Schnitt zufriedener als deutsche (Hauptschüler), was mit der „relativen Deprivation" erklärt werden kann, bzw. mit einer Normverschiebung (z. B. Vergleich mit den Verhältnissen im Ursprungsland). SchülerInnen, die sich „sowohl als auch" (als Deutsche und als Ausländer) fühlen, also „bikulturell" orientiert sind, gleichen sich den Deutschen in der Unzufriedenheit stärker an.

Für das Kultur-Konflikt-Szenario ist allerdings ein Teilbefund entscheidender: Am untersten Ende der Zufriedenheit, also mit einem Durchschnittswert von eher „unzufrieden", rangiert bei deutschen SchülerInnen „die Religion". Bei Aussiedlerkindern und türkischen SchülerInnen ist Religion dagegen ein Bereich, mit dem sie sehr zufrieden sind. Die religiöse Adhäsion ist also der am schärfsten trennende Bereich zwischen den unterschiedlichen Abstammungsgruppen. Aus der unterschiedlichen religiösen Adhäsion kann jedoch noch nicht – wegen fehlender empirischer Daten – auf einen Fremdheitskonflikt geschlossen werden (Dollase, Ridder, Bieler, Köhnemann & Woitowitz, 1999).

Deutliche Unterschiede in der Bewertung anderer Nationen

Im Kultur-Konflikt-Szenario dominiert Fremdheit und ihre Konflikträchtigkeit. Gern werden dann alle Fremden zusammengefasst – deren komplizierte Beziehungsstruktur untereinander, die ja auf ingroup-outgroup-Konflikte hindeuten könnte, übersehen. Bezogen auf die Beurteilung anderer Nationen durch deutsche und ausländischstämmige Schüler und Schülerinnen (also „Fremdenfeindlichkeit" deutscher und ausländischer SchülerInnen) können ebenfalls deutliche Unterschiede belegt werden. In einer multiplen Klassifikationsanalyse wurde die Mächtigkeit verschiedener Sozialisationsfaktoren bestimmt: Die Schulform erklärt 14 % (also Bildung) der Varianz in der Nationenbeurteilung, die Lehrer- und Unterrichtsbeurteilung durch Schüler 12,5 %, die Nationalität 8,4 %, das Lebensalter 7,1 %, die Stadtzugehörigkeit 6,6 % und die Stadtviertelzugehörigkeit nur 3 % der Varianz (Dollase, 2001a). Das Lehrerverhalten ist mit 12,5 % aufgeklärter Varianz offenbar stärker an der Ausprägung der Beurteilung anderer Nationen beteiligt als die Nationenzugehörigkeit als solche. In der Variable Nationalität, so könnte man vermuten, ist der kulturelle Sozialisationseinfluss der Eltern indiziert.

Die pauschale Subsummierung von interkulturellen oder interethnischen Konflikten als pauschale Ausländerfeindlichkeit ist stark differenzierungsbedürftig. Eine Ausländerfeindlichkeit gegen alle Ausländer gibt es nicht. In jeder Umfrage, in der präzise nach den unterschiedlichen Ethnien, Nationen oder Kulturen gefragt worden ist, ergibt sich eine deutliche Hierarchie von beliebten und weniger beliebten Ausländern und Ausländerinnen (Lambert & Klineberg, 1967). Es gibt einige Nationen, z. B. Italiener, Griechen oder Spanier, die von deutschen Schülern und Schülerinnen besser beurteilt werden als diese umgekehrt die Deutschen beurteilen

(Dollase et al., 2000). Eine studentische Stichprobe (N=526) beurteilt die Mittelmeerländer sogar besser als „die Deutschen" selbst (in Vorbereitung, der Verf.). Neben den Favoriten aus dem westlichen Ausland (z. B. Engländer, Amerikaner) und den Mittelmeerländern werden Kurden, Bosnier, Aussiedler und Türken eher schlechter beurteilt. In einer Liste von 27 Nationen ergaben sich drei Faktoren, darunter eine Gruppe „der europäischen Ausländer", die von den deutschen Schülern durchwegs positiver beurteilt werden als eher „problematische Länder" (zweiter Faktor) und – dritter Faktor – die Deutschen und ihre Religionsgemeinschaften selbst (Wiezik, 2004). Auch zwischen den Nationalitäten gibt es Unterschiede: Türken beurteilen z. B. Juden, Asylbewerber und Aussiedler schlechter als deutsche SchülerInnen. Fremdenfeindlichkeit kommt also bei allen Abstammungsgruppen vor; das ist ein weiterer Hinweis auf ingroup-outgroup-Dynamiken. Die Soziometrie internationaler Beziehungen (im Spiegel individueller Nationenwertungen) lässt sich nur schwerlich mit einer konsistenten Kulturverschiedenheit erklären.

Allerdings scheint die Hitparade ausländischer Nationen bei Schülern verschiedener Länder ähnlich zu sein. So konnte beispielsweise, bezogen auf die beliebtesten (Spanier, Italiener, Amerikaner, Afrikaner), durchschnittlich beliebten (Griechen, Portugiesen, Polen, Türken) und unbeliebtesten Nationen (Jugoslawen, Kurden, Bosnier, Asylbewerber, Serben, Russen), in einer methodenidentischen Replikation einer Umfrage bei englischen wie bei deutschen Schülern eine in den genannten Nationen identische Rangordnung ermittelt werden (Katelmann & Sudeck, 2002). Allerdings gehören für die Deutschen die Engländer zu den beliebtesten, für die Engländer die Deutschen zu den unbeliebtesten Nationen.

Die zugewanderte Schülerschaft hat eine höhere Meinung von ihrem eigenen Land und eine hohe vom Zuwanderungsland. Allgemein gilt, bis auf die Mittelmeerländer, dass die hier lebenden zugewanderten Schülerinnen und Schüler Deutschland und die Deutschen besser beurteilen als umgekehrt. Man könnte dieses einen „Zuwanderungseffekt" nennen – das Land, in dem man zurzeit lebt, wird positiv beurteilt. Auch um die mögliche kognitive Inkonsistenz zu vermeiden, man habe sich ein Zuwanderungsland ausgesucht, das man nicht mag, könnten solche Positivbewertungen entstehen. Die Selbstbeurteilung der hier zugewanderten Schüler und Schülerinnen ist durchgängig sehr hoch, höher als die Selbstbeurteilung der Deutschen. Im Sinne der Theorie der sozialen Identität kein Wunder – durch die höhere Salienz der nationalen Zugehörigkeit gibt es bei allen Zuwanderern in der ganzen Welt eine gestärkte positive Distinktheit. Aber wie will man im Rahmen der Kultur-Konflikt-Theorie erklären, dass die Türken im Schnitt Deutschland eher mögen – vielleicht aufgrund von Kulturähnlichkeit?

Interpersonelle Freundschaften in multikulturellen Schulklassen sind positiv selektiv, aber nicht diskriminierend

Das Kultur-Konflikt-Szenario stützt sich auf die Tatsache, dass es Kulturkonflikte, dass es Fremdenfeindlichkeit gibt, unterschlägt aber gerne Fremdenfreundlichkeit. Auch bei Untersuchungen im Schulsystem kommt es zur Konstatierung von Ablehnungen, die regelmäßig als „Fremdenfeindlichkeit" interpretiert werden. Immerhin aber geben im Schnitt 35 % der deutschen Schüler und Schülerinnen „den Türken" sehr gute und gute Beurteilungen, andererseits beurteilen nur 7 % der hier lebenden Türken die Deutschen mit den Noten mangelhaft und ungenügend. Rund 25 % der Deutschen beurteilen hingegen die Türken mit mangelhaft und ungenügend (Dollase, 2001a).

154

Besonders eindrucksvoll irritieren soziometrische Befunde die Idee vom Kultur-Konflikt-Szenario. Über Jahrzehnte hat man den Befund repliziert, dass die Regel „Gleich zu Gleich gesellt sich gern" in allen soziometrischen internationalen Studien Gültigkeit hat (Dollase, 1994). In soziometrischen Untersuchungen werden Beurteilungen oder Wahlen der Mitschüler nach Sympathie, nach Freundschaft, nach Freizeitkontakt etc. erhoben. Die Ergebnisse offenbaren in der Tat, dass es eine Selbstbevorzugung der Abstammungsgruppen in Schulklassen gibt. Die soziometrischen Fragen sind sehr deutlich von Pauschalbewertungen der Kategorien („Beurteile die Türken!") zu unterscheiden. Bei soziometrischen Befragungen gibt man Personen mit Namen oder einer Codeziffer an, mit der man „gerne zusammen spielen" möchte, neben der „man gerne sitzen" möchte, mit der „man ein Referat vorbereiten" möchte etc. Studien, die Ratingskalen verwendet haben, die von einem positiven bis zu einem negativen Pol reichen, finden dann immer nur höhere Mittelwerte für die eigenethnische Bevorzugung und schließen daraus, dass dieses das strukturierende Prinzip ist. Beim Wahlverfahren hat man zu jedem Kriterium die Möglichkeit, zwei Fragen zu stellen, eine nach Sympathie (z.B. „Neben wem möchtest du sitzen?") und eine nach Antipathie („Neben wem möchtest du auf keinen Fall sitzen?"). Bei einem solchen Wahlverfahren offenbart sich ein interessanter Befund: Die positiven Sozialkontakte der Schüler und Schülerinnen strukturieren sich tatsächlich überwiegend nach der Abstammungsgruppe, wenngleich die Geschlechtsspezifität der Wahlen noch stärker ist als die Ethniespezifität (Dollase, Ridder, Bieler, Köhnemann & Woitowitz, 2002). Die Ablehnungen allerdings zeigen keinerlei ethniespezifisches Muster (auch kein geschlechtsspezifisches), sondern die Ablehnungen verteilen sich relativ gleichmäßig auf alle möglichen Subkategorien in einer multikulturellen Schulklasse. Deshalb kann die positive Kontaktselbstselektivität nicht als pathologisch aufgefasst werden, sondern sie ist ein übliches und auch intrakulturell ein typisches Organisationsprinzip informeller Kontakte, das keinesfalls verhindert werden muss. Dass das Streben nach positiver Distinktheit (ingroup favoritism) auch bei Pauschalbeurteilungen anderer Nationen nicht notwendig mit negativer Diskriminierung (outgroup prejudice) einhergehen muss, zeigen auch andere Studien (Aboud, 2003; Wiezik, 2004).

Vom Wandel der Akkulturationsvorstellungen in multikulturellen Schulen

„Kultur" ist etwas Wandelbares, nichts, das für immer gleich bleibt. Die Kultur der Türken im Jahre 1960 ist eine andere gewesen als die Kultur der Türken im Jahre 2002. Die Kultur der türkischstämmigen Schülerschaft heute eine andere als zu Beginn der 70er-Jahre. Mit der zunehmenden Globalisierung gibt es einen weltweit intensiveren Kulturaustausch. Kulturkonflikte wären also solche zwischen variablen und instabilen Größen. Zeitwandelstudien (Ridder & Dollase, 1999) zeigen, dass z.B. bereits in wenigen Jahren (von 1983 auf 1996) die Normalitätsvorstellungen über die Zusammensetzung von Schulklassen sich signifikant verändert hat: 40 % der deutschen SchülerInnen hielten im Jahre 1996 einen hälftigen Anteil von ausländischstämmigen Schülern in Schulklassen für normal und erstrebenswert – gegenüber 15 % im Jahre 1983.

Für nicht unerhebliche Teile der zugewanderten Schülerschaft ergeben sich wegen der vielfältigen Wanderungsbewegungen (Migration – Remigration in unterschiedlichem Alter) konfigurative Sozialisationstypen. Deren Erforschung zeigt ebenfalls die Wandelbarkeit der Kulturkategorie. In einer umfangreichen Studie hat Firat (1990) (a) in Deutschland geborene türkischstämmige Schüler mit (b) zugewanderten türkischstämmigen Schülern, (c) mit in die Türkei zurück gewanderten türkischen Schülern und mit (d) einheimischen türkischen Schülern verglichen. Es zeigte sich, dass die psychosoziale Lage für die türkischen Migranten- und Remigrantenschüler insgesamt besser war als für die Schüler, die in ihrem Heimatland verblieben sind. Man könnte überspitzt formulieren: Migration und Remigration erweitert die Perspektive. Bei den hier lebenden türkischen Migrantenschülern erwies sich eine bikulturelle Adhäsion teilweise als problematisch, wohingegen die eigenethnische Identität eher mit psychischer Gesundheit verbunden war.

Lebensalterlicher Beginn der interkulturellen Konfliktwahrnehmung

Kultur-Konflikte können sich lebensalterlich erst dann einstellen, wenn man eine kulturelle Identität (besser: ingroup-Identität) bilden kann. Für die Bildungsinstitution ist wichtig, dass sich eine Identifizierung mit einer Kultur oder Teilkultur erst in der Zeit um die Pubertät herum einstellt. Für jüngere Menschen bis 12 Jahre (Silbereisen, 1995) sind kulturelle Identitäten noch relativ fremd. In jüngeren Jahren gibt es zwar das Nachplappern von Stereotypen und Vorurteilen der Erwachsenen, die aber für den kindlichen Denkhorizont keineswegs dieselbe Bedeutung haben wie für Heranwachsende oder Erwachsene (Dollase, 2002; Mitulla, 1997). Bei Lambert und Klineberg (1967) identifizierten sich Kinder in allererster Linie durch ihr Geschlecht (rund 20 % bei den europäischstämmigen), dann durch ihren Schüler- oder Kindheitsstatus, dann durch ihre Individualität etc. Lediglich bei den Japanern gab es eine mit dem 10. Lebensjahr einsetzende stärkere Identifizierung mit der Nationalität. Auch wenn Studien feststellen können, dass es einen Ingroup-favoritism schon bei Vorschulkindern geben kann, der aber nicht immer mit Outgroup-prejudice verbunden ist (Aboud, 2003), so deutet doch eine Mehrheit der Studien darauf hin, dass eine im erwachsenen Sinne ausgeprägte Fremdenfeindlichkeit erst mit dem Gewinn einer nationalen oder ethnischen Identität zur vollen Ausprägung kommt.

Uneindeutigkeit und Subjektivität der Wahrnehmung von Kultur-Konflikten

Für das Kultur-Konflikt-Szenario ist Empirie schwächend, die zeigt, dass solche Konflikte widersprüchlich und mit geringer Übereinstimmung der Betroffenen wahrgenommen werden (Koch & Dollase, i.V.). Als Beispiel dient die Ethnisierung von normalen Konflikten. Es handelt sich u.U. um interpersonelle Konflikte, die aber als interethnische Konflikte gedeutet werden, weil die beiden Kontrahenten zwei unterschiedlichen Ethnien entstammen. Nur ein genauerer Blick kann zeigen, dass ihre Konflikte im Grunde genommen nichts mit ihrer Ethniezugehörigkeit zu tun haben, sondern bedingt sind durch persönliche Querelen.

Dabei kann man interpersonelle, intrakulturelle, Gegnerschaftskonflikte und Fremdheitskonflikte unterscheiden (Dollase, 1999). Ein interpersoneller Konflikt wäre z.B. ein Beziehungskonflikt innerhalb der Mädchen einer Gymnasialklasse. Ein intrakultureller Konflikt ist z.B. ein Konflikt zwischen Hochkultur und Unterhaltungskultur bei der Planung einer Klassenfahrt. Ein Gegnerschaftskonflikt wäre ein ethnisierter Konflikt zwischen hier lebenden Ausländern der dritten Generation und Deutschen, weil sie sich kulturell bereits sehr ähnlich sind, aber dennoch in unterschiedliche Kategorien eingeteilt werden. Und ein Fremdheitskonflikt wäre schließlich der Konflikt zwischen einem schwarzafrikanischen Asylbewerberkind in einer Grundschule, das von den anderen Kindern abgestoßen wird.

Die Wahrnehmung von Rassismus und Fremdenfeindlichkeit an den eigenen Schulen wird durch die Schulleiter bei entsprechenden Erfragungen nur widerstrebend zur Kenntnis genommen und wenn, dann aber auch als nicht bedeutsam oder randständig klassifiziert (Ryan, 2003). Lehrer selbst beurteilen einer amerikanischen Studie zufolge (Pigott & Cowen, 2000) die Anpassung ihrer Schüler gerne auch nach ihren eigenen interethnischen Stereotypen. Auf der anderen Seite werden die Lehrer von den Schülern auch gemäß der schülereigenen Stereotype wahrgenommen: Der ethnische Hintergrund spielt dabei ebenso eine Rolle für die Unterstellung eines „ethnic-bias" wie die Schulleistung. Die Wahrnehmung, ob in einer Schulklasse interethnische Konflikte vorliegen oder nicht, variiert innerhalb von Schulklassen von Schüler zu Schüler, zwischen Eltern und Schülern und auch zwischen Lehrern und Schülern ganz erheblich (Koch & Dollase, i.V.).

Im Vergleich mit intrakulturellen Verhaltensweisen sind interkulturelle oft deutlich unspektakulärer. Wichtig zur Beurteilung von interethnischen Konflikten ist nämlich, dass man die intrakulturellen Verhaltensweisen von Schülern und Schülerinnen als Maßstab für die Beurteilung ihrer interkulturellen Verhaltensweisen nimmt. Wahl, Tramitz und Blumtritt (2001) haben darauf hingewiesen, dass dieselben, die Fremden gegenüber zurückhaltend sind, sich auch gegenüber fremden Deutschen zurückhaltend verhalten, also sich durch eine allgemeine Misanthropie (oder Schüchternheit) auszeichnen. Wer sich mit einem ausländischen Schüler prügelt, prügelt sich möglicherweise auch gerne mit einem deutschen.

Ingroup-outgroup-Konflikte statt Kulturkonflikte

Das Kultur-Konflikt-Szenario ist durch die genannten Argumente und empirischen Daten nicht zweifelsfrei widerlegt. Es scheint sie ja zu geben, die Kulturkonflikte – wenn auch nur von einem kleineren Teil der Schüler- und Lehrerschaft (und einem großen der Fachliteratur) so betitelt. Aber in einer globalisierten, medial vernetzten und durch touristische Mobilität eigentlich vertrauten Welt mutet die These kultureller Fremdheit bei jungen Menschen antiquiert an. Die Konzipierung als ingroup-outgroup-Konflikte wäre passender. Was wäre der Unterschied?

Im Kultur-Konflikt-Szenario sind kulturelle Inhalte (Verhaltensweisen, Einstellungen, Äußerlichkeiten etc.) salient. Es zwingt dadurch zur Akzeptanz von Fremdheit, schreibt kulturelle Schubladen fest, macht Aufklärung, kulturelle Begegnungswochen bedeutsam. Die Konzipierung als ingroup-outgroup-Konflikt macht von den Inhalten unabhängig, also auch von Fremdheit und Vertrautheit, macht stattdessen die Differenzierung in „Wir" und „Ihr", also die kulturelle Identität, unabhängig von den beliebig definierbaren Abgrenzungsinhalten bedeutsam. Muslime werden nicht wegen abstoßender „Fremdheit" ausgegrenzt, sondern weil wir sie nicht zu uns gehören lassen bzw. sie nicht zu uns gehören wollen.

Diese empirischen Daten und Argumente legen nahe, dass man die Abstammung, die kulturelle Zugehörigkeit, die Ethnie, die Religion und andere, eher oberflächliche Indizierungen des Einzelwesens nicht zu ernst nehmen darf, da sie eine komplizierte und differenzierte Realität im Sinne der Wahrnehmungsvereinfachung stark simplifizieren. „Kultur" ist eine depersonalisierte Kategorie und verschleiert deren psychologischen Unterbau. Welch fatalen Folgen eine kulturalistische Deutung der Konflikte im Schulalltag haben kann, haben Analysen der sog. institutionellen Diskriminierung gezeigt (Gomolla & Radtke, 2002).

Auch wenn man Kultur so weit greifend definiert, wie im Duden, als die Gesamtheit der geistigen und künstlerischen Lebensäußerungen einer Gemeinschaft bzw. eines Volkes, so ist auch die Annahme, dass jeder Mensch in unverwechselbarer Art und Weise durch seine Kultur geprägt sei, eine eher spekulative. Vor kulturalistischen Übertreibungen, die in ihren Konsequenzen dem Rassismus völlig identisch sind, wird schon lange gewarnt (Auernheimer, 1998). Wenn man kulturelle Prägungen genauso wenig ablegen kann wie seine schwarze Hautfarbe, wenn so getan wird, als sei die kulturelle Prägung nichts Dekonstruierbares, also ein unveränderliches Personenkennzeichen, dann sind die Folgen zwangsläufig dieselben wie beim Rassismus, der davon ausgeht, dass die genetischen Unterschiede zwischen Menschengruppen entscheidend, also essentiell, und nicht mehr änderbar für die Beurteilung und den Umgang eines bzw. mit einem Menschen sind. In rassistischen und kulturalistischen Positionen wird die Varianz, die Dynamik und die Veränderbarkeit von kulturellen Orientierungen unterschätzt. Ein kultureller Essentialist müsste allerdings auch annehmen, dass die kulturellen Unterschiede innerhalb einer Gesellschaft und Kultur ebenso unveränderlich sind. Empirische Tatsache aber ist, dass nur ein kleiner Teil einer Gesellschaft die Gesamtheit der geistigen und künstlerischen Lebensäußerungen eines Volkes kennt und sie auch weitertragen kann.

Theorie der ingroup-outgroup-Integration und -Desintegration im Schulsystem

Durch die theoretische Auffassung, wonach Probleme der Zuwanderung als ingroup-outgroup-Konflikte (statt als Kulturkonflikt) aufgefasst werden können, kommen die Theorie der sozialen Identität, die Kontakthypothese (inkl. soziometrischer Forschungen) und die „Threat"-Theorie als übertragbar auf Kontaktsituationen, mit der man es im Schulsystem zu tun hat, als Interpretationsrahmen in Frage.

Als grundlegende Theorie gilt die *Theorie der sozialen Identität* nach Henry Tajfel (Tajfel, Flament, Billig, & Bundy, 1971). Das ist deshalb so, weil mit dieser Theorie die Konstruktion von Begrifflichkeiten (Kategorien) als psychologisches Problem thematisiert wird. Gomolla und Radtke (2002, S. 277) schreiben: „Fast nirgends sonst wird so intensiv über Kultur, Kulturkonflikt, kulturelle Identität etc. nachgesonnen, wie in den Schulen (und ihren Betreuungswissenschaften), wenn es darum geht, negative Selektionsentscheidungen zu begründen und die Ursachen bei den Migrantenkindern und ihren Familien zu suchen." Die Kategorisierung von Schülern und Schülerinnen in Kulturen ist eine Form der sozialen Kategorisierung, die nach Tajfel dazu führt, dass sich Menschen freiwillig oder gezwungenermaßen mit dieser Kategorie identifizieren, sich anschließend mit Menschen anderer Kategorien vergleichen und dabei wollen, dass die eigene Kategorie besser ist. Sie streben positive soziale Distinktheit an. Die Theorie gilt, wenn SchülerInnen nach Kulturen bzw. Ethnien kategorisiert werden bzw. sich selber kategorisieren. Weiter oben wurde gezeigt, wie riskant bei einer differenzierenden Betrachtung ein derartiges Pauschalurteil ist. Was sich im Anschluss an Prozesse der sozialen Identitätsbildung vollzieht (nicht zwangsläufig vollziehen muss), nämlich die Entwicklung von Pauschalurteilen gegenüber anderen Kategorien (früher als Vorurteile und Stereotype bezeichnet), verstößt einer alten Definition des Vorurteils gemäß gegen die Normen der Rationalität, der Gerechtigkeit und der Menschlichkeit (Harding, Proshansky, Kutner & Chein 1969). Stereotype und Vorurteile können Folgen eines Kategorisierungsprozesses sein.

Auch die Durchbrechung einer solchen Segmentierung der Schülerschaft setzt an der pauschalisierenden Ansicht an, die Schüler jeweils als Repräsentanten einer Kultur zu betrachten und sie gewissermaßen in kulturelle Schubladen (kulturelle Modalpersönlichkeit genannt) einzuordnen. Miller und Harrington (1992) empfehlen aufgrund empirischer Untersuchungen etwa (a) die Minimierung der Bedeutung sozialer Kategorien, (b) die Minimierung der Bedrohung von Identität, also der Kategorie, um Unterlegenheitsgefühle zu verhindern, (c) die Bereitstellung von Gelegenheiten zur Personalisation, d.h. persönliche Offenheit und Ansprache, sowie (d) eine allgemeine Erhöhung der interpersonalen Kompetenz, wie kooperative Verhaltensweisen etc. Mit „Dekategorisierung" wird die Minimierung der Bedeutung von Kategoriezugehörigkeit beschrieben, mit „Rekategorisierung" der Versuch, neue, korporative Identitäten (z.B. „Meine" Klasse, „Unsere" Schule) zu etablieren.

Auch die auf Allport (1954) zurückgehende *Kontakthypothese* lässt sich mit Hilfe der Theorie der sozialen Identität reinterpretieren und baut auf die Wirksamkeit des interpersonellen Kontaktes zum Abbau interethnischer Spannungen. In einer Fassung der Kontakthypothese von Amir (1969) sind positive und negative Bedingungen für die Wirksamkeit des Kontaktes genannt worden. Kontakt trägt zum Spannungsabbau bei: (a) wenn der soziale Status der Gruppen gleichwertig ist, (b) in einem Sozialklima, das den Kontakt wünscht und forciert, (c) wenn der Kontakt nicht nur gelegentlich stattfindet, (d) wenn er Spaß macht und Vorteile bringt, (5) und bei gemeinsamen Arbeiten für ein übergeordnetes Ziel. Man sieht auch an diesen Bedingungen, dass eine Dekonstruktion der sozialen Kategorien unter Bedingungen der Gleichwertigkeit in diesen Bedingungen der Wirksamkeit steckt. Der Kontakt kann allerdings unter bestimmten Bedingungen auch zur Verschärfung von interethnischen Spannungen führen: z.B. bei Wettbewerb statt Kooperation, bei unerfreulichem, gespanntem Klima, wenn eine Gruppe durch Kontakt an Ansehen verliert, wenn eine Gruppe in schwieriger Situation ist, oder bei inkompatiblen moralischen Normen und wenn eine Gruppe in jeder Hinsicht schlechter ist. Die Kontakthypothese ist – einer Metaanalyse von Pettigrew und Tropp (2000) zufolge – in Hunderten von Studien deutlich belegt worden. Eine integrative Beschulung also führt zu einem Abbau der interethnischen Spannungen, wenn die genannten Bedingungen gewährleistet sind. Daran kann man allerdings in der Praxis hin und wieder Zweifel haben, wenn man etwa an institutionelle Diskriminierungen denkt und an die Schwierigkeit, auf Pauschalurteile („die" Türken, „die" Ausländer) zu verzichten. Die Empirie zeigt, dass die Bedingungen der Kontakthypothese in jedem Fall interethnische Spannungen senken, allerdings bringen sie diese nicht völlig zum Verschwinden, es bleibt ein Rest an Spannungen übrig. Andererseits sind die positiven Bedingungen der Kontakthypothese – z.B. gleicher Status, ständiger Kontakt, Sozialklima und Kooperation – wenn überhaupt, eigentlich nur innerhalb des Bildungssystems zu erreichen.

Die „*Threat*"-*Theorie* von ingroup-outgroup basiert nicht auf Bedrohung durch Fremdheit, sondern durch Intergruppen-Stress. Die hier so genannte Ressourcenthese (Stressabbau) beruht einerseits auf der Stressforschung nach Lazarus (1966), der immer wieder den Befund berichtet hat, dass mit Stress dann besonders gut umgegangen werden kann, wenn entsprechende emotionale oder soziale Ressourcen zur Verfügung stehen. Die Ressourcenthese ergänzt also die Stresstheorie der Intergruppenspannung. Eine Verbindung zur Fremdenfeindlichkeitsforschung ist über die sog. Terror-Management-Theorie (Greenberg, Simon, Pyszczynski, Solomon & Chatel, 1992; Ochsmann & Mathy, 1993) bzw. über die Theorie der Intergroup-fears und -threats (Stephan & Stephan, 2000) gegeben. Stephan und Stephan weisen beispielsweise darauf hin, dass es realistische Bedrohungen geben kann, zwischen z. B. deutschen und ausländischstämmigen Schülern, etwa um Lehrstellen, symbolische Bedrohungen, z. B. durch religiöse Symbole (den Muezzinruf, den Bau von Moscheen, das Kopftuch etc.) und Bedrohungen durch den Kontakt, etwa Angst um die Akzeptanz bei den „Anderen". Und dass die negativen Stereotype über die anderen, etwa über Aussiedler, ihrerseits schon Stress darstellen, da sie negative Erwartungen, die den Menschen belasten können, zur Folge haben können.

Man könnte von einem „Distinktionsstress" sprechen, der sich nach einer Einteilung in „Wir" und „Ihr" ergibt, also nach einer Bedeutsamkeitserhöhung der Zugehörigkeit zu einer ethnischen Kategorie. Dieser Distinktionsstress kann nun gemildert oder verschärft werden. Er wird, und das wäre die Aussage der hier so genannten Ressourcenthese, zu mildern durch Ressourcen, die die Schule vermittelt. Folgerichtig konnten in der eigenen Studie auch erstaunliche Zusammenhänge zwischen der Beurteilung der Lehrer und der Fremdenfeindlichkeit ermittelt werden (Dollase, 2001a). Je netter die Lehrer-/innen wahrgenommen werden, um so besser fallen die Beurteilungen anderer Nationen aus (21 von 27 vorgegebenen Nationen), je langweiliger die Schule ist, desto schlechter fallen die Beurteilungen anderer Nationen aus (auch in 21 von 27 vorgegebenen Nationen), wobei die Selbstbeurteilung der Deutschen mit der Nettigkeitsbeurteilung der Lehrer nicht zusammenhängt. Stärker als der Einfluss der Lehrer- und Unterrichtsbeurteilungen ist nur die Schulform (Dollase et al., 2000). Wie bekannt, ist die Fremdenfeindlichkeit im Gymnasium geringer. Die Ressource ist im Gymnasium Bildung und Lernerfolg: Im Gymnasium ist weniger die Nettigkeit der Lehrkräfte mit fehlender Fremdenfeindlichkeit korreliert, als vielmehr das Gefühl, im Unterricht gut mitzukommen. Das heißt also: Nette und gute Lehrer/-innen, guter Unterricht sind ein wesentliches Mittel zur Verminderung der Fremdenfeindlichkeit. Auch wenn die Befunde korrelativer Art sind, so sind sie doch im Rahmen der Stress- oder Ressourcenthese durch andere Resultate, auch experimenteller Art, bestätigt. Es ist sinnvoll anzunehmen, dass Ressourcen Fremdenfeindlichkeit durch Minderung des Distinktionsstress abbauen.

Man erkennt vor allen Dingen, dass die führenden psychologischen Theorien zur Überwindung intergruppaler Konflikte diese nicht unbedingt durch Vertrautwerden und Kennenlernen einer anderen Kultur verhindern wollen. Wichtiger ist in jedem Fall das gemeinsame Arbeiten für ein übergeordnetes Ziel und die direkte oder indirekte Dekategorisierung. Das dürfte forschungshistorisch auch nicht überraschen. Sowohl in den USA als auch in Frankreich und Großbritannien gibt es ethnische Minderheiten, die nicht nur die Sprache der Mehrheit sprechen, sondern die auch dieselbe Kultur seit Generationen teilen, die bestenfalls Kennzeichen einer Minderheitenkultur tradiert haben, also als Kultur in einem größeren Kulturrahmen aufgefasst werden können, und die trotzdem diskriminiert werden. Fremdheit kann in solchen Fällen nicht das Problem sein, da sich eine Gesellschaft über die Jahrzehnte an Zuwanderung gewöhnen kann. Auch bei hochgradiger Ähnlichkeit kann es zu Gruppendiskriminierungen kommen, wie etwa der Antisemitismus gezeigt hat und noch zeigt, da eine eher marginale Verschiedenheit (Religion) zur Kategorisierung benutzt wird.

Wenn die Kontakthypothese Recht hat und damit die integrative Beschulung als präventive Umgangsweise mit interethnischen Konflikten wirksam ist, müsste man auch in Zeitwandelstudien nachweisen können, dass die Integration sich im Laufe der Jahrzehnte verbessert hat. In der Tat konnte dieser Nachweis in einer Zeitwandelstudie von 1983 auf 1996 geführt werden (Ridder & Dollase, 1999). Gemäß der Kontakthypothese konnte in einer weiteren Untersuchung festgestellt werden, dass die Fremdenfeindlichkeit von 35 auf 19 % sinkt (bei Hauptschülern), wenn der Ausländeranteil von nahe Null auf über 50 % steigt, also ein deutlicher positiver Kontakteffekt. Derselbe Effekt zeigt sich auch bei den soziometrischen Wahlen: Mit zunehmendem Ausländeranteil orientieren sich die Deutschen zum Teil stärker an ihren ausländischstämmigen Mitschülern als an ihrer eigenen Ethnie (Dollase, 2001a).

Die relevanten psychologischen Theorien, die nicht nur auf Korrelationsstudien beruhen, sondern auch experimentelle Evidenz für sich in Anspruch nehmen können, bieten für die Überwindung von intergruppalen Spannungen wichtige Ansatzpunkte – Dekategorisierung, Rekategorisierung und Abbau des Distinktionsstresses.

Beeinflussungsmöglichkeiten intergruppaler Konflikte in Schule und Unterricht

Seit den ersten „Gastarbeitern" in der Bundesrepublik Deutschland (in den 50er Jahren) gibt es eine Forschung bzw. Pädagogik, die sich mit den „Gastarbeiterkindern", den „Ausländern", den Zugewanderten beschäftigt und je nach Status der Zuwanderung auch eine unterschiedliche Begrifflichkeit und andere Zielsetzungen verfolgte. Galt früher etwa die Remigrationsfähigkeit der Zugewanderten als ein wichtiges Ziel (Boos-Nünning & Henscheid, 1987), konzentrierte man sich früher stärker auf bikulturelle Erziehung (Dickopp, 1982), so hat sich heute die Einsicht durchgesetzt, dass eine multikulturelle oder interkulturelle Erziehung notwendig sei (Auernheimer, van Dick, Petzel & Wagner, 2001; Diehm & Radtke, 1999; Nieke, 1995). Einer Zuwanderung kann sich ein schrumpfender Staat wie die Bundesrepublik Deutschland schon aus wirtschaftlichen Gründen nicht mehr entziehen. Hier sollen allerdings weniger die Wandlungen der pädagogischen Befassung mit dem Thema skizziert werden, wozu es zahlreiche gute Werke sowie fundierte Bibliographien und Übersichten gibt (Krampen & Krämer, 1994; Wiesenhütter, 1995). Vielmehr sollen eher Konkretisierungsformen des präventiven Umgangs aus Sicht der sozialpsychologischen Theorien dominant sein.

Von ebenso fundamentaler Bedeutung für den Umgang mit interethnischen Konflikten in Bildungsinstitutionen wie die Auseinandersetzung mit dem Kulturkonflikt ist die Analyse der Handlungsspielräume der im Bildungssystem tätigen Akteure. Für viele scheint klar, so lehrt ein Blick in die Einführungskapitel von Trainingsprogrammen, dass die Probleme mit möglichen interethnischen Konflikten rein interaktive Probleme sind, die dann auftauchen, wenn ein Lehrer in einer Schulklasse eine bestimmte Anzahl von ausländischstämmigen Schülern zu unterrichten hat. Das ist, wie man sich leicht vorstellen kann, nicht die ganze Wahrheit. Die Lösung von Problemen, ob es sich nun um soziale Probleme, wie die Integration zugewanderter Schülerschaften handelt, oder um Leistungsprobleme, ist immer mehrschultrig verteilt (Dollase, 1995). Das heißt, verschiedene Instanzen leisten verdeckte oder auch offene Investitionen, um die Probleme zu lösen.

Diese Instanzen sind: das Schulsystem, die Schule, die Lehrer, die Schüler und die Eltern. Die Eltern beispielsweise leisten einen Beitrag zur Lösung interethnischer Konflikte, indem sie die Schüler und Schülerinnen mit Sockelqualifikationen zum Umgang mit Heterogenität ausstatten: mit Toleranz, mit Fairness, Gerechtigkeitsvorstellungen etc. Diese Rolle können auch Lehrer übernehmen oder Schulleiter. Das Schulsystem oder die Schule (d.h. die Entscheidungsträger) produzieren interethnische Konflikte oder weichen ihnen durch allerlei rechtlich einwandfreie Maßnahmen aus: Sie bieten Vorbereitungskurse an, sie definieren Schulbezirke neu oder organisieren den Unterricht so, dass Schüler/-innen mit Migrationshintergrund besser mitkommen können etc. Oder: Sie diskriminieren institutionell, d.h. nicht unbedingt mit böser Absicht, meist durch Sonderbehandlungen oder unangemessenes Bestehen auf homogenen Voraussetzungen (Gomolla & Radtke, 2002).

Das Hintergrundphänomen für institutionelle Diskriminierung ist, dass man etwa durch Schulstandortwahl oder Schuleinzugsbereich, durch die konfessionelle oder nichtkonfessionelle Ausrichtung, durch die Art der Klassenzusammensetzung, durch das Überweisungsverhalten an Schulkindergärten oder Sonderschulen oder beim Übergang zur Sekundarstufe von der Grundschule aus, unbemerkte Diskriminierungen der zugewanderten Schüler/-innen durchführen kann. Diese unabsichtlichen und zum Teil nicht böswilligen Diskriminierungen geschehen in zwei Ausprägungen: Einmal eine direkte Diskriminierung, indem man die zugewanderten Schüler einer Sonderbehandlung zuführt, die sowohl positiv wie auch negativ-selegierend gemeint sein kann (z.B. eine Förderklasse wäre eine positive Diskriminierung, die Überweisung an eine Sonderschule eine eher der Schulkarriere wenig förderliche Diskriminierung), oder aber in der Form einer indirekten Diskriminierung, d.h. gleiche Regeln, gleiches Recht für alle, gleiche Regeln auch für die Zugewanderten, die dann aber diese Anforderungen nicht erfüllen können. Diehm und Radtke (1999) verweisen darauf, dass das Schulsystem auf Homogenität von Alter, Leistung, Leistungsvermögen und Unterrichtssprache angewiesen ist. Daraus ergeben sich institutionelle Diskriminierungen, die an zahlreichen Beispielen erläutert werden können.

Abgesehen von der Vermeidung der institutionellen Diskriminierung sind folgende Ansatzpunkte der Beeinflussung von intergruppalen Konflikten, also sozialisationswirksame Faktoren denkbar: die Art des Lehrerverhaltens, Unterricht über Fremdenfeindlichkeit und interethnische Konflikte, Programme und organisatorische Maßnahmen.

Das Lehrerverhalten als solches ist ein entscheidender Faktor in der Verhinderung von Fremdenfeindlichkeit und interethnischen Konflikten, durch Umgangsqualitäten senkt sich das Risiko von interethnischen Konflikten. Empirische Studien zeigen, dass z.B. die Unterrichtswahrnehmungen der Schüler, d.h. die Wahrnehmung der Kompetenz der Lehrkräfte, signifikant mit dem Ausmaß an Fremdenfeindlichkeit zusammenhängt (Dollase, 2001a). Zu einer ähnlichen

Schlussfolgerung kommt Walter (1999) bei einer Umfrage von Lehrern, die sich selbst stärker für die interkulturelle Integration verantwortlich halten, als ihnen dieses von Experten zugestanden wird.

Zumeist untersucht man, welche Einstellungen Lehrer zum interkulturellen Lernen haben und folgert aus den Einstellungen etwas über ihre Wirksamkeit im Kampf gegen Fremdenfeindlichkeit. Walter (1999; 2001a; 2001b) findet beispielsweise, dass die soziale und kognitive Integration der ausländischen Schülerschaft für die meisten Lehrer wichtiger ist als die Förderung der Multikulturalität. In amerikanischen Studien wird ebenfalls das Vorhandensein von „ethnic biases" für die integrative Außenwahrnehmung der Lehrkräfte wie auch für ihr Beurteilungsverhalten hervorgehoben (Pigott & Cowen, 2000).

Zick, Fienert und Maciejewski (2001) formulieren personale Kompetenzen des Lehrpersonals, die in der interkulturellen Weiterbildung, also auch außerhalb des Schulbereiches tätig sind: (1) Personale Kompetenzen (Empathie, Teamfähigkeit, Problembewusstsein, Belastbarkeit, Zuverlässigkeit, Kritikfähigkeit, Verantwortungsbewusstsein, Organisationstalent, Kreativität); (2) material-strukturelle Kompetenzen (sozialpädagogische Erfahrungen, juristische Kenntnisse, Deutschkenntnisse, Sprachkompetenz); (3) formale Kompetenzen (Kommunikationsfähigkeit, konfliktfreie Gesprächsführung, Durchsetzungsvermögen, Selbstständigkeit beim Arbeiten, Beherrschung persönlicher Arbeitstechniken); und (4) interkulturelle Kompetenzen (Akzeptanz von Fremdheit, antirassistische Grundhaltung, Kenntnisse von Menschenrechten, Integrationskonzept, interkulturelle Kompetenz, interkulturelle Sensibilität). Zusammen mit Lehrern in sog. Workshops haben Ledoux, Leemann und Leiprecht (2001) die personalen Kompetenzen von Lehrern entwickelt und erforscht, die sie zum Umgang mit interkulturellen Problemen befähigen. In den Augen von Lehrerinnen und Lehrern wirken folgende Eigenschaften der Lehrer konfliktvermeidend bzw. integrationsförderlich: (1) Als Lehrer zeigen, dass man anderen Menschen im Prinzip mit Wertschätzung und Respekt gegenübertritt; (2) Interesse an persönlichen Erfahrungen und Erlebnissen zeigen; (3) etwas von sich selbst erkennen lassen; (4) nicht normierend auftreten; (5) niemanden zur Preisgabe von Persönlichem zwingen; (6) deutlich machen, dass Persönliches nicht lachhaft ist; und (7) Raum geben für Selbsttätigkeit. Die empirische Basis dafür, dass solche Lehrerverhaltensweisen, die auch für andere Erziehungsziele wichtig sind, tatsächlich einen Effekt haben können, sind korrelativer Natur: Nette Lehrer, d.h. solche, die die Beziehungs- und Sachebene positiv gestalten können, haben mit weniger Gewalt und weniger Fremdenfeindlichkeit zu tun (Dollase, 2001b).

Eher schlimm ist es, wenn das Lehrpersonal sich nicht für Vorurteile anfällig konzipiert, d.h. sich als vorurteilsfrei darstellt. Dann findet eine Auseinandersetzung mit subtilen Vorurteilen nicht mehr statt. Hierzu passt eine Untersuchung von Marti, Bobier und Baron (2000), in der gezeigt wird, dass prototypische Vorurteile leichter entdeckt werden, leichter zugänglich sind als nicht prototypische Vorurteile. Gerade jene Menschen sind für ihre subtilen Vorurteile kaum zu sensibilisieren, wenn sie die offensichtlichen Vorurteile vermeiden können (Monteith, Voils & Ashburn Nardo, 2001).

Walter (2001) fragt nach interkulturellen Kognitionen von Lehrkräften bzw. danach, ob sie in der Lage sind, die Aufmerksamkeit bei Schülern und Schülerinnen unabhängig von der Ethnie zu erzeugen. In einer seiner Studien zeigt er, dass Lehrer insgesamt in der Lage sind, die Aufmerksamkeit für unterrichtliche Themen sowohl bei deutschen wie auch ausländischen Schülern und Schülerinnen in gleicher

Weise zu erzeugen. Bei höherem Ausländeranteil scheint es ihnen besser zu gelingen als bei niedrigem Ausländeranteil. Für die Aufmerksamkeitssteigerung sind kulturbezogene Kognitionen der Lehrkräfte eher sekundär. Über diese kulturbezogenen Kognitionen zeigt Walther (1999), dass die erste Priorität für Lehrer die kognitive und soziale Integration hat, danach die Chancengleichheit folgt und dann die Förderung der kulturellen Vielfalt.

In verschiedenen Studien von Ulrich Wagner geht es um Unterrichtsstil und um die Thematisierung bzw. Bestrafung von interkulturellen Konflikten und interkulturellen Differenzen (Wagner, van Dick, Petzel & Auernheimer, 2001). Diese hängt von verschiedenen Faktoren ab, u.a. von Autoritarismus, von Akkulturationseinstellungen, von der sozialen Lage, von der Schulform usw. Präsentiert werden pfadanalytische Diagramme, die eine komplexe Wechselwirkung zwischen unterschiedlichen Einflussfaktoren nahe legen. Die Reaktion auf disziplinarische Vergehen fallen gegenüber ausländischen Schülern eher etwas stärker aus als gegenüber deutschstämmigen Schülern, wenngleich Minderheiten als solche durchaus positiv beurteilt werden. In einer anderen Studie konnte ein verblüffender Zusammenhang zwischen autoritären Lehrereinstellungen und der Öffnung der Schüler für die jeweils andere Kategorie bzw. Gruppe festgestellt werden. Autoritäre Lehrer können prosoziale Einstellungen besser durchsetzen, falls dies nicht der Fall sein sollte, könnte sich auch eine Solidarisierung der Schüler untereinander gegen autoritäre Lehrer ausbreiten, die dann zu einer interkulturellen Öffnung führt (Auernheimer et al., 2001). Dass Lehrer, die die kulturelle Integration und kulturelle Selbstständigkeit der ausländischstämmigen Schülerschaft für besonders wichtig halten, Kulturkonflikte oder interethnische Konflikte schlimmer bewerten, kann daran liegen, dass man interethnische Konflikte durch eine Ethnoorientierung überproblematisiert (Bender-Szymanski, 2001). Ansonsten finden sich in zahlreichen Studien eher warnende Hinweise gegenüber einer Haltung „Das kommt bei uns nicht vor", „Die Konflikte sind nicht besonders schlimm" (Klink, Hamberger, Hewstone & Avci, 1998). Die Warnungen geben einer Befürchtung Ausdruck, dass die ethnische Blindheit zu einer impliziten Missachtung der jeweils anderen Kultur führen könnte. Mit dieser Kritik wird man den Lehrkräften u.U. nicht gerecht. Man kann nicht an über 200 Schultagen im Jahr permanent auf interkulturelle Unterschiede achten und diese thematisieren. Wenn Konflikte auftauchen, muss man diese selbstverständlich bearbeiten (Nieke, 1995). Aber das Interesse der meisten, auch der ausländischen SchülerInnen dürfte darin bestehen, gute Noten zu erwerben und mit einem Abschluss eine Arbeitsstelle zu finden. Im täglichen Umgang miteinander gibt es tausend Dinge, die Kinder und Jugendliche mehr interessieren als psychologisierte oder soziologisierte Auseinandersetzungen über Herkunft, soziale, politische oder religiöse Identität („Laberthemen"). Die integrative Beschulung (s.o. Kontakthypothese) und die Dekonstruktion (s.o. Theorie der sozialen Identität) wirken; sie erzwingen keine übermäßige Auseinandersetzung mit kultureller Identität.

Während man über Wahrnehmungen, Einstellungen von Schülern und Schülerinnen relativ gut Bescheid weiß, sowohl in quantitativen wie auch qualitativen Studien (Würtz, 2000), gibt es ein klares Forschungsdefizit über Eltern. Insgesamt kann man über Eltern annehmen, dass sie über die interkulturellen Prozesse in der Schule oftmals zu anderen Ansichten kommen als die Schüler und die Lehrer, ausländische Eltern hätten gern mehr Kontakt zur einheimischen Bevölkerung (Dollase et al., 2000).

Dass der Unterricht, also die Sachebene des Unterrichtes und weniger dessen Beziehungsebene, zum Abbau von Fremdenfeindlichkeit beitragen kann, ist eine Idee, die eine relativ lange Tradition hat. Nahezu ausnahmslos gehen solche Ansätze allerdings vom Kultur-Konflikt-Szenario aus. Bereits Göpfert (1985) analysierte eine Reihe von Vorschlägen, wie man in den Unterrichtsfächern Geschichte, Sozialkunde und Religion auf die interkulturelle Problematik eingehen kann und gab Empfehlungen, wie diese heiklen Thematiken im Rahmen des Unterrichtes zu behandeln sind.

Zahlreiche AutorInnen empfehlen, statt der Behandlung von Themen die Sozialisationserfahrungen im Unterricht für Zwecke der interkulturellen Integration zu nutzen. Hansen empfiehlt z. B. im Unterricht Begegnungen mit Fremden herbeizuführen und zu organisieren, Informationen über Fremde bereitzustellen, Regeln der Interaktion mit Fremden einzuüben und das Austragen von Konflikten mit Fremden zu trainieren (Hansen, 1994). Gamm empfiehlt, die Multikulturalität durch eine elementare Einübung des Umgangs mit ethnischen Minderheiten zu fördern, einen Einklang von pädagogischen und politischen Maßnahmen herzustellen, Empathie, soziales Engagement und Begeisterung zu fördern sowie den männlichen Typus von Erziehung zu revidieren (Gamm, 1993). Für Olechowski (1994) ist klar, dass große Veränderungen, z. B. eine Immunisierung gegen rechtes Denken, „nur eine Folge von unzähligen kleinen, unscheinbaren und scheinbar banalen Erfahrungen" sein können.

Zahlreiche Projekthandbücher zum Thema Gewalt und Rassismus machen Vorschläge für allerlei Projekte und Arbeitsblätter, die unterrichtskompatibel sind (Posselt & Schumacher, 1993; Steinmann, 1994). Insbesondere zum Rechtsextremismus, der relativ starke Anteile von Fremdenfeindlichkeit enthält, existieren zahlreiche Entwürfe von Unterrichtsmaterialien (Schaefer, Hibbeler & Schuricht, 1993). Für außerschulische Bildungsarbeit in anderen Bildungsinstitutionen liegt ein Arbeitsbuch gegen Ausländerfeindlichkeit vor, das eine Reihe von Unterrichtsvorschlägen für die Erziehung gegen Rassismus enthält (Heigl, 1996). Aus der Vielzahl ähnlicher Handreichungen können hier nur wenige Beispiele zitiert werden. Eine empirische Fundierung für eine Reihe von Anregungen für die Unterrichtspraxis (Unterrichtsgespräch, Realbegegnung mit Fremden sowie Inhalte und Methoden demokratischen Lernens) gibt Stenke (1993), die ihre Empfehlung auf der Analyse von 100 Aufsätzen 14- und 15-jähriger Schüler/-innen zum Thema „Deutsche und Ausländer" basiert. Auch in den USA sind „Classroom tested action guides" im Umlauf, um mit Vorurteilen gegenüber der sozialen Schicht, der Rasse, dem Geschlecht und der Behinderung umzugehen (vgl. Ellis & Llewellyn, 1997). Das Buch enthält 48 Unterrichtsentwürfe in sechs Studieneinheiten, die in den Unterricht eingebaut werden können. Praktische Richtlinien für die Gruppendiskussion, für interaktive Übungen, Diskussionsthemen, Lektüren, eine Liste von Quellentexten, Beispieldiskussionen und Übungen, die ein engagiertes Nachdenken provozieren, sollen Selbstbewusstsein, Empathie, wechselseitiges Verstehen etc. fördern.

Die zahlreichen Vorschläge, die im Rahmen der ersten beiden genannten Umgangsstrategien gemacht worden sind, werden heute gerne zu Curricula bzw. zu Programmen verdichtet. Trainings – ein anderes Wort dafür – und Programme haben eine unter Marketinggesichtspunkten günstige Struktur. Ob solche Programme tatsächlich helfen, ist die Frage. Meist fehlt eine Evaluation mit Kontrollgruppe.

Die organisatorischen Maßnahmen haben einen anderen Zuschnitt als die bisher genannten, weil sie – noch stärker als Programme – von den Qualitäten der

Personen absehen, die sie durchführen. Hierzu gehören Maßnahmen wie außerschulische Jugendarbeit, Theaterarbeit, internationaler Jugendaustausch, Schüleraustausch, interkulturelle Erwachsenenbildung, gemeinsame Aufgaben und Projekte sowie Tourismusprojekte, die ein entsprechendes Ziel haben. Oder: mobile Jugendarbeit, bewegungsorientierte Aktivitäten mit schwierigen Schulklassen, interkulturelle Begegnungen und der Abbau von Gewalt und Fremdenfeindlichkeit durch Sport und Bewegung sowie internationale Jugendcamps in der Stadt etc. Eine andere Klassifikation organisatorischer Maßnahmen lautet: Klassenfahrten mit einer Gruppe, einer benachbarten Schule, ein Unterrichtsprojekt ‚Vereintes Europa' etc. Die bis hier aufgezählten Maßnahmen sind also keine Trainingsprogramme, sondern eher Aktionen, die einen hohen organisatorischen Anteil haben und die durch ihren öffentlichkeitswirksamen und handlungsorientierten Zuschnitt wirken sollen (Auernheimer, 1990; Graf, 2000; Klose, Rademacher, Hafeneger & Jansen, 2000). Allerdings fehlt es auch hierzu an Evaluationsstudien.

Die Forschungen zur institutionellen Diskriminierung sowie viele Abhandlungen über Vor- und Nachteile schulorganisatorischer Maßnahmen haben gezeigt, dass auch auf organisatorischer Ebene interethnischen Konflikten und Fremdenfeindlichkeit vorgebeugt werden kann. Schmidtke (1981, S. 409ff) zitiert u.a. Vorbereitungsklassen, muttersprachlichen Unterricht, gemeinsamen Unterricht, unterstützende Hilfe für Schüler wie Differenzierung, Medieneinsatz, Förderunterricht, verbesserte Zusammenarbeit zwischen Eltern und Schule, Hausbesuche sowie außerschulische Initiativen (Schmidtke, 1981). Spätestens seit PISA ist deutlich, dass die zugewanderte Schülerschaft aus Gründen mangelnder sprachlicher Kompetenz dem Unterricht schlechter folgen kann und in den Schulleistungen zurückbleibt.

Das sog. Krefelder Modell (Dickopp, 1982) ist ebenso wie das Mainzer Modell (Auernheimer, 1990) ein eher tiefergreifender organisatorischer Eingriff. Das Krefelder Modell ist durch folgende Kennzeichen typisierbar: (1) Ausländische Kinder einer Nationalität gehen zusammen mit deutschen Kindern in dieselbe Klasse, d.h. das Krefelder Modell setzt auf eine bikulturelle Pädagogik. (2) Die Schulen konzentrieren sich auf eine Nationalität, notfalls werden die Schüler vom Wohnort zur Schule mit Bussen transportiert. (3) Der muttersprachliche Unterricht ist verpflichtend. Differenzierter Unterricht findet in getrennten Gruppen statt und die Phasen, in denen alle Schüler/-innen gemeinsam unterrichtet werden, nehmen in den vier Jahren der Grundschule kontinuierlich zu. (4) Das Konzept setzt voraus, dass der Klassenlehrer und der ausländische Lehrer bezüglich Vorbereitung und Sprachdidaktik eng zusammenarbeiten (www.vobs.at). Wirksame organisatorische Maßnahmen sind vor allen Dingen dort zu erwarten, wo sich die Schule der Frage des Umgangs mit Heterogenität im Unterricht unterrichtspraktisch stellt und entsprechende Möglichkeiten bereitstellt, damit umzugehen (Diehm & Radtke, 1999).

Man könnte die Maßnahmen in den vier Bereichen (Lehrerverhalten, Unterricht, Programme, organisatorische Maßnahmen) im Lichte der Theorien kritisieren. Je nach Programm wird die Salienz der Kulturzugehörigkeit mal mehr, mal weniger in den Vordergrund gerückt – was nach der Theorie der sozialen Identität riskant ist. Generell wird vergessen, dass das Lehrerverhalten, also die persönlichen Wirkungsmöglichkeiten von Lehrern, ein bedeutsamer Faktor bei der Prävention von Fremdenfeindlichkeit ist. Bei den Programmen und Trainingansätzen wird gerne übersehen, dass jedes Training, jedes Curriculum und Programm nur so gut sein kann wie die Person, die dieses Projekt durchführt. Schon Weikart (1972) erkannte, dass es keine „teacher proof curricula" geben kann, d.h. Programme oder Curricula, die von der Persönlichkeit des Ausführenden unabhängig sind.

Evaluationen sind aus nahe liegenden Gründen selten, weil sie aufwendig sind. Programme und Trainings, auch Personen können scheitern, methodische Zweifel auszuschalten, ist schwierig. Eine Aufklärungskampagne der Innenminister von Bund und Ländern gegen Extremismus, Fremdenfeindlichkeit und Gewalt unter dem Motto „Fairständnis: Menschenwürde achten gegen Fremdenhass" wurde evaluiert (Kiefl, 1999). Mit Hilfe einer Ex-post-Analyse von 827 Zuschriften und einer ergänzenden Multiplikatorenbefragung bei 104 Personen konnte Kiefl (1999) zeigen, dass die Kampagne die zentrale Problemgruppe der fremdenfeindlichen und/oder gewaltaffinen Jugendlichen nicht erreichen konnte. Durch die eingesetzten Mittel der Massenkommunikation, TV-Spots, Zeitungsartikel, Plakate, Aufkleber, Buttons sind in diesen Gruppen keine Sensibilisierungswirkungen oder Einstellungsveränderungen erzielt worden. Von Wagner, Christ und van Dick (2002) liegt eine Zusammenstellung zum Thema ‚Empirische Evaluation von Präventionsprogrammen gegen Fremdenfeindlichkeit' vor. Maßnahmen, die Kontakte zwischen Mitgliedern unterschiedlicher ethnischer Gruppen fördern, wie z.B. desegregierte Nachbarschaften, Kontakte am Arbeitsplatz, integrierte Beschulung, kooperativer Gruppenunterricht, sind gut evaluiert und erfolgreich. Programme, die zur Verbesserung von Kenntnissen über Fremde dienen, sind zwar zahlreich angeboten worden, aber nur in einigen Fällen, z.B. über Informationen in der Schule (McGregor, 1993) oder den „Culture Assimilator", empirisch evaluiert worden (van den Heuvel & Meertens, 1989). Vermutlich wird durch die richtige Information die Vorurteilsausprägung bei einem Teil der TeilnehmerInnen solcher Programme korrigiert. Die Maßnahmen zur eher unspezifischen Verbesserung von Kompetenzen sind zum großen Teil in ihrem Wert fraglich bzw. noch nicht ausreichend evaluiert worden (Wagner, Christ & van Dick, 2002).

Weiterführende Literatur

Auernheimer, G., van Dick, R., Petzel, T. & Wagner, U. (2001). *Interkulturalität im Arbeitsfeld Schule.* Opladen: Leske und Budrich.
Wagner, U., Christ, O. & van Dick, R. (2002). Die empirische Evaluation von Präventionsprogrammen gegen Fremdenfeindlichkeit. *Journal für Konflikt- und Gewaltforschung, 1,* 101–117.

Zitierte Literatur

Aboud, F. E. (2003). The formation of in-group favoritism and out-group prejudice in young children: Are they distinct attitudes? *Developmental Psychology, 39,* 48–60.
Auernheimer, G. (1990). *Einführung in die interkulturelle Erziehung.* Darmstadt: Wissenschaftliche Buchgesellschaft.
Auernheimer, G. (1998). Wie gehen Lehrer/innen mit kulturellen Differenzen um? Ergebnisse aus einer Lehrerbefragung. *Zeitschrift für Erziehungswissenschaft, 1,* 597–611.

Auernheimer, G., van Dick, R., Petzel, T. & Wagner, U. (2001). *Interkulturalität im Arbeitsfeld Schule*. Opladen: Leske und Budrich.

Bender-Szymanski, D. (2001). Kulturkonflikt als Chance für Entwicklung? In G. Auernheimer, R. van Dick, T. Petzel & U. Wagner (Hrsg.), *Interkulturalität im Arbeitsfeld Schule. Empirische Untersuchungen über Lehrer und Schüler (S. 63–97)*. Opladen: Leske und Budrich.

Berry, J. W., Poortinga, Y. H., Segall, M. H. & Dasen, P. R. (1992). *Cross-cultural psychology: Research and applications*. Cambridge: Cambridge University Press.

Bieler, A. (1999). *Zur Validität unterschiedlicher Nationalitätskriterien*. Unveröffentlichte Diplomarbeit, Universität Bielefeld, Bielefeld.

Boos-Nünning, U. & Henscheid, R. (1987). Ausländische Kinder im Deutschen Schulsystem: Pädagogische Anstrengungen in den 70er und 80er Jahren. In Deutsches Jugendinstitut (Hrsg.), *Ausländerarbeit und Integrationsforschung. Bilanz und Perspektiven (S. 277–294)*. München: DJI Verlag.

Dickopp, K.-H. (1982). *Erziehung ausländischer Kinder als pädagogische Herausforderung – Das Krefelder Modell*. Düsseldorf: Schwann.

Diehm, I. & Radtke, F. O. (1999). *Erziehung und Migration*. Stuttgart: Kohlhammer.

Dollase, R. (1994). Wann ist der Ausländeranteil in Gruppen zu hoch? Zur Normalität und Pathologie soziometrischer Beziehungen. In W. Heitmeyer (Hrsg.), *Das Gewalt-Dilemma (S. 404 -434)*. Frankfurt: Suhrkamp.

Dollase, R. (1995). Die virtuelle oder psychologische Reduzierung der Schulklassengröße. *Bildung und Erziehung, 48*, 131–144.

Dollase, R. (1999). Pädagogische Strategien des interkulturellen Lernens. Strategien zwischen kulturellem Essentialismus und Ethnizitätsblindheit. In R. Dollase, T. Kliche & H. Moser (Hrsg.), *Politische Psychologie der Fremdenfeindlichkeit (S. 279–292)*. Weinheim: Juventa.

Dollase, R. (2001a). Die multikulturelle Schulklasse – oder: Wann ist der Ausländeranteil zu hoch? In U. Wagner & R. van Dick (Hrsg.), *Fremdenfeindlichkeit in Deutschland (Bd. 9, S. 113–126)*. Norderstedt: Zeitschrift für Politische Psychologie.

Dollase, R. (2001b). Fremdenfeindlichkeit verschwindet im Kontakt von Mensch zu Mensch. Zur Reichweite der Kontakthypothese. *Diskurs, 2*, 16–21.

Dollase, R. (2002). Freundschaft oder Feindschaft: Zum Umgang mit dem „Fremden" in der Grundschule. In U. Itze, H. Ulonska & C. Bartsch (Hrsg.), *Problemsituationen in der Grundschule (S. 275–289)*. Bad Heilbrunn: J.Klinkhardt.

Dollase, R., Ridder, A., Bieler, A., Köhnemann, I. & Woitowitz, K. (1999). Zufriedenheit in multikulturellen Schulklassen. Beurteilerübereinstimmungen und -diskrepanzen bei SchülerInnen, Eltern und LehrerInnen. *Journal für interdisziplinäre Konflikt- und Gewaltforschung, 2*, 56–83.

Dollase, R., Ridder, A., Bieler, A., Köhnemann, I. & Woitowitz, K. (2000). Nachhall im Klassenzimmer. Zur relativen Unabhängigkeit der schulischen Integration vom Belastungsgrad der städtischen Umgebung. In W. Heitmeyer & R. Anhut (Hrsg.), *Bedrohte Stadtgesellschaften. Soziale Desintegrationsprozesse und ethnisch-kulturelle Konfliktkonstellationen (S. 199–255)*. Weinheim: Juventa.

Dollase, R., Ridder, A., Bieler, A., Köhnemann, I. & Woitowitz, K. (2002). Soziometrische Beziehungen, Selbstaussagen zu Gewalt und Fremdenfeindlichkeit in Schulklassen mit unterschiedlichem Ausländeranteil. In K. Boehnke (Hrsg.), *Rechtsextremismus, Fremdenfeindlichkeit, Jugendgewalt (S. 183–194)*. Weinheim: Juventa.

Dollase, R., Woitowitz, K., Bieler, A., Ridder, A. & Köhnemann, I. (2002). Konformität und Nonkonformität musikalischer Präferenzen als Ausdruck sozialer Distinktion in multikulturellen Schulklassen zwischen dem 11. und 18. Lebensjahr. In H. Rösing, A. Schneider & M. Pfleiderer (Hrsg.), *Musikwissenschaft und populäre Musik (S. 199–210)*. Frankfurt: Lang.

Ellis, A. & Llewellyn, M. (1997). *Dealing with differences. Taking action on class, race, gender, and disability*. Thousand Oaks, CA: Corwin Press.

Gamm, H. J. (1993). Fremdenfeindlichkeit und Erziehung. Anmerkungen zur deutschen Zeitgeschichte. *Pädagogik, 45*, 55–57.

168

Gärtner-Harnach, V., Bayer, W., Krolage, J., Paul, B. R., Röhrig, A., Schulte, W. u. a. (1974/75). *Psychologische Untersuchung der Schulsituation der Kinder ausländischer Arbeitnehmer (Forschungsbericht).* Mannheim: Fachhochschule für Sozialwesen Mannheim.

Gomolla, M. & Radtke, F. O. (2002). *Institutionelle Diskriminierung. Die Herstellung ethnischer Differenz in der Schule.* Opladen: Leske und Budrich.

Göpfert, H. (1985). *Ausländerfeindlichkeit durch Unterricht. Konzeptionen und Alternativen für Geschichte, Sozialkunde und Religion.* Düsseldorf: Schwann.

Graf, J. (2000). Abbau von Fremdenfeindlichkeit und Gewalt. Gestaltungsstrategien der Interaktion. *Förderschulmagazin, 22,* 5–9.

Greenberg, J., Simon, L., Pyszczynski, T., Solomon, S. & Chatel, D. (1992). Terror management and tolerance: Does mortality salience always intensify negative reactions to others who threaten one's world view? *Journal of Personality and Social Psychology, 63,* 212–220.

Hansen, G. (1994). Reduzierung von Fremdenfeindlichkeit in Bildungsinstitutionen? In A. Thomas (Hrsg.), *Psychologie und multikulturelle Gesellschaft (S. 100–105).* Göttingen: Verlag für Angewandte Psychologie.

Harding, J., Proshansky, H., Kutner, B. & Chein, I. (1969). Prejudice and ethnic relations. In G. Lindzey & E. Aronson (Eds.), *The handbook of social psychology (Vol. V, pp. 1–76).* Reading, Mass.: Addison-Wesley.

Heigl, W. (1996). *Arbeitsbuch gegen Ausländerfeindlichkeit. Unterrichtsvorschläge für Schule und Jugendarbeit: Bausteine für eine Erziehung gegen Rassismus in Jugendarbeit.* Weinheim: Beltz.

Huntington, S. (1998). *The clash of civilizations and the remaking of world order.* New York: Simon & Schuster.

Katelmann, M. & Sudeck, V. (2002). *Schüler der Sekundarstufe I in England und Deutschland. Eine kulturvergleichende Studie unter besonderer Berücksichtigung der Präferenz für das Schulfach und das Hobby Sport.* Universität Bielefeld, Bielefeld.

Kiefl, W. (1999). Evaluation einer Kampagne gegen Fremdenfeindlichkeit und Gewalt. *Soziale Arbeit, 48,* 296–301.

Klink, A., Hamberger, J., Hewstone, M. & Avci, M. (1998). Kontakte zwischen sozialen Gruppen als Mittel zur Reduktion von Aggression und Gewalt: Sozialpsychologische Theorien und ihre Anwendung in der Schule. In H. W. Bierhoff & U. Wagner (Hrsg.), *Aggression und Gewalt (S. 280–306).* Stuttgart: Kohlhammer.

Klose, C., Rademacher, H., Hafeneger, B. & Jansen, M. M. (2000). *Gewalt und Fremdenfeindlichkeit – jugendpädagogische Auswege.* Opladen: Leske und Budrich.

Krampen, G. & Krämer, A. (1994). Psychologie der Ausländerfeindlichkeit. Konzepte, Forschungsstrategien, Theorien und Maßnahmen zu ihrer Überwindung. *Trierer Psychologische Berichte, 2,* 1–52.

Lambert, W. E. & Klineberg, O. (1967). *Children's views of foreign peoples: A cross-national study.* New York: Appleton.

Lazarus, R. S. (1966). *Psychological stress and the coping process.* New York: McGraw-Hill.

Ledoux, G., Leemann, Y. & Leiprecht, R. (2001). Von kulturalistischen zu pluriformen Ansätzen. Ergebnisse des niederländischen Forschungsprojekts „Interkulturelles Lernen in der Klasse". In G. Auernheimer, R. van Dick, T. Petzel & U. Wagner (Hrsg.), *Interkulturalität im Arbeitsfeld Schule. Empirische Untersuchungen über Lehrer und Schüler (S. 177–195).* Opladen: Leske und Budrich.

Marti, M. W., Bobier, D. M. & Baron, R. S. (2000). Right before our eyes: The failure to recognize non-prototypical forms of prejudice. *Group Processes and Intergroup Relations, 3,* 403–418.

McGregor, J. (1993). Effectiveness of role playing and antiracist teaching in student prejudice. *Educational Research, 86,* 215–226.

Mitulla, C. (1997). *Die Barriere im Kopf. Stereotype und Vorurteile bei Kindern gegenüber Ausländern.* Opladen: Leske & Budrich.

169

Monteith, M. J., Voils, C. I. & Ashburn Nardo, L. (2001). Taking a look underground: Detecting, interpreting, and reacting to implicit racial biases. *Social Cognition, 19*, 395–417.

Mosblech, T. (1999). *Wenn Einige zu Viel(en) werden. Eine Untersuchung zu den Bedingungen der Überschätzung des Ausländeranteils in Schulklassen.* Unveröffentlichte Diplomarbeit, Universität Bielefeld, Bielefeld.

Nieke, W. (1995). *Interkulturelle Bildung und Erziehung.* Opladen: Leske und Budrich.

Ochsmann, R. & Mathy, M. (1993). Depreciating of and distancing from foreigners: Effects of mortality salience. *Beiträge zur Sozialpsychologie, 4*, 1–38.

Olechowski, R. (1994). Schule als Institution der Gegensteuerung gegen gesellschaftlich unerwünschte Strömungen? In *Politische Kultur in Schule und Gesellschaft (S. 221–232).* Wien: Jugend und Volk.

Pettigrew, T. F. & Tropp, L. (2000). Does intergroup contact reduce prejudice? Recent meta-analytic findings. In S. Oskamp (Ed.), *Reducing prejudice and discrimination: Social psychological perspectives. Mahwah (pp. 101–132).* Mahwah, NJ: Erlbaum.

Pigott, R. L. & Cowen, E. L. (2000). Teacher race, child race, racial congruence, and teacher ratings of children's school adjustment. *Journal of School Psychology, 38, 177–195.*

Posselt, R.E. & Schumacher, K. (1993). *Projekthandbuch: Gewalt und Rassismus. Handlungsorientierte und offensive Projekte, Aktionen und Ideen zur Auseinandersetzung und Überwindung von Gewalt und Rassismus in Jugendarbeit, Schule und Betrieb.* Mülheim: Verlag an der Ruhr.

Rabbie, J. M. & Horwitz, M. (1969). Arousal of ingroup-outgroup bias by a chance win or loss. *Journal of Personality and Social Psychology, 13, 269–277.*

Ridder, A. & Dollase, R. (1999). Interkulturelle Integration bei Hauptschülern im Zeitvergleich 1983–1996. In R. Dollase, T. Kliche & H. Moser (Hrsg.), *Politische Psychologie der Fremdenfeindlichkeit (S. 219–240).* Weinheim: Juventa.

Ryan, J. (2003). Educational administrators' perceptions of racism in diverse school contexts. *Race Ethnicity and Education, 6, 145–164.*

Schaefer, O., Hibbeler, S. & Schuricht, K. (1993). *Gewalt, Rechtsextremismus, Fremdenfeindlichkeit.* Ludwigsfelde: PLIB.

Scheron, B. & Scheron, U. (Hrsg.) (1984). *Politisches Lernen mit Ausländerkindern.* Düsseldorf: Schwann.

Schmidtke, H. P. (1981). Schule und Unterricht für Schüler ausländischer Eltern. In W. Twellmann (Hrsg.), *Handbuch Schule und Unterricht (Bd. 1, S. 406–419).* Düsseldorf: Schwann.

Silbereisen, R. K. (1995). Soziale Kognition: Entwicklung von sozialem Wissen und Verstehen. In R. Oerter & L. Montada (Hrsg.), *Entwicklungspsychologie. Ein Lehrbuch (3.vollständig überarbeitete und erweiterte Auflage ed., S. 823–861).* Weinheim: Beltz, PVU.

Silbereisen, R. K. & Schmitt-Rodermund, E. (1995). Akkulturation von Entwicklungsorientierungen jugendlicher Aussiedler. In G. Trommsdorff (Hrsg.), *Kindheit und Jugend in verschiedenen Kulturen (S. 263–291).* Weinheim. München: Juventa.

Steinmann, Y. (1994). *Klasse(n)Bunt. Lese- und Projektmappe für multikulturelle Klassen.* Mülheim: Verlag an der Ruhr.

Stenke, D. (1993). Umgang mit Fremdenfeindlichkeit in der Schule. In W. Schubarth & W. Melzer (Hrsg.), *Schule, Gewalt und Rechtsextremismus. Analyse und Prävention (S. 232–248).* Opladen: Leske: Budrich.

Stephan, W. S. & Stephan, C. W. (2000). An integrated threat theory of prejudice. In S. Oskamp (Hrsg.), *Reducing prejudice and discrimination (S. 23–46).* Mahwah: Erlbaum.

Tajfel, H., Flament, C., Billig, M. G. & Bundy, R. P. (1971). Social Categorization and Intergroup Behaviour. *European Journal of Social Psychology, 149–178.*

Treptow, R. (1995). Fremdheit und Erfahrung. Zur Normalität der Fremdheitszumutung. In S. Müller, H. U. Otto & U. Otto (Hrsg.), *Fremde und Andere in Deutschland (S. 1–18).* Opladen: Leske und Budrich.

Trommsdorff, G. (Hrsg.) (1995). *Kindheit und Jugend in verschiedenen Kulturen. Entwicklung und Sozialisation in kulturvergleichender Sicht.* Weinheim: Juventa.

Ulrich, S. (2000). *Achtung (+) Toleranz.* Gütersloh: Bertelsmann Stiftung.

van den Heuvel, H. & Meertens, R. W. (1989). The culture assimilator: Is it possible to improve interethnic relations by emphasizing ethnic differences? In J. P. van Oudenhoven & T. M. Willemsen (Eds.), *Ethnic minorities (pp. 221–236).* Amsterdam: Swets und Zeitlinger.

Wagner, U., van Dick, R., Petzel, T. & Auernheimer, G. (2001). Der Umgang von Lehrerinnen und Lehrern mit interkulturellen Konflikten. In G. Auernheimer, R. van Dick, T. Petzel & U. Wagner (Hrsg.), *Interkulturalität im Arbeitsfeld Schule. Empirische Untersuchungen über Lehrer und Schüler (S. 17–40).* Opladen: Leske & Budrich.

Wagner, U., Christ, O. & van Dick, R. (2002). Die empirische Evaluation von Präventionsprogrammen gegen Fremdenfeindlichkeit. *Journal für Konflikt- und Gewaltforschung, 1,* 101–117.

Wahl, K., Tramitz, C. & Blumtritt, J. (2001). *Fremdenfeindlichkeit.* Opladen: Leske und Budrich.

Walter, P. (1999). Nichts als ethnozentrische Vorurteile? Kognitionen von Lehrkräften über interkulturelle Erziehung. In R. Dollase, T. Kliche & H. Moser (Hrsg.), *Politische Psychologie der Fremdenfeindlichkeit. Opfer – Täter – Mittäter (S. 241–255).* Weinheim: Juventa.

Walter, P. (2001a). Pädagogische Kompetenz und Erfahrung in kulturell heterogenen Grundschulen. In G. Auernheimer, R. van Dick, T. Petzel & U. Wagner (Hrsg.), *Interkulturalität im Arbeitsfeld Schule. Empirische Untersuchungen über Lehrer und Schüler (S. 111–140).* Opladen: Leske und Budrich.

Walter, P. (2001b). *Schule in der kulturellen Vielfalt.* Opladen: Leske und Budrich.

Weikart, D. P. (1972). Relationship of curriculum, teaching, and learning in preschool education. In J. C. Stanley (Ed.), *Preschool programs for the disadvantaged (pp. 22–66).* Baltimore: John Hopkins University Press.

Wiesenhütter, J. (1995). *Fremdenfeindlichkeit: Hintergründe und Gegenmaßnahmen. Eine Spezialbibliographie deutschsprachiger psychologischer Literatur (Bibliography-Report).* Trier: ZPID, Universität Trier.

Wiezik, A. (2004). *Geschlechtsspezifische Aspekte der Fremdenfeindlichkeit.* Universität Bielefeld, Bielefeld.

Williams, R. M. (1964). *Strangers next door.* Englewood Cliffs, NJ: Prentice Hall.

Würtz, S. (2000). *Wie fremdenfeindlich sind Schüler? Eine qualitative Studie über Jugendliche und ihre Erfahrungen mit Fremden.* Weinheim: Juventa.

Zick, A., Fienert, S. & Maciejewski, M. (2001). Schlüsselqualifikationen für die interkulturelle Weiterbildung. Erste Ergebnisse einer Analyse von Projekten. In N. Landeszentrum für Zuwanderung (Hrsg.), *Interkulturelle und antirassistische Trainings – aber wie? (S. 79–84).* Solingen: Landeszentrum für Zuwanderung, NRW.

Annika Falkner

Binationale Familien in Deutschland – Chance für eine Gesellschaft auf dem Weg zur Multikulturalität

> *„Ich bin weiß und ich bin schwarz, und ich weiß,*
> *dass es keinen Unterschied gibt.*
> *Jeder wirft einen Schatten, und alle Schatten sind dunkel."*
> WALTER WHITE

Binationale Partnerschaften sind auf Grund der zunehmenden weltweiten Globalisierung, durch damit verbundene Auslandsaufenthalte bzw. Arbeitsmigration, aber auch durch den wachsenden Tourismus längst keine Ausnahmeerscheinung mehr. Ganz im Gegenteil: Während nach Angaben des Statistischen Bundesamtes 1960 der Anteil binationaler Eheschließungen mit 3,8 % in der damaligen BRD noch sehr gering war, betrug er 1991 im gesamtdeutschen Gebiet bereits 10,7 %. In den darauf folgenden Jahren setzte sich dieser steigende Trend kontinuierlich fort und führte dazu, dass im Jahr 2002 mehr als jede sechste Eheschließung eine binationale war. Unberücksichtigt in dieser Statistik bleiben die binationalen nichtehelichen Lebensgemeinschaften, deren Anteil u. a. auf Grund der veränderten Gesetzeslage und dem daraus resultierenden verbesserten Status nichtehelicher Lebensgemeinschaften vermutlich ebenfalls beträchtlich zugenommen haben dürfte. Entsprechend gestiegen ist auch die Anzahl an Geburten binationaler Kinder – ihr Anteil an der Gesamtgeburtenrate in Deutschland betrug 2001 etwa 11 %. Das bedeutet, dass mehr als jedes zehnte in Deutschland geborene Kind ein Kind mit binationalen Eltern ist.

Vor diesem Hintergrund ist es erstaunlich, dass diesem bedeutsamen Thema im Rahmen der psychologischen Forschung im deutschen Sprachraum bisher kaum Beachtung geschenkt wurde. Die Literatur, die sich dieser Thematik widmet, umfasst hauptsächlich Erfahrungsberichte und Ratgeber sowie Studien, die sich mit den gesellschaftlichen bzw. sozialen und kulturellen Lebensbedingungen binationaler Familien befassen (u. a. Hecht-El Minshawi, 1988; Scheibler, 1992; Gómez-Tutor, 1995; Kriechhammer-Yagmur, Pfeiffer-Pandey, Saage-Fain & Stöcker-Zafari, 2001). Sofern empirische Studien vorliegen, beschäftigen diese sich vorwiegend mit der Zweisprachigkeit von Kindern binationaler Partnerschaften, während die psychosoziale Entwicklung in der Forschung weitestgehend unberücksichtigt bleibt bzw. unzureichend einbezogen wird (u. a. Gogolin, 1988; Kielhöfer & Jonekeit, 2002). Erst in jüngster Zeit ist mit der Untersuchung von Khounani (2000) die familiäre Erziehung und die psychosoziale Entwicklung von Kindern und Jugendlichen aus binationalen Familien in den Mittelpunkt der empirischen Forschung in Deutschland gerückt worden.

Die rechtliche Situation binationaler Familien in Deutschland

Die rechtliche Situation binationaler Paare unterscheidet sich erheblich von der deutsch-deutscher Paare. Die Berücksichtigung der geltenden gesetzlichen Bestimmungen nimmt in binationalen Partnerschaften eine bedeutsame Stellung ein und beeinflusst in hohem Maße den Alltag und die Entscheidungen, die das Paar trifft. Dies hat weit reichende Folgen und stellt für die Partnerschaft nicht selten eine ernsthafte Belastungsprobe dar. Rechtlich betrachtet, untersteht der nicht-deutsche Partner dem Ausländergesetz und steht daher von Beginn an vor der Aufgabe, seinen Aufenthalt in Deutschland zu sichern. Wie schwierig sich diese Aufgabe gestaltet, hängt nicht nur davon ab, ob beide Partner miteinander verheiratet sind, sondern auch vom Herkunftsland und vom rechtlichen Status des nicht-deutschen Partners sowie von der Existenz gemeinsamer Kinder. So ist es für Angehörige der Mitgliedsstaaten der Europäischen Union leichter, eine Aufenthaltserlaubnis zu bekommen als für nicht-deutsche Partner, die keinem EU-Land entstammen. Hierbei ist es für Partner, die Staatsangehörige des entsprechenden EU-Landes sind, wiederum einfacher als für Angehörige von Drittstaaten. Darüber hinaus gelten für Angehörige einiger Länder, die keine EU-Mitgliedsstaaten sind, besondere Abkommen, die es erleichtern, eine Aufenthalterlaubnis zu bekommen.

Aufenthalt von Partnern ehelicher Lebensgemeinschaften

Entschließen sich beide Partner dazu zu heiraten, wird in der Regel zunächst eine für drei Jahre geltende Aufenthaltserlaubnis erteilt. Bei rechtmäßigem Aufenthalt und dem Fortbestehen der ehelichen Gemeinschaft kann im Anschluss eine unbefristete Aufenthaltserlaubnis beantragt werden. Diese Regelungen gelten jedoch nur dann, wenn keine Ausweisungsgründe vorliegen (z.B. Straffälligkeit, illegaler Aufenthalt) oder keine Ausreisepflicht für den Fall besteht, wenn keine Ehe geschlossen wird (z.B. bei TouristInnen oder abgelehnten AsylbewerberInnen). Auch bei Angehörigen von Drittstaaten gelten abweichende Bestimmungen; eine unbefristete Aufenthaltserlaubnis wird hier in der Regel erst erteilt, wenn eine seit mindestens fünf Jahren bestehende Aufenthaltserlaubnis vorliegt und andere zusätzliche Voraussetzungen erfüllt werden, wie z.B. ausreichender Wohnraum und die Fähigkeit zur einfachen Verständigung in der deutschen Sprache.

Abgesehen von der Einbürgerung, ist die Aufenthaltsberechtigung der sicherste Aufenthaltsstatus für den nicht-deutschen Partner. Bei Erfüllung verschiedenster Voraussetzungen, wie z.B. fünfjährige Aufenthaltserlaubnis, Möglichkeit zur eigenständigen Sicherung des Lebensunterhaltes, Zahlung von Pflichtbeiträgen für mindestens 60 Monate, kein vorliegender Ausweisungsgrund etc. (für eine vertiefende Übersicht siehe Kriechhammer-Yagmur et al., 2001) kann eine derartige Aufenthaltsberechtigung beantragt werden. Für Ehepartner, die einem Drittstaat angehören, gelten diesbezüglich wiederum abweichende Bestimmungen. Unterschiede in Bezug auf die gesetzlichen Regelungen zur Aufenthaltsberechtigung gelten auch für getrennt lebende Ehepartner, da in dem Fall sämtliche Voraussetzungen von jedem der beiden ehemaligen Partner erfüllt sein müssen. Besteht eine eheliche Gemeinschaft, ist es dagegen ausreichend, wenn die Pflichtbeiträge von einem Partner eingezahlt wurden und die Sicherung des Lebensunterhaltes ebenfalls von einem Partner gewährleistet werden kann

In diesem Zusammenhang ist es von besonderer Bedeutsamkeit, dass die Möglichkeit zur Erteilung einer eigenständigen Aufenthaltserlaubnis für den nachgezogenen nicht-deutschen Partner erst dann möglich ist, wenn die eheliche Gemeinschaft zwischen dem deutschen und dem ausländischen Partner mindestens zwei Jahre bestand. Für die Partnerschaft bedeutet dies folglich eine mindestens zwei Jahre andauernde Abhängigkeit des nicht-deutschen Partners von dem deutschen Partner, was die Paarbeziehung nachhaltig belasten kann.

Aufenthalt von Partnern nichtehelicher Lebensgemeinschaften

Eine besondere rechtliche Situation ergibt sich für Partner nichtehelicher Lebensgemeinschaften, da der Gesetzgeber nur langsam auf diese anteilsmäßig wachsende und gesellschaftlich zunehmend akzeptierte Lebensform reagiert. Sofern das Paar keine gemeinsamen Kinder hat und der nicht-deutsche Partner seinen Aufenthalt nicht anderweitig sichern kann (z. B. durch ein Studium an einer deutschen Universität), ist es sehr schwer, ein Bleiberecht für den ausländischen Partner zu erwirken. Auch die Heiratsabsicht oder eine Verlobung ist in diesem Zusammenhang nicht ausreichend für die Erteilung einer Aufenthaltserlaubnis; jedoch kann eine derartige Absicht unter Umständen bewirken, dass von den Behörden z. B. weitere Duldungen erteilt werden, die es dem Paar ermöglichen, die erforderlichen Dokumente zur Eheschließung zu beschaffen.

In einer vergleichsweise günstigeren Situation befinden sich binationale Paare, die gemeinsame Kinder haben, da die Reform des Kindschaftsrechts 1998 nichteheliche und eheliche Kinder gleichstellt. Damit hat der ausländische Elternteil die Möglichkeit, auch ohne Bestehen einer ehelichen Gemeinschaft eine Aufenthaltserlaubnis zu bekommen.

In einer besonders schwierigen rechtlichen Lage befinden sich homosexuelle binationale Paare, die im Gegensatz zu heterosexuellen Paaren keine Möglichkeit zur Eheschließung haben. Daher bleibt dem ausländischen Partner in der Regel nur der Weg, seinen Aufenthalt anderweitig zu sichern, wie z. B. mittels eines Studiums oder einer Asylberechtigung. Seit 1997 zeichnen sich jedoch auch hier erste Verbesserungen bezüglich der rechtlichen Situation ab. Nicht-deutsche Partner einer gleichgeschlechtlichen binationalen Partnerschaft haben seitdem das Recht, einen Ermessensaufenthalt zu beantragen, der einen Aufenthalt zur Führung einer gleichgeschlechtlichen Lebensgemeinschaft bei Erfüllung verschiedener Voraussetzungen ermöglicht. Darüber hinaus gelten in einigen Bundesländern bestimmte Ländererlasse, die auf Länderebene regeln, unter welchen Voraussetzungen eine derartige Aufenthaltserlaubnis erteilt werden kann.

Über die rechtlichen Regelungen zum Aufenthalt des nicht-deutschen Partners hinaus sind verschiedenste andere gesetzliche Grundlagen für binationale Paare relevant. Dazu zählen die rechtlichen Bestimmungen bezüglich einer Eheschließung und dem Abschluss eines Ehevertrages, die geltenden Gesetze im Falle einer Trennung oder Scheidung einschließlich der Sorgerechts- und Umgangsregelungen für eventuell vorhandene gemeinsame Kinder sowie bezüglich der generellen Anwendung nationalen oder internationalen Rechts in Abhängigkeit von z. B. Status und

Aufenthaltsort des Paares. Da hierauf an dieser Stelle nicht näher eingegangen werden kann, sei auf eine vertiefende Darstellung bei Kriechhammer-Yagmur et al. (2001) verwiesen.

Chancen und Herausforderungen binationaler Paare

„Strictly speaking, we all intermarry, even if we marry the boy next door" (Falicov, 1995, pp. 231). Treffen zwei Menschen zusammen, bedeutet dies – unabhängig davon, ob diese aus unterschiedlichen Nationen und Kulturen stammen – ein Zusammentreffen verschiedener Erfahrungen, Einstellungen und zukünftiger Ziele. Wie das einleitende Zitat von Falicov (1995) verdeutlicht, stehen zwei Menschen, die eine Partnerschaft miteinander beginnen, daher immer vor der Herausforderung, verschiedene Anpassungsprozesse zu bewältigen und unterschiedliche Sicht- und Lebensweisen zu respektieren bzw. zu integrieren. Handelt es sich bei diesen beiden Menschen um Angehörige verschiedener Nationen bzw. Kulturen ist diese Aufgabe noch um einiges größer. In Abhängigkeit davon, wie ähnlich oder unterschiedlich diese Kulturen einander sind, besteht ein höheres Risiko, bestimmte Handlungen sowie Äußerungen des Anderen kulturspezifisch aus der eigenen Sicht zu interpretieren und die entsprechenden Kulturspezifika des Partners, die essenziell für das Verständnis sind, nicht einzubeziehen.

Nach Scheibler (2000) sind zwei Faktoren als Determinanten binationaler Partnerschaften zentral: der Grad der kulturellen Distanz und der Grad der gesellschaftlichen Integration und sozialen Akzeptanz der Minderheit. Der Grad der kulturellen Distanz bezieht sich dabei auf das Zusammentreffen kultureller Unterschiede, während der Grad gesellschaftlicher Integration alle Aspekte meint, die das Ausmaß an Akzeptanz und Wertschätzung gegenüber binationalen Paaren und Migranten in der Gesellschaft kennzeichnen.

Kulturelle Distanz

Das Zusammentreffen kultureller Unterschiede stellt ein binationales Paar nicht nur vor Probleme, sondern birgt auch viele Ressourcen und die Möglichkeit zur Ausbildung besonderer Kompetenzen in sich. Kulturelle Ähnlichkeiten und Unterschiede wirken in nahezu allen Bereichen einer Partnerschaft, von denen einige bedeutsame vorgestellt werden sollen.

In binationalen Ehen treffen in Abhängigkeit von dem Grad der kulturellen Distanz verschiedene Partnerschafts- und Familienkonzepte aufeinander, die auf das Paar einen unmittelbaren Einfluss ausüben. Davon betroffen ist beispielsweise die Entscheidung, eine „wilde Ehe" bzw. nichteheliche Lebensgemeinschaft zu führen oder eine Ehe einzugehen. Während nichteheliche Lebensgemeinschaften in westlichen Kulturen eine zunehmende Akzeptanz erfahren und zu einer immer häufiger gewählten Lebensform werden (Schneewind, 1999), ist in anderen Kulturen die Ehe nach wie vor die gesellschaftlich erwünschte und anzustrebende Partnerschaftsform. Auch bezüglich der Funktion und dem Verständnis von Ehe herrschen kulturelle Unterschiede vor – so kann Ehe die Funktion des Zusammenführens zweier Familien haben, als Institution der Versorgung betrachtet werden (Gómez Tutor, 1995) oder Ausdruck von romantischer Liebe und emotionaler Nähe sein. Des Weiteren differieren die in einer Partnerschaft vorherrschenden Macht- und Rollenverhältnisse von Kultur zu Kultur und stellen ein binationales Paar vor die Aufgabe, eventuell vorhandene Unterschiede zusammenzuführen und eine von beiden Seiten akzeptierte Lösung zu finden.

Ein sehr wichtiger Bereich im Zusammenhang mit Familienkonzepten ist die Erziehung gemeinsamer Kinder. In Bezug auf Erziehungsvorstellungen, -praktiken und -ziele können sich die Partner einer binationalen Beziehung erheblich voneinander unterscheiden, was zu ernsthaften und andauernden Konflikten führen kann. Diese betrifft dann folglich nicht nur das Elternpaar, sondern auch die Kinder und die Eltern-Kind-Beziehung. Gerade die Ankunft von Kindern führt häufig dazu, dass sich die Partner ihrer Herkunftskultur in besonderer Art und Weise bewusst werden und ein Bestreben entwickeln, diese kulturellen Normen und Werte an die eigenen Kinder weiterzugeben. Beck-Gernsheim (2001) spricht in diesem Zusammenhang sogar von einer „biographischen Rückwende", die die Unterschiede der Herkunftsbiographien beider Partner spiegelt und besonders bedeutsam werden lässt.

Immense kulturelle Unterschiede kann es aber auch im Bereich der Kommunikation geben. Die Tatsache, dass sowohl in einer Partnerschaft als auch generell im zwischenmenschlichen Bereich permanent verbal und nonverbal kommuniziert wird, verdeutlicht die enorme Relevanz dieses Themas. Mögliche Probleme in der verbalen Kommunikation treten bei binationalen Paaren – unabhängig von kulturellen Unterschieden – bereits bei dem Umgang mit der Fremdsprache auf, die zumindest ein Partner erlernen muss, sofern er nicht in dem Gastland aufgewachsen ist. Daher ist es für mindestens einen Partner unter Umständen schwer, seinen Wünschen, Gedanken und Kritiken verbal Ausdruck zu verleihen und die Äußerungen des anderen Partners auf Grund der fehlenden Übersetzungsäquivalenz zu verstehen. Doch auch wenn beide Partner eine oder mehrere Sprachen fehlerfrei beherrschen, beeinflussen kulturelle Unterschiede die verbale Kommunikation des Paares. Differenzen lassen sich demnach in dem Grad der Direktheit (Gómez Tutor, 1995) und in der Linearität der Argumentationsstrukturen (Knapp, 1996) finden. Während zum Beispiel in Spanien ein eher indirekter Stil bevorzugt wird und Wünsche eher tastend zum Ausdruck gebracht werden, wird in Deutschland tendenziell direkter kommuniziert (Martin Torres & Wolf, 1983). Dies kann dazu führen, dass ein Deutscher den durch einen Spanier ausgedrückten Wunsch nicht als einen solchen versteht und der Spanier den Ausdruck des Deutschen als rücksichtslos und unsensibel empfindet.

Die kulturellen Unterschiede in der nonverbalen und paraverbalen Kommunikation sind mindestens ebenso bedeutsam, da der weitaus größere Teil der Kommunikation nonverbal stattfindet. Entsprechende Unterschiede lassen sich in Abhängigkeit von dem Grad der kulturellen Distanz im Bereich der Gestik und Mimik, im Bereich der Körperhaltung und räumlichen Distanz wie auch bezüglich des Blickkontaktes und des paralinguistischen Bereiches finden (Gómez Tutor, 1995). So unterscheiden sich die Bedeutung und Intensität der Gestik und Mimik in verschiedenen Kulturen zum Teil erheblich voneinander (Apeltauer, 1995; Stedje, 1990), wobei allerdings anzumerken ist, dass die mimischen Ausdrucksweisen bestimmter Emotionen, wie z. B. Freude oder Trauer, universell sind und keine kulturspezifischen Unterschiede aufweisen. Auch die Bedeutung bestimmter Körperhaltungen sowie das Zulassen von körperlich-räumlicher Nähe bzw. das Einhalten von Distanz sind kulturell verschieden. Gleiches gilt in Bezug auf den Blickkontakt. Während in lateinamerikanischen und arabischen Ländern häufige und intensive Blickkontakte stattfinden, ruft ein solches Verhalten in Japan eher Befremdung und Unbehagen hervor (Thomas, 1991). Entsprechende Kulturspezifika im paralinguistischen Bereich lassen sich z.B. bei der Intonation, der Häufigkeit von Redepausen sowie bei der Lautstärke feststellen (Gómez Tutor, 1995). In einigen Ländern bestimmt die Sprechlautstärke die Sprecherreihenfolge und sagt etwas über die Dominanzbeziehungen zwischen den Sprechern aus (Knapp, 1996). In westlichen Kulturen gilt dagegen der Einsatz von lauter Stimme zum Herbeiführen von Aufmerksamkeit und Rederecht als unhöflich.

Über die Bereiche der Familienkonzepte und Kommunikation hinaus gibt es ein weiteres Gebiet, das durch den Grad an kultureller Distanz beeinflusst wird und in einer Partnerschaft eine enorme Bedeutsamkeit hat – der Bereich der Konfliktaustragung und -bewältigung (Gómez Tutor, 1995). Gerade auf diesem Gebiet benötigt ein binationales Paar besondere Kompetenzen, da die Partner auf Grund der bereits beschriebenen kulturellen Unterschiede diesbezüglich vor größeren Herausforderungen stehen. Insofern wirken stark differierende Vorstellungen darüber, wie Konflikte ausgetragen und gelöst werden sollen, doppelt stark. Dies betrifft zum Beispiel den Grad der Direktheit, mit der Konflikte angegangen werden. Thomas (1996) stellte in seinen Untersuchungen fest, dass asiatische Führungskräfte eher dazu neigen, Konflikte zu überdecken und herunterzuspielen, während es in europäischen und nordamerikanischen Kulturen als konstruktive und akzeptierte Form der Konfliktlösung gilt, diese direkt und ohne Umschweife anzusprechen. Jedoch sind auch innerhalb der europäischen Länder diesbezügliche Unterschiede feststellbar. So wird in Spanien eine direkte Ansprache von Konflikten als verletzend empfunden und der Kritikäußerung daher einige Lobesäußerungen vorausgeschickt (Martin Torres & Wolf, 1983). Nach Elschenbroich (1988) sind in diesem Zusammenhang jedoch nicht nur die kulturspezifischen Unterschiede relevant, sondern auch geschlechtsspezifische Muster, die allerdings ebenfalls von Kultur zu Kultur variieren können. Nach Kocklemus-Jochum (1991) ist es in afrikanischen Gesellschaften beispielsweise nicht üblich, dass Männer und Frauen direkt miteinander über eventuell vorhandene Schwierigkeiten sprechen, sondern Dritte von einem der beiden Partner in die Probleme eingeweiht werden, die daraufhin versuchen zu vermitteln und mit dem jeweils anderen Partner sprechen. Bei fehlender Kenntnis über derartige kulturelle Unterschiede in der Konfliktaustragung und -bewältigung können auftretende Schwierigkeiten sich zunehmend ausweiten und zu einer Verschlechterung der Partnerschaft und des Wohlbefindens beider Partner führen. Diesem Bereich kommt daher in der Beratungspraxis binationaler Paare und Familien eine besondere Relevanz zu, worauf etwas näher eingegangen wird (vgl. dazu auch den Beitrag von Thomas, Kammhuber & Schmid in diesem Band).

In Abhängigkeit von der kulturellen Distanz steht ein binationales Paar vor der mehr oder weniger großen Herausforderung, ein gemeinsames Partnerschaftsmodell zu entwickeln und zu leben. Hierbei muss das Paar in der Regel neue Wege finden, da ein entsprechendes Modell auf Grund der unterschiedlichen Herkunftskulturen nicht vorhanden ist. Tseng et al. (1977) unterscheiden diesbezüglich drei Muster kultureller Anpassung in bikulturellen Partnerschaften, die bisher allerdings empirisch noch nicht nachgewiesen werden konnten:

- *„Einseitiges Arrangement"* („one-way-adjustment") – ein Partner gibt seine Kultur im Wesentlichen zugunsten der Kultur des anderen Partners auf, wodurch es zu einer „asymmetrischen Lösung" kommt.
- *„Alternatives Arrangement"* – das Paar versucht, ein relatives Gleichgewicht herzustellen und beide Kulturen zu praktizieren. Dies kann auf unterschiedlichem Wege geschehen. Werden beide Kulturen gleichzeitig praktiziert, wird von „simultaneous solution" gesprochen. Sollte dies nicht möglich sein, könnte ein Kompromiss geschlossen werden („mid-point-compromise") oder das Paar versucht, seine kulturellen Wert- und Handlungskonzepte zu mischen („mixing-arrangement").
- *„Kreatives Arrangement"* („creative adjustment") – bei diesem Muster kreiert das Paar völlig neue Verhaltensmuster und praktiziert keine der beiden Herkunftskulturen, da z. B. die kulturelle Distanz zu groß ist, als dass ein Gleichgewicht geschaffen werden könnte.

Gerade die beiden letztgenannten Formen der kulturellen Anpassung bieten dem Paar viele Chancen, neue Kompetenzen zu entwickeln, den eigenen Horizont zu erweitern sowie sich auf kreativem Weg eine spannende familiäre Wirklichkeit zu schaffen.

Gesellschaftliche Integration und soziale Akzeptanz

Jeder Einzelne wie auch ein Paar- oder Familiensystem wird sehr von dem sie umgebenden sozialen Kontext beeinflusst. Für eine binationale Familie gilt dies umso mehr, da der soziale und kulturelle Kontext von mindestens einem Familienmitglied ein anderer ist und von dem Umfeld als etwas „Anderes" wahrgenommen wird. Entsprechend dieser Wahrnehmung reagiert das soziale Umfeld auch anders auf die Familie bzw. auf das Paar.

Als erste wichtige Einflussquelle im sozialen Nahbereich des binationalen Paares sind die Herkunftsfamilien beider Partner zu nennen. Nach Wolf-Almanasreh (1982) wird insbesondere der ausländische Mann einer deutschen Frau häufig abgelehnt. Die Gründe für die familiäre Ablehnung sind vielfältig. Darunter sind Ängste vor Deklassierung der Tochter und vor Diskriminierung auf Grund gesellschaftlicher Ablehnung, aber auch vor der Reaktion des sozialen Umfeldes der Herkunftsfamilie. Des Weiteren herrschen durch fehlende Kenntnisse bezüglich der fremden Kultur oft auch ausgeprägte Unsicherheiten und falsche Generalisierungen vor. Ähnlich der kulturellen Anpassung auf der Paarebene, besteht für Familien auch hier die besondere Chance, einen größeren Horizont sowie interkulturelle Handlungsmöglichkeiten zu entwickeln. Dies setzt allerdings voraus, dass die Herkunftsfamilien der neuen Situation zunehmend ein gewisses Maß an Offenheit entgegenbringen, da anderenfalls eine Verhärtung der Fronten bis hin zum Kontaktabbruch drohen. Auch die Reaktionen aus dem Freundes- und Kollegenkreis sind mitunter zurückhaltend bis ablehnend, wodurch es zu Umstrukturierungen und Neuorientierungen im Freundeskreis kommen kann. Im ungünstigen Fall läuft das Paar Gefahr, sich zu isolieren und wichtige soziale Unterstützungssysteme zu verlieren (Kocklemus-Jochum, 1989). Insbesondere binationale Paare, bei denen ein Partner durch sein Äußeres deutlich als Ausländer erkennbar ist, sind häufig mit Ausländerfeindlichkeit konfrontiert. Dies kann durch offen ausgeübte Formen der Gewalt oder auch in subtilerer Art und Weise, z. B. durch Benachteiligungen, geschehen.

Im Zusammenhang mit gesellschaftlicher Integration und sozialer Akzeptanz ist auch der Bereich der Behörden näher zu betrachten. Abgesehen von der besonderen rechtlichen Situation, der binationale Paare unterliegen, erleben viele dieser Paare Behördenbesuche als unangenehm bis diskriminierend (Scheibler, 1992). Nach Inci (1985) sind auch hier wiederum deutsche Frauen, die einen ausländischen Partner haben, eher benachteiligt. Die Erschwernisse im öffentlichen Bereich betreffen jedoch auch die Wohnungssuche sowie die Inanspruchnahme von Diensten der Banken und Versicherungen (IAF, 1986). Darüber hinaus kann es Paaren, bei denen beide Partner unterschiedlichen Religionen angehören, auch passieren, dass sie mit Widerständen seitens der geistlichen Oberhäupter konfrontiert werden. So hat der Vatikan in Rom jüngst vor einer Eheschließung zwischen Katholiken und Nichtchristen gewarnt und von einer derartigen Heirat je nach Religion des nichtchristlichen Partners mit unterschiedlichem Nachdruck abgeraten (Kipa, 2004). Der „Päpstliche Migrantenrat" weist dabei insbesondere darauf hin, dass speziell zwischen Katholiken und Muslimen beabsichtigte Ehen eine vertiefte Vorbereitung sowie eine kirchenrechtliche Sondergenehmigung benötigen.

Empirische Befunde

Es gibt nur sehr wenige empirische Untersuchungen, die sich mit der Situation binationaler Familien und insbesondere mit der psychosozialen Entwicklung bzw. dem Befinden der Familienmitglieder befassen. Ältere Arbeiten aus den 1960er-Jahren widmeten sich vorrangig der Frage, inwieweit binationale Verbindungen durch „asoziale Tendenzen" gekennzeichnet sind (Schramm & Steuer, 1965). Darüber hinaus wurden in dieser Zeit eine Reihe von Ratgebern erstellt, die sich entweder an Frauen mit ausländischen Partnern richteten oder aber an die Eltern dieser Frauen, die vor dem „Problem" standen, dass ihre Töchter einen ausländischen Partner haben (Scheibler, 1992). Nachfolgende Arbeiten beschäftigten sich – wie bereits am Beginn dieses Beitrages erwähnt – mit der Zweisprachigkeit von Kindern aus binationalen Familien (z. B. Kielhöfer & Jonekeit, 2002) oder mit den gesellschaftlichen und sozialen Lebensbedingungen, die häufig als Erfahrungsberichte vorliegen (z. B. Hecht-El Minshawi, 1990; Scheibler, 1992; Gómez-Tutor, 1995).

Im französischen und angloamerikanischen Sprachraum dagegen gibt es zu diesem Thema („le mariage mixte" bzw. „intermarriage") eine längere Forschungstradition. Für den deutschen Sprachraum können diese Arbeiten allerdings nur bedingt als Grundlage dienen, da die Forschung auf Grund der historischen Bedingungen und der u. a. daraus resultierenden unterschiedlichen Bevölkerungszusammensetzung eine etwas andere Richtung aufweist. Nach Angaben des Statistischen Bundesamtes stammen die ausländischen Partner der im Jahr 2002 in Deutschland geschlossenen binationalen Ehen zu mehr als 70 % aus Ländern innerhalb Europas. Damit ergibt sich für die Forschungsarbeit in Deutschland ein entsprechend anderer Fokus als z. B. in den USA. Dort widmen sich beispielsweise viele Arbeiten den Partnerschaften, bei denen die Partner unterschiedlichen Rassen entstammen (z.B. Gibbs & Moskowitz-Sweet, 1991; Rosenblatt, Karis & Powell, 1995). Entsprechend wichtig wäre es, die Forschungsarbeit im deutschen Sprachraum zu diesem Thema zu intensivieren und auszubauen.

Eine Untersuchung zur Situation binationaler Paare in Deutschland ist die Studie von Scheibler (1992). Darin wurden Gespräche mit binationalen Paaren zu Themen wie Partnerwahl und Heirat, Lebenswelt und Selbstbild sowie Erfahrungen mit Diskriminierung inhaltlich ausgewertet. Bezüglich der Partnerwahl zeigte sich, dass es in der Familie des deutschen Partners oft bereits Familienangehörige anderer Nationen gab und die binationale Partnerwahl daher keine Besonderheit darstellte. Des Weiteren wurde geschildert, dass die Herkunftsfamilien zumindest anfangs häufig Bedenken hatten und das Paar darüber hinaus unerwarteterweise mit Problemen der politischen Vergangenheit beider Nationen konfrontiert wurden. Ein Befragter, der in einer deutsch-französischen Partnerschaft lebte, schildert: *„Für mich hat dies gespannte Verhältnis zu meiner Schwiegerfamilie auch eines sehr deutlich gemacht, nämlich dass das Verhältnis zwischen Deutschen und Franzosen längst nicht so aussieht, wie das so oberflächlich und politisch und überhaupt dargestellt wird. Sondern dann, wenn man ein bisschen unter die Oberfläche geht, dann doch Ressentiments auftauchen, die man schon längst in der Mottenkiste glaubte, so einfach ist das alles nicht."* (S. 76)

Ferner konnte Scheibler (1992) die Tendenz, kulturelle Unterschiede miteinander zu verbinden, vor allem bei Partnern aus westeuropäischen Nationen finden, während bei deutsch-südländischen Paaren vorrangig deutsche Gewohnheiten und Sitten praktiziert wurden. Die Autorin vermutet als Ursache bildungs- und schichtspezifische Unterschiede in Bezug auf die befragten Nationalitäten, die dazu führen könnten, dass mit einem divergierenden Bildungs- und Schichtniveau auch unterschiedliche Wertvorstellungen einhergehen.

Mit Blick auf die Gesprächskultur konnte in der Studie festgestellt werden, dass die Paare die von ihnen genutzte Sprache an dem Land bzw. Ort ausrichten, in dem sie leben. Binationale Paare, die ihren Lebensmittelpunkt in Deutschland haben, sprechen dementsprechend vorrangig deutsch. Dies heißt jedoch nicht, dass die deutsche Sprache über alle Situationen hinweg stabil verwendet wird; in Konfliktsituationen oder im Umgang mit den Kindern zum Beispiel nutzen die Partner auch häufig ihre Muttersprache. Sehr vielfältige Lösungen haben die befragten Paare bezüglich der Unterschiede in der Festkultur gefunden. So wurden die Feste entweder abwechselnd in den Herkunftsfamilien gefeiert oder es wurde versucht, bestimmte Bräuche aus beiden Kulturen miteinander zu verbinden. In einigen Fällen wurden sogar neue Festriten gestaltet und praktiziert („kreatives Arrangement").

Die in der Studie befragten Paare berichteten auch von bedeutsamen Konfliktbereichen. Als ein wichtiger Faktor wurde dabei die Tatsache genannt, dass ein Partner durch seinen Umzug nach Deutschland vieles aufgeben musste, während der andere Partner „alles hat" (S. 100). Nach Scheibler (1992) kann mit Blick auf die vergleichenden biographischen Analysen sogar von einem „biographischen Bruch" (S. 107) gesprochen werden, der in diesem Zusammenhang auch als „kritisches Lebensereignis" bezeichnet werden kann (Filipp, 1995). Damit einher gehen Trennungen vom Verwandten- und Freundeskreis, sprachliche Schwierigkeiten, migrationsbedingte berufliche und finanzielle Nachteile etc. Die in der Untersuchung befragten Frauen waren dabei auf Grund dieser Veränderungen psychisch stärker belastet als die befragten Männer. Die Intensität der wahrgenommenen Probleme wurde dabei sehr von dem Faktor Erwerbstätigkeit versus Erwerbslosigkeit beeinflusst. Frauen, die nach kurzer Zeit wieder eine berufliche Tätigkeit aufnehmen konnten, fühlten sich weniger belastet als Frauen, die erwerbslos waren. Darüber hinaus hing die Intensität, mit der der biographische Bruch erlebt wurde, auch mit dem Grad der Verwurzelung mit dem Heimatland bzw. der Herkunftskultur zusammen. Auf Grund der zentralen Bedeutung des deutschen Partners in der ersten Zeit berichteten viele Paare von anfänglich starken Belastungen auf beiden Seiten. Auch die durch die kulturellen Veränderungen aufkommende Frage nach der eigenen Identität und Rolle in den verschiedenen Lebensbereichen beschäftigte die Befragten sehr. Die Integration der ausländischen Partner wurde durch die vielfach beschriebenen Vorurteile und Diskriminierungen der ausländischen Partner zusätzlich erschwert. Die Betroffenen berichteten von zusätzlichen Belastungen bei Behörden und Diskriminierungen aus dem sozialen Umfeld, wobei Partner südeuropäischer Herkunft stärker betroffen waren als die aus westeuropäischen Ländern.

Die befragten Paare erlebten jedoch auch vieles, was sie als Ressourcen und Bereicherungen wahrgenommen haben. So wurde durch die Konfrontation mit anderen kulturellen Normen und Werten gelernt, die eigene Kultur nicht als die einzige anzusehen und die Dinge aus verschiedenen Perspektiven zu betrachten. Darüber hinaus wurde nach Bewältigung des Überganges von einer gestärkten Identität berichtet. Auch die in einer Untersuchung von Rosenblatt et al. (1995) befragten Paare, bei denen beide Partner unterschiedlichen Rassen entstammen, berichten derartige positive Effekte, die nicht nur die Partner, sondern auch die Kinder des Paares betreffen.

Eine mittels Fragebogen durchgeführte Studie, die sich der Frage nach der familiären Erziehung und psychosozialen Entwicklung von Kindern und Jugendlichen aus binationalen Familien widmet, ist die von Khounani (2000). Darin beschäftigt sich der Autor mit der Ausprägung der kulturellen Handlungsfähigkeit von Kindern und unterscheidet dabei zwischen bikulturellen (westlich-islamisch), binationalen (westlich-westlich) sowie monokulturellen (deutsch-deutsch) Familien. Zu den zentralen Ergebnissen der Arbeit zählt, dass sich die verschiedenen Familiengruppen in Erziehungsverhalten und -ergebnissen nicht linear voneinander unterscheiden, was der Autor als Hinweis auf eine zunehmende Annäherung zwischen mono- und multikultureller Erziehung versteht. So sind die Unterschiede innerhalb einer Familiengruppe oft größer als zwischen den Gruppen. Die deutsch-europäischen Familien sind im Hinblick auf die Erziehung den deutsch-deutschen Familien weitaus ähnlicher als den deutsch-islamischen. Deutsch-europäische Familien zeichnen sich durch eine geringe Strenge, hohe Offenheit, viel Toleranz und Selbstständigkeit aus. Die Kinder dieser Familien werden stärker auf Verantwortungsbewusstsein und Hilfsbereitschaft orientiert und genießen mehr Freiheiten. Darüber hinaus herrscht eine flexible Rollenverteilung innerhalb der Familie und der Erziehungsstil wird von Khounani (2000) als eher „gebotsorientiert" bezeichnet. Im Zusammenhang mit diesen Merkmalen beurteilt der Autor diese Familiengruppe als die fortgeschrittenste in Bezug auf die Durchsetzung von Multikulturalität. In deutsch-islamischen Familien dagegen überwiegen eher Strenge sowie Anpassungs- und Normorientierung, weshalb der hier vorherrschende Erziehungsstil als „verbotsorientiert" bezeichnet wird. Weitere Kennzeichen sind ein geringerer Entscheidungs- und Handlungsspielraum der Kinder, eine ausgeprägtere Orientierung auf Sauberkeit und Ordnung sowie eine starke Geschlechtsspezifität sowohl hinsichtlich der Erziehung von Jungen und Mädchen als auch hinsichtlich der elterlichen

Rollenverteilung. Als besondere Charakteristika des Erziehungsverhaltens sind die Ablehnung aggressiver Verhaltensformen, stärkere Kontrolle, der besondere sexual-moralische Kodex und die verstärkte Betonung von Gemeinsamkeiten und Zusammengehörigkeit in der Familie zu nennen. Allerdings lassen sich in dieser Untersuchungsgruppe auch eine stärkere familiäre Unterstützung, eine ausgeprägtere Konfliktfähigkeit und eine höhere Kommunikationsdichte zwischen Eltern und Kindern finden. Darüber hinaus weist der Autor darauf hin, dass bestimmte in den Familiengruppen vorherrschende Merkmale nicht a priori zu begünstigenden bzw. erschwerenden Faktoren in der Entwicklung kultureller Handlungsfähigkeit werden, sondern dass dem Zusammenspiel der Faktoren wie auch den vermittelnden Einflüssen, wie z. B. Kommunikation, eine entscheidende Rolle zukommt.

Untersuchungen wie die von Khounani (2000) stellen den Beginn einer wissenschaftlichen, empirisch fundierten Bearbeitung dieses Themas dar und müssen dringend ausgebaut werden. Dabei sollte die Forschung nicht auf die psychosoziale, kognitive sowie sprachliche Entwicklung der Kinder beschränkt bleiben, sondern auch die Eltern bzw. das Paarsystem und dessen Auswirkungen auf das Funktionieren des Gesamtsystems im Sinne einer systemisch-kontextualistischen Sichtweise einbeziehen.

Psychologische Intervention bei binationalen Familien

Die psychologische Beratung binationaler Familien hat auf Grund des stetig wachsenden Anteils binationaler Partnerschaften enorm an Bedeutung gewonnen. Wie bereits geschildert wurde, stehen diese Familien vor besonderen Herausforderungen, was zum einen den erhöhten Beratungsbedarf erklärt und zum anderen verdeutlicht, warum auch Therapeuten in diesem Fall vor einer besonders herausfordernden Aufgabe stehen. Als häufige Ursache familiärer Konflikte wird eine unausgeglichene oder gar misslungene Anpassung bezüglich der kulturellen Unterschiede vermutet. Falicov (1995) grenzt in ihren auf Erfahrung aus der Beratungspraxis beruhenden Arbeiten drei Konfliktbereiche voneinander ab, die ursächlich für familiäre Auseinandersetzungen sein können und entsprechende Anpassungsleistungen von den Mitgliedern verlangen.

Den ersten Bereich bezeichnet die Autorin als „Konflikte bezüglich des kulturellen Codes" und bezieht sich dabei auf den Mangel an von beiden Partnern geteilten kulturellen Werten, Normen, Traditionen und entsprechenden Verhaltensweisen in den unterschiedlichen Lebensbereichen. Davon betroffen sind häufig Kommunikation, Erziehungspraktiken, familiäre Rollenverteilungen und -erwartungen sowie Konfliktbewältigungsstrategien.

Im zweiten Bereich wird die fehlende Unterstützung bzw. Zustimmung der Herkunftsfamilien zur Heirat des Paares in den Mittelpunkt gestellt, was im Zuge der Anpassungsprozesse zu einer starken Überbetonung der kulturellen Unterschiede („maximizing differences") oder aber zu einem ausgeprägten Herunterspielen („minimizing differences") dieser führen kann. Basierend auf der Annahme, dass das Paar die fehlende Erlaubnis zu heiraten als fehlende Erlaubnis zum Übertritt in ein kulturelles Übergangsstadium interpretieren könnte, bedeutet eine besondere Betonung der Unterschiede eine Polarisierung, innerhalb derer die Partner parallel nebeneinander leben und an ihrer Kultur bzw. Herkunftsfamilie festhalten. Spielt das Paar die kulturelle Distanz dagegen als Reaktion auf die Ablehnung der Herkunftsfamilie herunter, führt dies zu einer Haltung im Sinne von „Du und ich gegen die Welt" (S. 241) und schließt Beziehungen zu den Herkunftsfamilien aus. Das Paar entwickelt dann in der Regel nach und nach einen eigenen kulturellen Code (Falicov, 1995). Im Sinne der Familiensystemtheorie, die Familie als ein dynamisches, sich selbst regulierendes System betrachtet, kommt diesem Konfliktbereich auf Grund des Einbezugs der Herkunftsfamilien eine besondere Bedeutung zu. So könnte die Heirat gegen den Willen der Herkunftsfamilie auch Ausdruck eines Strebens nach emotionaler Distanz zur eigenen Familie sein, was auf diese Weise sehr wirkungsvoll demonstriert wird. Eine weitere wichtige Hypothese wäre, dass der auf die abgelehnte Partnerschaft verschobene Fokus von anderen wichtigen Konfliktbereichen in der Herkunftsfamilie ablenkt und auf Grund des gemeinsamen „Dagegens" wieder familiäres Miteinander geschaffen wird. Überspitzt formuliert, würde der Sohn oder die Tochter damit „im Auftrag der Eltern oder der Familie" handeln. In der beraterischen Praxis gewinnen solchen Annahmen eine besondere Relevanz, da sie das Denken und Handeln der Partner enorm beeinflussen und im therapeutischen Prozess berücksichtigt werden müssen.

Der dritte von Falicov (1995) geschilderte Konfliktbereich bezieht sich auf die Nutzung kultureller Stereotypisierungen in der Partnerschaft und steht in engem Zusammenhang mit der bereits erwähnten Überbetonung kultureller Unterschiede. Dabei benutzt ein Partner – meist mit einer negativen affektiven Färbung versehen – kulturelle Stereotype, um störendes Verhalten des anderen zu erklären und einer ernsthaften, meist mit Stress verbundenen Klärung der eigentlichen Ursachen aus dem Weg zu gehen. Nach Pandey (1988) wird dieses Verhalten auch als Anpassungsmuster verstanden und als „Arrangement des Kalten Krieges" („Cold War Adjustment") bezeichnet. Dieses als destruktiv bezeichnete Muster hat besondere Auswirkungen auf eventuell vorhandene Kinder, da diese mit unterschiedlichen kulturellen Wertvorstellungen konfrontiert werden, jedoch keinerlei Hilfestellung bezüglich des Umgangs damit erhalten.

Häufig berichten Paare, die Schwierigkeiten mit der Integration ihrer Herkunftskulturen haben, von Konflikten in mehreren der geschilderten Bereiche. Im Sinne einer Familiensystemtheorie, die von intensiven Wechselwirkungsprozessen zwischen den einzelnen Subsystemen ausgeht, ist nicht nur das Paar selbst betroffen, sondern auch die angrenzenden Systeme, wie z. B. Kinder, Herkunftsfamilie, Freunde, der Berufsalltag etc. Darüber hinaus geht der systemtheoretische Ansatz von einer zirkulären Kausalität aus, was bedeutet, dass ein bestimmtes Geschehen innerhalb eines Systems – z. B. des Paarsystems – nicht allein auf eine einzige Ursache zurückgeführt werden kann, sondern immer alle am System Beteiligten – also in dem Fall beide Partner – einen mehr oder weniger großen Teil zu dem Entstehen beitragen.

Nach Hsu (2001) gewinnen im Rahmen der beraterischen Praxis binationaler Paare einige Aspekte eine besondere Relevanz, die es in der therapeutischen Arbeit zu berücksichtigen gilt. Dazu gehört eine ausgeprägte Sensibilität und Wertschätzung gegenüber den Wahrnehmungen und Interpretationen beider Partner in Bezug auf die eigene Kultur sowie auf die des Partners. Diesem Aspekt schreibt Hsu (2001) deshalb eine besondere Bedeutung zu, da Therapeuten in der Arbeit mit binationalen Paaren verstärkt Gefahr laufen, sich einem Partner mehr zuzuwenden und die Empfindungen und Äußerungen des anderen auszugrenzen; entsprechend betont wird die Wichtigkeit der Neutralität des Therapeuten. In diesem Zusammenhang ist zu erwähnen, dass Untersuchungen zu den Auswirkungen der ethnischen Zugehörigkeit oder Rasse des Therapeuten keinerlei signifikante Effekte auf den Beratungsprozess sowie das -ergebnis gezeigt haben (Sue, 1988; Sue, Fujino, Hu & Takeuchi, 1991), weshalb in der therapeutischen Arbeit diesbezüglich keine Einflüsse zu erwarten sind. Als weitere wichtige Aufgabe des Therapeuten wird die Kommunikation und Förderung kulturellen Wissens und Verständnisses erachtet, wobei insbesondere der Wahrnehmung und Interpretation des Partners dabei eine zentrale Bedeutung zukommt. Allerdings ist darauf hinzuweisen, dass die kulturbedingten Geschehnisse dabei von den nicht-kulturbedingten abgegrenzt und beide Bereiche im Beratungsprozess betrachtet werden müssen. Ein weiterer wichtiger Aspekt, der ein typisches Charakteristikum einer systemisch orientierten Beratung ist, ist die Betonung von Stärken sowie das Besinnen auf Ressourcen und Gemeinsamkeiten. Basierend auf der Annahme, dass das Paar „gute Gründe" hatte und noch immer hat, einen gemeinsamen Weg zu gehen, und sich auf diesem gemeinsamen Weg darüber hinaus viele Kompetenzen zur Überwindung der kulturellen Distanz angeeignet hat, lassen sich auch bei belasteten Paaren Ressourcen finden, die für den therapeutischen Prozess genutzt werden können. Falicov (1995) geht in diesem Zusammenhang besonders auf die Betonung kultureller Gemeinsamkeiten ein und hebt hervor, dass dies in Abhängigkeit von der Anpassungsstrategie des Paares differenziert zu betrachten ist. So kann eine derartige Strategie bei Paaren, die dazu neigen, ihre kulturellen Unterschiede zu stark zu betonen („maximizing differences"), sehr wirkungsvoll sein, während Paare, die kulturelle Unterschiede herunterspielen, eher nicht profitieren.

Als extrem wichtigen Aspekt in der therapeutischen Arbeit mit binationalen Paaren hebt Hsu (2001) die Förderung von Flexibilität und Wertschätzung in Bezug auf kulturelle Unterschiede hervor. Derartige Unterschiede können einen äußerst positiven Effekt auf die Beziehung haben und können in Abhängigkeit von den gerade vorherrschenden Umständen flexibel genutzt werden (Falicov, 1995). Flexibilität und Wertschätzung kultureller Unterschiede bedeutet beispielsweise auch, dass sich beide Partner in bestimmten Zeitabständen jeweils einen „Tag der eigenen Kultur" gönnen dürfen, in denen die Ausübung von Riten und Verhaltensweisen der Herkunftskultur uneingeschränkt erlaubt ist.

Ein letzter wichtiger Aspekt, auf den Hsu (2001) hinweist, ist die Vermeidung von zu stark kulturspezifischen Therapieanwendungen in der Beratung binationaler Paare. So mag ein Rollenspiel ein effektives therapeutisches Mittel für Europäer und Amerikaner sein, kann Angehörige anderer Kulturen jedoch in unangenehme Situationen führen (z. B. Asiaten, die das offene Äußern von Gefühlen als unangebracht betrachten). Ähnliches gilt für den Bereich der paradoxen Interventionen, die von Angehörigen anderer Kulturen leicht falsch verstanden werden können.

Insgesamt betrachtet, gilt auch für den Bereich der psychologischen Intervention die Feststellung, dass nur sehr wenig wissenschaftliches Material sowie empirische Befunde existieren. Vor dem Hintergrund der steigenden Anzahl binationaler Familien und dem damit verbundenen zunehmendem Beratungsbedarf ist eine Intensivierung der wissenschaftlichen Arbeit und eine verstärkte Zuwendung zu diesem Thema unumgänglich. Die Forschung darf sich dabei nicht auf die Untersuchung bestimmter Konfliktbereiche und Therapie belasteter Paare beschränken, sondern muss sich darüber hinaus auch der Frage nach Schutzfaktoren zuwenden. Dieses Wissen ist für die beraterische Praxis von mindestens gleichwertiger Bedeutung wie das Wissen um die Problemfelder und Risiken. Die Tatsache, dass die weit verbreitete Annahme eines erhöhten Scheidungsrisikos von binationalen Paaren nicht zutreffend ist (nach Angaben des Statistischen Bundesamtes), verdeutlicht, wie lohnend eine salutogenetisch orientierte Forschung in diesem Bereich sein kann. Viele Paare schaffen es somit durchaus, in gelungenen Anpassungsprozessen ihre kulturelle Distanz zu überwinden und einen gemeinsamen Weg zu finden, weshalb ein Blick auf die stärkenden Ressourcen und wirkenden Schutzfaktoren wertvolles Wissen für die bereichsübergreifende praktische Arbeit mit binationalen Familien liefert.

Weiterführende Literatur

Gómez Tutor, C. (1995). *Bikulturelle Ehen in Deutschland*. Frankfurt: IKO-Verlag für Interkulturelle Kommunikation.
Khounani, P. M. (2000). *Binationale Familien in Deutschland und die Erziehung der Kinder*. Frankfurt: Lang.
Kriechhammer-Yagmur, S., Pfeiffer-Pandey, D., Saage-Fain, K. & Stöcker-Zafari, H. (2001). *Binationaler Alltag in Deutschland*. Frankfurt: Brandes & Apsel.

Zitierte Literatur

Apeltauer, E. (1995). Kultur, nonverbale Kommunikation und Zweisprachenerwerb. In H. Rosenbusch & O. Schober (Hrsg.), *Körpersprache in der schulischen Erziehung (S. 100–165)*. Baltmannsweiler: Pädagogischer Verlag Burgbücherei Schneider.
Beck-Gernsheim, E. (2001). Ferne Nähe, nahe Ferne – Überraschungseffekte in binationalen Familien. *Familiendynamik, 26(1)*, 4–21.
Elschenbroich, D. (1988). Bikulturelle Familien in der Bundesrepublik – Konflikte, Chancen und Selbstbilder. In Deutsches Jugendinstitut (Hrsg.), *Wie geht's der Familie? Ein Handbuch zur Situation der Familien heute (S. 363–370)*. München: Kösel.
Falicov, C.J. (1995). Cross-cultural marriages. In N.S. Jacobson & A.S. Gurman (Eds.), *Clinical handbook of couple therapy (pp. 231–246)*. New York: Guilford Press.
Filipp, S.-H. (1995). *Kritische Lebensereignisse*. München: PVU.
Gibbs, J.T. & Moskowitz-Sweet, G. (1991). Clinical and cultural issues in the treatment of biracial and bicultural adolescents. Families in Society. *The Journal of Contemporary Human Services, 72(10)*, 579–592.
Gogolin, I. (1988). *Erziehungsziel Zweisprachigkeit. Konturen eines sprachpädagogischen Konzepts für die multikulturelle Schule*. Hamburg: Bergmann und Helbig.
Gómez Tutor, C. (1995). *Bikulturelle Ehen in Deutschland*. Frankfurt: IKO-Verlag für Interkulturelle Kommunikation.
Hecht-El Minshawi, B. (1990). *„Wir suchen, wovon wir träumen". Zur Motivation deutscher Frauen, einen Partner aus dem islamischen Kulturkreis zu wählen*. Frankfurt/M.: Nexus.
Hsu, J. (2001). Marital therapy for intercultural couples. In W.-S. Tseng & J. Streltzer (Eds.), *Culture and psychotherapy: A guide to clinical practice (pp. 225–242)*. Washington, DC: American Psychiatric Publishing.

IAF – Interessengemeinschaft der mit Ausländern verheirateter Frauen e.V. – Verband bi-nationaler Familien und Partnerschaften (1986). *Mein Partner oder meine Partnerin kommt aus einem anderen Land: Inter-ethnische Ehen und Partnerschaften.* Frankfurt/M.: IAF.

Inci, N. (1985). *Die Voreingenommenheit der Bürokratie gegenüber binationalen Eheschließungen.* Frankfurt/M.: Dagyeli.

Khounani, P.M. (2000). *Binationale Familien in Deutschland und die Erziehung der Kinder.* Frankfurt: Lang.

Kielhöfer, B. & Jonekeit, S. (2002). *Zweisprachige Kindererziehung.* Tübingen: Stauffenburg Verlag.

KIPA – Katholische Internationale Presseagentur (2004). *„Vatikan warnt vor Ehen mit Muslimen"* (Meldungen vom 14.05.04). Freiburg (CH): Agentur Kipa.

Knapp, K. (1996). Interpersonale und interkulturelle Kommunikation. In N. Bergemann & A.L.J. Sourisseaux (Hrsg.), *Interkulturelles Management (S. 59–79).* Heidelberg: Physica-Verlag.

Kocklemus-Jochum, G. (1989). Provisorium als Lebensstil oder hier und da und nirgends richtig. In IAF (Hrsg.*), Jede Blume duftet anders (S. 53–60).* Frankfurt/M.: IAF.

Kocklemus-Jochum, G. (1991). *West meets east – Bi-Nationale in den neuen Bundesländern.* Frankfurt/M.: IAF – Verband bi-nationaler Familien und Partnerschaften.

Kriechhammer-Yagmur, S., Pfeiffer-Pandey, D., Saage-Fain, K. & Stöcker-Zafari, H. (2001). *Binationaler Alltag in Deutschland.* Frankfurt: Brandes & Apsel.

Martin Torres, G. & Wolff, J. (1983). Interkulturelle Kommunikationsprobleme beim Sprachenlernen. *Neusprachliche Mitteilungen an Wissenschaft und Praxis, 36,* 209–216.

Pandey, H. (1988). *Zwei Kulturen – eine Familie. Das Beispiel deutsch-indischer Eltern und ihrer Kinder.* Frankfurt/M.: Verlag für Interkulturelle Kommunikation.

Rosenblatt, P.C., Karis, T.A. & Powell, R.D. (1995). *Multiracial couples: Black & white voices.* Thousand Oaks: Sage Publications.

Scheibler, P.M. (1992). *Binationale Ehen. Zur Lebenssituation europäischer Paare in Deutschland.* Weinheim: Deutscher Studien Verlag.

Scheibler, P.M. (2000). Binationale Partnerschaften. In P. Kaiser (Hrsg.), *Partnerschaft und Paartherapie (S. 157–172).* Göttingen: Hogrefe.

Schneewind, K.A. (1999). *Familienpsychologie.* Stuttgart: Kohlhammer.

Schramm, E. & Steuer, W. (1965). Ehen zwischen deutschen und ausländischen Arbeitnehmern – Sozialkritische Erhebungen aus dem Bereich des Gesundheitsamtes. Der öffentliche Gesundheitsdienst – Monatsschrift für Gesundheitsverwaltung und *Sozialhygiene, 27,* 287–493.

Stedje, A. (1990). Sprachliche Handlungsmuster und interkulturelle Kommunikation. In B. Spillner (Hrsg.), *Interkulturelle Kommunikation (S. 29–39).* Frankfurt/M.: Lang.

Sue, S. (1988). Psychotherapeutic services for ethnic minorities: Two decades of research findings. *American Psychologist, 43(4),* 301–308.

Sue, S., Fujino, D.C., Hu, L.T. & Takeuchi, D.T. (1991). Community mental health services for ethnic minority groups: A test of the cultural responsiveness hypothesis. *Journal of Consulting and Clinical Psychology, 59(4),* 533–540.

Thomas, A. (1991*). Grundriss der Sozialpsychologie (Bd. 1).* Göttingen: Hogrefe.

Thomas, A. (1996). Aspekte interkulturellen Führungsverhaltens. In N. Bergemann & A.L.J. Sourisseaux (Hrsg.), *Interkulturelles Management (S. 35–58).* Heidelberg: Physica-Verlag.

Tseng, W.S., McDermott, J.F. & Maretzki, T.W. (1977). *Adjustment in interracial marriage.* Honolulu: University Press of Hawaii.

White, W. (1969). *A man called white.* Salem, New Hampshire: Ayer Company Publishers.

Wolf-Almanasreh, R. (1982). „Einer ist gestreift und einer ist kariert…" – Bikulturelle Ehen in der Bundesrepublik Deutschland an Hand der Erfahrungen der Interessengemeinschaft der mit Ausländern verheirateten Frauen (IAF). *Psychosozial, 16,* 38–62.

Alexander Thomas, Stefan Kammhuber und Stefan Schmid

Interkulturelle Kompetenz und Akkulturation

Einleitung

Immer weitere Bereiche des gesellschaftlichen Lebens werden gegenwärtig tiefergehender und nachhaltiger von Internationalisierungs- und Globalisierungstendenzen erfasst. Das trifft für die Industriegesellschaften des 21. Jahrhunderts, für alle europäischen Nationen, und natürlich auch für Deutschland als im Zentrum Europas liegender Nation zu. Experten gehen davon aus, dass Europa, und hier besonders Deutschland, zukünftig in verstärktem Maße eine bevorzugte Einwanderungsregion darstellen wird.

Analysiert wird im Folgenden das Wechselverhältnis von Akkulturation und interkultureller Handlungskompetenz, die Bedeutung interkultureller Handlungskompetenz für eine gelungene Akkulturation in verschiedenen Handlungsfeldern und die Förderung von kultureller Integration, die sich keineswegs schon mit dem Erlernen der deutschen Sprache gleichsam von selbst einstellt. Die Argumentation geht entgegen der landläufigen Ansicht davon aus, dass nicht nur der, der einreist, Akkulturationsleistungen zu erbringen hat, wohingegen die aufnehmende Gesellschaft von diesen Entwicklungen unberührt bleiben wird resp. unberührt zu bleiben hat, sondern dass gelungene Akkulturation nur möglich ist, wenn beide Partner sich um den Aufbau interkultureller Kompetenz bemühen und dabei erfolgreich sind.

Akkulturation und interkulturelle Handlungskompetenz

Im Zuge der Internationalisierung und Globalisierung wird seit einigen Jahren immer häufiger die Forderung nach interkultureller Kompetenz als einer Schlüsselqualifikation für den erfolgreichen Umgang mit ausländischen Partnern, vornehmlich im Bereich des internationalen Managements und des weltweiten Einsatzes von Fach- und Führungskräften, erhoben (Stahl, 1998; Kühlmann, 2004; Thomas, 1995; 2003a; Thomas, Kinast & Schroll-Machl, 2003). Wenn es bislang auch noch kein zuverlässiges Messverfahren gibt, interkulturelle Kompetenz zu erfassen, so gibt es doch Kenntnisse darüber, was unter dieser Qualifikation zu verstehen ist und wie sie sich entwickelt.

Im Zusammenhang mit psychologischen Analysen dieser Schlüsselqualifikation ist es sinnvoll, von interkultureller *Handlungs*kompetenz statt nur von interkultureller Kompetenz zu sprechen, da die erwartete Leistung darin besteht, zielgerichtetes, erwartungsgesteuertes, geplantes und willentlich vollzogenes interpersonales Verhalten im Kontext kultureller Überschneidungssituationen zu erfassen. Es geht also darum, interpersonales Handeln zwischen Personen aus unterschiedlichen Kulturen (Nationalkulturen) zu qualifizieren. Das soziale Handeln soll effizient, stressarm und für alle Partner zufrieden stellend verlaufen (Thomas, 2003c). Die wesentlichen Bestimmungsstücke interkulturellen Handelns lassen sich so zusammenfassen:

1. Interkulturelle Kompetenz ist die notwendige Voraussetzung für eine *angemessene, erfolgreiche* und für alle Seiten *zufrieden stellende* Kommunikation, Begegnung und Kooperation zwischen Menschen aus unterschiedlichen Kulturen.
2. Interkulturelle Kompetenz ist das Resultat eines Lern- und Entwicklungsprozesses.
3. Die Entwicklung interkultureller Kompetenz setzt die Bereitschaft zur Auseinandersetzung mit fremden kulturellen Orientierungssystemen voraus, basierend auf einer *Grundhaltung kultureller Wertschätzung*.
4. Interkulturelle Kompetenz zeigt sich in der Fähigkeit, die kulturelle Bedingtheit der Wahrnehmung, des Urteilens, des Empfindens und des Handelns *bei sich selbst* und *bei anderen Personen* zu erfassen, zu respektieren, zu würdigen und produktiv zu nutzen.
5. Ein hoher *Grad an interkultureller Kompetenz* ist dann erreicht, wenn (1) differenzierte Kenntnisse und ein vertieftes Verständnis des *eigenen* und *fremder* kultureller Orientierungssysteme vorliegen, (2) aus dem *Vergleich* der *kulturellen Orientierungssysteme* kuluradäquate Reaktions-, Handlungs- und Interaktionsweisen generiert werden können, (3) aus dem Zusammentreffen kulturell divergenter Orientierungssysteme *synergetische Formen* interkulturellen Handelns entwickelt werden können, (4) in kulturellen Überschneidungssituationen *alternative Handlungspotenziale, Attributionsmuster* und *Erklärungskonstrukte* für erwartungswidrige Reaktionen des fremden Partners kognizierbar sind, (5) die kulturspezifisch erworbene interkulturelle Kompetenz mit Hilfe eines generalisierten interkulturellen Prozess- und Problemlöseverständnisses und Handlungswissen, *auf andere kulturelle Überschneidungssituationen transferiert* werden kann, und (6) in kulturellen Überschneidungssituationen mit einem hohen Maß an *Handlungskreativität, Handlungsflexibilität, Handlungssicherheit* und *Handlungsstabilität* agiert werden kann.

Im Verlauf der wissenschaftlichen Beschäftigung mit interkultureller Handlungskompetenz wurden in der Psychologie drei unterschiedliche Forschungsparadigmen zugrundegelegt:

1. Der *personalistische* Forschungsansatz geht davon aus, dass interkulturelle Handlungskompetenz aus einer Kombination spezifischer Fähigkeiten der handelnden Person resultiert. In Untersuchungen über Erfolgsfaktoren des Auslandseinsatzes von Fach- und Führungskräften hatten sich immer wieder einige personbezogene Merkmale als besonders effizient zur Bewältigung interkultureller Aufgabenstellungen erwiesen (Stahl, 1998):

(1) Personmerkmale	(2) Soziale Fertigkeiten
– Selbstsicherheit, Selbstwirksamkeit	– Fachwissen/Aufgabenorientierung
– Offenheit, Neugier	– Fremdsprachenperformanz
– Reflexivität	– Kommunikationsfähigkeit
– Perspektivenwechsel	– soziale Intelligenz
– Ambiguitätstoleranz	– Veränderungsbereitschaft
– Empathie	– Toleranz
	– Problembewältigungsfähigkeit

Allerdings wiesen entsprechende Messungen nur sehr geringe Korrelationswerte zwischen Personmerkmalen und Handlungserfolg auf, und die als relevant erachteten Fähigkeiten divergierten in den einzelnen Studien erheblich.

2. Der *situative* Forschungsansatz favorisiert die Handlungswirksamkeit spezifischer Situationsfaktoren, wie sie gerade unter fremdkulturellen Bedingungen häufig auftreten. Dazu gehören beispielsweise das Lebensumfeld (städtische vs. ländliche Umgebung), Arbeitsbedingungen, Wohnverhältnisse, Freunde aus dem Gastland, Kontakt zu anderen Ausländern, Gesundheitsversorgung, Sprachschwierigkeiten, klimatische Bedingungen, sozialer Status, zeitliche Rahmenbedingungen, Machtverhältnisse etc. (David, 1972; Brislin, 1981).

3. Der *interaktionistische* Forschungsansatz geht davon aus, dass interkulturelle Handlungskompetenz das Resultat eines gelungenen Zusammenspiels von personalen und situativen Einflussfaktoren darstellt. Doch wird damit die exakte Messung der handlungsrelevanten Determinanten erheblich erschwert, denn die einzelnen Positionen in ihrem interaktiven Gefüge müssen erfasst und operationalisiert werden, wenn zutreffende Prognosen über eine erfolgreiche interkulturelle Kooperation möglich sein soll.

Um die Bedeutung interkultureller Handlungskompetenz im Rahmen der Akkulturationsthematik zu erfassen, ist es sinnvoll, ein auf dem interaktionistischen Forschungsansatz aufbauendes handlungs- und lerntheoretisches Konzept zugrunde zu legen, in dem unterschieden wird zwischen Input-Faktoren in Form von personspezifischen Merkmalen einerseits und handlungswirksamen, sozialen, gegenständlichen und ereignisrelevanten Umweltfaktoren andererseits. Ferner ist zu berücksichtigen, was sich aus dem Zusammenspiel dieser Faktoren im Verlauf des individuellen Sozialisationsprozesses verfestigt hat. Gleichzeitig sind auch die Prozessverlaufs-Faktoren und Output-Faktoren in Form von Resultaten und Wirkungen in Bezug auf interkulturelle Kompetenz und Persönlichkeitsveränderungen in Betracht zu ziehen (vgl. Tabelle 1).

Tabelle 1: Rahmenkonzept interkultureller Kompetenz

Inputfaktoren	Prozessfaktoren	Outputfaktoren
Personale Faktoren ↕ Handlungsbestimmende, soziale, gegenständliche und ereignisrelevante Umweltfaktoren	Interkulturelle Konfrontation ↓ Interkulturelle Erfahrungen ↓ Interkulturelles Lernen ↓ Interkulturelles Verstehen (Bilanzierung)	Interkulturelle Kompetenz • Handlungspotenziale • Handlungssicherheit • Handlungsflexibilität • Handlungskreativität • Transformation erworbener Handlungskompetenz • Handlungsstabilität Persönlichkeitsveränderungen • Horizonterweiterung • Selbstkonzeptveränderung und -erweiterung • Soziale Kompetenzerhöhung • Flexibilität • Reflexivität • Selbstwirksamkeit

Interkulturelle Konfrontation und interkulturelle Erfahrungsbildung stellen Grundvoraussetzungen dafür dar, dass der Prozess zur Entwicklung interkultureller Handlungskompetenz überhaupt in Gang kommt.

Dies trifft auch für den Akkulturationsprozess zu. Akkulturationsanforderungen entstehen erst und werden erst handlungsrelevant durch Konfrontation mit Fremdartigem, konkret mit erwartungswidrigen Verhaltensreaktionen, durch Ereignisabfolgen und Geschehensabläufen in der Begegnung, bedingt durch die Zusammenarbeit mit fremdkulturell geprägten Partnern. Akkulturation wird hier mit Redfield, Linton und Herskovits (1936) verstanden als „those phenomena which result when groups of individuals having different cultures come into continuous first-hand contact with subsequent changes in the original culture patterns of either or both groups" (S.149).

Das Akkulturationsmodell von Berry (1990) zeigt vier unterschiedliche Formen der Reaktion auf Fremdheitserfahrungen. Bei *Integration* steht das Bemühen des Handelnden im Vordergrund, unter Beibehaltung der eigenkulturellen Identität den Kontakt zur Fremdkultur zu vertiefen. Bei *Separation* vermeidet der Handelnde den Fremdkontakt. Bei *Assimilation* gibt er seine eigenkulturelle Identität weitgehend zugunsten des Aufbaus einer neuen Identität auf. Bei *Marginalisierung* entsteht eine mehr oder weniger stark ausgeprägte ablehnende Haltung gegenüber beiden kulturellen Identitäten. Ward und ihre Kollegen betonen in ihren Studien (z.B. Ward & Rana-Deuba, 1999; 2000) die unterschiedliche Bedeutung der beiden Dimensionen Fremdkultur und Herkunftskultur für den Akkulturationprozess: Hohe Identifikation und häufiger Kontakt mit der Herkunftskultur stehen in Verbindung mit psychischem Wohlbefinden und geringerem Stress (psychischer Anpassung), während Interesse an Kontakten mit der Aufnahmekultur vor allem die Handlungskompetenz mit Angehörigen der Aufnahmekultur günstig beeinflusst (soziokulturelle Anpassung). Diese Ergebnisse stützen die Annahme, dass Eingebundensein in die Herkunftskultur die nötige Sicherheit verschafft, um im Kontakt mit der Aufnahmekultur Handlungskompetenz für die Aufnahmegesellschaft zu entwickeln.

Das Ausmaß des kulturellen und psychologischen Wandels in Bezug auf diese Akkulturationstypen ist unterschiedlich hoch (vgl. Abbildung1).

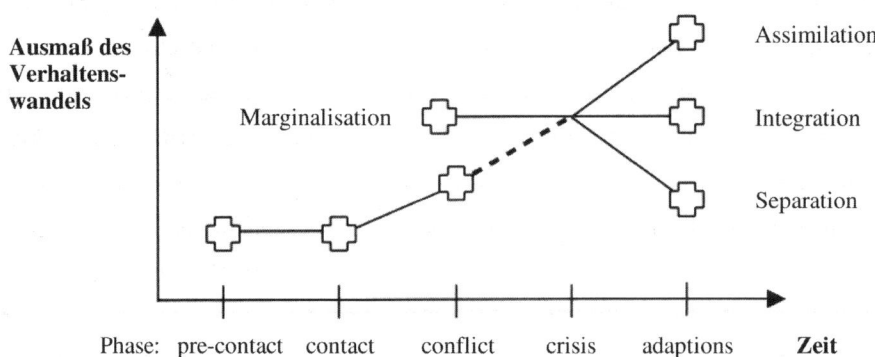

Abbildung 1: Ausmaß des kulturellen und psychologischen Wandels als Funktion von Phase und Einstellung (Berry & Kim, 1988, S. 210)

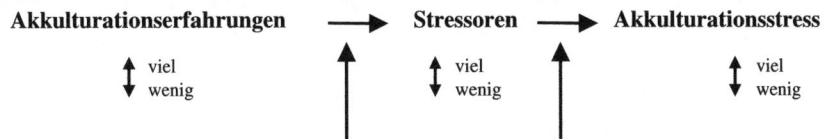

Faktoren, die die Beziehung zwischen Akkulturation und Akkulturationsstress moderieren:

-   Art der Gesellschaft (multikulturell vs. monokulturell)
-   Typ der Akkulturationsgruppe (Flüchtling, Sojourner, ethnische Gruppen etc.)
-   Modi der Akkulturationseinstellung (Integration, Assimilation, ...)
-   Demographischer und sozialer Charakter des Individuums (Alter, Geschlecht, Bildung)
-   Psychologische Eigenheiten der Individuums (Coping, Einstellungen etc.)

Abbildung 2: Beziehung zwischen Akkulturation und Akkulturationsstress (Berry & Kim, 1988, S. 213)

Aus der Abbildung 1 wird das hohe Maß an Verhaltensänderung sichtbar, das im Rahmen der Assimilation gefordert ist, wohingegen bei Integration, aber auch bei Marginalisierung ein mittleres Maß an Verhaltensänderung erforderlich wird. Lediglich die Separation bedarf nur weniger dauerhafter Änderungen, da Kontakte zur Gastkultur nicht gesucht, sonden eher gemieden werden. Auf diesem Hintergrund ist es wichtig, die Konsequenzen auf diese oftmals tiefgreifenden Verhaltensänderungen zu beachten. Die Beziehungen zwischen Akkulturation und Akkulturationsstress sind nach Berry und Kim (1988) in Abbildung 2 dargestellt.

Verschiedene Bedingungen im Gastland üben einen großen Einfluss auf die Kontakterfahrungen aus, und es gibt eine Vielzahl von Variablen, die Ausmaß und Form des auftretenden Akkulturationsstresses beeinflussen. So erschwert beispielsweise das Ausmaß an Kulturdistanz (Babiker, Cox & Miller, 1980) die Akkulturation erheblich, was nach Murphy (1977) und Berry und Annis (1974) durch den mit zunehmender Kulturdistanz sich entwickelnden größeren Akkulturations- und Anpassungsdruck im Gastland zusammenhängt. Gudykunst und Hammer (1988) betrachten insgesamt interkulturelle Anpassungsleistungen als eine Funktion der Unsicherheits- und Angstreduktion, die selbst wiederum Funktionen der Kontakterfahrungen, der Kulturidentität sowie der Sprachkompetenz und des Kulturwissens sind. Personen mit einem erhöhten Wissensstand über die Gastkultur erfahren eine Reduzierung an Unsicherheit bezüglich des fremdkulturellen Orientierungssystems, und es gelingt ihnen eine effektive Anpassung an die zunächst fremde Situation. In diesem Zusammenhang ist weiterhin zu bedenken, dass sich Akkulturationsprozesse nicht in jedem Lebensbereich in der gleichen Art und Weise und mit der gleichen Geschwindigkeit vollziehen. Das heißt, es ist durchaus möglich, dass beispielsweise innerhalb des beruflichen Umfeldes keine oder nur geringe Einpassungsprobleme auftreten während zum gleichen Zeitpunkt die Gestaltung des Privatlebens im fremdkulturellen Umfeld als außerordentlich schwierig und unbefriedigend empfunden wird. Die meisten Forscher sehen folgende Kriterien für interkulturellen Lern- und Anpassungserfolg als entscheidend an: (1) subjektive Zufriedenheit mit den Arbeits- und Lebensbedingungen im Ausland, (2) Güte der sozialen Beziehungen zu den Vertretern des Gastlandes, (3) Grad der Aufgabenerfüllung (z. B. Kühlmann, 2004).

Welche Form von Akkulturation auch immer angestrebt wird oder sich im Verlauf eines komplizierten Lernprozesses mit Leistungserfolgen und Leistungsversagen herausbildet, es wird auf jeden Fall ein Minimum an interkultureller Handlungskompetenz erforderlich sein, um das gesetzte Ziel zu erreichen, wobei für eine Akkulturation in Form der Separation zweifelsohne ein deutlich geringerer Grad an Handlungskompetenz erforderlich ist als für die anspruchsvolle Form der Integration. Daraus lässt sich ableiten, dass, wenn die aufnehmende Gesellschaft Integration als ein erstrebenswertes Ziel der Akkulturationsbemühungen für alle die in ihrem Territorium lebenden Menschen aus anderen Kulturen fordert, auch entsprechende Hilfen und Unterstützungen zum Aufbau eines ausreichenden Qualitätsniveaus interkultureller Kompetenz erforderlich sind.

Interaktives Akkulturationsmodell

Welche Akkulturationsstrategie gewählt wird, hängt nicht nur von der individuellen interkulturellen Handlungskompetenz ab, sondern auch inwieweit die aufnehmende Gesellschaft die Wahl einer bestimmten Strategie zulässt oder einfordert. So wird ein Migrant, der eine Integrationsstrategie verfolgen will, in einer Gesellschaft, die nur Assimilation zulässt oder Segregation betreibt, zwangsläufig scheitern. So werden Deutsche, die aus den russischen Gebieten in die Bundesrepublik übersiedeln, von der hiesigen Bevölkerung als „Russen" bezeichnet, was weder mit deren Selbstverständnis übereinstimmt noch deren tatsächliche Integration befördert. Vielmehr werden insbesondere die Integrationswilligen frustriert und in andere Akkulturationsstrategien gedrängt, die in unterschiedlicher Weise zu negativen sozialen Konsequenzen führen können.

Der wohl umfassendste Entwurf für ein interaktives Akkulturationsmodell (IAM) stammt von Bourhis, Moise, Perreault und Senecal (1997). Ihr Modell bietet die Möglichkeit, die sozialen Konsequenzen der Akkulturationsstrategien von aufnehmender Gesellschaft und Migranten sichtbar, reflektierbar und damit auch bearbeitbar zu machen. Die Autoren bauen auf Berry's Akkulturationsmodell auf, differenzieren allerdings die „Marginalisierungs"-Strategie aus. Sie präzisieren sie durch die zwei Begriffe „Anomie" und „Individualisierung". „Anomie" bedeutet, dass die Migranten Mitglieder der eigenen kulturellen Gruppe als auch der neuen Kultur ablehnen, also das Erleben einer kulturellen Entfremdung. Wenn gleichzeitig noch kein Identitätsentwurf vorliegt, der dieses Vakuum füllen kann, sind negative psychologische und psychosomatische Konsequenzen fast unausweichlich. „Individualisierung" meint hingegen, dass Gruppenzuschreibungen von vornherein abgelehnt werden ohne dass das Gefühl der Marginalisierung besteht. Der Migrant sieht sich als individueller Identitätsmanager, sozusagen als „kulturelle Ich-AG", was bei entsprechender Akzeptanz durch die aufnehmende Gesellschaft auch als befriedigender Zustand erlebt wird. Auf der Seite der aufnehmenden Gesellschaft wird im IAM die entsprechende Strategie der Exklusion ergänzt um die „Individualisierungs"-Strategie, d.h. dass auch von dieser Seite Gruppenzuschreibungen abgelehnt werden zugunsten von persönlichen Merkmalen der Migranten.

Die Kombination der Akkulturationsstrategien von aufnehmender Gesellschaft und Migrant führt zu unterschiedlich guten Passungen, die Bourhis und Kollegen klassifizieren in konsensuelle, problematische und konfliktäre Konstellationen (vgl. Tabelle 2). Wenn eine Gesellschaft eine Assimilation von Zuwanderern anstrebt und diese ebenfalls eine Assimilationsstrategie verfolgen, kommt es zu einer Passung (konsensuell). Hingegen wird es konfliktär, wenn sich eine Migrantengruppe vollständig in die eigene Gruppe zurückzieht, d.h. eine Separationsstrategie verfolgt, während die Gesellschaft Integrationsbemühungen unternimmt.

Tabelle 2: Bourhis et al. (1997, S. 382)

Immigranten Gesellschaft	Integration	Assimilation	Separation	Anomie	Individualisierung
Integration	konsensuell	problematisch	konfliktär	problematisch	problematisch
Assimilation	problematisch	konsensuell	konfliktär	problematisch	problematisch
Segregation	konfliktär	konfliktär	konfliktär	konfliktär	konfliktär
Exklusion	konfliktär	konfliktär	konfliktär	konfliktär	konfliktär
Individualisierung	problematisch	problematisch	problematisch	problematisch	konsensuell

Es wird schnell deutlich, dass Massnahmen zur Förderung interkulturellen Lernens, die nur auf einer Seite, entweder bei Migranten oder bei der aufnehmenden Gesellschaft, ansetzen, nicht wirklich zum Ziel der Integration führen können. Zweifellos müssen Migranten erheblich höhere Anstrengungen im Akkulturationsprozess unternehmen, die aber nur dann erfolgreich sein können, wenn die aufnehmende Gruppe, Organisation oder Gesellschaft willens und auch fähig ist, diese Integrationsversuche zu akzeptieren und eigene Integrationsangebote zu machen. Um dies qualifiziert leisten zu können, ist interkulturelles Lernen übereinander und voneinander unabdingbar.

Interkulturelle Lernprozesse im Akkulturationsprozess

Im Akkulturationsprozess erleben Personen je nach kultureller Distanz zwischen Herkunfts- und Zielkultur- mehr oder weniger intensive Orientierungsunsicherheiten. Diese Unsicherheiten können sich beziehen auf das Selbstbild (z.B. wie werde ich als Angehöriger der Kultur XY hier wahrgenommen?), auf raum-zeitliche Bedingungen (z.B. wie komme ich von A nach B?), und/oder auf die soziale Umwelt (z.B. wie sollte ich mich in dieser Gesellschaft verhalten?) (Kammhuber & Thomas, 2004). Bislang gewohnte Verhaltensweisen führen nicht zum Ziel bzw. haben andere Konsequenzen als erwartet. Das Erleben solcher Handlungsbarrieren muss allerdings nicht zwangläufig in einen „Kulturschock" münden, wie das oftmals in der Literatur zur Akkulturation suggeriert wird. Vielmehr können sie einen Ausgangspunkt für einen interkulturellen Lernprozess darstellen. Moderne Lerntheorien gehen davon aus, dass Menschen nicht ohne guten Grund zu lernen beginnen, sondern erst dann, wenn sie mit ihren vorhandenen Handlungsmöglichkeiten nicht ans Ziel kommen, und die Überwindung dieser Handlungsbarriere als subjektiv relevant angesehen wird (Kammhuber, 2000). Durch Nachahmung, dem Kontaktaufbau zu Personen aus der neuen Kultur, die dem Migranten die noch fremde Kultur erklären oder durch schlichtes Versuch- und Irrtum-Lernen kann interkulturelle Kompetenz aufgebaut werden. Damit dieser Weg gelingt, müssen verschiedene Bedingungen optimal ineinander greifen. Zum einen darf die Frustration über erlebte Orientierungsunsicherheiten nicht so hoch werden, dass sich die Migranten für die nahe liegende, aber auf Dauer nur scheinbar sinnvolle Strategie des Rückzugs in die eigene kulturelle Gruppe (Separation) entscheiden, in der die gewohnten Handlungsweisen weiterhin zielführend sind. Des Weiteren müssen Fähigkeiten vorhanden sein, um überhaupt einen Kontakt zu Personen der neuen Kultur aufzubauen, und die angesprochenen Personen dann so qualifiziert sein, dass sie die eigene Kultur tatsächlich erklären können, und nicht zusätzliche Stereotype erzeugen. Der Weg des Versuch- und Irrtum-Lernen wiederum kann von gescheiterten Projekten, persönlichen Frustrationen oder konflikthaften Beziehungen begleitet sein.

Aus Sicht der Mitglieder der aufnehmenden Gesellschaft bedarf es eines noch stärkeren Impulses, in einen interkulturellen Lernprozess einzutreten, denn die Versuchung ist hoch, sich bei Schwierigkeiten im Kontakt mit Migranten auf das eigene, von der Mehrheit geteilte Orientierungssystem zurückzuziehen. Eine aktive Auseinandersetzung mit dem erlebten Fremden findet nicht statt, was aber eine notwendige Voraussetzung für den Erwerb interkultureller Handlungskompetenz ist. Wenn interkulturelle Lernprozesse nicht dem Ineinandergreifen optimaler Bedingungen und damit dem Zufall überlassen werden sollen, bedarf es systematischer gezielter interkultureller Weiterbildungsangebote, mit denen der Akkulturationsprozess unterstützt werden kann.

Systematisches interkulturelles Lernen im Akkulturationsprozess

Die interkulturelle Trainingsforschung und die aktuelle Lehr-/Lernforschung bietet eine Vielzahl von theoretischen und praktischen Werkzeugen zur Konzeption, Durchführung und Evaluation von interkulturellen Weiterbildungsveranstaltungen (Kammhuber, 2001). Grundsätzlich lassen sich interkulturelle Trainings inhaltlich wie folgt klassifizieren:

Informationsorientierte Trainings
In diesem Training geht es vor allen Dingen um das Vermitteln von „harten Fakten" über die jeweilige Zielkultur, im Sinne von landeskundlichen Daten. Ein gutes Beispiel für einen solchen Zugang ist das von der Ausländerbeauftragten der Bundesregierung herausgegebene „Handbuch Deutschland" (Beck, 2004). Zweifellos hilft ein solcher Zugang durch die schiere Menge an alltagspraktischen Informationen im Sinne oben beschriebener raum-zeitlicher Orientierung, ein Verstehen der Hintergründe kultureller Regeln, Normen und Werte, das unabdinglich für eine ausreichende soziale Orientierung ist, findet hierbei allerdings eher nicht statt.

Selbstreflexionsorientierte Trainings
Diese interkulturelle Trainingsform zielt vor allem auf die Schärfung des Bewusstseins für die eigene kulturelle Identität und die daraus erwachsenden Konsequenzen für interkulturelle Begegnungen sowie psychologischer Phänomene, die im

194

Akkulturationsprozess auftreten. Das Finden und Fördern von eigenen Ressourcen zur Bewältigung des Akkulturationsstress rundet ein solches Trainingselement ab. Eine Auseinandersetzung mit einer fremden Kultur ohne gleichzeitige Reflexion der eigenen kulturspezifischen Identität würde zu einer Betrachtung fremder Lebenswelten als Kuriosum und nicht als gleichberechtigt existierende Form menschlicher Lebensgestaltung führen. Wenn allerdings der Blickwinkel allein auf die eigene Identität beschränkt bleibt, fehlt den Teilnehmern das für eine Interaktion mit Personen eines bestimmten Kulturkreises notwendige Kulturwissen.

Interaktionsorientierte Trainings

Interaktionsorientierte Trainings zielen vor allem auf die Erweiterung des Handlungsrepertoires der Teilnehmer im Kontakt mit Personen aus anderen Kulturkreisen. Sie erlernen z.B. Formen der Kontaktherstellung, das Interpretieren und Einsetzen kulturspezifischer körpersprachlicher Signale, das Vermeiden von Tabuverletzungen etc. In diesen Trainingsformen haben die Teilnehmer die Chance, neue und ungewohnte Verhaltensweisen auszuprobieren und in das eigene Handlungsrepertoire zu integrieren. Allerdings birgt eine allzu starke Konzentration auf die Verhaltensebene die Gefahr, dass die Teilnehmer zwar kulturspezifische Verhaltensweisen zeigen können, aber nicht verstehen, welches kulturelle Orientierungssystem diesen zugrundeliegt und in welchen Kontexten welches Verhalten sinnvoll ist.

Verstehensorientierte Trainings

In verstehensorientierten Trainings steht das emotionale und kognitive Durchdringen des eigenen und fremden kulturellen Orientierungssystems im Vordergrund. Die Teilnehmer lernen, interkulturelle Situationen aus der eigenen und fremden Perspektive wahrzunehmen, auf dieser Basis Gefühle nachzuempfinden und Handlungskonsequenzen abzuschätzen. Als konzeptionelle Werkzeuge des Kulturverstehens dienen zumeist Kulturdimensions-Modelle (z.B. Hofstede, 2001; Schwartz, 1997) oder kulturspezifisch entwickelte Kulturstandards (Thomas, 1999). Nur auf der Grundlage des Kulturverstehens kann eine wertschätzende aktive Auseinandersetzung mit Personen aus einer anderen Kultur erfolgen, denn erst sie bietet das gedankliche und begriffliche Gerüst, in dem Verhaltensweisen angemessen interpretiert werden können. Bei einer Fokussierung auf das Kulturverstehen allein besteht die Gefahr, dass interkulturelle Situationen zwar in ihrer Kompexität wahrgenommen werden können, die Umsetzung in konkrete Handlungsmöglichkeiten und Verhaltensweisen aber vernachlässigt wird.

Die Grenzen zwischen den beschriebenen interkulturellen Trainingsformen sind fliessend. Es liegt auf der Hand, dass Weiterbildungsangebote, die zur Erlangung der oben beschriebenen interkulturellen Handlungskompetenz durchgeführt werden, alle Facetten beinhalten müssen, wenn sie nachhaltigen Erfolg erzielen wollen (Kammhuber, 2003). Eine idealtypische Sequenzierung interkultureller Trainingsformen sollte beginnen bei einer Reflexion der eigenen kulturellen Sozialisation, auf die dann informationsorientierte und nachfolgend kulturverstehende Trainingssequenzen folgen. Schließlich wird in einem Handlungstraining das Handlungsrepertoire der Teilnehmer erweitert.

Diese Konzeption wird umgesetzt im Rahmen einer interkulturellen Ausbildungsreihe des Diakonischen Werks Bayern in Zusammenarbeit mit der Universität Regensburg zur Qualifizierung von Migrations- und Flüchtlingsberatern. Sie erstreckt sich über 13 Monate, beinhaltet sechs inhaltliche Blocke und einen fachbezogenen Auslandsaufenthalt, bei dem die Teilnehmer in Migrationsdiensten im Ausland mitarbeiten können. Während dieser Zeit sind sie Gast einer Familie und können so auch privat intensiv in die fremde Kultur eintauchen. Diese Konzeption hat sich in einer formativen und summativen Evaluation als äußerst lernwirksam erwiesen (Thomas & Kammhuber, 2003).

Methodik interkultureller Trainings
Die Lernwirksamkeit interkultureller Trainings hängt entscheidend von der Wahl der passenden Lehr-Lern-Strategie ab. Ergebnisse der aktuellen Lehr-Lernforschung zeigen, dass Teilnehmer dann am intensivsten und nachhaltigsten lernen, wenn folgende Kriterien erfüllt sind (Kammhuber, 2000):

- Es werden aus Teilnehmersicht subjektiv relevante Themen als Lerngegenstände genutzt.
- Kulturwissen wird anhand von authentischen Problemsituationen erworben.
- Den Teilnehmern wird die Einnahme multipler Perspektiven auf eine Situation ermöglicht (z. B. Betrachtung aus deutscher und afghanischer Sicht, aus der Perspektive des Privatmenschen, aus der Rolle des Migrationsberaters etc.).
- Es wird eine aktive Reflexion im Gespräch ermöglicht, bei der kulturspezifische Annahmen geäußert und damit bearbeitbar gemacht werden.
- Die dem interkulturellen Training zugrunde liegenden Begriffe und Methoden stehen im Einklang mit einem Verständnis von Kultur als dynamischem Konstrukt und demzufolge interkulturellem Lernen als komplexem nicht abschließbaren Prozess.

Integrationsförderung durch interkulturelle Qualifizierung

Entsprechend dem Bourhischen Verständnis von Integration ist es notwendig, aber nicht ausreichend, sich mit den unterschiedlichen Formen des Wissens- und Kompetenzerwerbs auf die Migranten und deren Anpassungsleistung zu konzentrieren. Wenn das Ziel darin besteht, den Migranten eine möglichst schnelle und erfolgreiche Teilhabe an der deutschen Gesellschaft zu ermöglichen und sie der deutschen Gesellschaft als „Human Ressource" zu erschließen, bedarf es grundsätzlicher Anpassungen der zentralen Kontakt- und Anlaufstellen für die Migranten in der Aufnahmegesellschaft (z. B. Behörden, Bildung- und Gesundheitswesen) (Bade, Dietzel-Papakyriakou, Hoffmann-Nowotny, Nauck & von Schweitzer, 2001). Im Folgenden wird ein kurzer Überblick der bereichsspezifischen Anforderungen an solche Veränderungsmaßnahmen gegeben.

Öffentliche Verwaltungen und Behörden

Eine der ersten Anlaufstellen für Migranten stellen Mitarbeiter der öffentlichen Verwaltungen dar. Die weltweite Existenz von Verwaltungen und Bürokratie und deren augenscheinlichen Ähnlichkeiten legen die Annahme einer universellen Arbeitsweise nahe. Jedoch sind Arbeitsabläufe in Verwaltungen, die Beziehung zwischen Sachbearbeitern und Klienten, die Verbindlichkeit und Anwendung von Regelungen kulturell bedingt. Sie spiegeln Werte, Normen und Umgangsformen einer Gesellschaft, kurz deren Kultur wieder. Es besteht also die Gefahr, dass Migranten mit einer Vorstellung über die Behandlung ihrer Person und ihres Anliegens in eine deutsche Behörde kommen, die deutlich von der Deutscher (Mitarbeiter wie Kunden) differiert.

Beispiel 1:
Ein Migrant betritt das Büro eines Sachbearbeiters, wird mit „Guten Morgen" und „bitte setzen Sie sich" begrüßt. Als nächstes fragt der Sachbearbeiter nach seinem Name, nach kurzer Pause nach seinem Anliegen (Handschuck & Schroer, 2001).

In diesem Beispiel kommen in besondere Weise drei kulturelle Konzepte zum tragen, die häufig den Kontakt von Migranten mit deutschen Behörden beeinflussen:

1. Sachorientierung versus Personenorientierung.
2. Wertschätzung von Strukturen und Regeln.
3. Trennung der Lebensbereiche Beruf und Privates (Schroll-Machl, 2002).

In vielen Kulturen spielt der persönliche Kontakt, selbst mit fremden Personen und selbst im Verwaltungskontext eine deutlich größere Rolle als in Deutschland. Qualität und Geschwindigkeit der Aufgabenbearbeitung sind in einer deutschen Verwaltung weitgehend unabhängig vom Antragsteller. Es ist also für den deutschen Mitarbeiter selbstverständlich, sich nicht vorzustellen und die Bearbeitung der Anfrage nicht mit einem informellen, persönlichen Einstieg zu eröffnen. Er erfragt die für die rein sachliche Bearbeitung notwendigen Informationen und sieht es nicht als notwendig an, dies transparent zu machen (Namensabfrage um Zuständigkeit zu klären). Stammt der Migrant aus einem stärker personenorientierten Kulturraum, erscheint ihm dies als unhöflich, unangenehm distanzierend und herablassend. Für ihn ist der persönliche Kontakt zum Sachbearbeiter die Voraussetzung dafür, dass dieser überhaupt sein Anliegen ausreichend ernst nimmt – die Trennung von Person und Sache, wie sie der Deutsche praktiziert, sind ihm fremd.

Diese – in diesem Rahmen notwendigerweise – holzschnittartige Analyse skizziert eine inhaltliche Ausrichtung von Weiterbildungsmaßnahmen, die den Mitarbeitern die Reflexion der kulturellen Bedingtheit alltäglicher Arbeitsabläufe in den Behörden ermöglicht. Es kann nicht erwartet werden, dass die Mitarbeiter in den Behörden Wissen über 90 verschiedene Nationalitäten erwerben. Verstehens- und interaktionsorientierte interkulturelle Trainingsmaßnahmen auf der Basis von allgemeinen kulturellen Dimensionen (Landis, 2004; Schmid & Thomas, 2004; Thomas, Kinast & Schroll-Machl 2003; Thomas, Kammhuber & Schroll-Machl 2003) bieten aber Möglichkeiten zur Selbstreflexion als Ausgangspunkt, um eine größere Sensibilität und Handlungskompetenz im Umgang mit Menschen aus anderen Kulturen zu entwickeln.

Arbeitsbereichsspezifische Inhalte interkultureller Qualifizierungsmaßnahmen:
• Erhöhung der Transparenz von Abläufen und Vorgehensweisen in der Verwaltung: Noch mehr als Deutsche sind Migranten aufgrund sprachlicher und kulturelle Verständigungsprobleme darauf angewiesen, dass sie Vorgehensweisen der

Verwaltung nachvollziehen können. Ähnlich wie Deutsche erkennen Migranten oft ihr Anliegen nicht wieder, nachdem es durch die Behörde in die Fachsprache übersetzt wurde (Brüning, 2000) – erklären sich diese Übersetzung aber anders als Deutsche: Zum Beispiel als Willkür gegenüber ihnen als Fremde, als Fremdenfeindlichkeit, gezielte Benachteiligung oder typisch deutsches Verhalten.

- Unterschiede in der Rechtsprechung und im Rechtsverständnis: Behörden, vor allem aber Mitarbeiter der Polizei und Justiz benötigen Wissen über kulturelle Unterschiede im Bereich von Rechtsverständnis, Rechtsprechung und Schuldverständnis (Bierbrauer, 1994; Schott, 1985; Pfeiffer, 1995; Britz, 2003).
- Reflexion eigener Stereotype und Vorurteile gegenüber Migranten (Stephan, Ybarra, Bachmann, 1999).
- Arbeiten mit Dolmetschern (Hegemann & Salman, 2001).
- Zielgruppenspezifische Themen: Für Mitarbeiter des Jugendamtes sind andere Themenschwerpunkte (z. B. Erziehung, Migration und Identitätsentwicklung bei Jugendlichen, Eltern-Kind Beziehung) auf ihre kulturelle Bedingtheit zu prüfen, als z. B. für Polizei oder Stadtverwaltung.

Darüber hinaus könnte interkulturelle Öffnung und Kompetenzerwerb durch einen höheren Anteil von Mitarbeitern mit Migrationshintergrund erfolgen: Dies senkt zum einen die Zugangsschwelle für Migranten und lässt das Vertrauen in die Institutionen wachsen (z. B. Polizei: Pfeiffer, 1995). Ein größerer Anteil an nichtdeutschstämmigen Kollegen bietet auch die Chance für die deutschen Mitarbeiter, interkulturelle Kompetenz im Sinne informellen Lernens zu erwerben.

Migrations- und Sozialberatung

Einen wichtigen Begleiter für Einwanderer stellen die Migrationsdienste der Wohlfahrtsverbände dar. Zu deren Aufgabe zählt, Unterstützungsangebote für Migranten zu erschließen (z. B. sog. Regeldienste wie Erziehungsberatung, aber auch juristische, medizinische oder psychotherapeutische Angebote). Da die interkulturelle Ausrichtung in der Aufgabenbeschreibung der Migrationsdienste festgelegt ist, führt dies zwangsläufig dazu, dass sich diese Einrichtungen von Beginn an um die interkulturelle Kompetenz ihrer Mitarbeiter bemühen. Eine Strategie um dies zu gewährleisten war und ist die Beschäftigung von Mitarbeitern mit Migrationshintergrund. Deren Biographie, Sprachkompetenz und kulturelles Wissen soll im Kontakt zu den Klienten wirksam werden und im Kollegenkreis zu einer informellen Kompetenzvermittlung beitragen. Ähnlich wie bei Verwaltung oder Polizei senkt auch hier ein Ansprechpartner aus dem eigenen Kulturraum deutlich die Zugangsschwelle für Migranten.

Allerdings bedingt eine Migrationsbiographie allein noch keine interkulturelle Kompetenz, so dass sowohl für die deutschstämmigen Mitarbeiter als auch ihre Kollegen mit Migrationshintergrund Qualifizierungsmaßnahmen notwendig sind (Gaitanides, 2003; Gültekin, 2003). Unsicherheit und Fremdenangst (Stephan, Ybarra & Bachmann, 1999), Überforderung durch mangelnde interkulturelle Kompetenz gepaart mit hohen Arbeitsbelastungen sowie das Spannungsfeld als Kulturmittler und oft letzte Hoffnung für ein Klientel in äußerst schwierigen Lebenssituationen: All dies macht Migrationsberatung zu einer äußerst herausfordernden Tätigkeit, für die ein hohes Qualifikationsniveau nötig ist.

Arbeitsbereichspezifische Inhalte interkultureller Trainings:

- Reflexion der kulturellen Bedingtheit der eigenen Beratungspraxis, Techniken und Beraterrolle (Gültekin, 2003; Hegemann & Salman, 2001; Eberding & Schlippe v., 2001).

Beispiel 2:
Ein Migrationsberater wird von seinem syrischen Klienten nach Hause zum Essen eingeladen. Der Deutsche weiß, dass dies für den syrischen Kulturraum nichts ungewöhnliches ist, er möchte aber seine professionelle Distanz zu dem Klienten wahren. Lehnt er die Einladung aber einfach ab, wird das Vertrauensverhältnis eventuell nachhaltig beeinträchtigt.

Beispiel 3:
Nach einem erfreulichen Beratungsgespräch fällt der Beraterin ihre ältere türkische Klientin um den Hals und küsst sie mit den Worten: „Danke, mein Kindchen!" Die Beraterin ist bemüht, in der Situation die Kontrolle zu bewahren und wieder die gewohnte professionelle Distanz herzustellen (Gültekin, 2003).

In beiden Beispielen unterscheiden sich das Rollenverständnis von Berater und Klient: Auf deutscher Seite wird eine professionelle Distanz geradezu als Bedingung für sozialberaterische Arbeit gesehen (Schroll-Machl, 2002). Diese Trennung ist für viele Klienten, gerade aus kollektivistischen Kulturen, fremd und unsinnig: Warum sollte sich jemand für sie einsetzen, der keinen persönlichen Bezug zu ihnen hat? Oder anders formuliert: Es muss erst ein persönlicher Bezug geschaffen werden (z. B. durch eine Einladung), damit sich der fremde Berater für sie einsetzt. Ein Deutscher kann dies als aufdringlich oder gar als „Bestechung" verstehen.

- Psychologie der Migration und Migrationsverläufe.
- Umgang mit Ohnmachtskonstellationen: Trotz hoher (interkultureller) Kompetenz entstehen für Migrationsberater immer wieder Situationen, die für den Klienten ausweglos sind und die auch von dem Berater nicht gelöst werden können.
- Vorurteile und Ängste in Bezug auf Migrantengruppen (z. B. unpünktlich, unzuverlässig, distanzlos).
- Arbeit mit Dolmetschern: Die Arbeit mit Dolmetschern verändert die Beratungsarbeit deutlich, kann sie aber auch erleichtern, wenn bestimmte Kriterien beachtet werden (Hegemann & Salman, 2001).

Allerdings gilt hier, ähnlich wie in der öffentlichen Verwaltung: Die interkulturelle Kompetenz der Mitarbeiter alleine bestimmt nicht, ob eine Öffnung von Beratungsstellen für Migranten gelingt: Ohne strukturelle Veränderung und Unterstützung laufen Qualifizierungsmaßnahmen auf individueller Ebene Gefahr, zu versanden und die Frustration auf Seiten der Mitarbeiter wird nur gefördert. So bedarf es einer intensiveren Aufklärung auf Migrantenseite in Bezug auf Nutzen und Ziel solcher Einrichtungen, einer aktiven Kontaktaufnahme zu Migranten z. B. in Kindergärten und Schulen, da ihnen aus ihren Heimatländern Beratungseinrichtungen dieser Art oft nicht bekannt sind, so wie ein offenes Ansprechen der Befürchtungen von Migranten in Bezug auf Beratungsstellen (z. B. Angst vor Einfluss auf ihren Aufenthaltsstatus, Skepsis in Bezug auf kulturelle und sprachliche Verständigung, Anonymität, Angst vor religiöser und/oder kultureller Missionierung etc.).

Interkulturelle Qualifikation in die Hochschulausbildung zu integrieren, macht in wirtschaftlichen Sektoren Fortschritte, wie das zunehmende Angebot einschlägiger Veranstaltungen an Hochschulen belegt – in den Bereichen Sozialwesen und Erziehungswissenschaften ist das Angebot vor allem an interaktions- und reflexionsorientierten Veranstaltung jedoch noch sehr gering (Gaitanides, 1999).

Bildungswesen

Einen der häufigsten Einwanderungsgründe stellt der Bildungsaufstieg der eigenen Kinder dar (Bade, Dietzel-Papakyriakou, Hoffmann-Nowotny, Nauck & von Schweitzer, 2001). Damit einher geht häufig eine hohe Leistungs- und Einsatzbereitschaft auf Seiten der Migranten (Boneva & Friese, 2001). Nicht nur wegen der großen Bedeutung, die den Bildungseinrichtungen von den Migranten zugeschrieben wird, kommt ihnen eine zentrale Rolle bei der Förderung von Integration, der Entwicklung der Identität von Einwandererkindern und als Kontaktplattform für Lernen und Praktizieren der neuen Kultur und Sprache zu. Mit dieser Vielzahl an Möglichkeiten und Chancen für Kindergärten und Schulen sind in den letzten Jahren auch die Anforderungen an Lehrer/-innen und Erzieher/-innen drastisch gestiegen: Mindestens 10 % der Schüler (ohne Spätaussiedler) sind nicht-deutscher Nationalität; in manchen städtischen Gebieten übersteigt die Quote 30 % (vgl. den Beitrag von Titzmann, Schmitt-Rodermund & Silbereisen, in diesem Band).

Lehrer/-innen und Erzieher/-innen müssen ähnlich wie in den bisher beschriebenen Arbeitsbereichen feststellen, dass die Vorstellungen über Erziehung, Lehren und Lernen und das Verhältnis zwischen Erzieher/-innen und Schülern nicht universelle Gültigkeit besitzen, sondern kulturell bedingt sind (Dick v., Wagner & Christ, 2003; Auernheimer, 1990). Oft werden kulturelle Verständigungsprobleme auf mangelnde Sprachkenntnisse reduziert und durch Phänomene begleitet, wie sie auch bei deutschstämmigen sozialen Randgruppen zu beobachten sind. Bei Migranten besteht allerdings die Gefahr, dass nationale Herkunft als salientes Merkmal zur Erklärung von schlechten Leistungen herangezogen wird – vergleichbar zu Schichtattributionen bei deutschen Kindern.

Für interkulturelle Kompetenzvermittlung in der Schule und (in eingeschränktem Maße) im Kindergarten bieten sich unterschiedliche Zielgruppen und Herangehensweisen an:

- Erzieher und Lehrer: Interkulturelle Kompetenz hilft Lehrern, einen kulturadäquaten Unterricht zu gestalten. Dies gilt sowohl für den Umgang mit Schülern und Eltern, bei Konflikten zwischen Schülern als auch für die Förderung interkultureller Kompetenz bei den Schülern selbst. Untersuchungen zeigen (Dick v., Wagner & Christ, 2003), dass sich Lehrer im Unterricht um eine Thematisierung interkultureller Unterschiede bemühen, sich jedoch durch ihre Ausbildung nur ungenügend darauf vorbereitet sehen. Die große Nachfrage bei den Anbietern von interkulturellen Trainings für Erzieher und Lehrer bestätigen diese Aussagen (Gaitanides, 1999).
- Schüler: In multikulturellen Klassen, die eine zunehmend multikulturelle, globalisierte Gesellschaft widerspiegeln, gehört es auch zu den Aufgaben von Bildungseinrichtungen, die Kinder im Bereich der sozialen Kompetenz, und ganz speziell durch die Vermittlung interkultureller Kompetenz auf diese Situation vorzubereiten. Dazu ist qualifiziertes Personal und sind andere Lehrformate nötig.

- Lehrformat: Interkulturelle Handlungskompetenz bedarf einer stärkeren Verschränkung von interaktions-, reflexions- und verstehensorientierter Elemente in der Lehrveranstaltung (Kammhuber, 2000; Landis, 2004), bei denen der Handlungsschwerpunkt bei den Kindern liegt. Dabei bietet sich in multikulturellen Klassen an, den fremdkulturellen Hintergrund der Migrantenkinder als Ressource und positive Besonderheit zu nutzen. So kann eine reine Defizitorientierung bei den Migranten, deren Bikulturalität und Zweisprachigkeit oft nicht als Qualifikation, sondern Integrationshindernis gesehen wird, überwunden werden (Fthenakis, 1982; Auernheimer, 1990).
- Curriculum und Lehrmaterial: Um den Schülern den Bezug interkultureller Sensibilität zu allen Lebensbereichen zu verdeutlichen, macht es Sinn, das Thema quer durch die Fächer und den Lehrplan zu flechten. Dazu müssen zuerst die Lehrmaterialien im Hinblick auf ethnozentrische Darstellung hin überprüft werden. Untersuchungen von Religionsbüchern bezüglich der dortigen Darstellung des Islams zeigen immer wieder Handlungsbedarf auf (Tworuschka, 1986).

Arbeitsbereichsspezifische Inhalte interkultureller Qualifikationsmaßnahmen:

- Reflexion der eigenen Vorstellungen von Lehre, Lernen und der Beziehungen zwischen Lehrer-Schüler, Elternhaus und Schule.
- Erwerb von Wissen über kulturell divergierende Vorstellungen bezüglich Lehre, Lernen und Schule, Erziehung, Familie und der Beziehung zwischen Eltern und Lehrer.
- Migrationsprozesse und die spezielle Rolle der Kinder: Diese befinden sich in besonderem Maße im Spannungsfeld zwischen der Herkunftskultur der Eltern und der Aufnahmekultur. Diese nehmen sie meist deutlich schneller an als die Eltern, und entfremden sich damit von ihnen. Von Elternseite wird dafür häufig die Schule mitverantwortlich gemacht (Nauck & Niephaus, 2001).
- Grundfertigkeiten interkultureller Mediation

Ähnliches gilt natürlich auch für Lehrer an Berufsschulen – auch hier hat der Anteil von Schülern mit Migrationshintergrund deutlich zugenommen (Müller, 2002). Hochschulen beschäftigen sich bis heute kaum mit der interkulturellen Qualifizierung ihrer Dozenten; die wenigen angebotenen Veranstaltung entfallen meist mangels Interesse (Gaitanides, 1999; Thomas, 2004).

Qualifizierung von Einreisenden und Migranten

Kulturelle Unterschiede im Bereich des Arbeits- und Erwerbslebens erfahren die meiste Aufmerksamkeit in der Forschung. So verwunderte es nicht, dass hier die Datenlage und die Angebote zur interkulturellen Qualifizierung am umfangreichsten ausfallen (Thomas, Kinast & Schroll-Machl, 2003; Thomas, Kammhuber & Schroll-Machl, 2003; Landis, 2004). Der Fokus hat sich in diesem Forschungsbereich allerdings deutlich verbreitert: Von der reinen Erforschung der Situation sog. Expatriats (Auslandsmitarbeiter von Unternehmen) und der Optimierung deren interkultureller Handlungskompetenz hin zu einer ganzheitlicheren Betrachtung: Integration, Akkulturationsverlauf und interkulturelle Kompetenz der mitausreisenden Familie sind für den Erfolg einer Auslandsentsendung mindestens so bedeutsam wie die Situation am Arbeitsplatz des Expatriats (Thomas & Schroll-

Machl, 2003; Kühlmann, 2004). Interkulturelle Kompetenz auf Seiten der Kollegen und sonstiger Kontaktpersonen aus der Aufnahmekultur tragen zu einem stressärmeren Akkulturationsverlauf bei.

Die Erkenntnis aus der Entsendung von Expatriats lassen sich zu weiten Teilen auf Migranten, die einen längerfristigen Aufenthalt in Deutschland planen, übertragen: Neben der notwendigen und hilfreichen interkulturellen Qualifizierung von Kontaktstellen bedarf es einer Förderung von Migranten, die über Sprach- und reines Faktenwissen hinausgeht: Reflexion der eigenen, kulturell geprägten Vorstellung von zentralen Institutionen und Lebensfragen (Gesundheit, Erziehung, staatliche Unterstützung, Arbeit etc.) kann verbunden werden mit dem Kennen-Lernen deutscher Interpretationen dieser Einrichtungen und Themen. Verbunden mit verstehens- und interaktionsorientierten Elementen kann das deutsche kulturelle System für die Migranten verständlicher werden und der Kontakt schneller befriedigend verlaufen. So dürfen die viel geforderten und wichtigen Orientierungskurse für Migranten nicht auf abstrakte Staatsbürgerschaftslehre mit kargem Alltags- und Herkunftsbezug oder auf rein praktische Aspekte der Lebensführung (z. B. Benutzung öffentlicher Verkehrsmittel) reduziert werden, sondern sollten als Chance für interkulturellen Kompetenzzuwachs genutzt werden. Das Verstehen des Denkens, Fühlens und Handelns der Menschen in der Aufnahmekultur, gepaart mit dem Willen zur Integration, ermöglicht einen erfolgreichen Akkulturationsprozess auf der Basis gegenseitiger Wertschätzung und auf Augenhöhe. Aber eben nur dann, wenn die Aufnahmekultur sich selbst als Zuwanderungsland versteht und dementsprechende politische und gesellschaftliche Weichenstellungen vornimmt.

Weiterführende Literatur

Thomas, A., Kinast, E. & Schroll-Machl, S. (Hrsg.) (2003). *Handbuch interkulturelle Kommunikation und Kooperation (Band 1: Grundlagen und Praxisfelder)*. Vandenhoeck & Ruprecht.

Thomas, A. Kammhuber, S. & Schroll-Machl, S. (Hrsg.) (2003). *Handbuch interkulturelle Kommunikation und Kooperation (Band 2: Länder, Kulturen und Interkulturelle Berufstätigkeit)*. Vandnhoeck & Ruprecht.

Mummendey, A. & Simon, B. (Hrsg.) (1997). *Identität und Verschiedenheit. Zur Sozialpsychologie der Identität in komplexen Gesellschaften*. Bern: Huber.

Zitierte Literatur

Auernheimer, G. (1990). *Einführung in die interkulturelle Erziehung*. Darmstadt: Wissenschaftliche Buchgemeinschaft.

Babiker, I. E., Cox, J. L. & Miller, P. (1980). The measurement of cultural distance and its relationship to medical consultations, symptomatology and examination performance of overseas students at Edinburgh University. *Social Psychiatry, 15* (3), 109–116.

Bade, K. J., Dietzel-Papakyriakou, M., Hoffmann-Nowotny, H.-J., Nauck, B. & von Schweitzer, R. (2000). *Sechster Familienbericht: Familien ausländischer Herkunft in Deutschland. Leistungen – Belastungen – Herausforderungen.* (Rep. No. 6). München: Deutsches Jugendinstitut e.V.

Beck, M. (2004). *Handbuch für Deutschland – eine Gebrauchsanweisung für Neuzuwanderer.* Berlin: Beauftragte der Bundesregierung für Migration, Flüchtlinge und Integration.

Berry, J. W. (1990). Psychology of acculturation. In Brislin, R. (Ed.) *Applied cross-cultural-psychology.* Newbury Park: Sage.

Berry, J. W. & Annis, R. C. (1974). Acculturative Stress. The role of ecology, culture and differentiation. *Cross-Cultural Psychology, 5,* 382–406.

Berry, J. W. & Kim, U. (1988). Acculturation and mental health. In P. Dasen, J. W. Berry & N. Sartorius (Eds.), *Health and cross-cultural psychology: Towards applications (pp. 207–236).* London: Sage.

Bierbrauer, G. (1994). Towards an understanding of legal culture: Variations in Individualism and Collectivism between Kurd, Lebanese, and Germans. *Law & Society Review, 28,* 243–264.

Boneva, B.-S. & Frieze, I.-H. (2001). Toward a concept of a migrant personality. *Journal of Social Issues, 57,* 477–491.

Bourhis, R. Y., Moise, C. L., Perreault, S. & Senecal, S. (1997). Towards an interactive acculturation model. A social-psychological approach. *International Journal of Psychology, 32* (6), 369–386.

Brislin, R. W. (1981). *Cross-cultural encounters.* New York: Pergamon Press.

Britz, G. (2003). Rechtsverständnis und Rechtspraxis aus interkultureller Perspektive. In A. Thomas, S. Kammhuber & S. Schroll-Machl (Hrsg.), *Handbuch Interkulturelle Kommunikation und Kooperation. Länder, Kulturen und interkulturelle Berufstätigkeit (Band 2, S. 362–376).* Göttingen: Vandenhoeck & Rupprecht.

Brüning, G. (2000). Interkulturelle Kompetenz als Qualitätsmerkmal von Verwaltung und (Selbsthilfe-) Organisationen von Migranten. In B. Heimannsberg & J. Schmidt-Lellek (Hrsg.), *Interkulturelle Beratung und Mediation. Konzepte, Erfahrungen, Perspektiven (S. 115–135).* Köln: Edition Humanistische Psychologie.

David, K. H. (1972). Intercultural adjustment and applications of reinforcement theory to problem of culture shock. *Trends, 4,* 1–64.

Dick van, R., Wagner, U. & Christ, O. (2003). Interkulturalität in der Schule. In A. Thomas, S. Kammhuber & S. Schroll-Machl (Eds.), *Handbuch interkulturelle Kommunikation und Kooperation. Band 2: Länder, Kulturen und interkulturelle Berufstätigkeit (S. 377–384).* Göttingen: Vandenhoeck & Rupprecht.

Eberding, A. & Schlippe, v. A. (2001). Konzepte der multikulturellen Beratung und Behandlung von Migranten. In P. Marschalck & K. H. Wiedl (Hrsg.), *Migration und Krankheit (S. 261–282.* Osnabrück: Universitätsverlag Rasch.

Fthenakis, W. E. (1982). *Konzepte zur Förderung ausländischer und deutscher Kinder in der Bundesrepublik Deutschland.* (Rep. No. H12).

Gaitanides, S. (1999). *Aus-, Fort-, und Weiterbildung im Bereich der interkulturellen Sozialarbeit/Sozialpädagogik mit dem Schwerpunkt „interkulturelle Jugendarbeit".* München: Deutsches Jugendinstitut e.V.

Gaitanides, S. (2003). Interkulturelle Kompetenz als Anforderungsprofil in der Jugend- und Sozialarbeit. *Sozialmagazin, 28,* 40–46.

Gudykunst, W. B. & Hammer, M. R. (1988). Strangers and hosts: An uncertainty reduction based theory of intercultural adaptation. In Y. Y. Kim & W. B. Gudykunst. *Cross-cultural adaptation (pp. 203–243)* Newbury: Sage.

Gültekin, N. (2003). Interkulturelle Kompetenz als Standard in der sozialen Arbeit. *np, 1,* 89–98.

Handschuck, S. & Schroer, H. (2001). Interkulturalität als Qualitätsstandard. In Arbeiterwohlfahrt Landesverband Bayern e.V.

Hegemann, T. & Salman, R. (2001). *Transkulturelle Psychiatrie. Konzepte für die Arbeit mit Menschen aus anderen Kulturen.* Bonn: Psychiatrie-Verlag.

Hofstede, G. (2001). *Lokales Denken und Globales Handeln.* dtv-Beck.

Kammhuber, S. (2003). Anforderungen an interkulturelle Trainings. *Wirtschaftspsychologie aktuell, 2,* 26–30.

Kammhuber, S. (2001). Interkulturelle Trainingsforschung: Bestandsaufnahme und Perspektiven. In J. Bolten & D. Schröter (Hrsg.). *Im Netzwerk interkulturellen Handelns (S. 101–145).* Sternenfels.

Kammhuber, S. (2000). *Interkulturelles Lernen und Lehren.* Wiesbaden: DUV.

Kammhuber, S. & Thomas, A. (2004). Lernen fürs Leben. Orientierungskurse als Teil staatlicher Integrationspolitik. In K. Bade & R. Münz (Hrsg.) *Migrationsreport (S. 151–173).* Campus-Verlag.

Kühlmann, T. (2004). *Auslandseinsatz von Mitarbeitern.* Göttingen: Hogrefe.

Landis, D., Bennett, J.M. & Bennett M.J. (Eds.)(2004). *Handbook of intercultural training (3rd edition).* Thousand Oaks: Sage.

Murphy, H. B. (1977). Migration, culture and mental health. *Psychological Medicine, 7* (4), 677–684.

Müller, I. M. (2002). *Migration in Deutschland und einigen anderen Ländern. Abhandlung für den Gebrauch an der Schule.* (Rep. No. 275). München: Staatsinstitut für Schulpädagogik und Bildungsforschung.

Muthny, F. A. (2001). Laienkonzepte von Gesundheit und Krankheit in verschiedenen Kulturen. In P. Marschalck & K. H. Wiedl (Hrsg.), *Migration und Krankheit (S. 251–258).* Osnabrück: Universitätsverlag Rasch.

Nauck, B. & Niephaus, Y. (2001). Intergenerative Konflikte und gesundheitliche Belastungen in Migrantenfamilien. In P. Marschalck & K. H. Wiedl (Hrsg.), *Migration und Krankheit (S. 217–250).* Osnabrück: Rasch.

Pfeiffer, C. (1995). *Das Problem der sogenannten „Ausländerkriminalität": Empirische Befunde, Interpretationsangebote und (kriminal-)politische Folgerungen.* (Rep. No. 42). Hannover: Kriminologisches Forschungsinstitut Niedersachsen e.V.

Redfield, R., Linton, R. & Herskovits, M.J. (1936). Memorandum for the study of acculturation. *American Anthropologist, 38,* 149–152.

Schmid, S. & Thomas, A. (Ed.) (2004). Impact of values and norms on intercultural training and education. [1]. Wien, IDM – Institut für den Donauraum und Mitteleuropa. Schott, R. (1985). Die Einheit der Rechtskultur in der Vielfalt der Rechtskulturen. In J. Lampe (Ed.), *Beiträge zur Rechtsanthropologie (S. 158–172).* Stuttgart: Steiner Verlag.

Schroll-Machl, S. (2002). *Die Deutschen – wir Deutschen. Fremdwahrnehmung und Selbstsicht im Berufsleben.* Göttingen: Vandenhoeck & Ruprecht.

Schwartz, S.H. (1997). Values and culture. In D. Munro, S.Carr & J. Schumaker (Eds.) *Motivation and culture* (pp. 69–84). New York: Routledge.

Stahl, G. (1998). *Internationaler Einsatz von Führungskräften.* München: Oldenburg.

Stephan, W. G., Ybarra, P. & Bachmann, G. (1999). Prejudice towards immigrants: An integrated threat theory. *Journal of Applied Social Psychology, 29,* 2221–2237.

Thomas, A. (1995). Die Vorbereitung von Mitarbeitern für den Auslandseinsatz: Wissenschaftliche Grundlagen. In T.M. Kühlmann (Hrsg.), *Mitarbeiterentsendung ins Ausland* (S. 85–118). Göttingen: Verlag für Angewandte Psychologie.

Thomas, A. (1999). Kultur als Orientierungssystem und Kulturstandards als Bausteine. In *IMIS-Beiträge,* S. 91–130.

Thomas, A. (Hrsg.). (2003a). *Psychologie interkulturellen Handelns* (2. Auflage). Göttingen: Hogrefe.

Thomas, A. (2003b). Interkulturelle Kompetenz – Grundlagen, Probleme und Konzepte. *Erwägen Wissen Ethik – Streitforum für Erwägungskultur,* 14 (1), 137–228.

Thomas, A. (Hrsg.). (2003c). *Kulturvergleichende Psychologie* (2. Auflage). Göttingen: Hogrefe.

Thomas, A. & Kammhuber, S. (2003). Migration und Integration in Deutschland: Von einer Duldungs- und Mitleidskultur zur Wertschätzungskultur. In *Bayerische Sozialnachrichten, 4,* 3–7.

Thomas, A., Kinast, E.-U. & Schroll-Machl, S. (Hrsg.) (2003). *Handbuch interkulturelle Kommunikation und Kooperation (Band 1: Grundlagen und Praxisfelder).* Göttingen: Vandenhoeck & Ruprecht.

Thomas, A., Kammhuber, S. & Schroll-Machl, S. (Hrsg.). (2003). *Handbuch interkulturelle Kommunikation und Kooperation (Band 2: Länder, Kulturen und interkulturelle Berufstätigkeit.* Göttingen: Vandenhoeck & Ruprecht.

Thomas, A. & Schroll-Machl, S. (2003). Auslandsentsendungen: Expatriates und ihre Familien. In A. Thomas, E.-U. Kinast & S. Schroll-Machl (Hrsg.), *Handbuch interkulturelle Kommunikation und Kooperation (Band 1: Grundlagen und Praxisfelder, S. 416–433).* Göttingen: Vandenhoeck & Ruprecht.

Thomas, A. (2004). International competence in international scientific cooperation. In S. Schmid, S. & A. Thomas, A. (Eds.), *Impact of values and norms on intercultural training and education (pp. 20–27).* Wien, IDM – Institut für den Donauraum und Mitteleuropa.

Tworuschka, U. (1986). Der Islam in den zugelassenen Schulbüchern. Das Kölner Schulbuchprojekt. In J. Lähnemann (Hrsg.) *Erziehung zur Kulturbegegnung. Modelle für das Zusammenleben von Menschen verschiedenen Glaubens.Schwerpunkt: Christentum – Islam. Referate und Ergebnisse des Nürnberger Forums 1985.* Hamburg: ebv.

Ward, C. & Rana-Deuba, A. (1999). Acculturation and adaption revisited. *Journal of Cross-Cultural Psychology, 30,* 422–442.

Ward, C. & Rana-Deuba, A. (2000). Home and host culture influences on sojourner adjustment. *International Journal of Intercultural Relations, 24, 3,* 291–306.

Ute Schönpflug

Ethnische Identität und Integration

Aspekte von Selbst und Identität werden gewöhnlich auf der Ebene des persönlichen Selbst analysiert. Die Bedeutung der sozialen Interaktionen und der sozialen Rolle für das Selbst oder die Identität werden nicht erst in neueren Ansätzen gesehen (Baumeister & Leary, 1995; Baumeister (1998). Die Wichtigkeit anderer Personen für die Selbstdefinition soll hier jedoch nicht im Vordergrund stehen, sondern Baumeisters (1995) Aussage, dass das Bedürfnis zu einer Gruppe zu gehören, zu den Grundbedürfnissen des Menschen zählt. Dennoch kann auf die Theorie sozialer Identität von Tajfel (1978) und Tajfel und Turner (1979) nicht verzichtet werden, auch die Selbstkategorisierungstheorie von Turner et al. (1987; Turner, 1999) wird in unsere Übersicht über die Literatur einbezogen. Ethnische Identität als Sonderfall der sozialen Identität zu begreifen, führt zur sozialen Selbstkategorisierung mit Bezug auf eine Gruppe, die sehr allgemein und vage als Kultur- oder ethnische Gruppe bezeichnet werden muss. Jones (1997) definiert entsprechend ethnische Gruppe als eine Gruppe von Individuen, die sich selbst von anderen abheben oder von anderen abgegrenzt werden in ihrer Interaktion und Koexistenz. Die Abgrenzung erfolgt aufgrund der Wahrnehmung von kulturellen Differenzierungen und/oder gemeinsamem Ursprung. Der Begriff der ethnischen Identität und die Forschung zu diesem Thema stehen jedoch im Mittelpunkt dieses Kapitels, denn dieser Aspekt des sozialen Selbst ist für die Untersuchung der Selbstdefinition in Akkulturation befindlicher Individuen wesentlich. Er wird sich in der Begriffsanalyse und der geleisteten Forschung als funktional höchst wirksame psychische Einheit herausstellen, die ein breites Verhaltensspektrum beeinflusst. Diesen Einflüssen soll nachgegangen werden. Insbesondere Auswirkungen auf die Integrationsmotivation und die auf Integration abzielenden Handlungen werden beachtet werden. Aber auch Determinanten für die Stärke der ethnischen Identität sollen vorgestellt werden. Insgesamt wird die Auswahl dieser Forschungsansätze und -ergebnisse unter entwicklungspsychologischer Perspektive erfolgen. Der Verlauf der Entwicklung sozialer und insbesondere ethnischer Identität gibt Auskünfte über den Erfolg der Akkulturation und die in diesem Prozess geleistete Anpassung von Individuen mit ihrer Herkunftskultur an den zweiten kulturellen Kontext, der eine Anpassung fordert.

Der Begriff der sozialen Identität

Die persönliche Identität wird definiert als eine einheitliche und kontinuierliche Bewusstheit und Konstruktion dessen, wer man ist; die soziale Identität ist weniger klar definiert, sie kann so verschiedenartig und wechselnd sein wie die sozialen Gruppen, denen ein Individuum sich zuordnet. Dabei sollte Identität und Zugehörigkeit zu einer Gruppe begrifflich gut getrennt werden: Einmal bestimmt die Grup-

206

pe die Art der sozialen Identität, sozusagen den Inhalt, dann ist sie auch das Objekt für die Bindung des Gruppenmitgliedes an seine Gruppe. Diese Unterscheidung ermöglicht das Verständnis dafür, dass eine negative soziale Identität mit einer engen Bindung an eine Gruppe einhergehen kann (vgl. Ellemers, Spears & Doosje, 2002).

Frable (1997) definiert *soziale Identität* als die individuelle psychologische Beziehung zu einem bestimmten sozialen Kategoriensystem. Individuen konstruieren und verhandeln ihre sozialen Identitäten wie Geschlechts-, Rassen-, ethnische und Klassen-Identität. Die Selbstkategorisierung in Bezug auf Minoritäten- und Majoritäten in der sozialen Gesellschaft thematisieren Simon, Hastedt und Aufderheide (1997). Sie sind flexible, multidimensionale und personalisierte soziale Konstruktionen, die den gegenwärtigen sozialen Kontext eines Individuums und dessen Zugehörigkeit zu einer sozio-historischen Kohorte berücksichtigen. Sie arbeiten Unterschiede heraus für die Selbstkategorisierung mit Bezug auf eine Minoritäts- und Majoritätsbezugsgruppe. Die Identitätsforschung ergibt, dass diese Arten von Identitäten flexible, multidimensionale und personalisierte soziale Konstruktionen sind, die den gegenwärtigen Kontext eines Individuums und dessen Zugehörigkeit zu einer soziohistorischen Kohorte berücksichtigen..

Die Multidimensionalität der ethnischen Identität besteht nach Bernal et al. (1990) in den Facetten ethnische Selbstidentifikation, ethnische Konstanz, ethnisches Rollenverhalten, ethnisches Wissen und ethnische Bevorzugungen. Es scheint keine enge Beziehung zwischen ethnischer Identität und persönlicher Identität zu geben (Cross, 1991; 1995). Zwischen den Facetten der ethnischen Identität von Bernal et al. gab es jedoch Zusammenhangsmuster: Jede der genannten Komponenten korreliert positiv mit dem Alter und dem Gebrauch von Spanisch zu Hause. Knight et al. (1993a; b) weisen darauf hin, dass die Sozialisation in der Familie wichtig ist für die Entwicklung ethnischer Identität; sie stellen vor allem das Wissen über die Herkunftskultur, die Vermittlung ethnischen Stolzes und das Einbeziehen von Objekten der Herkunftskultur als ausschlaggebend für die Entwicklung ethnischer Verhaltensmuster wie kooperatives Verhalten fest.

Phinneys (1990) Überblick über die ethnische Identitätsforschung zeigt vor allem die Inkonsistenzen in der Bedeutung des Begriffs ethnische Identität auf: Einige Autoren betonen den Selbst-Identifikationsaspekt (Selbstdefinition, -etikettierung), andere meinen Einstellungen und Überzeugungen (Gruppenzugehörigkeit, Engagement in der Gruppe und Stolz, zu einer Gruppe zu gehören) und wiederum andere heben kulturelle Aspekte hervor (z.B. Sprachkenntnisse, Verhalten und Werte, Beziehung zu Gruppenmitgliedern und Beteiligung an Gruppenpraktiken). Zur Zeit der Veröffentlichung dieses Überblickartikels wie auch heute noch fehlt es an gut standardisierten Messinstrumenten zur Erfassung der Facetten der ethnischen Identität aller ethnischer Gruppen. Die Erfassung kontextueller Variablen wie sozio-ökonomischer Status und die Erfassung „ethnischen Erbes" beinhalten ebenso offene Fragen wie die Mechanismen der Transmission der ethnischen Identität (vgl. Vaughan, 1987).

Drei theoretische Ansätze zur Identitätsentwicklung dominieren die Identitätsliteratur sowohl für das Jugend- als auch für das Erwachsenenalter: die Identitätsentwicklung nach Erikson (1968), die in Anlehnung an die soziale Identitätstheorie nach Tajfel und Turner (1979) entstandenen Überlegungen und die Akkulturationstheorie der Identitätsentwicklung (Phinney, 1989: 1990; 1991; 1993a).

Nach Erikson beginnen Individuen gewöhnlich mit einer übernommenen ethnischen Identität, wobei ihr wenig Wert beigemessen wird, sie verleugnet wird oder einfach implizit bleiben kann. In diesem Zustand kann ethnische Identität durch Kontextereignisse problematisiert werden. Um Probleme und Konflikte aufzulösen, wird eine Exploration eingeleitet, die zur Klärung ethnischer Identitätsfragen führen kann. Das Ergebnis kann eine positive Bewertung der ethnischen Identität und eine Integration der ethnischen Identität mit anderen sozialen Identitäten sein. Dieser Zyklus der Erarbeitung einer ethnischen Identität kann sich im Laufe der Lebensspanne als Entwicklungszyklus wiederholen (Parham, 1989). Die beschriebenen Stadien ethnischer Identität sind eher Ich-Zustände, die bestimmen, mit welcher Voreinstellung ethnische Informationen verarbeitet werden (Helms, 1994) und wie soziale Interaktionen ausfallen.

Die Theorie der sozialen Identität nach Tajfel und Turner (1979) betont den Aspekt des Zusammenhangs von persönlicher Identität und sozialer Identität; dieser Zusammenhang ist negativ, denn wenn soziale Identität stark ist, ist die persönliche Identität schwach ausgeprägt. Im Falle einer starken sozialen Identität wird die Abgrenzung zwischen dem Selbst und der eigenen Gruppe gering sein. Selbstdienliche Verhaltensweisen sind dann gruppen- und selbstdienlich zugleich. Diese Überlegungen könnten bedeuten, dass bei stark ethnisch identifizierten Personen die persönlichen Ressourcen zur Entwicklung einer ausgeprägten persönlichen Identität nicht ausreichen.

Der dritte Ansatz zur ethnischen Identitätsentwicklung von Phinney beschreibt die Entwicklung der ethnischen Identität ähnlich wie die Identitätsentwicklung nach Erikson: Zunächst explorieren Jugendliche ihre ethnische und/oder rassische Zugehörigkeit; dazu dringen sie in die Besonderheiten ihrer ethnischen Gruppenzugehörigkeit ein und geraten in einen instabilen und ambivalenten Identitätsstatus. Mit fortschreitender Adoleszenz stabilisiert sich das Zugehörigkeitsgefühl zur eigenen Gruppe. Nach Erikson ist die Identität erarbeitet und geht einher mit positiven Einstellungen der eigenen Gruppe gegenüber. Nach Tajfel und Turner kann dies in eine gleichzeitig wachsende Abgrenzung gegen Außengruppen münden. Masson und Verkuyten (1993) fanden dies auch für Migrantenjugendliche in den Niederlanden. Hinkle und Brown (1990) fassen jedoch bestätigende und widersprechende Befunde zusammen, die besagen, dass mit positiver Bewertung der eigenen Gruppe unter Umständen auch positive Bewertung von Außengruppen einhergehen können. Cross (1991), Helms (1990) und Phinney (1993) konnten feststellen, dass eine stabile ethnische Zugehörigkeit durchaus kompatibel ist mit positiven Einstellungen Außengruppen gegenüber. Die sichere Bindung an die eigene Gruppe bereitet den Boden für eine Offenheit anderen gegenüber. In der Akkulturationsforschung an Erwachsenen (Berry, Kalin & Taylor, 1977; Lambert, Mermigis & Taylor, 1986) konnte dies schon früher bestätigt werden. Eine bedingende Variable ist der ausgeglichene Status der Innen- zur Außengruppe und die Häufigkeit des Kontaktes. Für die Wahl einer integrativen Akkulturationsstrategie, für die Annahme von multiplen sozialen (ethnischen) Identitäten und für die folgenden Ausführungen zum Ansatz von Brewer (1991) sind diese Voraussetzungen beachtenswert.

Brewers (1991) sozialpsychologischer Ansatz, der für die Konzeptualisierung der ethnischen Identität in Akkulturationssituationen nutzbringend übertragen werden kann, geht von Identität als einem dynamischen Zustand aus, der sich aus dem Zusammenwirken dreier Komponenten ergibt (siehe Abb. 1): (1) der Intensität, mit der eine Person in ihre Herkunftsgruppe eingebettet ist (sozial vernetzt ist); (2) dem Bestreben, sich in die Herkunftsgruppe einzubinden (sich ihr anzupassen) und (3) dem komplementären Bestreben, sich von ihr abzugrenzen. In dem Maße, wie die Einbindung intensiviert wird, sinkt das Bestreben, sich an seine eigene Herkunftsgruppe anzupassen, zu assimilieren und das Bestreben nach Abgrenzung, nach Distanzierung von der Herkunftsgruppe steigt. Entsprechend verringert sich das Bestreben nach Distanzierung, wenn das Bestreben nach Anpassung an die eigene Herkunftsgruppe steigt. Ein ausgeglichener Zustand der beiden widerstrebenden Tendenzen wird bei mittlerer Ausprägung aller drei Variablen angenommen. An diesem Punkt der „optimalen Unterscheidbarkeit" ist nach Brewer die Zufriedenheit mit der eigenen Lebenssituation am größten. Je größer die Diskrepanzen zwischen den beiden gegenläufigen Bestrebungen in der einen oder der anderen Richtung sind, desto geringer ist die Lebenszufriedenheit.

Die ersten Untersuchungen mit diesem Modell basierten auf exprimentellen Operationalisierungen (Brewer, 1991). Die Einbettung in die Herkunftsgruppe, das Bestreben, sich von der Herkunftsgruppe abzuheben und das Bestreben, sich der eigenen Herkunftsgruppe anzupassen oder zu assimilieren wurden jeweils durch Instruktionen manipuliert. Die Ergebnisse Brewers weisen die gegenläufigen Stärkeverhältnisse der drei Komponenten der Identität und der resultierenden Zufriedenheit nach. Erste Befunde mit einer neuen Operationalisierung der Komponenten über Skalen (Schönpflug, 1999) belegten, dass türkische Jugendliche, die einen ausgeglichenen Zustand zwischen diesen beiden Bestrebungen bei mittlerer Einbettung in die Herkunftskultur zeigten, höheres Wohlbefinden äußerten, indem sie weniger über psychosomatische und rein somatische Symptome klagten. Auf der anderen Seite waren dispositionelle persönliche Ressourcen, die in zurückliegender Forschung wenig Kontextabhängigkeit zeigten, wie z.B. die Persönlichkeitsmerkmale Soziabilität, Aktivität (nach Zuckerman, 1990; 1992) und das Intelligenzniveau (nach Sternberg, 1985) mit wachsender ethnischer Identität eher niedriger ausgeprägt, zeigten also einen linearen Trend über die drei Identi-

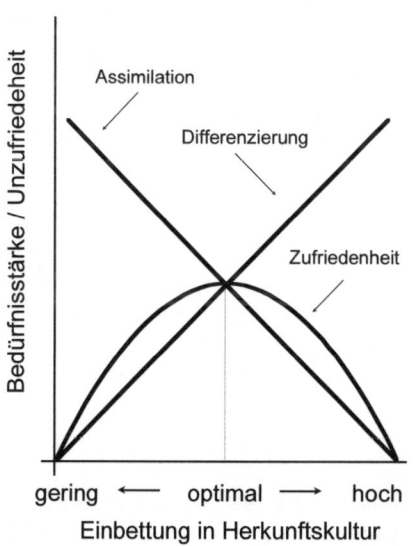

Abbildung 1: Dynamisches Identitätsmodell nach Brewer (1991).

tätszustände. Die niedrigsten persönlichen Ressourcen wiesen Jugendliche mit einer starken ethnischen Identität in Bezug auf ihre Herkunftskultur auf. Eine andere Kategorie persönlicher Ressourcen wurde ebenfalls in die Untersuchung einbezogen: adaptive kontextabhängige Ressourcen wie Bewältigungsstile (vgl. Ward & Kennedy, 2001), globaler Selbstwert und selbsteingeschätzter sozialer Entwicklungsstand.

Folgende Hypothesen sollten den Untersuchungsbereich des dynamischen Identitätsmodells erweitern: *Hypothese 1*: Es wird angenommen, dass die Beziehung der adaptiven persönlichen Ressource des globalen Selbstwertes mit ethnischer Identität die gleiche ist wie mit anderen adaptiven Ressourcen (z. B. das Wohlergehen). Der Selbstwert sollte geringer sein bei schwacher und sehr starker ethnischer Identität und höher bei mittlerem ausgeglichenem Identitätszustand.

Weitere adaptive persönliche Ressourcen, deren Beziehung zu den drei Kategorien ethnischer Identität in dieser Untersuchung überprüft werden sollten, sind die beiden Bewältigungsstile problemorientiertes und selbstbezogenes Bewältigen: *Hypothese 2:* Es wird erwartet, dass starke und schwache Identifikation mit der ethnischen Herkunftsgruppe Identitätszustände darstellen, die mit einem Mangel an problemorientierten Bewältigungsstrategien und einem Fokus auf selbstbezogenen Bewältigungsstrategien einhergehen. Der ausbalancierte Zustand mittlerer Stärke aller drei Identitätskomponenten geht einher mit einer Bevorzugung des problemorientierten Bewältigungsstils vor selbstbezogenem Bewältigungsstil.

Die Beziehung der ethnischen Identität mit der dispositionellen persönlichen Ressource Soziabilität wird wie folgt vorhergesagt: *Hypothese 3:* Starke und schwache Identitätszustände in Bezug auf die Herkunftsgruppe gehen mit einer geringen Soziabilität einher. Die Soziabilität ist höher bei einem ausgeglichenen Identitätszustand mittlerer Stärke.

Zum Zusammenhang von selbsteingeschätzer sozialer Entwicklung mit den Identitätszuständen gibt es keine unmittelbar einschlägige Literatur. Auch ist eine Zuordnung des sozialen Entwicklungsstandes zu adaptiven persönlichen Ressourcen einerseits oder dispositionellen andererseits nicht eindeutig zu treffen, grundsätzlich gilt aber auch: *Hypothese 4:* Jugendliche in der balancierten Identitätsgruppe geben einen höheren sozialen Entwicklungsstand an als Jugendliche in der gering oder in der stark ethnisch gebundenen Identitätsgruppe.

Im Folgenden soll über die Ergebnisse dieses erweiterten Untersuchungsansatzes berichtet werden.

Empirische Untersuchung

Methode

Stichprobe
Ein dreijähriger Längsschnitt bezog 200 weibliche und 200 männliche türkische Jugendliche in Berlin und in Friedrichstadt (Süddeutschland), im Alter von 13 bis 19 Jahren ein. Sie waren Schüler aller möglichen Oberschulzweige (Sonderschulen ausgenommen) von der siebten bis zwölften Klasse.

Durchführung

Ein Fragebogen wurde im Klassenzimmer in einer Gruppensituation ausgefüllt. Er enthielt die Items der hier für diese Analysen vorgestellten Variablen und die Operationalisierungen weiterer Konstrukte. Das Ausfüllen des Fragebogen dauerte etwa 90 Minuten.

Messinstrumente

Ethnische Identität. Die drei Komponenten der ethnischen Identität wurden jeweils durch getrennte Skalen erfasst: Die *Einbettung in die Herkunftskultur* wurde durch vier Items einer Kollektivismus-Subskala mit Bezug auf erweiterte Familienbeziehung nach Hui (1988) ermittelt (vgl. Schönpflug, 1997): (a) ‚Ob ich Geld ausgebe oder nicht, geht meine Verwandten nichts an‘ (-); (b) ‚In Berufsfragen folge ich dem Rat meiner Verwandten‘ (+); (c) ‚Wenn es um meine Berufsausbildung geht, folge ich niemals den Ratschlägen meiner Verwandten‘ (-); (d) ‚Wenn möglich, möchte ich mit Verwandten zusammen ein Auto gemeinsam besitzen, um Geld zu sparen‘ (+). Das Antwortformat auf diese Aussagen war „stimme voll zu" (4), „stimme ein bisschen zu" (3), „lehne ein bisschen ab" (2) und „lehne völlig ab" (1). Das erste und dritte Item wurde recodiert, so dass ein hoher Wert einem hohen Kollektivismuswert entsprach. Diese vier von anfänglich acht Items ergaben in einer Hauptkomponentenanalyse einen unidimensionalen Faktor, der 43.9 % der Varianz aufklärte. Die interne Konsistenz betrug Cronbach's Alpha = .68, ein akzeptabler Wert, da die Skala nicht speziell auf Jugendliche zugeschnitten ist.

Das *Bestreben, sich von der Herkunftsgruppe abzuheben* wurde in Ermangelung einer vorgetesteten Skala mit Hilfe von fünf Aussagen ermittelt, die den Bedeutungskern des Konstruktes und die Einstellung der Jugendlichen dazu erfassen sollten. Das Konstrukt wurde nach statistischen Kriterien am besten durch fünf Items wiedergegeben: (a) ‚Ich fühle mich unwohl, wenn in einer Gleichaltrigengruppe meine türkische Herkunft bekannt wird‘; (b) ‚Ich achte sorgfältig darauf, nicht türkisch auszusehen‘; (c) ‚In der Öffentlichkeit möchte ich von meinen Landsleuten nicht als Türke erkannt werden‘, (d) ‚In der Schule möchte ich nicht Sprecher der türkischen Schülergruppe sein‘, (e) ‚Ich versuche, meinen Vornamen so zu ändern, dass er nicht türkisch klingt‘. Das Antwortformat war das Gleiche wie für die Kollektivismusitems. In einer Hauptkomponentenanalyse luden die Items auf einem Faktor, der 62.7 % der Varianz erklärte. Cronbach's Alpha betrug .85; die Items wiesen also eine gute interne Konsistenz auf.

Für die Operationalisierung des *Bestrebens nach Assimilation* musste eine neue Skala entwickelt werden. Ein Skalenoptimierungsprozess ergab vier Items mit einem befriedigenden Zusammenhang: In einer Hauptkomponentenanalyse luden sie auf einem Faktor, der 39.8 % der Varianz erklärte. Die interne Konsistenz betrug Cronbach's Alpha = .65. Die vier Items hatten folgenden Wortlaut: (a) ‚Kannst du dir vorstellen, einen Deutschen zu heiraten?‘ (4) nein, überhaupt nicht; (3) nein, eher nicht; (2) ja, möglicherweise; (1) ja, sicher (recodiert); (b) ‚Vorausgesetzt du bleibst noch lange oder für immer in Deutschland, welchen Vornamen würdest du deinem Kind geben?‘ (5) türkischer Vorname; (4) türkischer Vorname, der in Deutschland sehr bekannt ist; (3) deutscher und türkischer Vorname; (2) internationaler Vorname; (1) deutscher Vorname; (c) ‚Meine Ferien verbringe ich am liebsten in der Türkei‘ (1) lehne ich ab; (2) lehne ich eher ab; (3) stimme ich eher zu; (4) stimme ich völlig zu; (d) ‚Es gibt einige türkische Discos. Wenn du wählen kannst zwischen einer deutschen und einer türkischen Disco, gehst du lieber in eine türkische?' (1) nein, überhaupt nicht; (2) kaum; (3) schon eher; (4) ja unbedingt. Ein hoher Wert zeigt ein starkes Bestreben nach Assimilation an die Herkunftsgruppe an.

Schließlich wurden drei Identitätszustände definiert nach den Ausprägungen der drei konstituierenden Variablen: (1) *schwache ethnische Identität*: Personen mit starkem Bestreben, sich an die Herkunftskultur zu assimilieren, geringem Bestreben, sich von ihr abzuheben und einer geringen Einbettung in die Herkunftsgruppe; (2) *mittlere-ausgeglichene ethnische Identität*: Personen mit mittlerer Ausprägung des Bestrebens, sich zu assimilieren und sich abzuheben bei mittelstarker Ausprägung; (3) *starke ethnische Identität*: Personen mit geringem Bestreben, sich zu assimilieren und einem starken Streben, sich abzuheben bei gleichzeitig hoher Einbindung in die Herkunftsgruppe. Nicht alle Jugendlichen ließen sich in diese drei Kategorien einordnen. Es ergab sich eine Restgruppe von etwa 28 Prozent, die im Folgenden nicht berücksichtigt wurde.

Bewältigungsstile. Bewältigungsstile wurden in Anlehnung an Carver, Scheier und Weintraub (1986) definiert. Eine Faktorenanalyse zweiter Ordnung von zehn einzelnen Bewältigungsstrategien ergab zwei Faktoren höherer Ordnung: (1) *Problemorientierter Bewältigungsstil*: Fünf Bewältigungsstrategien luden mit Gewichtungen über .40 auf diesem Faktor zweiter Ordnung: (a) aktives problemorientiertes Bewältigen; (b) strategisches Planen; (c) emotional-soziales Bewältigen; (d) Abwarten; (e) positive Umbewertung. Cronbach's Alpha für diesen problemorientierten Bewältigungsstil war .81. (2) *Selbstorientierter Bewältigungsstil*: Erneut ergaben sich fünf Bewältigungsstrategien mit Ladungen von über .40 auf diesem Faktor höherer Ordnung: (a) Verleugnen; (b) Aufgeben; (c) Ablenken; (d) Hinnehmen; (e) Tabletten, Alkohol oder illegale Drogen nehmen. Cronbach's Alpha für diesen selbstorientierten Bewältigungsstil war .65.

Soziabilität. Die Soziabilitätsskala ist Teil von Zuckermans et al. (1992) Persönlichkeitsinventar zur Erfassung von fünf biologisch fundierten Persönlichkeitsdimensionen. Die Soziabilitätsskala hatte 20 Items (z.B. „Ich bin nicht gern allein"). Cronbach's Alpha für diese Skala war .79.

Selbstwert. Selbstwert wurde mit Bezug zur deutschen oder türkischen Peergruppe erfasst, er impliziert also hier eine soziale Vergleichskomponente. Die Skala lehnt sich an die Skala von Rosenberg (1965) an und wurde adaptiert, um den Besonderheiten der mehr oder weniger bikulturell orientierten türkischen Jugendlichen gerecht zu werden. Die sieben Items lauteten: (a) ‚Ich meine, ich bin genau so viel wert wie andere türkische Jugendliche'; (b) ‚Ich meine, ich bin genau so viel wert wie andere deutsche Jugendliche'; (c) ‚Ich kann genau so viel wie andere türkische Jugendliche'; (d) ‚Ich kann genau so viel wie andere deutsche Jugendliche'; (e) ‚Ich bin mit mir genau so zufrieden wie andere türkische Jugendliche'; (f) ‚Ich bin mit mir genau so zufrieden wie andere deutsche Jugendliche'; (g) ‚Ich habe eine gute Meinung von mir'. Das Antwortformat war das gleiche wie bei der Kollektivismusskala. Diese sieben Items ergaben nach der Hauptkomponentenanalyse einen einzigen Faktor, der 53.1 % der Gesamtvarianz erklärte; die interne Konsistenz betrug Cronbach's Alpha = .86.

Soziale Entwicklung (Selbsteinschätzung). Die Jugendlichen schätzen ihren eigenen Entwicklungsstand mit Bezug auf ihre Peergruppe ein. Sie schätzten ein (a) die Qualität ihrer Beziehung zu ihren Geschwistern mit den Werten (1) schlechter als andere in meinem Alter; (2) genau so wie andere in meinem Alter; (3) besser als andere in meinem Alter; (b) die Qualität ihrer Beziehung zu ihren Freunden und

(c) die Qualität ihrer Beziehung zu den Eltern mit den gleichen Werten sowie (d) die Qualität ihrer Beziehung zu sich selbst. Die vier Aussagen wiesen eine innere Konsistenz von Cronbach's Alpha von .67 auf.

Ergebnisse

Geschlecht und Identitätszustände

Die Verteilung der beiden Geschlechtsgruppen (vgl. Abb. 2) über die drei Identitätszustände war signifikant ungleich: Jungen gehörten gehäuft der starken Identitätskategorie, Mädchen der geringen ethnischen Identitätskategorie an. Die ausgeglichene mittlere Gruppe wies annähernd gleich häufig weibliche und männliche Jugendliche auf ($Chi\ Quadrat$ = 18,73, df = 2; p < .00).

Verteilung der drei Identitätszustände über die Schultypen

Die Verteilung der Schüler aus verschiedenen Schultypen über die ethnischen Identitätszustände (vgl. Abb. 3) wurde statistisch nicht überprüft. Es soll jedoch auf einige Besonderheiten hingewiesen werden.

Erwerbstätige Jugendliche im dritten Messzeitpunkt, das sind solche, die keine Lehre mit Berufsschule durchlaufen, sondern Geld verdienen, sind schwerpunktmäßig gering ethnisch identifiziert (34 %); sie sind in den anderen Kategorien wenig vertreten. Hauptschüler gehören eher der Kategorie der starken ethnischen

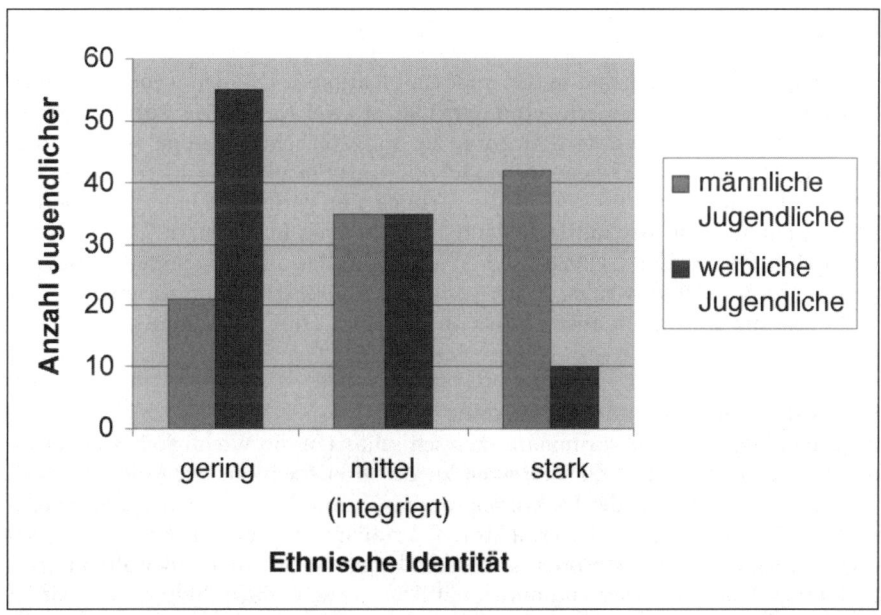

Abbildung 2: Verteilung der weiblichen und männlichen Jugendlichen auf die ethnischen Identitätszustände nach Brewer (1991).

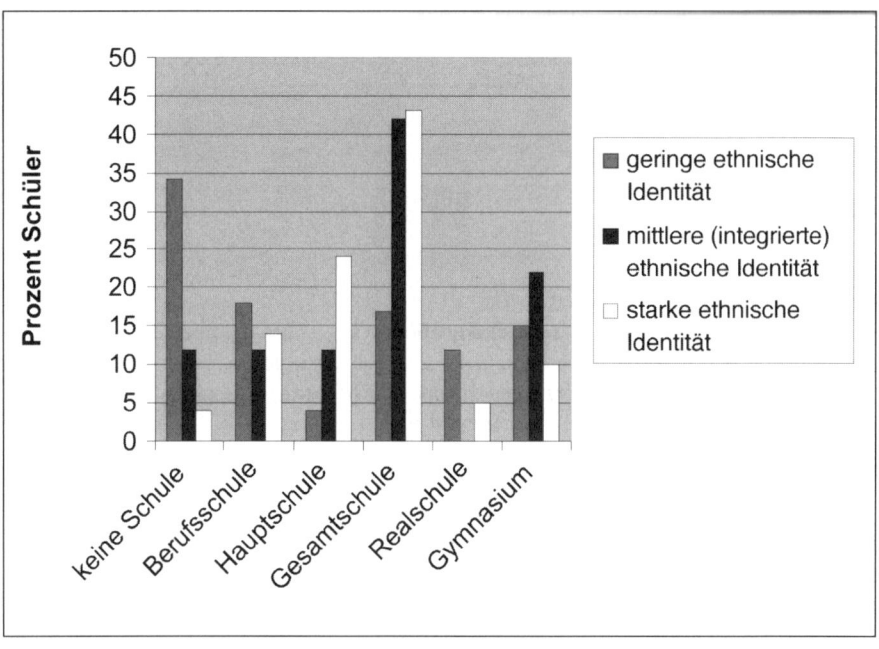

Abbildung 3: Verteilung der Schüler aus verschiedenen Schultypen auf die drei Identitätskategorien (Die Angaben in einer Identitätskategorie ergänzen sich jeweils zu 100%).

Identität an (24%) und sind in den anderen Identitätskategorien wenig zu finden. Gesamtschüler teilen sich schwerpunktmäßig in zwei Kategorien auf: Sie sind in der ausbalancierten Identitätskategorie die stärkste Schülergruppe (42%), aber auch in der ethnisch stark gebundenen Identitätsgruppe (43%) stark vertreten. Die Realschüler sind am stärksten in der Gruppe mit geringer ethnischer Identität (12%), gar nicht in der mittleren Gruppe und wenig in der stark identifizierten Gruppe zu finden. Die Gymnasiasten sind eher in der ausbalancierten Identitätsgruppe (22%) und schwächer in der geringen ethnischen Identitätsgruppe (15%) zu finden, am geringsten aber sind sie in der stark ethnisch gebundenen Gruppe vertreten (10%).

Prädiktoren der drei Identitätszustände
Zwei exploratorische Diskriminanzanalysen schätzten die Wichtigkeit von einzelnen Prädiktoren für die Zugehörigkeit zu den drei Identitätskategorien ein (vgl. Tab. 1). Die Ergebnisse der Diskriminanzanalyse unterlagen einem Optimierungsprozess. Aus der Gruppe der Prädiktoren der adaptiven persönlichen Ressourcen erwiesen sich der problem-orientierte und der selbst-orientierte Bewältigungsstil und der globale Selbstwert zusammen mit Alter, Geschlecht, Schultyp und Zeit im Herkunftsland als bedeutsame Vorhersagegrößen, führten aber zu einer unbefriedigenden Klassifikationsgenauigkeit von 56%. Nur nachdem die dispositionelle persönliche Ressource Soziabilität (Zuckerman, 1990) eingeführt wurde, erhöhte sich

Tabelle 1: Rangliste der vorzeitigen und gleichzeitigen Prädiktoren der ethnischen Identität zum 3. Messzeitpunkt

	als vorzeitiger Pädiktor	als gleichzeitiger Prädiktor
Soziabilität	.54	.60
Geschlecht	.42	.55
Alter	.38	.32
Entwicklungsstand	–.33	–.17
Selbstfokussierter Bewältigungsstil	–.30	–.20
Zeit im Herkunftsland	–.25	–.30
Problemorientierter Bewältigungsstil	.21	.34
Selbstwert	.21	.37
Schultyp	.19	.09

die Klassifikationsgenauigkeit auf 71 % und 72 % für antezedente und gleichzeitig erhobene Prädiktoren. Die erste signifikante Diskriminanzfunktion lässt sich interpretieren als Akkulturations-Anpassungsfunktion, da die Länge des Aufenthaltes im Herkunftsland, selbst-fokussiertes Bewältigen und sozialer Entwicklungsstand negative Koeffizienten aufwiesen, während Soziabilität, Geschlecht und Alter substantielle, positiv gerichtete Koeffizienten hatten. Die jeweils ersten Diskriminanzfunktionen aus der zweiten und dritten Welle zeigen ganz ähnliche Muster. Theoretisch relevant ist die Einsicht, dass die adaptiven persönlichen Ressourcen wie die Bewältigungsstile nicht so starke Prädiktoren der Identitätszustände sind wie die dispositionelle Ressource der Soziabilität und die sozio-demographischen Prädiktoren Geschlecht und Alter. Der soziale Entwicklungsstand, so wie er hier definiert ist, durch die Qualität der Beziehungen zu Geschwistern, Freunden, Eltern und zu sich selbst in Bezug zu Gleichaltrigen, wies einen negativen Zusammenhang mit der Diskriminanzfunktion auf: Je besser die Beziehungen zu bedeutsamen Anderen ihres sozialen Umfeldes und zu sich selbst waren, desto stärker waren sie ethnisch identifiziert. Dies liegt wahrscheinlich daran, dass die signifikanten Anderen in der Regel türkischer Herkunft waren.

Verteilung der Mittelwerte über die Identitätszustände

Die Verteilung der Mittelwerte der soziodemographischen Prädiktoren über die Mitgliedschaften in einer der drei ethnischen Identitätsgruppen zeigt, dass die Länge des Aufenthaltes im Herkunftsland sich je nach ethnischem Identitätszustand signifikant unterscheidet: Je stärker die ethnische Identität, desto länger der Aufenthalt im Herkunftsland [$F(2,108) = 4,05$; $p < .05$ für die gleichzeitige einfaktorielle Varianzanalyse; $F(2, 104) = 3.41$; $p < .05$ für die entsprechende vorzeitige Analyse]. Die Mittelwerte sind in den Abbildungen 4a und 4b veranschaulicht und zeigen die große Übereinstimmung zwischen den beiden Messzeitpunkten.

Diese Befunde validieren die ethnischen Identitätsgruppen in bedeutsamer Weise. Je jünger die Jugendlichen waren, mit umso höherer Wahrscheinlichkeit fanden

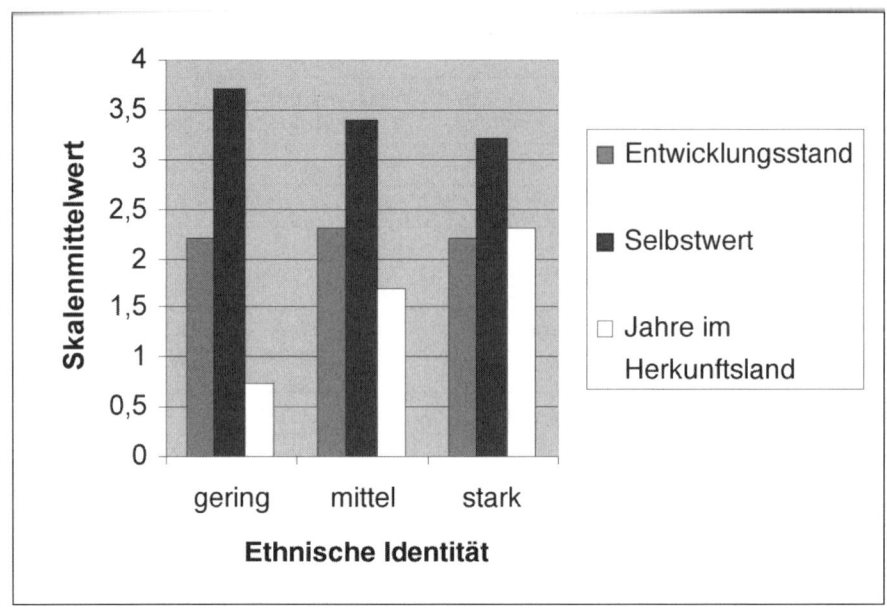

Abbildung 4a

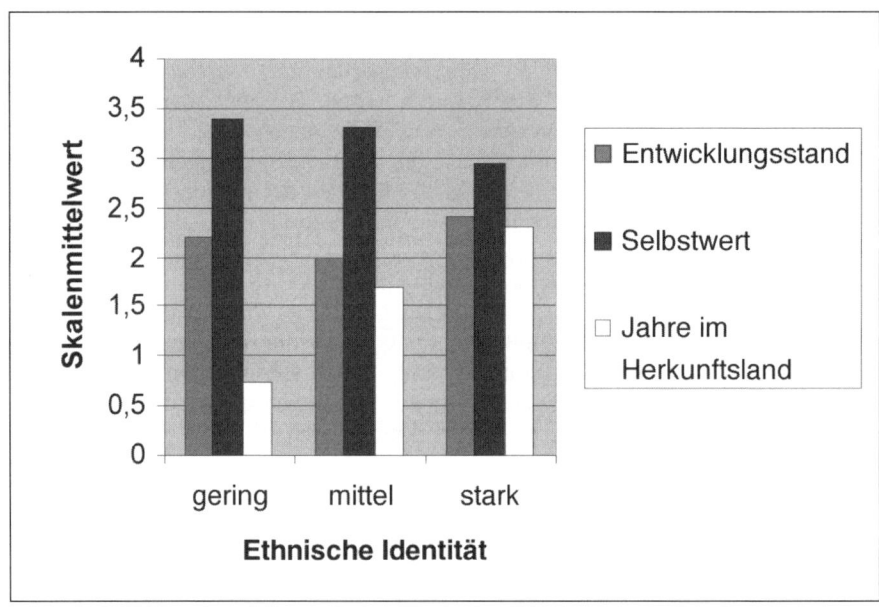

Abbildung 4b

Abbildungen 4a, 4b: Verteilung der durchschnittlichen Einschätzungen des eigenen sozialen Entwicklungsstandes, des Selbstwertes und der im Herkunftsland verbrachten Jahre: querschnittliche (4a) und längsschnittliche (4b) Erfassung.

sie sich in den stärkeren Identitätsgruppen wieder. Eine einfaktorielle Varianzanalyse ergab einen signifikanten Mittelwertsunterschied von F (2,107) = 6,74,
p < .05. Allerdings unterschieden sich nur die Mittelwerte zwischen der starken
Identitätsgruppe und den jeweils anderen in einem Post-hoc-Scheffé Test zur Prü-
fung der Signifikanz der Mittelwertsunterschiede.

Die Abbildungen 5a und 5b zeigen die Verteilung der drei Prädiktoren Soziabilität, selbst-orientierter und problem-orientierter Bewältigungsstil über die drei ethnischen Identitätsgruppen. Der bevorzugte Bewältigungsstil aller Identitätsgruppen
ist der problemorientierte Stil. In dieser Hinsicht sind Migrantenjugendliche ähnlich den türkischen, deutschen oder amerikanischen Jugendlichen in ihrem Herkunftsland (vgl. Seiffge-Krenke, 1995). Die gleichzeitige Erfassung von Soziabilität
und problemorientiertem Bewältigen zeigt abnehmende Stärke beider Variablen
mit zunehmender ethnischer Identität wie einfaktorielle Varianzanalysen belegen
[F (2,105) = 10,52; p <.00 für Soziabilität und F (2,103) = 6,83; p <.00 für problemfokussiertes Bewältigen]. Die antezedenten Messungen von Soziabilität und
problemfokussiertem Bewältigen zeigten etwas andere Ergebnisse: Ein Jahr vorher
erfasstes problemfokussiertes Bewältigen blieb auf gleichem Niveau über alle drei
Identitätszustände. Für Soziabilität zeigte sich eine signifikante kurvilineare Beziehung, denn die höchste Soziabilität wurde bei mittlerer und ausgeglichener ethnischer Identität gefunden [F (2,97) = 6,97; p <.01]. Selbstorientiertes Bewältigen
wies einen schwachen kurvilinearen Trend über die drei Identitätszustände auf, bei
der mittleren „optimalen" Gruppe wurde die geringste Bevorzugung selbstfokussierten Bewältigens, der höchste Mittelwert in der hohen ethnischen Gruppe und
ein mittleres Niveau bei der Gruppe mit geringer ethnischer Identität festgestellt.
Paarweise Mittelwertsvergleiche mit dem Scheffé–Test erbrachten keine signifikanten Mittelwertsunterschiede bei vorausgegangenen und gleichzeitigen Erhebungen.

Diese Ergebnisse zeigen, dass die drei aus dem Grundmodell von Brewer abge-
leiteten Hypothesen teilweise durch die Verteilung der Mittelwerte über die drei
Identitätszustände belegt werden konnten. Die Migrantenjugendlichen mit einer
ausgeglichenen Balance zwischen Zugehörigkeit zur und sich Abheben von der eigenen Herkunftsgruppe waren ein Jahr vorher soziabler, bevorzugten am stärksten
problemorientiertes und am wenigsten selbstorientiertes Bewältigen. Die vorherge-
sagten kurvilinearen Trends konnten also bei längsschnittlicher Betrachtung gefunden werden, wenn auch nicht alle signifikant waren. Die querschnittlichen Analysen zeigten dagegen eher lineare Trends. Der globale Selbstwert, der eigentlich ein
guter Indikator für Lebenszufriedenheit ist, zeigte querschnittlich und längsschnittlich einen linear abfallenden Verlauf mit steigender ethnischer Identität.

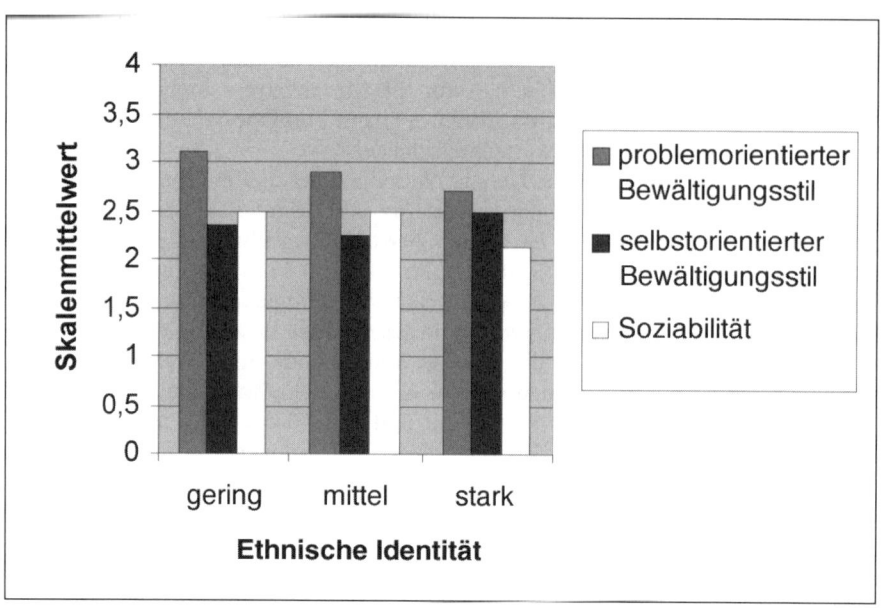

Abbildung 5a

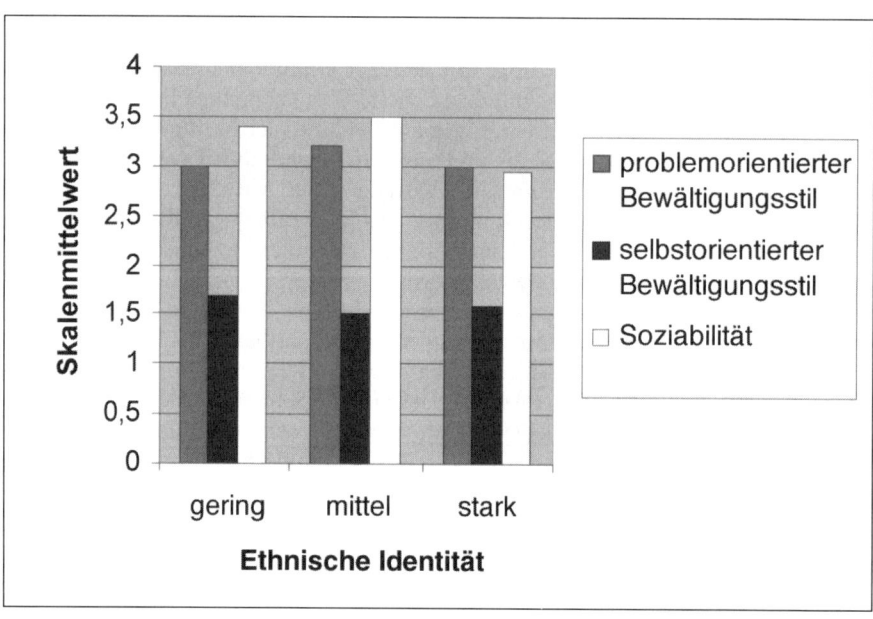

Abbildung 5b

Abbildungen 5a, 5b: Verteilung der durchschnittlichen Bevorzugungen des problemorientierten und des selbstorientierten Bewältigungsstils sowie
der Soziabilität: querschnittliche (5a) und längsschnittliche (5b)
Erfassung.

Diskussion

Ziel dieser Studie sollte es sein, das dynamische ethnische Identitätsmodell von Brewer (1991) zu operationalisieren und empirische Belege für seine Gültigkeit zu finden. Weiterhin sollte nach querschnittlichen und längsschnittlichen Prädiktoren für drei distinkte ethnische Identitätszustände gesucht werden. Ethnische Identität wurde definiert als ein dynamischer Zustand, der aus zwei antagonistischen Bestrebungen resultiert, nämlich einer, sich seiner Herkunftsethnie ganz anzupassen (Assimilation), und einer anderen, die gleichzeitig dazu drängt, sich von ihr abzuheben (Differenzierung); beide Bestrebungen hängen vom Grad des Eingeschlossenseins in der Herkunftsgruppe ab: Je mehr eine Person in ihrer Herkunftsgruppe eingebettet ist, desto mehr ist sie bestrebt, sich von ihr nicht ganz vereinnahmen zu lassen und desto weniger will sie sich an ihre Gruppe anpassen.

Weiterhin, je weniger eine Person in ihrer Herkunftsgruppe eingebettet ist, umso mehr ist die Person bestrebt, sich ihr anzupassen und umso weniger ist sie bestrebt, sich von ihr abzuheben. Brewers (1991) theoretisches Modell wurde durch Untersuchungen gestützt, die darauf hinweisen, dass bei Gleichgewicht aller drei Kräfte bei ihrer jeweils mittleren Ausprägung ein optimaler ausbalancierter Identitätszustand herrscht, der von hoher Lebenszufriedenheit, niedriger Vulnerabilität und wenig Stresssymptomen gekennzeichnet ist. Hohe ethnische Identität scheint demnach mit weniger persönlichen Ressourcen und Lebenszufriedenheit einherzugehen. Damit konnten Belege für Hypothese 1 und 2 durch unsere Befunde ermittelt werden.

Diese Untersuchung setzt die Forschung mit Brewers (1991) sozialem Identitätsmodell fort und überträgt die Überlegungen auf ethnische Identität im Kontext von Migranten in einer Akkulturationssituation. Die drei Identitätszustände werden erneut validiert (vgl. Schönpflug, 1999) durch die Länge des Aufenthaltes (auf die Lebensdauer bezogen); es zeigte sich, dass je länger die jugendlichen Migranten im Herkunftsland verbracht hatten, desto stärker identifizierten sie sich mit ihrer Herkunftsethnie. Weitere Validierungen ergaben sich durch differentielle Prädiktoren für jeden der drei Identitätszustände. Als gute Prädiktoren erwiesen sich Gesundheitsindikatoren und ein Vulnerabilitätsindex: Sie zeigten den von Brewer im Modell postulierten kurvilinearen Verlauf der allgemeinen Zufriedenheit oder des Wohlbefindens: Das Maximum der umgekehrt u-förmigen Kurve lag am Punkt der optimalen Unterscheidbarkeit. Damit erwies sich der ausgeglichene Identitätszustand theoriegemäß als Optimum. Ein schwacher Prädiktor ist Selbstwert, obwohl das Modell vorhersagt, dass die Lebenszufriedenheit und das Wohlbefinden sehr stark mit den drei Identitätszuständen schwankt. Die Hypothese 1 ist damit nicht überzeugend bestätigt worden. Bewältigungsstile können demnach als adaptive persönliche Ressource betrachtet werden, die sich auf dem Hintergrund einer Persönlichkeitsausstattung in Interaktion mit anderen Personen entwickelt. Soziabilität ist eine der möglichen dispositionellen Ressourcen, die den Hintergrund bilden für die Entwicklung adaptiver Ressourcen. Die ethnische Identität im Akkulturationskontext kann als Ergebnis der dispositionellen und adaptiven Ressourcen eines Individuums betrachtet werden.

Die zweite Forschungsfrage dieser Untersuchung zielt auf die Erkundung der Vorhersagbarkeit von ethnischer Identität durch dispositionelle und adaptive persönliche Ressourcen ab und auf die unterschiedliche Stärke der Ressourcen in den drei Identitätszuständen. Die soziale Identitätstheorie von Tajfel (1979) und Tajfel und Turner (1979) legen die Hypothese nahe, dass starke soziale Identität mit eher schwacher persönlicher Identität einhergeht und schwache persönliche Identität eher mit schwachen persönlichen Ressourcen verbunden ist. Demnach wurde erwartet, dass stark ethnisch identifizierte türkische Jugendliche im Akkulturationsprozess eher schwache adaptive und dispositionelle persönliche Ressourcen aufweisen sollten. Diese allgemeine Überlegung wurde in verschiedener Weise belegt: Stark ethnisch identifizierte türkische Jugendliche in Deutschland wiesen weniger persönliche Ressourcen auf im Vergleich zu im Gleichgewicht zwischen Zugehörigkeit und Nicht-dazu-gehören-wollen sich befindenden; sie wiesen einen geringfügig niedrigeren Selbstwert auf und zogen einen selbstfokussierten Bewältigungsstil einem problemorientierten vor und waren eher weniger soziabel. Damit finden sich bestätigende Hinweise für die Hypothesen 1, 2, und 3, wobei nur die Ergebnisse, die für die Hypothesen 2 und 3 sprechen, signifikante Mittelwertsunterschiede aufwiesen und dies bei längsschnittlicher Betrachtung.

Diese Aussagen folgen einem Stressmodell der Akkulturation (vgl. Berry, 1997): Adoleszente vermeiden Akkulturation, weil sie sich aus Mangel an eigenen persönlichen Ressourcen den Anpassungsanforderungen nicht gewachsen fühlen. Dass Ressourcen tatsächlich im Sinne einer Voraussetzung für das Erreichen eines Identitätszustandes verstanden werden können, zeigt die längsschnittliche Diskriminanzanalyse, denn frühere günstige persönliche Ressourcenlage sagte die Zugehörigkeit zur ausgeglichenen Identität vorher: Solche Jugendliche zeigten ein Jahr vorher relativ hohe Soziabilität, die relativ starke Bevorzugung eines problemfokussierten Bewältigungsstils und verzichteten eher auf einen selbstfokussierten Bewältigungsstil. Eine lineare Beziehung fand sich zwischen ethnischer Identität und problemorientiertem Bewältigungsstil bei querschnittlicher Erfassung. Der mittlere, integrierte Identitätszustand kann also nur von längsschnittlich ermittelten persönlichen Ressourcen vorhergesagt werden.

Die vierte adaptive persönliche Ressource in dieser Untersuchung, der eingeschätzte eigene soziale Entwicklungsstand, folgte dem kurvilinearen Zusammenhangsmuster bei längsschnittlicher Betrachtung: Die Gruppe mit dem höchsten Entwicklungsstand war die am stärksten ethnisch gebundene Gruppe, gefolgt von der Gruppe mit geringer ethnischer Identität; die integrierte Identitätsgruppe fiel ein wenig ab. Der soziale Entwicklungstand, d.h. der Bezug zu signifikanten anderen im sozialen Umfeld (Geschwister, Freunde, Eltern) scheint mit ethnischer Identität bei querschnittlicher Betrachtung weniger zu variieren. Der ausbalancierte, integrierte Identitätszustand scheint die Beziehungen zu signifikanten anderen weniger günstig zu beeinflussen. Sowohl dazu zu gehören als auch sich abheben zu wollen von der eigenen Herkunftsgruppe ist demnach eher die Folge von im Verhältnis zu anderen weniger befriedigenden Beziehungen zu signifikanten Anderen. Damit ist die enge Definition von sozialer Entwicklung im Ansatz dieser Untersuchung vielleicht nicht im Sinne einer persönlichen Ressource zu verstehen, wie das die Hypothese 4 voraussetzte.

Einzelne Befunde legen nahe, was die Ergebnisse der Akkulturationsstrategien nach Berry (1997; 2003) bereits aussagen: Die Akkulturationsstrategie der Integration, die sich in der Bewahrung der Herkunftsidentität und der Annahme der neuen Gruppenidentität äußert, und in unserem Ansatz sich darstellt als Zustand des Ausgleichs zwischen den entgegengesetzten Bestrebungen, sich von der Herkunftsgruppe vereinnahmen zu lassen und sich von ihr abzugrenzen, kann nur bei angemessener persönlicher Ressourcenausstattung des sich akkulturierenden Jugendlichen verwirklicht werden. *Integration* ist also eine Herausforderung, die mit persönlichen Ressourcen gelingen kann. Warum aber bei gleichzeitiger Erfassung aller Identitätsprädiktoren diese Ressourcen über die ethnischen Identitätszuständen einen eher linear abfallenden Verlauf aufweisen, bleibt noch zu klären.

Förderung der Integration durch Entwicklung einer ausgewogenen ethnischen Identität

Die Integration einer Minderheit in eine bestehende Gesellschaft stellt eine dauerhafte Anforderung an Mitglieder der Minderheit und der Aufnahmegesellschaft dar. Eine wichtige Ebene der Integration ist die ethnische und kulturelle Identitätsentwicklung, wie seit längerem von Berry (1997) und Phinney (1993b) vorgetragen wird. Integration erfordert nach Berry eine gemeinsame Verarbeitung zweier Identitätsaspekte: Beibehaltung der Herkunftsidentität und Übernahme der kulturellen Identität des Aufnahmelandes. Die Integration im Sinne des Brewerschen Modells und den berichteten Ergebnissen beinhaltet, ein Gleichgewicht herzustellen zwischen dem Bestreben, sich der eigenen Gruppe enger anschließen zu wollen und dem Bestreben, sich von der eigenen Gruppe abzuheben. Da sich der integrierte Zustand in den Untersuchungen von Schönpflug (1999) als besonders günstig für das Wohl der Jugendlichen herausgestellt hat, und auch die Akkulturationsstrategie der Integration sich in zahlreichen Untersuchungen als besonders vorteilhaft für die sich akkulturierende Person und das Verhältnis von Minderheit und Mehrheit in einer Gesellschaft herausgestellt hat, lohnt es sich, Wege zur Integration und zu einem ausgeglichenen Zustand zwischen Zugehörigkeit zur eigenen Gruppe und möglicherweise anderen Identifizierungen herauszuarbeiten. Dies ermöglicht Jugendlichen, einen Weg zu einer akkulturierten Lebensform einzuschlagen, die Konfrontationen einerseits und Segregation oder Marginalisierung andererseits vermeiden hilft.

Diese integrierte kulturelle Identität erfordert eine multikulturelle Situation, in der eine *starke Hierarchisierung der einzelnen Gruppen vermieden werden muss*. Auf der gesamtgesellschaftlichen Ebene steht eine Egalisierung des Gruppenstatus weitgehend außerhalb der Einflussmöglichkeiten kleinerer Gruppen oder Individuen, jedoch kann in der unmittelbaren Umgebung (in Schulen, in Nachbarschaften, in Organisationen) *ein Subklima des wahrgenommenen Statusausgleichs zwischen maßgebenden Gruppen geschaffen werden* und damit ein vorbereitender Hintergrund für die Entwicklung einer integrierten oder multikulturellen Identität bereitgestellt werden. Weder die eigene Herkunftsgruppe noch die relevanten Außengruppen sollten sich diskrepant positiv oder negativ bewertet voneinander abheben. Dazu gehört der Abbau von Vorurteilen und Diskriminierungen von Mitgliedern der eigenen und der Außengruppen.

Eine weitere diese Entwicklung begünstigende Bedingung ist das *Ausmaß des Kontaktes und der Interaktionen der Mitglieder der verschiedenen beteiligten Gruppen*. Wie Phinney, Ferguson und Tate (1997) zeigen konnten, wirkte sich die Interaktion mit einer beteiligten Außengruppe am günstigsten von allen Prädiktoren auf die Einstellung zu dieser Außengruppe aus. Diese Interaktion ist sicher zunächst als direkter Umgang miteinander zu sehen, jedoch auch so zu verstehen, dass der *Erwerb von Kulturkenntnissen und –fertigkeiten der fremdkulturellen Außengruppe einen positiven Einfluss* auf die Entwicklung integrativer Identifizierung oder multipler kultureller Identitäten ausübt (vgl. auch Sheets, 1999). Die Auswirkungen spezieller subkultureller Klimata in verschiedenen Schultypen auf die ausgeglichene ethnische Identität weisen sehr klar auf die Möglichkeit der Förderung von integrativer Identität durch sorgfältige und breite Beschulung in der Kultur der Außen- oder Mehrheitsgruppe hin. Wie Eriksen (1992) bemerkt, spielen kulturelle Differenzen in der Entwicklung in multikulturellen Kontexten eine geringe Rolle, aber sie tragen dazu bei, dass sich vermehrt Optionen im sozialen Umfeld erschließen. Am deutlichsten zeigen Schüler des Gymnasiums eine solche Identitätsorientierung, gefolgt von Gesamtschülern, die ebenfalls die Option eines höheren Schulabschlusses wahrnehmen können. Allerdings sind in der Gesamtschule auch die Schüler mit starker ethnischer Identität gleich häufig. Dies ist wahrscheinlich, weil der Anteil der Schüler, die nicht die Oberstufe durchlaufen wollen oder können, in der Gesamtschule genau so hoch ist wie die Oberstufenanwärter. Bildung erhöht also die Wahrscheinlichkeit von Akkulturation, wie bereits Padilla (1980) feststellte. Wie die Untersuchung weiterhin nahe legt, variiert die Länge des Aufenthaltes im Herkunftsland entscheidend mit der Stärke der ethnischen Identifizierung. Für einen ausgeglichenen Identitätszustand ist *weder ein zu ausgedehnter noch ein zu geringfügiger Aufenthalt im Herkunftsland* zuträglich. Erzieher und Betroffene, die auf die Aufenthaltsdauer Einfluss nehmen können, können in diesem Punkt die Entwicklung der integrativen Identität steuern.

Die vorgestellten eigenen Untersuchungen weisen zudem darauf hin, dass ausgeglichene ethnische Identität am besten beeinflussbar ist durch die *Stärkung persönlicher Ressourcen* wie eine soziable Persönlichkeit, problemfokussiertes Bewältigen und Reduktion der selbstfokussierten Bewältigungsstrategien. Sozialisierende Maßnahmen wie der Abbau von sozialen Ängsten oder Schüchternheit im Umgang mit Mitgliedern anderer Gruppen und Erwecken von Interesse am Kontakt mit diesen Mitgliedern können die Ressource der Soziabilität stärken und damit die Wahrscheinlichkeit der ausgeglichenen Identität fördern. Die Förderung von problemfokussierten Bewältigungsstrategien lässt sich sowohl im familialen und Freundesumfeld, aber auch gezielter und nachhaltiger im schulischen Erziehungsprozess angehen. Der Selbstwert sollte in der Entwicklung der ausgeglichenen Identität nicht allzu stark bekräftigt werden, denn ein starker Selbstwert führt eher zur gering ausgeprägten ethnischen Identität mit einem starken Bestreben nach Differenzierung von der eigenen Herkunftsgruppe.

Zusammenfassend lässt sich festhalten für präventive Maßnahmen mit dem Ziel, eine integrative Akkulturationsstrategie und eine ausgeglichene ethnische Identität zu erreichen: Es gilt, sowohl das unmittelbare sozio-kulturelle Umfeld als auch die für die Zielstellung günstigen persönlichen Ressourcen vielfältig zu beeinflussen. Die besondere Rolle der Temperamentsdimension Soziabilität nach Zuckerman (1990) als Vorhersage für die Zugehörigkeit zu einer der drei Identitätskategorien zeigt jedoch auch, dass Präventivmaßnahmen durch diese vorgegebene biologische Persönlichkeitsausrichtung Grenzen gesetzt sind.

Weiterführende Literatur

Frable, D.E.S. (1997). Gender, racial, ethnic, sexual and class identities. *Annual Review of Psychology, 48*, 139–162.
Sheets, R.H. & Hollins, E.R. (Eds.) (1999). *Racial and ethnic identity in school practices: Aspects of human development.* Mahwah, NJ: LEA.
Phinney, J. (2003). Ethnic identity and acculturation. In K. M. Chun, P.B. Organista & Marin, G. (Eds.), *Acculturation. Advances in theory, measurement and applied research (pp. 63–81).* Wahington, DC: APA.

Zitierte Literatur

Baumeister, R. F. & Leary, M.R. (1995). The need to belong: desire for interpersonal attachments as a fundamental human motivation. *Psychological Bulletin, 117*, 497–529.
Baumeister, R.F. (1998). The self. In D.T. Gilbert, S.R. Fiske & G. Lindzey (Eds.), *The handbook of social psychology (pp. 680–740).* New York: McGraw Hill.
Bernal. M., Knight, G., Garza, C., Ocampo, C. & Cota, M. (1990). The development of ethnic identity in Mexican-American children. *Hispanic Journal of Behavioral Science, 12*, 3–24.
Berry, J., Kalin, R. & Taylor, D. (1977). *Multiculturalism and ethnic attitudes in Canada.* Ottawa: Supply and Services Canada.
Berry, J. (1997). Immigration, acculturation and adaptation. *Applied Psychology, 46*, 5–68.
Berry, J. (2003). Conceptual approaches to acculturation. In K.M. Chun, P. B. Organista & G. Marin (Eds.), *Acculturation. Advances in theory, measurement, and applied research (pp. 17– 37).* Washington, DC: APA.
Brewer, M.B. (1991). The social self: On being the same and different at the same time. *Personality and Social Psychology Bulletin, 17*, 475–482.
Carver, C.S., Scheier, M.F. & Weintraub, J.K. (1989). Assessing coping strategies: A theoretically based approach. *Journal of Personality and Social Psychology, 56*, 267–283.
Cross, W. (1991). *Shades of Black: Diversity in African-American identity.* Philadelphia: Temple University Press.
Cross, S. (1995). Self-construals, coping, and stress in cross-cultural adaptation. *Journal of Cross-Cultural Psychology, 26*, 673–697.
Ellemers, N., Spears, R. & Doosje, B. (2002). Self and social identity. *Annual Review of Psychology, 53*, 161–186.
Erikson, E. (1968). *Identity. Youth and crisis.* New York: Norton.
Eriksen, T.H. (1992). Us and them in modern societies: Ethnicity and nationalism in Mauritius, Trinidad and beyond. London: Scandinavian University Press.
Frable, D.E.S. (1997). Gender, racial, ethnic, sexual and class identities. *Annual Review of Psychology, 48*, 139–162.
Helms, J. (1990). *Black and white racial identity: Theory, research and practice.* New York: Greenwood.
Helms, J. (1994). The conceptualisation of racial identity and other "racial" constructs. In E. Trickett, R. Watts & D. Birman (Eds.) (1994). *Human diversity: Perspectives on people in context (pp. 285–311).* San Francisco: Jossey-Brass.
Hinkle, S. & Brown, R. (1990). Intergroup comparisons and social identity: Some links and lacunae. In D. Abrams & M. Hogg (Eds.), *Social identity theory: Constructive and critical advances (pp. 48–70).* New York: Springer Verlag.
Hui, C. H. (1988). The measurement of individualism – collectivism. *Journal for Research in Personality, 22*, 17–36.

Jones, S. (1997). *The archaeology of ethnicity: Constructing identities in the past and present.* Boston: Routledge & Kegan Paul.

Knight, G., Bernal, M., Garza, C., Cota, M. & Ocampo, K. (1993a). Family socialization and the ethnic identity of Mexican-American children. *Journal of Cross-Cultural Psychology, 24,* 99–114.

Knight, G., Cora, M. & Bernal, M. (1993b). The socialization of cooperative, competitive, and individualistic preferences among Mexican-American children: the mediating role of ethnic identity. *Hispanic Journal of Behavioral Science, 15,* 291–309.

Lambert, W., Mermigis, L. & Taylor, D. (1986). Greek Canadians attitudes toward own group and other Canadian ethnic groups: A test of the multiculturalism hypothesis. *Canadian Journal of Behavioral Sciences, 18,* 35–51.

Masson, C. & Verkuyten, M. (1993). Prejudice, ethnic identity, contact and ethnic preferences among Dutch young adolescents. *Journal of Applied Social Psychology, 23,* 156–168.

Parham, T. (1989). Cycles of psychological nigrescence. *Counseling Psychology, 17,* 187–226.

Padilla, A.M. (1980). The role of cultural awareness and ethnic loyalty in acculturation. In A. M. Padilla (Ed.), *Acculturation: Theory, models and some new findings (pp. 47–84).* Boulder, CO: Westview.

Phinney, J. (1989). Stages of ethnic identity in minority group adolescents. *Journal of Early Adolescence, 9,* 34–49.

Phinney, J. (1990). Ethnic identity in adolescents and adults: Review of research. *Psychological Bulletin, 108,* 499–514.

Phinney, J. (1991). Ethnic identity and self-esteem: A review and integration. *Hispanic Journal of Behavioral Sciences, 13,* 193–208.

Phinney, J. (1993a). A three-stage model of ethnic identity development. In M.B. Knight & G. Knight (Eds.), *Ethnic identity, its formation and transmission among Hispanics and other minorities (pp. 61–79).* Albany: State University of New York

Phinney, J. (1993b). Multiple group identities: Differentiation, conflict, and integration. In J. Kroger (Ed.), *Discussions on ego-identity (pp. 47–73).* Hillsdale, NJ: LEA.

Phinney, J., Ferguson, D.L. & Tate, J.D. (1997). Intergroup attitudes among ethnic minority adolescents: A causal model. *Child Development, 68,* 955–969.

Rosenberg, M. (1965). *Society and the adolescent self-image.* Princeton: Princeton University Press.

Seiffge-Krenke, I. (1995). *Stress, coping, and relationships in adolescence.* Mahwah, NJ: Erlbaum.

Schönpflug, U. (1997). Das Problem der Bestimmung von individuellen Kollektivismus-Individualismus-Werten mittels multidimensionaler Skalierung. In F. Schmidt (Hrsg.), *Methodische Probleme der empirischen Erziehungswissenschaften (S. 319–332).* Hohengehren: Schneider.

Schönpflug, U. (1999). Akkulturation und Entwicklung. Die Rolle dispositioneller persönlicher Ressourcen für die Ausbildung ethnischer Identität türkischer Jugendlicher in Deutschland. In I. Gogolin & B. Nauck (Eds.), *Migration, gesellschaftliche Differenzierung und Bildung (S. 129–155).* Opladen: Leske & Budrich.

Simon, B., Hastedt, C. & Aufderheide, B. (1997). When self-categorization makes sense: The role of meaningful social categorization in minority and majority members' self-perception. *Journal of Personality and Social Psychology, 73,* 320–320.

Sternberg, R. J. (1985). *Beyond IQ: A triarchic theory of intelligence.* New York: Cambridge University Press.

Tajfel, H. (1982). *Social identity and intergroup relations.* New York: Cambridge University Press.

Tajfel, H. & Turner, J. C. (1979). An integrative theory of intergroup conflict. In W. G. Austin & S. Worchel (Eds.), *The social psychology of intergroup relations (pp. 33–48).* Monterey, CA: Brooks-Cole.

Turner, J. C., Hogg, M. A., Oakes, P. I., Reicher, S. D. & Whetherell, M. S. (1987). A self-categorization theory. In J. C. Turner, M. A. Hogg, P. I. Oakes, S. D. Reicher & M.S.

Whetherell (Hrsg), *Rediscovering the social group. A self-categorization theory (pp. 42–67)*. Oxford: Blackwell.

Turner, J. C. (1999). Some current issues in research on social identity and self-categorization theories. In N. Ellemers, R. Spears & B. Doosje (Eds.), *Social identity: Context, commitment, content (pp. 6–34)*. Oxford: Blackwell.

Vaughan, G. M. (1987). A social psychological model of ethnic identity development. In J. S. Phinney & M. J. Rotheram (Eds.), *Children's ethnic socialization. Pluralism and development (pp. 73–91)*. Newbury Park: Sage.

Ward, C. & Kennedy, A. (2001). Coping with cross-cultural transition. *Journal of Cross-Cultural Psychology, 32,* 636–642.

Zuckerman, M. (1990). *The biological basis of personality.* New York: Cambridge University Press.

Zuckerman, M., Kuhlman, D. M., Teta, P., Joireman, J. & Carroccia, G. (1992). *The development of scales for a five basic personality factor questionnaire.* Paper presented at the Meeting of the Eastern Psychological Association, Boston, April 3–5.

Chancen von Migration und Akkulturation

Der Diskurs um Migration ist mehrheitlich von einem Defizit- und Konfliktdenken geprägt. Migranten gelten nicht zu Unrecht als eine besondere Risikopopulation. So zeigen etwa die in der gesundheitspsychologischen Forschung gut dokumentierten Studien eine deutlich höhere Stressbelastung und Krankheitsanfälligkeit von Migranten gegenüber der deutschen Bevölkerung (Schwarzer & Leppin, 1989; Firat, 1996). Collatz (1998) schätzt, dass, gemessen an den kritischen Lebensereignissen, Migranten zwanzig Mal mehr belastet sind als Einheimische. Andere Studien verweisen auf eine im Durchschnitt zehn Jahre früher einsetzende Invalidität bei Migranten gegenüber deutschen Arbeitnehmern (Glier, Tietz & Rodewig, 1998). Im Bildungs- und Schulbereich wird vielfach auf die prekäre Situation der Schüler mit Migrationshintergrund verwiesen (Kornmann, 1998). Die sozialwissenschaftliche Literatur zur Jugendentwicklung thematisiert Jugendliche mit Migrationshintergrund vielfach unter Aspekten devianter Sozialisation wie Gewalt und Kriminalität (Bielefeld & Kreissl, 1982; Heitmeyer, Müller & Schröder, 1997). Verschwiegen oder vergessen wird dabei, dass die überwiegende Mehrzahl der Migranten ihren Alltag zu ihrer Zufriedenheit gestaltet, weder mit Gewalt und Devianz noch mit Pathologien auffällig wird. Auch stellt Migration nicht generell ein Entwicklungsrisiko dar. Für eine Vielzahl von Migranten ist die neue (einst fremde) Heimat zur einzigen geworden; es haben sich „Passformen" zwischen innerer Geborgenheit und den Bedingungen des Aufnahmelandes entwickelt (vgl. Wolf, Machleidt & Maß, 1998). Nichtsdestotrotz wurde die Aufmerksamkeit bislang kaum auf die Chancen einer Migration, und zwar für Migranten wie für die Aufnahmegesellschaft, gelegt. Um solche Aspekte gelingender Akkulturation wird es in diesem Beitrag gehen. Dabei werde ich mit den Chancen, die sich für die Aufnahmegesellschaft ergeben, beginnen und dann auf zwei exemplarische Themen – Bikulturalität und Bilingualität – eingehen, die sich für Migranten als Entwicklungschancen darbieten, wobei diese natürlich auch aktiv genutzt werden müssen. Abschließend wird auf Bedingungen eingegangen, die eine Integration von Migranten in die Mehrheitsgesellschaft erleichtern bzw. fördern können.

Migration und ihre Chancen für die Aufnahmegesellschaft

Schon immer ging kulturhistorisch vom Fremden eine ambivalente Ausstrahlung aus: Einerseits erschien darin sowohl eine Verlockung, ein Aufbruch aus den eigenen belastenden Gewohnheiten und Alltagsroutinen, andererseits war der Fremde stets auch Sinnbild von Bedrohung und Gefahr. Das lateinische Wort *hostis*, das sowohl als Gastfreund wie auch als Feind übersetzt werden kann und von dem sich die englischen Ausdrücke *host* (Gastgeber) und *hostile* (feindselig) ableiten, verweist eindringlich auf diesen Zusammenhang (Graumann, 1997).

Veränderungen durch Migrationsbewegungen sind in Deutschland nicht nur auf einer visuellen und demographischen Ebene, und zwar durch eine Zunahme der ausländischen Bevölkerungsanteile bemerkbar, sondern hinterlassen Spuren auch auf einer mentalen Ebene: mehr und mehr werden Bewusstseinsprozesse ausgelöst, die die Fragen der kulturellen Vielfalt und der kulturellen Identität thematisieren. Einer dieser Reflexionsprozesse, der seinen Höhepunkt in der sogenannten „Zuwanderungsdebatte" haben dürfte, betrifft die Frage, ob die Bundesrepublik sich als eine „Einwanderungsgesellschaft", als eine multikulturelle Gesellschaft etc. definiert oder nicht, und ob diese Begriffe erst eine Zukunftsvision bezeichnen oder aber begrifflicher Ausdruck bereits gelebter Realitäten darstellen. Denn gerade der Begriff der multikulturellen Gesellschaft kann die Bezeichnung eines Faktums, eines Programms oder gar einer Utopie sein (Ruesch, 1998).

Unabhängig von der Beantwortung dieser Frage kann konstatiert werden, dass Minoritäten entscheidende Beiträge zu einer kulturellen und gesellschaftlichen Vielfalt und zum sozialen Wandel leisten (Moscovici, 1979). Diese Beiträge beschränken sich nicht nur auf das ursprüngliche Anwerbemotiv als z.B. billige Arbeitskräfte für die hiesige Wirtschaft, die Einführung neuer Küchen, Sitten und Lebensstile, sondern betreffen auch die eher in der Öffentlichkeit kaum wahrnehmbaren kognitiven Bereiche wie Qualität und Vielfalt von Entscheidungsprozessen, wie sie etwa experimentalpsychologische Forschungen zu Tage förderten. So konnte Nemeth (1997) zeigen, dass eine Berücksichtigung der Minoritätenperspektive bei einer auf geistige Flexibilität abzielenden Aufgabenstellung kreatives Denken fördert. Die theoretische Annahme hierbei bildet die Überlegung, dass bei demographischer Vielfältigkeit, in der verschiedene Meinungen vorhanden sind und geäußert werden, auch die Wahrscheinlichkeit steigt, die richtige Lösung zu finden. Dagegen ist die Gefahr eines konvergenten Denkens innerhalb einer Majorität recht groß, da von der Majorität abweichende Meinungen Stress erzeugen. Die alleinige Berücksichtigung der Sichtweise von Majoritäten bzw. die Befolgung dieser Perspektive stellte sich vielfach als kreativitätshemmend heraus (Nemeth & Kwan, 1985). In einer Studie von Nemeth (1979) wurde einer Gruppe die Lösung bzw. Meinung der Majorität mitgeteilt, der Experimentalgruppe jedoch vorenthalten. Die Gruppe ohne Kenntnis des Majoritätsurteils wies deutlich mehr Assoziationen auf als die Kontrollgruppe. Eine starke Kohäsion innerhalb einer Gruppe trägt zum „groupthink"-Phänomen bei, wobei das Bemühen um Übereinstimmung derart dominant wird und als Folge eine realistische Einschätzung alternativer Perspektiven gehemmt wird. Auch bei den klassischen Experimenten von Asch (1956) zum Konformismus zeigte sich, dass die Existenz einer abweichenden Meinung die Wahrscheinlichkeit, sich der falschen Majoritätsmeinung anzuschließen, deutlich reduzierte. Heterogenität der Meinungen und Urteile, so kann zusammengefasst werden, erhöht die Objektivitätschancen; durch die Anwesenheit von „Fremden", von Menschen mit anderen kulturellen und sozialen Bezügen besteht die Chance, dass sich auch in der Mehrheitskultur eine gewisse Polyperspektivität bildet.

Obgleich sich die Sichtweisen von Minoritäten zumindest am Anfang kaum durchsetzen und eher auf Ablehnung stoßen, vielleicht auch nicht immer richtig sind, so zeigen sie sich doch als wertvoll für die Qualität von Entscheidungsprozessen, weil sie zur Entdeckung neuer und richtiger Lösungen anregen (Nemeth & Wachtler, 1983). Auch schützen sie die Majorität vor einem unkritischen, selbstgefälligen Vertrauen in die eigenen Meinungen und Einstellungen. Jedoch ist, was die Übertragbarkeit dieser Befunde auf ein Zusammenleben in einer multikulturellen Gesellschaft betrifft, folgende Einschränkung zu machen: Ein abweichender Standpunkt, der von einem Vertreter der eigenen Gruppe geäußert wird, führt in einem höheren Maße zu einer Flexibilisierung des Denkens als abweichende Meinungen von Mitgliedern anderer Gruppen. In diesem Sinne formulierte Nemeth (1997, S. 123/124): „Wenn das so ist, dann bleibt die Möglichkeit, dass in multikulturellen Gesellschaften Gruppen, die derselben sozialen Kategorie angehören, eher von abweichendem Denken profitieren – vorausgesetzt, es gibt eine von einer Minorität konsistent vertretene Position. Die Ironie liegt nun darin, dass es dann gerade diese homogenen Gruppen wären, die das Potential besitzen, die Vorteile von Multikulturalität zu nutzen."

Migration als Entwicklungschance

Unter modernisierungstheoretischen Ansätzen hat eine Migration eine Katalysatorfunktion; d. h. Migranten können das Entwicklungsgefälle zwischen Herkunfts- und Aufnahmeland überbrücken. Sie können aber auch zur Konservierung alter Werte und zur Ausbildung einer Defensivkultur in der Migrationssituation neigen. Es ist wesentlich einfacher, über Risiken und defizitäre Entwicklungen einer Migration zu reden, als ihre Chancen zu erkennen und Entwicklungspotentiale der Migrationssituation wahrzunehmen (Salman, 1995). Viel zu selten wird thematisiert, dass z. B. individuelle künstlerisch-intellektuelle Kreativität u. a. auch aus der Spannung zwischen den Kulturen und ihren gegensätzlichen Einflüssen resultiert (Pfeiffer, 1998). Und gerade eine Migration ist vielfach mit dem Ziel angetreten worden, sich im weitestgehenden Sinn des Wortes zu entwickeln bzw. weiterzuentwickeln, sei es in ökonomischer, bildungsmäßiger, beruflicher oder familiärer Hinsicht.

Fokussiert man etwa auf den Bildungshintergrund der ersten und der zweiten Generation von Migranten, so lässt sich ein deutliches Ungleichgewicht feststellen: Während die Mehrzahl der Elterngeneration insbesondere der türkischen Migranten nur eine fünfjährige Schulbildung aufwies, so erlebte die nachkommende Generation im Aufnahmeland eine Verlängerung der Schulzeit mit auf mindestens neun bis zehn Jahren auf ein historisch bislang nicht gekanntes Maß (Leenen, Grosch & Kreidt, 1990). Dies übertrifft auch die seit 1998 eingeleitete Aufstockung der Schulpflicht auf acht Jahre im Herkunftsland Türkei. Die Studie von Mehrländer (1983) zeigt, dass von den befragten Vätern ein Viertel gar keine Schule besucht hat, und von den Schulbesuchern etwa 92 % nur über eine Grundschulbildung verfügte. Eine wachsende Mittelschichtsbildung mit einer steigenden Anzahl von Selbstständigen und Studenten unter Migranten ist jedoch ein deutliches Anzeichen gelingender Integration und der Wahrnehmung der Migration als Entwicklungschance (Özcan & Seifert, 2003).

Da die eigenen Eltern vielfach weder das Bildungs- noch das Schulsystem in Deutschland ausreichend kennen, können Migrantenkinder nicht, wie bei ihren deutschen Altersgenossen, davon ausgehen, dass ihre Schulkarriere von den Eltern arrangiert bzw. angeleitet wird. Bildungserfolgreiche Migrantenjugendliche zeichnen sich durch ihre Fähigkeit zur „Selbstplatzierung" aus, d.h. sie steuern ihre Schullaufbahn von früh auf selber, nehmen die Vertretung ihrer Interessen gegenüber den schulischen und behördlichen Instanzen in die eigene Hand. Zu vermuten ist, dass davon ein stärkerer Individualisierungsschub ausgeht, der sich gleichwohl auch als ein Konfliktpotential gegenüber dem Elternhaus auswirken kann, da trotz gestiegener praktischer Handlungskompetenzen Elternautorität im kollektivistischen Verständnis der Eltern nicht angetastet werden darf. Diesen Konflikt sowohl mit Eltern als auch mit den Instanzen der Mehrheitsgesellschaft resümieren Leenen, Grosch und Kreidt (1990) in ihren qualitativen Interviews mit türkischen Jugendlichen wie folgt: „Begabte Migrantenkinder, die sich zur Hochschulreife durchkämpfen wollen, müssen nicht nur fehlende familiäre Unterstützung kompensieren, sondern auch einen relativ starren Erwartungs- und Zuweisungshorizont deutscher Institutionen überwinden" (S. 763).

Dabei ist nicht außer Acht zu lassen, dass eine allzu rapide positive Entwicklung von Migranten auch auf unbewusste Widerstände seitens der Mehrheitsgesellschaft stößt. Mit ihren Aufstiegsaspirationen stellen sie das klassische Unterschichtungsmodell der Migration in Frage und wollen nunmehr an gesellschaftlichen Ressourcen teilnehmen, die bislang weitestgehend der erfolgreichen einheimischen Mittel- bzw. Oberschicht zugestanden wurde (Salman, 1995). Hinweise für diese Vermutung gibt die Studie von Baker und Lenhardt (1988), die die Unterschichtungsthese zum Teil auch im Bildungssektor bestätigt fanden. In den von ihnen ausgewerteten offiziellen Schuldaten ließ sich eine Unterschichtung der deutschen Bildungspyramide durch Migrantenkinder identifizieren. Was deutschen Vätern auf dem Arbeitsmarkt widerfährt, erleben auch ihre Kinder in der Schule: Die Präsenz von Migranten verhilft zu einem ungewollten Aufstieg und eröffnet für sie Chancen. „Die Schulen haben in einem ‚Nullsummenspiel' eine relativ feste Zahl von Plätzen innerhalb einer Bildungshierarchie zu vergeben, so dass der Erfolg des einen stets der Misserfolg des anderen ist. Sobald Migrantenkinder, gemessen am relativen Schulbesuch, die unteren Plätze in der Bildungspyramide einnähmen, sei davon auszugehen, dass deutsche Kinder vermehrt Aufstiegserfahrungen machen können" (Bommes & Radtke, 1993, S. 485). Diesen Gedanken fortsetzend, lässt sich folgern, dass auch ein Wegbleiben deutscher Kinder, wie etwa in bestimmten ethnisch sehr dichten Bezirken Berlins (mit teilweise 90 % Migrantenanteil in einigen Grundschulklassen), für einige Migrantenkinder durchaus die Chance eines Aufstiegs auf eine höhere Schule begünstigen kann, da sie nicht in Wettbewerb treten mit deutschen Schülern, die ihnen zumindest dahingehend im Vorteil sind, dass sie die mit einer Migration einhergehenden Bürden nicht tragen müssen. Insofern ist eine ethnische Konzentration in bestimmten Bezirken nicht *per se* für alle entwicklungseinschränkend.

Trotz der Fokussierung auf gelingende Aspekte und Chancen darf die Frage, warum Migrantenkinder generell deutlich niedrigere Schulkarrieren aufweisen, nicht unberücksichtigt gelassen werden. So führt Kornmann (1998) das Versagen ausländischer Kinder am deutschen Schulsystem auf die nach wie vor einseitig monokulturelle und monolinguale Ausrichtung der Schule zurück. Aufgrund ihrer biographischen Voraussetzungen, so argumentiert Kornmann, hätten ausländische Kinder nur geringe Chancen, die an sie gestellten Anforderungen zu lösen. Vielfach werde der Zweitspracherwerb behindert, wenn die Muttersprache nicht ausreichend gelernt worden sei, was für viele ausländische Kinder zuträfe. Ferner stellen die Inhalte der deutschen Schule nicht immer eine Erfahrungsnähe zur Lebenswirklichkeit ausländischer Schüler dar. Die Schwierigkeit, die dort vermittelten Aspekte in die gegenwärtige biographische Alltagswirklichkeit einzubinden, hemme die Motivation zum Lernen.

Während sich Formen direkter Diskriminierung, wie etwa Einschränkung des Wahlrechts, ungleiche Zugangschancen, unterschiedliche Normanwendung relativ einfach identifizieren lassen, sind die Modi indirekter Benachteiligung nur schwer zu durchschauen, da sie zwar einerseits vorgeben, gleiche Regeln und Standards einzusetzen, aber nicht oder zu wenig reflektieren, dass dem nicht die gleichen Erfüllungs- und Realisierungschancen gegenüber stehen, wie etwa (Schrift-)sprachkenntnisse in deutsch für multilingual zusammengesetzte Klassen und Lehrbücher, die einen eindeutigen Kulturbias zu Gunsten der Mehrheitskultur haben (Bommes & Radtke, 1993). Als Konsequenz dieser Überlegung wäre also nicht zu fragen, warum Migrantenkinder überzufällig an der deutschen Schule scheitern. Es sollte deshalb vielmehr gefragt werden, wie Schule sich verändern kann, um adäquat auf die unterschiedlichen Bedürfnisse und Voraussetzungen von Migrantenkindern einzugehen (vgl. dazu auch den Beitrag von Dollase in diesem Band).

Bikulturelle Identität

Von ihrer frühesten Sozialisation an beginnen Migrantenkinder in mindestens zwei kulturellen Bezügen zu denken. In der Adoleszenz haben Migrantenkinder neben der allgemeinen Entwicklungsaufgabe ein kohärentes Selbst zu entwickeln, sich auch noch mit der Frage der Zugehörigkeit zu einer Minderheit auseinander zu setzen und eine „ethnische Identität" auszubilden. Generell steht die Identitätsentwicklung vor der Grundspannung, einerseits, der biographischen Dimension folgend, einzigartig zu sein und keinem anderen zu gleichen, so zu sein, wie kein anderer, andererseits, der sozialen Dimension folgend, den gemeinsamen Werten und Normen zu gehorchen und so zu sein wie alle. Für Migrantenkinder spannt sich hier eine zusätzliche Dimension auf: Sie sind auch gehalten, so zu sein bzw. sein zu müssen, wie es die Anforderungen und Erwartungen des eigenkulturellen Kontextes vorgeben.

Eine gelungene Identitätsbildung muss die Balance zwischen diesen drei Anforderungen herstellen, also auch deutlich stärkere Rollendistanzierungen vornehmen und eine größere Ambiguitätstoleranz entwickeln (Krappmann, 1973). Vor dem Hintergrund dieser am symbolischen Interaktionismus orientierten Theorie, bei der kritische Distanz und reflexives Verhalten gegenüber Normen wichtige Aspekte der Identitätsentwicklung bilden, ist zu konstatieren, dass Migranten sich in einer doppelt reflexiven Position zu Normen befinden und eine kritische Distanz sowohl zu eigenkulturellen wie zugleich auch zu mehrheitskulturellen Normen entwickeln. Daraus erwachsen nicht nur Belastungen, wie etwa verschiedene Akkulturationsstile und unterschiedliche Akkulturationstempi zwischen Eltern und Kindern, die sich in der Regel eher ungünstig bzw. konfliktgenerierend auswirken (vgl. McQueen, Getz & Bray, 2003 und den Beitrag von Fuhrer & Mayer in diesem Band), sondern auch eine deutlich selbstbewusstere Identität, da sich die Fähigkeit zur Rollendistanz potentiell stärker ausbilden kann. Ferner sind Migranten in ihrem Alltag – häufiger als Einheimische – mit Situationen konfrontiert, in denen Ambiguitätstoleranz gefordert wird, weil eine Unvereinbarkeit von unterschiedlichen kulturellen Zielen und Anforderungen zu erkennen ist. Insofern kann eine Erhöhung der Ambiguitätstoleranz als eine Ressource der Bikulturalität betrachtet werden, weil dadurch Subjekte bemächtigt werden, „in vielen Traditionen zu Hause" zu sein und ein flexibles Selbst zu entwickeln, das unterschiedlichen normativen Anforderungen gerecht werden kann. Entgegen bisheriger Deutungsschemata, die das „Zwischen-Zwei-Stühlen-Stehen" vornehmlich als Zerrissenheit, Belastung und Überforderung verstehen, kann sich diese Nicht-Festlegung der Identität in der Jugend, entlang der Arbeiten von Marcia (1989), durchaus als die angemessenere Antwort auf heutige Anforderungen erweisen. Marcia spricht hierbei von einer kulturell adaptiven Form der Identitätsdiffusion (z. B. in Zeiten rapiden ökonomischen und sozialen Wandels), mit der sich auch Identitätsentwürfe von jugendlichen Migranten beschreiben lassen. So kann es unter Bedingungen z. B. einer ungeklärten Bleibeperspektive ihrer Eltern, ungeklärter Fragen der Einbürgerung bzw. der doppelten Staatsbürgerschaft, also dort, wo gesellschaftliche Bedingungen Unverbindlichkeit und Indifferenz nahe legen, im Einzelfall auch adaptiv sein, sich etwa in der ethnischen Identität nicht festzulegen bzw. andere Optionen offen zu halten (vgl. Kraus & Mitzscherlich, 1997).

In dem Sinne kann ethnische Identität (ein Teil der sozialen Identität) als eine Perspektive der Selbstdarstellung, der Identifikation und der Wahrnehmung fungieren (vgl. dazu den Beitrag von Schönpflug in diesem Band). Ethnische Identitäten entstehen im Kontext der Ko-Präsenz und des Kontakts von Menschen unterschiedlicher Herkunft und dem Gefühl der Bedrohung eigener Identität (Phinney, 1998), d. h. die ethnische Identität wird Migranten vielfach erst in der Migrationssituation als eine zentrale Dimension der Persönlichkeit bewusst. Jedoch können aber nach wie vor mangelnde Repräsentanz der kulturell-ethnischen Minderheiten im deutschen Bildungskanon und der deutschen Öffentlichkeit gerade den Aufbau eines positiven symbolischen Bezuges zur Herkunft erschweren.

Sowohl theoretische Annahmen als auch empirische Befunde legen nahe, dass Bikulturalismus weit mehr ist als eine additive Verknüpfung der Orientierungsfähigkeit in zwei unterschiedlichen kulturellen Systemen. Vielmehr fordert die Synthese zweier Kulturen von den Subjekten eine stärkere kognitive wie soziale Flexibilität (Guiterrez, Sameroff & Karrer, 1988). Gelingende bzw. eine balancierte Bikulturalität ist insofern als ein Zeichen dieser kognitiven Flexibilität zu werten, wie sie z. B. amerikanische Studien zeigen (McShane & Berry, 1986; Osborne, 1985). Bikulturalität meint, dass mindestens zwei kulturelle Einflüsse prägend für die Identität des Einzelnen sind, wobei dieser Einfluss nicht nur einer kurzen Phase, etwa einem touristischen oder vorübergehenden Gastaufenthalt geschuldet ist, sondern einen wesentlichen Bestandteil der alltäglichen Lebenserfahrung darstellt. In einer experimentellen Studie konnten Benet-Martinez, Leu, Lee und Morris (2002) zeigen, dass Bikulturelle je nach Situation und Kontext in der Lage waren, ihre kulturelle Perspektive zu wechseln und je nach Situation ein independentes bzw. interdependentes Selbst, individualistische und kollektivistische Orientierungen, zeigten. Dies kann als ein Hinweis gewertet werden, dass kulturelles Wissen domainspezifisch, gleichsam als implizite soziale Theorie, angeeignet wird und kulturelle Identitäten in bestimmten Kontexten „wachgerufen" werden (Verkuyten & Pouliasi, 2002).

Menschen mit einer sichtbar anderen kulturellen Herkunft werden im Alltag (z. B. Kinder in der Schule) besonders häufig auf ihre Herkunft angesprochen, was ihr Bewusstsein für ethnisch-kulturelle Differenz schärft und die Bildung einer ethnischen Identität forciert. Andererseits stellt die Begegnung mit einer anderen Kultur auch eine beständige Relativierung der eigenkulturellen Verhaltenskonventionen und normativen Standards dar. Eine bikulturell sozialisierte Person, die einerseits Insiderwissen über beide Kulturen besitzt, andererseits auch die Skepsis der Mehrheitsgesellschaft gegenüber Minderheiten am eigenen Leibe kennt, kann durch ihre außergewöhnliche Position zu einem kompetenten Kritiker und Beurteiler der dominanten Kultur (natürlich auch der eigenen) werden. Die Migrationssituation kann dazu führen, einerseits unreflektierte Gewohnheiten und Bindungen abzustreifen und andererseits Anstoß geben für eine bewusste, individuelle Lebensgestaltung.

Eine flexible Identität, so kann dieses Paradoxon resümiert werden, ist sowohl Voraussetzung, um bikulturelle Erfahrung als Entwicklungschance zu nutzen, als auch erst Folgeprodukt einer gelingenden Migration und Integration. Denn diese Identität setzt eine ausreichende Ich-Stärke voraus, die es erlaubt, ohne Angst vor Identitätsverlust und Überwältigung durch Schuldgefühle (Verrat der alten Heimat) das Neue anzunehmen, sich den gewandelten Anforderungen zu stellen und in einen offenen Dialog sowohl mit der Herkunfts- als auch mit der neuen Kultur stehen zu können (Ardjomandi & Streeck, 1998). Gleichzeitig sind es Anforderungen und Kompetenzen, die eine gelingende Integration kennzeichnen (vgl. Berry, 1997).

Bilingualismus

Sprache ist ein vorzügliches Medium, mit dessen Hilfe sozialisierende Vorgänge eingeleitet und vermittelt, soziale Wirklichkeiten konstruiert und in sprachlichen Inhalten internalisiert werden. Sprache spielt eine entscheidende Rolle in der Identitätsbildung. Deutet man die sprachliche Sozialisation aus der Perspektive des symbolischen Interaktionismus, so entwickelt sich in der Interaktion mit Anderen stets auch eine soziale Orientierung, da sprachliche Symbole auch mit spezifischen Bedeutungen assoziiert werden. Durch Verwendung sprachlicher Symbole werden in den Individuen gleiche Reaktionen wie beim Kommunikationspartner ausgelöst, womit unbewusst auch stets Normen und Werte verinnerlicht werden (Mead, 1934).

Das Symbolsystem einer Sprache lässt sich daher nicht ohne die spezifischen Einstellungen des dazugehörigen sozialen und kulturellen Umfeldes übernehmen und Sprache gilt sowohl in der Selbst- als auch in der Fremdzuschreibung als ein wichtiges Kennzeichen ethnischer bzw. kultureller Identität (Fthenakis, Sonner, Thrul & Walbiner, 1985). Besonders in bikulturellen Kontexten, in denen zugleich auch mindestens zwei Sprachsysteme für die Individuen relevant werden, wird der Zusammenhang zwischen Bikulturalität und Bilingualität evident. Für Migranten bietet sich mit einer auf Dauer angelegten Migration die einmalige Chance, in einem natürlichen Kontext bilingual aufzuwachsen bzw. ein bilinguales Leben zu führen. Dabei ist mit Bilingualismus nicht nur die Fähigkeit gemeint, sich in zwei Sprachen verständlich zu machen bzw. zwei Sprachen zu beherrschen, sondern auch die Fähigkeit des Individuums, sich mit den beiden beteiligten Sprachgruppen zu identifizieren.[1]

Gute Sprachkompetenzen sind eine Ressource, schwache dagegen langfristig ein Vulnerabilitätsfaktor gegenüber Akkulturationsstress. So konnte Jerusalem (1992) in seiner Untersuchung mit türkischen Jugendlichen feststellen, dass nicht die Aufenthaltsdauer allein, sondern vielmehr die Sprachkompetenz mit einem höheren Akkulturationsniveau einherging; höhere Sprachkompetenzen reduzierten interethnische Spannungen, ermöglichten eine differenzierte Selbstdarstellung und erleichterten dadurch die soziale Akzeptanz. Dagegen erwies sich eine lange Aufenthaltsdauer mit schlechter Sprachbeherrschung als kontraproduktiv; denn dann stieg die Belastung mit zunehmendem Aufenthalt. „Mitglied einer ethnischen Minderheit zu sein und gleichzeitig durch sprachliche Schwierigkeiten beeinträchtigt und sozial isoliert zu werden, ist längerfristig vermutlich besonders selbstwertbedrohlich und einsamkeitsfördernd" (Jerusalem, 1992, S. 23).

Die Chancen, die sich durch Bilingualismus ergeben, sind nicht auf Wortschöpfungen begrenzt, die durch Code-Switching entstehen, nur den bikulturell Sicheren zugänglich sind und eine offensichtliche Form der Bereicherung darstellen, die der monolingualen Mehrheits- wie auch der Minderheitskultur entgeht, sondern mit Bilingualismus gehen auch gut belegte und nachvollziehbare kognitive Potentiale einher. So zeigen eine Reihe von empirischen Studien, dass sich bilinguale Personen sowohl im Bereich der allgemeinen Intelligenz als auch in den kognitiven Stilen und den metalinguistischen Fähigkeiten monolingualen überlegen erweisen (Bialystok, 1988; Clarkson & Galbraith, 1992; Baker, 1993). Bilingual erzogene Kinder neigen weniger dazu, Begriff und Referent zu verwechseln, d.h. die Differenz zwischen Wort und Gegenstand ist ihnen eher gegenwärtig, weil sie durch ihre Zweisprachigkeit eine gewisse Distanz zu der eigenen Sprache entwickeln und erkennen, dass sprachliche Symbole für die Bezeichnung von Gegenständen auswechselbar sind. Dabei wird davon ausgegangen, dass im Leben von bilingual aufwachsenden Kindern ein doppelter sprachlicher Input ihre metasprachlichen Fähigkeiten fördert, so z.B. die erwähnte Einsicht in die Arbitrarität (Willkürlichkeit) des Zeichens erleichtert und insgesamt dem Abstraktionsvermögen zugute kommt.

In diesem Zusammenhang versucht Cummins (1979) eine Präzisierung durch Formulierung eines Schwellenmodells, in dem er die Frage des Eintritts in den Zweitspracherwerb diskutiert. Er vertritt die These, dass ohne eine etablierte Kompetenz in der Muttersprache ein Zweitspracherwerb nicht vollständig erfolgen könne, bzw. ab einem gewissen Alter nur noch mit einem subtraktiven Bilingualis-

---

1 Der Begriff des Bilingualismus ist problematisch: Werden nur jene Menschen als bilingual bezeichnet, die beide Sprachen vollkommen und fehlerfrei beherrschen, dann gibt es kaum Zweisprachige. Wird jedoch die Definition dahingehend aufgeweicht, dass als bilingual stets jene zu bezeichnen sind, die eine zusätzliche Sprache verstehen und in ihr auch einige kommunikative Akte vollziehen können, dann sind wieder enorm viele Menschen (in Deutschland alle, die einige Worte Englisch in der Schule gelernt haben) als zweisprachig zu bezeichnen. Bei Migrantenkindern oder Kindern aus bikulturellen Ehen ist eher von einer „natürlichen Zweisprachigkeit" (Kielhöfer & Jonekeit, 1983), die die Kinder in ihren gewohnten ökologischen Kontexten erwerben, zu sprechen, um diese von der bewusst gelernten zweiten Sprache, etwa, wenn ein Deutscher in Deutschland aktiv Französisch lernt, besser abheben zu können.

mus, d. h. mit unzureichenden Kenntnissen in beiden Sprachen, zu rechnen sei. An diese Befunde anknüpfend ist die Frage zu stellen, unter welchen Bedingungen Bilingualität eher als Chance genutzt werden kann. Empirische Studien zum Zweitspracherwerb zeigen, dass diese phonologisch dann korrekt erworben wird, wenn mit ihrer Aneignung vor dem Alter von elf Jahren begonnen wird. Bei dieser Konstellation ist eher ein akzentfreier Erwerb zu erwarten, was die Voraussetzung einer gelungenen sprachlichen Integration darstellt. Im Alter von 11 bis 15 Jahren war häufiger ein Akzent anzutreffen und beim Zweitspracherwerb nach dem Alter von 15 Jahren waren Akzente die Regel. Daraus kann abgeleitet werden, dass zumindest ein Spracherwerb im frühen Alter die beste Voraussetzung einer Integration darstellt (Mägiste, 1985). Grundschüler im Alter von sechs bis elf Jahren erwerben in deutlich kürzerer Zeit den aktiven Wortschatz einer fremden Sprache als Schüler der Oberstufe im Alter von 13 bis 19 Jahren. Spontaneität und Kontaktbereitschaft sind vermutlich im jüngeren Alter deutlich größer, wodurch mehr Kommunikationssituationen entstehen, die wiederum bei den Beteiligten zu Sprechanlässen und zur Performanz bisheriger Kompetenzen führen und die Motivation für den weiteren Erwerb steigern (Kuhs, 1989).

Konsistent ist der Befund, dass eine elaborierte Kenntnis der Muttersprache eine grundlegende Voraussetzung bildet, um eine fremde Sprache grammatikalisch korrekt zu erwerben (Cummins, 1979; Fthenakis, Sonner, Thrul & Walbiner, 1985; Kuhs, 1989). Für eine Vielzahl von Migrantenkindern gilt jedoch, dass sie ihre Muttersprache in vielfachen Interaktionen mit ihren Eltern erwerben, die ihrer eigenen Sprache aufgrund ihrer Bildungsdefizite nicht sehr mächtig sind und somit deutlich schlechtere Chancen haben, auch die deutsche Sprache grammatikalisch korrekt zu erwerben. Diese mangelhafte Kompetenz der eigenen Muttersprache kann dazu führen, dass von den Kindern vermehrt Bestrebungen unternommen werden, diese Lücke mit einer „Überanpassung" an die neue Kultur zu kompensieren und etwa aus dem Wissen um Lücken in der Muttersprache auch dann die Zweitsprache verwenden, obwohl sie den Sachverhalt auch in ihrer Muttersprache kommunizieren können.

Semilingualismus ist aber auch typisch für Migranten in Situationen erlebter Diskriminierung bei Identitätskonflikten und stellt nicht immer ein individuelles Defizit dar (Toukomaa & Skutnabb-Kangas, 1977). Gerade erfahrene Diskriminierungen dürften Motivation und Bereitschaft, positive Einstellungen zur Mehrheitskultur zu bilden und die Sprache der Mehrheitskultur zu erwerben, eher mindern. Positive Auswirkungen auf den Zweitspracherwerb haben dagegen eine ausgeglichene Haltung sowohl zur eigenen Sprache als auch zur Zweitsprache. Eine ablehnende Haltung zur Fremdsprache, aber auch eine die eigene Sprache ablehnende oder eindeutig die Fremdsprache favorisierende Haltung mindert dagegen eher den Lernerfolg in der Zweitsprache (Kuhs, 1989). Eine Diskriminierung kann bereits darin liegen, dass Sprachkompetenzen von Migranten, die sie in ihrer Muttersprache haben, nicht anerkannt werden. Bei Migrantenkindern im pädagogischen Alltag wird nicht selten ihre Kommunikation in der Sprache ihrer Eltern systematisch abgewertet und als störend für den Erwerb der Sprache der Mehrheitskultur betrachtet. Problematisch vor diesem Hintergrund ist deshalb auch die gelegentlich im Alltagsdiskurs geäußerte Empfehlung, Migrantenkinder sollten zu Hause mit ihren Eltern deutsch sprechen, um ihre Kompetenzen besser auszubilden. Denn in der Regel macht das Kind seine ersten sprachlichen Erfahrungen in der Muttersprache, lernt seine Erlebnisse und Gefühle in dieser Sprache mitteilen. Diese Sprache ist ein elementarer Teil seiner Identität. Sie also bewusst ablehnen oder leugnen zu müssen, belastet zum einen die Eltern-Kind-Beziehung, weil beide Sprachen durch beide Seiten nicht elaboriert beherrscht werden, dadurch also geringe sprachliche Interaktionen zu erwarten sind. Zum anderen wirkt sich das negativ auf das Selbstwertgefühl des Kindes aus, weil ein Aspekt der eigenen Identität abgelehnt wird. Viel wichtiger ist es, dass das Kind seine Muttersprache gut und solide erwirbt und dass seine Muttersprache im Alltag auch eine Anerkennung findet.

Aspekte gelingender Integration

Die Fragen nach einem Gelingen der Integration von Migranten lässt sich aus verschiedenen Perspektiven formulieren: Die erste fragt nach der Wichtigkeit gelingender Integration, die zweite nach der jeweiligen Beurteilungsperspektive und die dritte nach den Kriterien, an denen das Gelingen von Integration beurteilt werden kann. Sinnhaftigkeit und Relevanz einer gelingenden Integration kann weder aus der Migranten- noch aus der Mehrheitsperspektive ernsthaft angezweifelt werden; allenfalls die Modi dieser Integration (vgl. dazu den Beitrag von Thomas, Kammhuber & Schmid in diesem Band). Denn fasst man Integration generell als eine Orientierung auf, bei der Schlüsselelemente der eigenen Kultur beibehalten werden und gleichzeitig die Bereitschaft gezeigt wird, Schlüsselelemente der Aufnahmekultur zu erwerben, so lässt sich festhalten, dass diese Orientierung an gemeinsam akzeptierten Werten zu einer Verhaltenssicherheit in sozialen Interaktionen führen kann, gepaart mit einem hohen Maß an emotionaler wie kognitiver Sicherheit (Lantermann & Hänze, 1999). Nicht zuletzt werden dadurch auch die Bewertungsmaßstäbe des eigenen Handelns transparenter.

Was hingegen als eine gelungene Integration zu werten ist, ist sicherlich aus einer Fremdperspektive nur schwer möglich. Hier ist es sinnvoller, Migranten selbst im Hinblick auf ihre Erwartungen, ihre ursprünglichen Zielsetzungen und Wünsche, die mit der Migration verbunden waren, bezüglich des Gelingens ihrer Integration einschätzen zu lassen, da trotz Veränderungen seitens der Mitglieder der Aufnahmegesellschaft die Hauptlast der Migrationsbelastung weitestgehend von den Migranten getragen wird. Als ein Kriterium gelungener Integration schlagen Zick und Six (1999) den Abbau von Angst und Unsicherheit vor, die so weit reichen sollte, dass sie das eigene wie das Verhalten der Mitglieder der Mehrheitsgesellschaft weitestgehend vorhersagen und erklären können. Ähnlich schlagen Scott und Scott (1989) als Kriterium gelungener Integration bzw. Akkulturation die allgemeine Lebenszufriedenheit vor. Allerdings ist die Differenzierung wichtig, dass sich die Eingliederungschancen von Aussiedlern von denen klassischer Migranten wie etwa Italienern, Spaniern, Griechen und Türken unterscheiden, da diese sich teilweise subjektiv deutsch fühlen bzw. sich als Deutsche identifizieren und somit etwas günstigere Chancen mitbringen (vgl. Fuchs, Schwietring & Weiß, 1999 und den Beitrag von Titzmann, Schmitt-Rodermund & Silbereisen in diesem Band).

Des Weiteren ist für eine gelingende Integration auch die Frage wichtig, von wem die Entscheidung ausging, das eigene Land zu verlassen und nach Deutschland zu kommen: Vom Individuum selbst, vom Partner, von den Eltern etc.? Je nach dem, wie stark der Einzelne in die Migrationsentscheidung selbst eingebunden war, ist auch mit unterschiedlicher Verantwortungsübernahme für den Erfolg der Migration zu rechnen. So kann eine unfreiwillige Migration etwa als Jugendlicher als ein Hinweis auf eine starke hierarchische Familienform gedeutet werden, was eine Integration erschwert, während die Freiwilligkeit der Migration Offenheit für neue Erfahrungen signalisieren kann. Aber auch eine unfreiwillige Migration etwa als Flüchtling kann Schwierigkeiten bereiten, weil eine Vorbereitung im eigenen Land in der Regel fehlte. Was die Integration bzw. Ablehnung durch Gleichaltrige – eine wichtige Entwicklungsaufgabe im Jugendalter – betrifft, so konnten Silbereisen und Schmitt-Rodermund (1999) für Aussiedlerjugendliche zeigen, dass diese mit der Freiwilligkeit der Migrationsentscheidung über die Zeit abnahm.

Im Prozess der Akkulturation von Migranten werden generell drei allgemeine Ressourcen unterschieden (vgl. Berry, 1997; Landale, 1997): politische Ressourcen (z. B. politische Erwünschtheit bzw. Legalität der Migration), finanzielle und persönliche Ressourcen (z. B. sozioökonomischer Status der Familie) und die sozialen Ressourcen (z. B. familiäre Netzwerke in der Aufnahmegesellschaft, Kontakte zu Mitgliedern der Aufnahmegesellschaft). Während der sozioökonomische Status und Kontakte zu Mitgliedern durch die jeweilige Migrantenfamilie relativ gesteuert werden kann, ist es schwer, auf die politischen Ressourcen Einfluss zu nehmen. In einem differenzierteren Modell arbeiten LaFromboise, Coleman und Gerton (1998) folgende Dimensionen heraus, die sich, gemessen am Kriterium der individuellen psychischen wie physischen Gesundheit, als wirksam erwiesen haben, um mit bikulturellen Anforderungen effektiv umzugehen:

- *Wissen um kulturelle Werte und Grundüberzeugungen.* Dieses kulturelle Wissen beinhaltet das Ausmaß der Kenntnisse, die eine Person über Geschichte, Institutionen, Religion, Rituale, Interaktionsformen und Alltagspraktiken der Aufnahmekultur besitzt. Von einer kulturell-kompetenten Person wird erwartet, dass diese gegenüber Grundüberzeugungen der Mehrheitskultur positiv eingestellt ist und diese „Weltsicht" auch verinnerlicht hat.
- *Positive Einstellungen beiden Gruppen gegenüber.* Bikulturalität sollte als eine wünschenswerte Form akzeptiert und anerkannt werden; ferner wirken sich positive Einstellungen zu beiden Gruppen als stressmindernd gegenüber bikulturellem Kontakt aus. Gleichzeitig sind aber auch soziale Kontakte unerlässlich, um positive Einstellungen zu erwerben.
- *Bikulturelle Wirksamkeit.* In Analogie zur Selbstwirksamkeitsüberzeugung von Bandura (1994) erweist sich bereits die Überzeugung, in einen effektiven interpersonalen Dialog in zwei Kulturen treten zu können, als positiv assoziiert mit der Fähigkeit, tatsächlich auch bikulturelle Kompetenz zu entwickeln. Diese Überzeugungen bestimmen ihrerseits das Ausmaß, in dem ein Individuum ein wirksames Rollenrepertoire und Rollenperformanz in der Zweitkultur erwirbt. Mit Rollenrepertoire ist die Fähigkeit angesprochen, situationsspezifische Verhaltensweisen in der jeweiligen Kultur erkennen und anwenden zu können; je umfangreicher das Rollenrepertoire, desto größer ist die kulturelle Kompetenz.
- *Kommunikationsfähigkeiten.* Sprachfertigkeiten stellen zweifellos eine der wichtigsten Schlüsselelemente bikultureller Kompetenz dar; dabei umfassen Kommunikationsfähigkeiten sowohl die Fähigkeit, eigene Gefühle und Gedanken verbal mitteilen, als auch die geläufige non- und paraverbale Kommunikation der Aufnahmekultur verstehen und einsetzen zu können.

- *Soziale Netzwerke in beiden Kulturen.* Die Möglichkeit, auf externe soziale Stützsysteme in beiden Kulturen zugreifen zu können und in diese eingebettet zu sein, vermindert den Akkulturationsstress und schützt vor psychischen Erkrankungen wie etwa einer Depression.

Gerade die Funktion sozialer Netzwerke erweist sich jedoch als höchst ambivalent: In der ersten Zeit der Migration bieten sie Schutz und Sicherheit und stellen dadurch eine gute Startvoraussetzung für eine gelingende Integration dar (vgl. Berry, 1997). Langfristig jedoch, und besonders dann, wenn die Kontakte nur auf eigenkulturelle Netzwerke beschränkt bleiben, führen sie zu einem Integrationshemmnis. Vielfach verhindert der Rückzug in eigenkulturelle bzw. eigenethnische Nischen die erfahrene Deklassierung und Entwertung und stellt einen Rückzug in einen Raum dar, der vor einer permanenten Infragestellung der eigenen Existenz schützt. Das Leben in eigenethnischen Kontexten stellt ein höchst wirkungsvolles soziales Kapital dar, verleiht das Gefühl, die Situation eher kontrollieren und verstehen zu können, was sich förderlich für die psychische Gesundheit und das Wohlbefinden auswirkt, gleichwohl sie das Integrationstempo verlangsamen kann (Kecskes, 2003). Ethnische Communities können nicht nur als stressminderndes bzw. stressverarbeitendes Potenzial begriffen werden. Sie können darüber hinaus zu Organen der Interessenverarbeitung der Minderheiten werden, Druck auf die Mehrheitsgesellschaft ausüben, um Vorurteile und Diskriminierungen zu verringern und somit die kollektive Handlungskompetenz von Minderheiten zu stärken. Aus dieser Perspektive stellen sie eine wichtige Ressource der Migranten dar (Gaitanides, 1992).

Besonders Migranten aus Ländern mit einer hohen kulturellen Distanz zu Deutschland stehen zu Beginn der Migration vor der Aufgabe, ein hohes Potenzial von Unsicherheit und Ambiguität zu verarbeiten, neue kognitive Schemata ausbilden zu müssen, die dem gegenwärtigem Lebensumfeld angemessen sind (Hänze & Lantermann, 1999). In solchen Situationen ist u.a. die durch die Familie gewährte soziale Unterstützung stressmindernd. Jedoch erweist sich die Ressource Familie, analog den erweiterten sozialen Netzwerken, in Migrantenfamilien ebenfalls als äußerst ambivalent. Sie bietet einerseits einen hohen Schutz und eine hohe Behütung, leistet aber dadurch Separationstendenzen Vorschub und wirkt integrationserschwerend. Generell sind nach Mattejat (1993) Familienbeziehungen dann für jedes Familienmitglied entwicklungsfördernd, wenn die Beziehungen innerhalb der Familie einerseits durch emotionale Verbundenheit und andererseits auch durch die Gewährung von Autonomie gekennzeichnet sind. Gerade dies erweist sich aber bei Migranten aus kollektivistischen Kulturen als eine äußerst schwierige Synthese. In diesem Zusammenhang hat Schmitz (2001) einige Merkmale gelungener Akkulturation auf der Persönlichkeitsebene aufgezeigt, die auf Seite 238 tabellarisch aufgelistet werden:

Kritisch ist zu dieser Tabelle jedoch anzumerken, dass die angeführten Persönlichkeitsmerkmale nicht trennscharf genug als migrationsspezifische Ressourcen fungieren. Neben den erwähnten Aspekten sind ferner personale Ressourcen wie eine hohe Schulbildung im eigenen Land, soziale Kompetenzen, optimistische Überzeugungen und eine eher geringe traditionale Orientierung adaptiv für Migrationssituationen (Schmitz, 2001). Als eine weitere entscheidende Variable gelingender Akkulturation erweist sich das Einreisealter: Je jünger die eingereisten Migranten sind, desto einfacher scheint ihre Integration zu sein, während mit zu-

Tabelle 1: Merkmale gelungener Akkulturation auf der Persönlichkeitsebene

Psychisches Befinden	Selbstverwirklichung, Selbstbewusstsein Selbstsicherheit Positive Gefühle, Lebensfreude Autonomie Positive Einstellung gegenüber sozialen Institutionen
Soziale Kompetenzen	Solidarität Empathie Ausdrucks- und Kommunikationsfähigkeit Kooperativität Sprachliche Fähigkeiten Interkulturelle Beziehungen (Freundschaften) Kenntnis der eigenen und der fremden Kultur
Leistungseffizienz	Flexibilität Selbstkontrolle Zwischenmenschliches Vertrauen Erfolg in Schule und Ausbildung Kreativität
Gesundheit	Freiheit von körperlichen und seelischen Beschwerden Physische Widerstandskraft Geistige und körperliche Fitness; Energie

nehmendem Alter eine „closed mindedness" einher geht, die es erschwert, das eigene Überzeugungssystem derart flexibel zu gestalten, dass es neue Informationen und Einstellungen in das eigene Denksystem integrieren kann. Auch scheinen internale Kontrollüberzeugungen und eine proaktive, selbstinitiierte Migration – als Gegensatz zu einer reaktiven, unfreiwilligen Migration – prognostisch eher für gelingende Akkulturationsverläufe zu sprechen (vgl. Richmond, 1993; Schönpflug, 2003).

Abschließend ist festzuhalten, dass kaum für alle Migrantengruppen in gleichem Maße wirksame objektive Faktoren einer gelingenden Akkulturation vorliegen, sondern diese von sehr unterschiedlichen Aspekten wie etwa der Freiwilligkeit der Migration und dem sich daraus ergebenden Akkulturationsdruck oder der kulturellen Distanz des jeweiligen Herkunftslandes zur Aufnahmegesellschaft abhängen. So verwies Esser (1989) am Beispiel türkischer und jugoslawischer Migranten in Deutschland darauf, dass die Nationalitätszugehörigkeit mittelbare Auswirkungen auf die Ausgangsbedingungen der Migration und auf den Eingliederungsprozess, wie etwa auf Deutschkenntnisse und interethnische Freundschaften hatte, die kulturellen Unterschiede jedoch mit der Zeit ihre Wirkung einbüßten und in erster Linie schulische Bildung relevant für Sprachkenntnisse und interethnische Freundschaften wurden. Andere Studien, die ebenfalls differentielle Muster des Integrationserfolges feststellten, berichten z. B. von einem überdurchschnittlichen Bildungserfolg griechischer Kinder und Jugendlicher im Vergleich zu anderen Migrantengruppen. So war der Anteil bildungserfolgreicher griechischer Jugendlicher doppelt so hoch wie die der türkischstämmigen Jugendlichen. Jedoch handelte es sich bei diesen griechischen Jugendlichen um eine hinsichtlich ihrer sozialen Herkunft positiv selegierte Bevölkerungsgruppe, die sich stärker aus bildungsnahen und -freundlichen Familien rekrutierte und keine nennenswerten Unterschiede zur einheimischen Bevölkerungsgruppe aufwies (Nauck, Diefenbach & Petri, 1998).

Trotz der Notwendigkeit zwischen unterschiedlichen Migrantengruppen zu differenzieren, lässt sich als eine Gemeinsamkeit aller Migrantengruppen festhalten, dass sie eine hochselektive und mobile Gruppe darstellen, deren Angehörige es wagten, in der Hoffnung auf ein besseres Leben ihr Land zu verlassen. Sie hatten damit Mut bewiesen, die Herausforderung kultureller und sprachlicher Fremdheit auf sich zu nehmen. Dadurch stehen sie, im Gegensatz zu nichtgewanderten Familien, vor Entwicklungsaufgaben, die vermutlich auch sehr viel anspruchsvoller sind als jene, die durch Angehörige der Aufnahmekultur üblicherweise zu leisten sind. Zweifellos besteht, was die Bewältigung von Entwicklungsaufgaben von Migranten betrifft, deshalb noch erheblicher Forschungsbedarf.

Weiterführende Literatur

Balls Organista, P., Chun, K. M. & Marin, G. (1998) (Eds.), *Readings in ethnic psychology.* London: Routledge.

Berry, J.W. (1997). Immigration, acculturation, and adaptation. *Applied Psychology: An International Review, 46,* 5 – 68.

Fthenakis, W.E., Sonner, A., Thrul, R. & Walbiner, W. (1985*). Bilingual-bikulturelle Entwicklung des Kindes.* München: Huber.

Koch, E., Özek, M., Pfeiffer, W. M. & Schepker, R. (1998) (Hrsg.), *Chancen und Risiken von Migration.* Freiburg: Lambertus.

Mummendey, A. & Simon, B. (1997) (Hrsg.), *Identität und Verschiedenheit. Zur Sozialpsychologie der Identität in komplexen Gesellschaften.* Bern: Huber.

Zitierte Literatur

Ardjomandi, M.E. & Streeck, U. (1998). Migration – Trauma und Chance. In D. Kiesel & H. v. Lüpke (Hrsg.), *Vom Wahn und vom Sinn. Krankheitskonzepte in der multikulturellen Gesellschaft (S. 53–71).* Frankfurt: Brandes & Apsel.

Asch, S.E. (1956). Studies of independence and conformity: A minority of one against a unanimous majority. *Psychological Monographs, 70.*

Baker, C. (1993). *Foundations of bilingual education and bilingualism.* Clevedon: Multilingual Matters.

Baker, D.P. & Lenhardt, G. (1988). Ausländerintegration, Schule und Staat. *Kölner Zeitschrift für Soziologie und Sozialpsychologie, 40,* 40–61.

Bandura, A. (1994). *Self-efficacy: The exercise of control.* New York: Freeman.

Benet-Martinez, V., Leu, J., Lee, F. & Morris, M. (2002). Negotiating biculturalism. Cultural frame switching in biculturals with oppositional versus compatible cultural identities. *Journal of Cross Cultural Psychology, 33,* 492–516.

Berry, J.W. (1997). Immigration, acculturation, and adaptation. *Applied Psychology: An International Review, 46,* 5 – 68.

Bialystok, E. (1988). Levels of bilingualism and levels of linguistic awareness. *Developmental Psychology, 24,* 560–567.

Bielefeld, U. & Kreissl, R. (1983). Ausländische Jugendliche und Kriminalisierung. In H. Schüler-Springorum (Hrsg.), *Jugend und Kriminalität (S. 78–95)*. Frankfurt: Suhrkamp.

Bommes, M. & Radtke, O. (1993). Institutionalisierte Diskriminierung von Migrantenkindern. Die Herstellung ethnischer Differenz in der Schule. *Zeitschrift für Pädagogik, 39*, 483–497.

Clarkson, Ph.C. & Galbraith, P. (1992). Bilingualism and mathematics learning: Another perspective. *Journal of Research in Mathematics Education, 23*, 34–44.

Collatz, J. (1998). Kernprobleme des Krankseins in der Migration – Versorgungsstruktur und ethnozentrische Fixiertheit im Gesundheitswesen. In M. David, Th. Borde, H. Kentenich (1998) (Hrsg.), *Migration und Gesundheit. Zustandsbeschreibung und Zukunftsmodelle (S. 33–59)*. Frankfurt a. M.: Mabuse.

Cummins, J. (1979). Linguistic interdependence and the educational development of bilingual children. *Review of Educational Research, 49*, 222–251.

Esser, H. (1989). Die Eingliederung der zweiten Generation. Zur Erklärung „kultureller" Differenzen. *Zeitschrift für Soziologie, 6*, 426–443.

Firat, D. (1996). *Migration als Belastungsfaktor türkischer Familien*. Hamburg: Kovac.

Fuchs, M., Schwietring, A. & Weiß, J. (1999). Varianten erfolgreicher Akkulturation. In R.K. Silbereisen, E.-D. Lantermann & E. Schmitt-Rodermund (Hrsg.), *Aussiedler in Deutschland. Akkulturation von Persönlichkeit und Verhalten (S. 335–363)*. Opladen: Leske + Budrich.

Fthenakis, W.E., Sonner, A., Thrul, R. & Walbiner, W. (1985). *Bilingual-bikulturelle Entwicklung des Kindes*. München: Huber.

Gaitanides, S. (1992). Psychosoziale Versorgung von Migrantinnen und Migranten in Frankfurt am Main. Gutachten im Auftrage des Amtes für Multikulturelle Angelegenheiten. *IZA – Zeitschrift für Migration und Soziale Arbeit, 3/4*, 127–145.

Glier, B., Tietz, G. & Rodewig, K. (1998). Stationäre psychosomatische Rehabilitation für Migranten aus der Türkei. In M. David, Th. Borde & H. Kentenich (1998) (Hrsg.), *Migration und Gesundheit. Zustandsbeschreibung und Zukunftsmodelle (S. 189–207)*. Frankfurt am Main: Mabuse.

Graumann, C.F. (1997). Die Erfahrung des Fremden: Lockung und Bedrohung. In A. Mummendey & B. Simon (Hrsg.), *Identität und Verschiedenheit. Zur Sozialpsychologie der Identität in komplexen Gesellschaften (S. 39–62)*. Bern: Hans Huber.

Guiterrez, J., Sameroff, A.J. & Karrer, B.M. (1988). Acculturation and SES effects on Mexican American parents' concepts of development. *Child Development, 59*, 250–255.

Hänze, M. & Lantermann, E.-D. (1999). Familiäre, soziale und materielle Ressourcen bei Aussiedlern. In R.K. Silbereisen, E.-D. Lantermann & E. Schmitt-Rodermund (Hrsg.), *Aussiedler in Deutschland. Akkulturation von Persönlichkeit und Verhalten (S. 143–161)*. Opladen: Leske + Budrich.

Heitmeyer, W., Müller, J. & Schröder, H. (1997). *Verlockender Fundamentalismus*. Frankfurt: Suhrkamp.

Jerusalem, M. (1992). Akkulturationsstress und psychosoziale Befindlichkeit jugendlicher Ausländer. *Report Psychologie, 2*, 16–25.

Kecskes, R. (2003). Ethnische Homogenität in sozialen Netzwerken türkischer Jugendlicher. *Zeitschrift für Soziologie der Erziehung und Sozialisation, 23*, 68–84.

Kielhöfer, B. & Jonekeit, S. (1983). *Zweisprachige Kindererziehung*. Tübingen: Stauffenberg.

Kornmann, R. (1998). Wie ist das zunehmende Schulversagen bei Kindern von Migranten zu erklären und zu beheben? *Vierteljahresschrift für Heilpädagogik und ihre Nachbargebiete, 67*, 55–68.

Kraus, W. & Mitzscherlich, B. (1997). Abschied vom Großprojekt. Normative Grundlagen der empirischen Identitätsforschung in der Tradition von James E. Marcia und die Notwendigkeit ihrer Reformulierung. In H. Keupp & R. Höfer (Hrsg.), *Identitätsarbeit heute (S. 149–173)*. Frankfurt: Suhrkamp.

Krappmann, L. (1973). *Soziologische Dimensionen der Identität*. Stuttgart: Klett.

Kuhs, K. (1989). *Sozialpsychologische Faktoren im Zweitspracherwerb: Eine Untersuchung bei griechischen Migrantenkindern in der Bundesrepublik Deutschland*. Tübingen: Narr.

LaFromboise, T., Coleman, H. L. & Gerton, J. (1998). Psychological impact of biculturalism. Evidence and theory. In P. Balls Organista, K.M. Chun & G. Marin (Eds.), *Readings in Ethnic Psychology (pp. 123–155).* London: Routledge.

Landale, N. S. (1997). Immigration and the family: An overview. In A. Booth, A.C. Crouter & N. Landale (Eds.), *Immigration and the family: Research and policy on U.S. immigrants (pp. 281–291).* Mahwah, NJ: Earlbaum.

Lantermann, E.-D. & Hänze, M. (1999). Werthaltung, materieller Erfolg und soziale Integration von Aussiedlern. In R.K. Silbereisen, E.-D. Lantermann & E. Schmitt-Rodermund (Hrsg.), *Aussiedler in Deutschland. Akkulturation von Persönlichkeit und Verhalten (S. 165–184).* Opladen: Leske + Budrich.

Leenen, W. R., Grosch, H. & Kreidt, U. (1990). Bildungsverständnis, Platzierungsverhalten und Generationenkonflikt in türkischen Migrantenfamilien. Ergebnisse qualitativer Interviews mit „bildungserfolgreichen" Migranten der zweiten Generation. *Zeitschrift für Pädagogik, 5,* 753–771.

Marcia, J.E. (1989). Identity diffusion differentiated. In M.A. Luszcz & T. Nettelbeck (Eds.), *Psychological development. Perspectives across the life-span (pp. 289–295).* North-Holland Amsterdam: Elsevier.

Mattejat, F. (1993). *Subjektive Familienstrukturen: Untersuchungen zur Wahrnehmung der Familienbeziehungen und zu ihrer Bedeutung für die psychische Gesundheit von Jugendlichen.* Göttingen: Hogrefe.

Mägiste, E. (1985). Gibt es ein optimales Alter für den Zweitspracherwerb? *Psychologie in Erziehung und Unterricht, 32,* 184–189.

McQueen, A., Greg, J. & Bray, J. H. (2003). Acculturation, substance use, and deviant behavior: Examininig separation and family conflict as mediators. *Child Development, 74,* 1737–1750.

McShane, D. & Berry, J.W. (1986). Native North Americans: Indian and Inuit abilities. In J.H. Irvine & J. W. Berry (Eds.), *Human abilities in cultural context (pp. 385–426).* Cambridge: Cambridge University Press.

Mead, G.H. (1934). *Mind, self and society.* Chicago, Ill: University of Chicago Press.

Mehrländer, U. (1983). *Türkische Jugendliche – Keine beruflichen Chancen in Deutschland?* Forschungsinstitut der Friedrich-Ebert-Stiftung: Bonn.

Moscovici, S. (1979). *Sozialer Wandel durch Minoritäten.* München: Urban und Schwarzenberg.

Nauck, B., Diefenbach, H. & Petri, K. (1998). Intergenerationale Transmission von kulturellem Kapital unter Migrationsbedingungen. Zum Bildungserfolg von Kindern und Jugendlichen aus Migrantenfamilien in Deutschland. *Zeitschrift für Pädagogik, 5,* 701–723.

Nemeth, J.C. (1997). Beziehungen zwischen Majoritäten und Minoritäten: Der Wert der Vielfalt und abweichenden Meinungen. In A. Mummendey & B. Simon (Hrsg.), *Identität und Verschiedenheit. Zur Sozialpsychologie der Identität in komplexen Gesellschaften (S. 109–126).* Bern: Huber.

Nemeth, J.C. & Wachtler, J. (1983). Creative problem solving as a result of majority vs. minority influence. *European Journal of Social Psychology, 13,* 45–55.

Nemeth, J.C. & Kwan, J. (1985). Originality of work associations as a function of majority vs. minority influence processes. *Social Psychology Quarterly, 48,* 277–282.

Osborne, B. (1985). Research into native North Americans' cognition: 1973–1982. *Journal of American Indian Education, 24,* 9–25.

Özcan, V. & Seifert, W. (2003). Die Selbstständigkeit von Ausländern in Deutschland. Integration oder Marginalisierung? In J. Allmendinger (Hg.), *Entstaatlichung und soziale Sicherheit. Verhandlungen des 31. Kongresses der Deutschen Gesellschaft für Soziologie in Leipzig 2002 (CD-ROM).* Opladen: Leske + Budrich.

Pfeiffer, W.M. (1998). Migration als persönliche Erfahrung. In E. Koch, M. Özek, W.M. Pfeiffer & R. Schepker (Hrsg.), *Chancen und Risiken von Migration (S. 11–22).* Freiburg: Lambertus.

Phinney, J. S. (1998). Ethnic identity in adolescents and adults. Review of research. In P. Balls Organista, K.M. Chun & G. Marin (Eds.), *Readings in ethnic psychology (pp. 73–100).* London: Routledge.

Richmond, A. (1993). Reactive migration: Sociological perspectives on refugee's movement. *Journal of Refugee Studies, 10,* 7–24.

Rüesch, P. (1998). *Spielt die Schule eine Rolle? Schulische Bedingungen ungleicher Bildungschancen von Immigrantenkindern- eine Mehrebenenanalyse.* Frankfurt a. M.: Lang.

Salman, R. (1995). Hintergründe gelungener Migration. In E. Koch, M. Özek & W.M. Pfeiffer (Hrsg.), *Psychologie und Pathologie der Migration. Deutsch-türkische Perspektiven (S. 90–100).* Freiburg: Lambertus.

Schmitz, G. (2001). Akkulturation und Gesundheit. In P. Marschalck & K. H. Wiedl (Hrsg.), *Migration und Krankheit. Schriften des Instituts für Migrationsforschung und Interkulturelle Studien (IMIS) der Universität Osnabrück, Bd. 10 (S. 123–144).* Osnabrück: Universitätsverlag Rasch.

Schwarzer, R. & Leppin, A. (1989). *Sozialer Rückhalt und Gesundheit.* Göttingen: Hogrefe.

Silbereisen, R.K. & Schmitt-Rodermund, E. (1999). Wohlbefinden der jugendlichen Aussiedler. In R.K. Silbereisen, E.-D. Lantermann & E. Schmitt-Rodermund (Hrsg.), *Aussiedler in Deutschland. Akkulturation von Persönlichkeit und Verhalten (S. 257–275).* Opladen: Leske + Budrich.

Schmitt-Rodermund, E. & Silbereisen, R.K. (2002). Psychosoziale Probleme bei jungen Aussiedlern. *Zeitschrift für Entwicklungspsychologie und Pädagogische Psychologie, 2,* 63–71.

Schönpflug, U. (2003). Migration aus kulturvergleichender psychologischer Perspektive. In A. Thomas (Hg.), *Einführung in die kulturvergleichende Psychologie (S. 515–541).* 2. Aufl. Göttingen: Hogrefe.

Scott, W. A. & Scott, R. (1989). *Adaptation of immigrants: Individual differences and determinants.* Oxford: Pergamon Press.

Toukamaa, P. & Skutnabb-Kangas, T. (1977). *The intensive teaching of the mother tongue to migrant children at preschool age.* Tampere: University of Tampere.

Tracy, R. & Gawlitzek-Maiwald, I. (1999). Bilingualismus in der frühen Kindheit. In H. Grimm (Hg.), *Sprachpsychologie (S. 495–535).* Hogrefe: Göttingen.

Verkuyten, M. & Pouliasi, K. (2002). Biculturalism among older children. Cultural frame switching, attributions, self-identification, and attitudes. *Journal of Cross Cultural Psychology, 33,* 596–609.

Wolf, K., Machleidt, W. & Maß, R. (1998). Migration – Entwurzelungsrisiko oder Chance individueller Entwicklung? Ein emotionstheoretischer Beitrag. *Zeitschrift für Politische Psychologie, 1+2,* 129–142.

Zick, A. & Six, B. (1999). Akkulturation von Aussiedlern als sozialpsychologisches Phänomen: Modelle zur Vorhersage des Akkulturationsergebnisses. In R.K. Silbereisen, E.-D. Lantermann & E. Schmitt-Rodermund (Hrsg.), *Aussiedler in Deutschland. Akkulturation von Persönlichkeit und Verhalten (S. 303–333).* Opladen: Leske + Budrich.

Autorenverzeichnis

Prof. Dr. Ursula Boos-Nünning, Universität Duisburg-Essen, FB 2, Universitätsstraße 11, D-45117 Essen. Email: boos-nünning@t-online.de

Prof. Dr. Rainer Dollase, Fakultät für Psychologie und Sportwissenschaft der Universität Bielefeld – Abteilung Psychologie, Postfach 10 01 31, D-33501 Bielefeld. Email: rainer.dollase@uni-bielefeld.de

Dipl.-Psych. Annika Falkner, Otto-von-Guericke-Universität Magdeburg, Institut für Psychologie, Abteilung Entwicklungs- und Pädagogische Psychologie, PF 4120, D-39016 Magdeburg. Email: annika.falkner@gse-w.uni-magdeburg.de

Prof. Dr. Urs Fuhrer, Otto-von-Guericke-Universität Magdeburg, Institut für Psychologie, Abteilung Entwicklungs- und Pädagogische Psychologie, PF 4120, D-39016 Magdeburg. Email: urs.fuhrer@gse-w.uni-magdeburg.de

Prof. Dr. Stefan Kammhuber, iko-Institut für Kooperationsmanagement an der Universität Regensburg und Fachhochschule Koblenz - RheinAhrCampus Remagen, FB Betriebs- und Sozialwirtschaft, Südallee 2, D-53424 Remagen. Email: kammhuber@rheinahrcampus.de

Prof. Dr. Yasemin Karakasoglu, Universität Bremen, Fachbereich 12: Erziehungs- und Bildungswissenschaften, Fachgebiet Interkulturelle Bildung. Postfach 330440, D-28334 Bremen. Email: karakasoglu@uni-bremen.de

PD Dr. Birgit Leyendecker, Fakultät für Psychologie der Ruhr-Universität Bochum, Arbeitseinheit Entwicklungspsychologie, D-44780 Bochum. Email: birgit.leyendecker@ruhr-uni-bochum.de

Dipl.-Psych. Simone Mayer, Otto-von-Guericke-Universität Magdeburg, Institut für Psychologie, Abteilung Entwicklungs- und Pädagogische Psychologie, PF 4120, D-39016 Magdeburg. Email: simone.mayer@gse-w.uni-magdeburg.de

Prof. Dr. Bernhard Nauck, Technische Universität Chemnitz, Institut für Soziologie, D-09107 Chemnitz. Email: Bernhard.nauck@phil.tu-chemnitz.de

Dipl.-Psych. Stefan Schmid, Universität Regensburg, Abteilung für Sozial- und Organisationspsychologie am Institut für Experimentelle Psychologie, Universitätsstraße 31, Gebäude PT, D-93053 Regensburg. Email: stefan.schmid@psychologie.uni-regensburg.de

Dr. Eva Schmitt-Rodermund, Friedrich-Schiller-Universität Jena, Institut für Psychologie, Am Steiger 3, Hs. 1, D-07743 Jena. Email: eva.schmitt-rodermund@uni-jena.de

Prof. Dr. Axel Schölmerich, Fakultät für Psychologie der Ruhr-Universität Bochum, Arbeitseinheit Entwicklungspsychologie, D-44780 Bochum. Email: axel.schoelmerich@ruhr-uni-bochum.de

Prof. Dr. Ute Schonpflug, Freie Universität Berlin, Sozial-, Entwicklungspsychologie und Methodenlehre, Habelschwerdter Allee 45, D-14195 Berlin. Email: schoenpf@zedat.fu-berlin.de

Prof. Dr. Rainer K. Silbereisen, Friedrich-Schiller-Universität Jena, Institut für Psychologie, Am Steiger 3, Hs. 1, D-07743 Jena. Email: rainer.silbereisen@uni-jena.de

Dr. Anja Steinbach, Technische Universität Chemnitz, Institut für Soziologie, D-09107 Chemnitz. Email: anja.steinbach@phil.tu-chemnitz.de

Prof. Dr. Alexander Thomas, Universität Regensburg, Abteilung für Sozial- und Organisationspsychologie am Institut für Experimentelle Psychologie, Universitätsstraße 31, Gebäude PT, D-93053 Regensburg. Email: alexander.thomas@psychologie.uni-regensburg.de

Peter F. Titzmann, Lehrstuhl Entwicklungspsychologie, Friedrich-Schiller-Universität Jena, Institut für Psychologie, Am Steiger 3, Hs. 1, D-07743 Jena. Email: peter.titzmann@uni-jena.de

Prof. Dr. Gisela Trommsdorff, Fachgruppe Psychologie an der Universität Konstanz, Lehrstuhl für Entwicklungspsychologie, Postfach 55 60, D44, D-78434 Konstanz. Email: G.Trommsdorff@uni-konstanz.de

Dr. Haci-Halil Uslucan, Otto-von-Guericke-Universität Magdeburg, Institut für Psychologie, Abteilung Entwicklungs- und Pädagogische Psychologie, PF 4120, D-39016 Magdeburg. Email: haci.uslucan@gse-w.uni-magdeburg.de